民事紛争解決の基本実務

Basic practice for Civil Dispute Resolution

木納敏和／鈴木道夫／髙須順一／藤原 浩=編著

池田知子／植松祐二／岡部純子／木﨑 孝
清永敬文／黒松百亜／佐々木健二／志田原信三
島田英一郎／鈴木雅之／関根規夫／永野剛志
樋口真貴子／藤澤裕介／水野有子／山﨑雄一郎
吉川 泉／渡邉敦子=著

はしがき

1　弁護士は、基本的人権を擁護し、社会正義を実現するという使命に基づき、誠実にその職務を行い、社会秩序の維持及び法律制度の改善に努力すべきものとされている（弁護士法1条）。一方、裁判官は、良心に従い独立して職権を行使し、憲法及び法律にのみ拘束されるところ（憲法76条3項）、その職務を行うにつき、常に、深い教養の保持と高い品性の陶冶に努め、法令及び法律実務に精通することが必要とされる。立場を異にするとはいえ、弁護士と裁判官は、ともに法律家として人格の陶冶、教養の保持、そして法律実務に精通することが求められ、法的な観点から適正に紛争を解決して社会秩序を維持し、併せて社会正義を実現することを使命とするものといえる。

　ところで、弁護士が、実際に当事者の代理人として民事紛争解決のために法的手続に関与する際に、ひとつの相克が生じる。つまり、弁護士は、法律の専門家として必要な能力を駆使して、法的紛争の当事者となっている依頼者の権利・利益を守り、それを速やかに実現することによって法的紛争を解決することを役割とするが、依頼を受けた事件によっては、依頼者の主張する権利・利益が法律上は認め難い場合や、法律による保護に値しないような場合もある。このような場合に、弁護士がいかなる法的手段に訴えてでも依頼者の主張する権利・利益の実現を図ろうとする行為が、誠実に職務を行い社会秩序の維持を図るという冒頭で述べた弁護士の使命に沿うものといえるかという疑問である。また、権利・利益の名の下に、依頼者が本来履行すべきである義務を免れさせるような弁護活動をすることが社会正義の実現を図る行為といえるであろうかという問題である。もっとも、弁護士が弁護活動を行う際に、依頼者の主張が法律的に認め難いことを明確に理解している場合でなければ、

この問題に直面して悩むことはないと思われるし、このことを議論の対象とする必要はないことになる。

　むしろ、ここでは、前記の問題に直面する前段階における法律家としての在り方の問題を考えたい。すなわち、弁護士のなかには、依頼者の主張する権利・利益が法律上認められるものであるか否かは裁判官が最終的に判断すべきことであり、弁護士は依頼者の依頼の趣旨に従って法的手続をとり、相手方の対応に応じて、依頼者の利益となるような主張立証をすればよい、というような考え方をする者がいるのではないかという点である。その背景には、顧客の獲得を優先しなければならない昨今の弁護士事情があるとされる。弁護士が裁判官のように依頼者の主張の法律上の当否を検討したうえで受任するか否かを検討していては顧客を獲得できない、という現実があるというわけである。こうした考え方に対しては、そのようなことでは本当の意味における依頼者の権利・利益を速やかに実現し、社会秩序を維持することにはならないという批判的意見も、当然に存在するところである。それぞれの考え方があることを否定するものではないが、法曹養成制度の変革に伴い弁護士経験の乏しい若手弁護士が著しく増加する状況にあって、前者のような考え方に同調する弁護士が以前に比べて格段に多くなっているのではないかと感じている。

　もし、実際に、そのような弁護士が増加しているとすれば、次のような点が危惧される。すなわち、前者のような考え方を前提とすれば、受任の時点で、依頼者の主張が法律上正当なものであるか否かを事前に調査し、その主張が客観的な証拠に基づいて裁判所によって認められる可能性がどの程度あるのか、相手方の反論としてどのような事項が考えられるのか、それに対する防御の内容と立証の可能性はどうなのか等を事前に吟味し、証拠の収集を含む調査検討を行うというようなことに、弁護士があまり関心を払わなくなるのではないかという懸念である。そもそも、主張立証責任の観点からすれば、相手方の反論などは相手方の主張立証に属することで、そのような相手方の主張はすべて否認しておけば足りるという考え方もあるかもしれない。いずれにしても、すべては、訴訟をしてみなければわからないことであり、相手方が依頼者の主張を自白するかもしれないし、相手方の主張を聴いてから反論や立証を考え

ればよい。さらには、相手方に対する法的な権利が認められるか否かは相手方の反論を聴いてみなければわからないことであるから、法的責任を負う可能性のある者であれば、そのすべてを被告にして訴訟を提起し、適当なところで和解をしようと考える者もいるかもしれない。以上のような考え方は、経験の乏しい、できるだけ無駄な仕事はしないと考える弁護士にとっては相当に受け入れやすいものであるように思われる。

　もちろん、このような受任の仕方をする弁護士であっても、最終的には勝つべき事件では勝訴判決を得られるかもしれない。しかし、先の見通しをもたないままに訴訟を遂行したために、争点整理や立証活動に必要以上の時間を要し、和解による実質的な解決の機会を失ってしまうというリスクを、結局のところ依頼者が負担することになる。さらには、勝訴できる事案で、弁護士が、受任の際、依頼者の言い分について、法律的な分析を欠いた結果、訴訟物を誤ったり法的構成を誤ったりして敗訴してしまうこともありえよう。あるいは、必要かつ可能な範囲で証拠による裏付けを求めなかったために、紛争の全体像を把握し損ない、訴訟における主張・立証活動が不十分であったことが敗訴の要因となるリスクをどのように担保できるのだろうか。このような場合、裁判官の判断の問題であるとすればよいというものではないし、控訴審で主張立証の補充をすれば足りるというものでもないと思われる。また、もともと勝訴判決が期待できないという事件については、受任の際に、きちんと調査検討をしていれば、依頼者に無駄な時間と費用をかけさせずにすんだという場合もあると思われる。

　大多数の弁護士は、依頼者の主張を十分に聴いて紛争の全体像を把握し、争点の見通しと証拠の収集・分析をしたうえで、的確な見通しの下に訴訟提起等の紛争解決手続の選択を行っているものと思われる。しかし、少数ではあっても、訴訟提起前の準備を怠るような弁護士がいたり、主張整理（争点把握）や事実認定能力の乏しい弁護士が増加したりすれば、以上のような問題は顕在化せざるをえないと思う。顕在化しないまでも、潜在的にそのような問題事例が生じる可能性があることは否定できないと思われる。

2　それでは、実際の訴訟ではどのような影響を生ずるであろうか。当事

者の代理人である弁護士（とくに原告代理人）が、訴訟提起した紛争の全体像（争点が何かを把握し、必要な証拠を収集することを含む）を把握できていない場合、裁判官が代理人である弁護士の主張から紛争の全体像を把握することは困難となる。裁判官が、初期の段階から紛争の全体像（争点や証拠の内容や立証の見通しなど）を把握できれば、当事者の今後の訴訟活動を想定しながら、適切に訴訟指揮をすることができ、速やかに争点を確定したうえで、争点に絞った立証活動の機会を設定し、当事者が納得できる和解案を検討することも可能となるが、当事者が、場当たり的な主張立証に終始し、裁判官が紛争の全体像を把握することを妨げるような訴訟活動を行えば、訴訟手続は迷走し、審理は長期化し、当事者の納得を得られる適切な和解案の提示や判決も困難となるのである。

　一方、当事者が適切な訴訟活動を行っているのに、裁判官の側に紛争の全体像を把握する力が不足していて、当事者の主張や証拠を的確に整理検討する力がなくては、十分な紛争解決機能を果たしえないことも当然である。

3　弁護士と裁判官が、それぞれの立場から速やかな紛争解決のために必要な役割を果たすことが重要なのであって、その役割を果たさない法律実務家が少数でも社会で幅をきかせれば、それが司法に対する信頼を大きく損なうことにつながりかねないし、ひいては、国民の裁判所（司法）に対する信頼が揺らぐことになりかねないのである。

　そのように考えていくと、法律家、とりわけ弁護士の仕事の在り方という問題は、単なる個々の弁護士の問題というようには考えられないのである。

4　本書は、主として実務経験の少ない若手の法律実務家（弁護士、裁判官）・企業法務担当者や司法修習生のために、民事紛争解決実務の豊富な経験を有する法律実務家によって執筆された（紛争類型ごとに、弁護士と裁判官がペアで執筆を担当している）実務手引書である。典型的な民事紛争について、紛争解決実務に関わるに際して最低限必要な法律知識を確認し、紛争の全体像を把握するための要点、争点の把握から、法的手続における主張立証や事実認定のポイントを中心に、審理の見通しを立てるため

に習得しておくべき内容がまとめられている。若手の法律実務家の方々が、本書を手にとって、あるべき法律家の職責について改めて考え、実際の民事紛争解決に取り組む際に少しでも役立てていただければ幸いである。併せて、本書が司法に対する国民の信頼を確保し、自立・自律して生きる成熟した社会が形成されるために多少なりとも寄与することができれば望外の喜びである。

　本書の出版にあたっては、日本評論社の髙橋耕さんと駒井まどかさんにたいへんお世話になった。この場を借りて心から感謝の意を表したい。

　最後に、本書に目を通された方々が、将来の司法や社会にとって有為な法律家として活躍されることを心より期待するものである。

　　平成30年7月吉日

　　　　　　　　　　　　　　　　　　　　　　　　木納　敏和
　　　　　　　　　　　　　　　　　　　　　　　　鈴木　道夫
　　　　　　　　　　　　　　　　　　　　　　　　高須　順一
　　　　　　　　　　　　　　　　　　　　　　　　藤原　　浩

目次—————民事紛争解決の基本実務

はしがき　　iii
本書の目的と構成／凡例　　xxiii

[第1部]　民事紛争解決における弁護士・裁判官の役割と職責…………1

第1章　弁護士の役割と事件受任　　　　　　　　　　　　藤原 浩　3
　　　　（紛争解決手続選択）のあり方

　　1　弁護士の使命・役割　　3
　　　　(1) はじめに／3　　(2) 民事裁判における弁護士の役割／4
　　2　依頼者からの相談・事情聴取の留意点　　6
　　3　客観的事実把握、事実関係の調査及び方法　　8
　　4　紛争解決の見通しを立てることの必要性　　10
　　5　紛争解決手段の選択　　11

第2章　弁護士の主張立証活動のあり方　　　　　　　　　高須 順一　13

　　1　民事訴訟についての技術と心構え　　13
　　2　民事訴訟の構造　　14
　　　　(1) 訴訟物の特定／14　　(2) 要件事実（主要事実）の機能／15
　　　　(3) 事実認定の必要性／16　　(4) 相手方の主張、立証に対する対応／17
　　　　(5) 小括／18
　　3　適切な訴訟活動遂行のために（争点整理の必要性）　　19
　　4　具体的な主張活動の要諦　　20
　　　　(1) 固定観念に基づく主張は避ける（創造性ある主張）／20
　　　　(2) 拡散的な主張は避ける（骨太の主張）／20
　　　　(3) 常に立証との関係を考える（責任ある主張）／21
　　　　(4) 主張は対話と考える（コミュニケーションある主張）／21

5 具体的な立証活動の要諦　22
　　(1) 量より質の立証を心がける（説得力ある立証）／22
　　(2) 適時提出を心がける（意味のある立証）／22
　　(3) 常に証明の必要性を意識する（本証と反証）／23

6 訴訟代理人たる弁護士に求められる資質　24

第3章　民事裁判官の職責と手続関与の在り方（私論）　　木納 敏和　25
争点整理・人証調手続と訴訟指揮、事実認定、和解・判決

1 民事裁判官の職責　25

2 争点及び証拠の整理手続（争点整理手続）と訴訟指揮　26
　　(1) 争点整理手続の目的／26　　(2) 当事者の訴訟活動と争点整理手続／28
　　(3) 紛争の全体像の把握／30　　(4) 訴訟指揮／31

3 人証調手続と訴訟指揮　35
　　(1) 人証の採否／35　　(2) 人証調手続／37

4 事実認定　40

5 和解手続の在り方　42
　　(1) 和解勧告／42　　(2) 和解勧告の時期／42　　(3) 心証開示／43

6 判決書作成（判決起案）　45
　　(1) 判決書の目的／45　　(2) 判決起案について／46

7 民事裁判官が職責を果たすために　48

[第2部]　紛争類型別の紛争解決の手引：民事訴訟が提起される典型的な紛争類型............49

第1章　売買契約をめぐる紛争(1)　　池田 知子＋清永 敬文　51
売主による請求

1 はじめに　51

2 事例　51
　　(1) 相談事例1／52　　(2) 相談事例2／54　　(3) 相談事例3／56

3 弁護士が受任に際して検討すべき事項　57
　　(1) 相談事例1／57　　(2) 相談事例2／60　　(3) 相談事例3／61

    4　争点整理手続のあり方　63
      (1) 争点の確定／63　　(2) 証拠(人証)の採否／64
    5　主張立証活動の留意点　65
      (1) 訴状・答弁書における留意点／65　　(2) 売買契約書に関する留意点／65
      (3) 契約内容に関する留意点／66
    6　事実認定のポイント　66
      (1) 相談事例1／66　　(2) 相談事例2／67　　(3) 相談事例3／68
    7　予想される抗弁以下の攻撃防御の展開　68
      (1) 相談事例1／68　　(2) 相談事例2／69　　(3) 相談事例3／71
    8　紛争解決の留意点　71
    9　おわりに：紛争予防のために　72

第2章　売買契約をめぐる紛争(2)　　　　　　池田 知子 + 清永 敬文　73
　　　　　買主による請求

    1　はじめに　73
    2　事例　73
      (1) 相談事例1／74　　(2) 相談事例2／75
    3　弁護士が受任に際して検討すべき事項　78
      (1) 相談事例1／78　　(2) 相談事例2／81
    4　争点整理手続のあり方　82
      (1) 争点の確定／82　　(2) 証拠(人証)の採否／84
    5　主張立証活動の留意点　84
      (1) 訴状・答弁書における留意点／84　　(2) 売買契約書に関する留意点／85
      (3) 契約内容に関する留意点／86　　(4) 瑕疵担保責任に関する留意点／86
    6　事実認定のポイント　87
      (1) 相談事例1／87　　(2) 相談事例2／87
    7　予想される抗弁以下の攻撃防御の展開　88
      (1) 相談事例1／88　　(2) 相談事例2／88
    8　紛争解決の留意点　89
    9　おわりに：紛争予防のために　90

第3章　消費貸借契約をめぐる紛争　　　木納 敏和＋高須 順一　91

- 1　はじめに　91
- 2　事例　91
  - (1) 相談事例1（通常型）／92　　(2) 相談事例2（諾成的消費貸借型）／93
  - (3) 相談事例3（準消費貸借型）／95
- 3　弁護士が受任に際して検討すべき事項　98
  - (1) 依頼者が貸主である場合／98　　(2) 争点・紛争解決方法の検討／99
  - (3) 依頼者が借主である場合（争点・紛争解決方法の検討）／101
- 4　争点整理手続のあり方　102
  - (1) 争点の確定／102　　(2) 証拠（人証）の採否／103
- 5　主張立証活動の留意点　104
- 6　事実認定のポイント　107
  - (1) 返還合意（弁済期の合意）の存否が争点の場合／107
  - (2) 貸付金交付の有無が争点の場合／108
  - (3) 貸借当事者が争点の場合／108
- 7　予想される抗弁以下の攻撃防御の展開　109
  - (1) 消滅時効／109　　(2) 相殺／111　　(3) 弁済・代物弁済／111
- 8　紛争解決の留意点　112
- 9　おわりに：貸金紛争の予防のために　113

第4章　保証契約をめぐる紛争　　　木納 敏和＋鈴木 雅之　114

- 1　はじめに　114
- 2　事例　115
  - (1) 相談事例1／115　　(2) 相談事例2／117　　(3) 相談事例3／118
- 3　弁護士が受任に際して検討すべき事項　119
  - (1) 依頼者が債権者である場合／119　　(2) 依頼者が保証人である場合／125
- 4　争点整理手続のあり方　129
  - (1) 主張の分析／129　　(2) 争点の確定／130
  - (3) 併存的債務引受契約の主張／135
- 5　主張立証活動の留意点　136
  - (1) 原告の主張立証活動／136　　(2) 被告の主張立証活動／139
- 6　事実認定のポイント　141

　　　　(1) 保証契約の成否／141　　(2) 保証契約締結の代理権授与の存否／143
　　　　(3) 追認／144　　(4) 表見代理／145
　　7　予想される抗弁以下の攻撃防御の展開　146
　　　　(1) 主たる債務の消滅事由の抗弁／146　　(2) 主たる債務の不存在の抗弁／146
　　　　(3) 催告の抗弁・検索の抗弁（民法452条、民法453条）／147
　　　　(4) 保証債務の消滅事由の抗弁／147　　(5) 改正法による抗弁／147
　　8　紛争解決方法（和解・判決）の選択及び紛争解決の留意点　148
　　9　おわりに　148

第5章　賃貸借契約をめぐる紛争(1)　　　　島田 英一郎＋永野 剛志　150
　　　　賃貸人による請求

　　1　はじめに　150
　　2　事例　150
　　　　(1) 相談事例1（賃料不払解除）／150
　　　　(2) 相談事例2（賃借人の債務不履行解除）／154
　　　　(3) 相談事例3（賃料増額請求）／156
　　3　弁護士が受任に際して検討すべき事項　158
　　　　(1) 依頼者が賃貸人である場合／158　　(2) 争点・紛争解決方法の検討／159
　　　　(3) 依頼者が賃借人である場合（争点・紛争解決方法の検討）／162
　　4　争点整理手続のあり方　164
　　　　(1) 争点の確定／164　　(2) 証拠（人証）の採否／164
　　5　主張立証活動の留意点　165
　　6　事実認定のポイント　167
　　　　(1) 賃料不払いの存否が争点の場合（相談事例1）／167
　　　　(2) 無断転貸の存否が争点の場合（相談事例2）／167
　　　　(3) 無断改装の存否が争点の場合（相談事例2）／167
　　　　(4) 信頼関係破壊の有無が争点の場合（相談事例1及び2）／168
　　　　(5) 賃料推移や近隣相場などの諸事情を基礎付ける事実の存否が争点の場合
　　　　　　（相談事例3）／169
　　7　予想される抗弁以下の攻撃防御の展開　169
　　　　(1) 賃料の未払い／169　　(2) 無断転貸・無断改装／171
　　　　(3) 賃料増額請求／172
　　8　紛争解決方法（和解・判決）の選択及び紛争解決の留意点　173
　　9　おわりに：賃貸借契約をめぐる紛争（賃貸人側の立場から）　173

第6章　賃貸借契約をめぐる紛争(2)　　　島田 英一郎＋永野 剛志　175
賃借人による請求

1　はじめに　175

2　事例　175
(1) 相談事例1（建物の修繕）／175　　(2) 相談事例2（敷金返還）／177

3　弁護士が受任に際して検討すべき事項　180
(1) 依頼者が賃借人である場合／180　　(2) 争点・紛争解決方法の検討／181
(3) 依頼者が賃貸人である場合（争点・紛争解決方法の検討）／184

4　争点整理手続のあり方　185
(1) 争点の確定／185　　(2) 証拠（人証）の採否／185

5　主張立証活動の留意点　186
(1) 建物の修繕／186　　(2) 敷金の返還／187

6　事実認定のポイント　188
(1) 相談事例1（建物の修繕）について／188
(2) 相談事例2（敷金返還）について／188

7　予想される抗弁以下の攻撃防御の展開　189
(1) 建物の修繕義務／189　　(2) 敷金返還請求／190

8　紛争解決方法（和解・判決）の選択及び紛争解決の留意点　191

9　おわりに：賃貸借契約をめぐる紛争（賃借人側の立場から）　192

第7章　使用貸借契約をめぐる紛争　　　吉川 泉＋山﨑 雄一郎　193

1　はじめに　193

2　事例　194
(1) 相談事例1／194　　(2) 相談事例2／196　　(3) 相談事例3／197

3　弁護士が受任に際して検討すべき事項　199
(1) 受任に際して意識すべき使用貸借契約の特徴／199
(2) 依頼者が貸主である場合／200　　(3) 依頼者が借主である場合／203

4　争点整理手続のあり方　205
(1) 訴訟物が何かについて共通認識を形成する／205
(2) 要件事実が何かについて共通認識を形成する／205
(3) 争点（証明の対象）の確定／206　　(4) 立証計画／207

5　主張立証活動の留意点　207
(1) 原告側の留意点／207　　(2) 被告側の留意点／209

　　　　(3) 物件の特定上の注意／209
　　6　事実認定のポイント　210
　　7　予想される抗弁以下の攻撃防御の展開　212
　　　　(1) 新たな期限又は目的の合意／212
　　　　(2) 信頼関係破壊又は喪失の評価障害事実／212　　(3) 信義則／212
　　8　紛争解決の留意点　213
　　9　おわりに：使用貸借紛争の予防のために　213

第8章　請負契約をめぐる紛争　　　　　　　　　　藤澤 裕介＋鈴木 道夫　215

　　1　はじめに　215
　　2　事例　216
　　　　(1) 相談事例1（請負の成否）／216
　　　　(2) 相談事例2（附帯請求）／218
　　　　(3) 相談事例3（瑕疵事例）／219
　　　　(4) 契約不適合の場合の請負人の責任に関する改正の概要／221
　　3　弁護士が受任に際して検討すべき事項　223
　　　　(1) 相談事例1（請負の成否）／223
　　　　(2) 相談事例2（附帯請求）／225
　　　　(3) 相談事例3（瑕疵事例）／226
　　4　争点整理手続のあり方　227
　　　　(1) 相談事例1（請負の成否）について／228
　　　　(2) 相談事例2（附帯請求）について／229
　　　　(3) 相談事例3（瑕疵事例）について／229
　　　　(4) 瑕疵主張に関する争点整理／231
　　　　(5) 付調停・専門委員の活用／231
　　　　(6) 債権法改正の影響について／231
　　5　主張立証活動の留意点　232
　　　　(1) 請負契約の内容の確定／232　　(2) 完成・引渡しの問題／233
　　　　(3) 瑕疵の認定の問題／234　　(4) 建設請負工事における証拠リスト／234
　　6　事実認定のポイント　235
　　7　予想される抗弁以下の攻撃防御の展開　236
　　　　(1) 請負代金（報酬）請求訴訟における抗弁以下の攻撃防御方法／236
　　　　(2) 瑕疵担保責任を追及する訴訟の抗弁以下の攻撃防御方法／238
　　8　紛争解決方法（和解・判決）の選択及び紛争解決の留意点　240
　　9　おわりに　241

第9章　委任契約をめぐる紛争　　　藤澤 裕介＋鈴木 道夫　243

- 1　はじめに　243
- 2　事例　244
  - (1) 相談事例1（学習塾の月謝）／244
  - (2) 相談事例2（委任事務の中途終了）／246
  - (3) 相談事例3（弁護士報酬）／248
- 3　弁護士が受任に際して検討すべき事項　249
  - (1) 委任契約の内容に照らした法規制を考慮に入れること／249
  - (2) 民法の規律の修正に注意すること／250
  - (3) 明示の報酬特約がない場合の取扱い／250
  - (4) 委任契約における委託内容の特定に留意すること／251
  - (5) 委任契約における受任者の義務に留意すること／251
- 4　争点整理手続のあり方　252
  - (1) 相談事例1（学習塾の月謝）について／253
  - (2) 相談事例2（委任事務の中途終了）について／253
  - (3) 相談事例3（弁護士報酬）について／256
- 5　主張立証活動の留意点　257
  - (1) 相談事例1（学習塾の月謝）について／257
  - (2) 相談事例2（委任事務の中途終了）について／257
  - (3) 相談事例3（弁護士報酬）について／260
- 6　事実認定のポイント　261
  - (1) 条件成就の蓋然性の存否が争点の場合／261
  - (2) 弁護士報酬の算出基準が争点の場合／261
- 7　予想される抗弁以下の攻撃防御の展開　262
  - (1) 相談事例1（学習塾の月謝）／262
  - (2) 相談事例2（委任事務の中途終了）／262
  - (3) 相談事例3（弁護士報酬）／263
- 8　紛争解決方法（和解・判決）の選択及び紛争解決の留意点　263
  - (1) 中途解約の場合の報酬請求をめぐる紛争の解決／263
  - (2) 弁護士報酬の場合／263
- 9　おわりに　264

第10章　所有権侵害をめぐる紛争　　　佐々木 健二＋植松 祐二　266

- 1　はじめに　266

    2　事例　266
        (1) 相談事例1／266　　(2) 相談事例2／268
    3　弁護士が受任に際して検討すべき事項　271
        (1) 相談事例1について／271　　(2) 相談事例2について／276
    4　争点整理手続のあり方　279
        (1) 争点の確定／279　　(2) 証拠（人証）の採否／279
    5　主張立証活動の留意点　280
        (1) 相談事例1の場合／280　　(2) 相談事例2について／281
    6　事実認定のポイント　283
        (1) 甲土地の所有権喪失の有無が争点の場合（相談事例1）／283
        (2) 甲土地の占有権原の有無が争点の場合（相談事例1）／284
        (3) 当事者間の合意（通行地役権、賃借権）による利用権原の有無が争点の場合（相談事例2）／285
        (4) 合意によらない利用権原——囲繞地通行権、時効取得（通行地役権、賃借権）（相談事例2）／285
    7　予想される抗弁以下の防御方法の展開　286
    8　紛争解決方法（和解・判決）の選択及び紛争解決の留意点　286
    9　おわりに　287

第11章　不動産登記をめぐる紛争　　　　関根 規夫＋鈴木 雅之　288

    1　はじめに　288
    2　事例　289
        (1) 相談事例1／289　　(2) 相談事例2／292　　(3) 相談事例3／294
    3　弁護士が受任に際して検討すべき事項　296
        (1) 登記手続を命ずる判決について／296
        (2) 不動産登記をめぐる紛争の特長と受任に当たっての注意点／296
        (3) 相談事例1の場合／298　　(4) 相談事例2の場合／299
        (5) 相談事例3の場合／302
    4　争点整理手続のあり方　304
        (1) 債権的登記請求権に基づく登記請求訴訟の場合／304
        (2) 物権的登記請求権に基づく登記請求訴訟の場合／305
    5　主張立証活動の留意点　307
        (1) 相談事例1の場合／307　　(2) 相談事例2の場合／309
        (3) 相談事例3の場合／311

- 6 事実認定のポイント　314
  - (1) 相談事例1について／314　(2) 相談事例2について／315
  - (3) 相談事例3について／316
- 7 予想される抗弁以下の攻撃防御の展開　317
  - (1) 相談事例1について／317　(2) 相談事例2について／318
  - (3) 相談事例3について／319
- 8 紛争解決方法（和解・判決）の選択及び紛争解決の留意点　320
- 9 おわりに　321

第12章　不法行為紛争(1)　　　　　　　　　岡部 純子＋木﨑 孝　322
契約締結上の過失を理由とする紛争

- 1 はじめに　322
- 2 事例　322
  - (1) 相談事例／323
- 3 弁護士が受任に際して検討すべき事項　326
  - (1) はじめに（一般論）／326　(2) 請負契約成立の有無／328
  - (3) 契約締結上の過失／328
- 4 争点整理手続のあり方　330
  - (1) 評価根拠事実、評価障害事実の認定に向けた争点整理／330
  - (2) 規範的評価に向けた争点整理／331
- 5 主張立証活動の留意点　331
  - (1) 契約成立を前提とする請求について／331
  - (2) 契約締結上の過失に基づく請求について／332
  - (3) 契約成立を前提とする請求と契約締結上の過失に基づく請求の選択／333
- 6 事実認定のポイント　333
  - (1) 契約準備段階における信義則上の注意義務違反の判断／333
  - (2) 損害の算定／334
- 7 予想される抗弁以下の攻撃防御の展開　334
  - (1) 契約成立を前提とする請求の場合／334
  - (2) 契約締結上の過失による請求の場合／335
- 8 紛争解決方法（和解・判決）の選択及び紛争解決の留意点　335
- 9 おわりに：紛争予防のために　336

第13章 不法行為紛争(2) 吉川 泉＋木﨑 孝 337
調査・説明義務違反を理由とする紛争

1 はじめに 337
2 事例 338
　(1)相談事例1／338　(2)相談事例2／341
3 弁護士が受任に際して検討すべき事項 344
　(1)相談事例1について／344　(2)相談事例2について／347
4 争点整理手続のあり方 349
　(1)訴訟物が何かについて共通認識を形成する／349
　(2)訴訟物に応じた要件事実が何かについて共通認識を形成する／350
　(3)争点（証明の対象）の確定／350
　(4)争点について裁判官が判断するために必要なことは何かを考える／351
5 主張立証活動の留意点 352
　(1)調査・説明義務の特定とそれを導く根拠／352
　(2)調査・説明義務の違反／353　(3)損害／353
6 事実認定のポイント 354
　(1)相談事例1／354　(2)相談事例2／355
7 予想される抗弁以下の攻撃防御の展開 356
　(1)調査・説明義務の存在を否定する方向に働く評価障害事実／356
　(2)過失相殺／356　(3)消滅時効／357
8 紛争解決の留意点 357
9 おわりに 358

第14章 不法行為紛争(3) 志田原 信三＋黒松 百亜 359
人格権侵害・名誉毀損・セクハラ等を理由とする紛争

1 はじめに 359
2 事例 359
　(1)相談事例1（名誉毀損訴訟）／360
　(2)相談事例2（セクハラ及びパワハラ）／363
3 弁護士が受任に際して検討すべき事項 365
　(1)相談事例1（名誉毀損訴訟）について／365
　(2)相談事例2（セクハラ及びパワハラ）について／367

4　争点整理手続のあり方　371

　(1) 相談事例1（名誉毀損訴訟）について／371
　(2) 相談事例2（セクハラ及びパワハラ）について／373

5　主張立証活動における留意点　375

　(1) 相談事例1（名誉毀損訴訟）について／375
　(2) 相談事例2（セクハラ及びパワハラ）について／377

6　事実認定のポイント　379

　(1) 相談事例1（名誉毀損訴訟）について／379
　(2) 相談事例2（セクハラ及びパワハラ）について／381

7　予想される抗弁以下の攻撃防御の展開　382

　(1) 相談事例1（名誉毀損訴訟）について／382
　(2) 相談事例2（セクハラ及びパワハラ）について／383

8　紛争解決方法（和解・判決）の選択及び紛争解決の留意点　384

　(1) 相談事例1（名誉毀損訴訟）について／384
　(2) 相談事例2（セクハラ及びパワハラ）について／384

9　おわりに　385

　(1) 被害者側の立場から／385　(2) 加害者側の立場から／385

第15章　離婚をめぐる紛争　　　　　樋口 真貴子＋渡邉 敦子　387

1　はじめに　387

2　事例　388

　(1) 相談事例／388

3　弁護士が受任に際して検討すべき事項　395

　(1) 調停手続までに検討すべき事項／395　(2) 審判前の保全処分／398
　(3) 調停が不調となった場合に人事訴訟のために検討すべき事項／398
　(4) 離婚原因が相手方の不貞である場合に、不貞相手との紛争解決をどうするか／398

4　争点整理手続のあり方　399

　(1) 離婚訴訟の長期化傾向／399
　(2) 請求の趣旨及び請求の原因の補正等／400
　(3) 争点に対する早期の認識共有／400
　(4) 各争点の同時並行的な主張立証活動／400
　(5) 家裁調査官による調査の有効活用／401
　(6) 財産分与の審理の長期化を防ぐ工夫／401

5　主張立証活動の留意点　　402
　　　(1) 離婚原因に関する主張立証／402
　　　(2) 慰謝料請求に関する主張立証／403
　　　(3) 財産分与に関する主張立証／404
　　　(4) 親権に争いがある場合の主張立証／404
　　　(5) 養育費に争いがある場合の主張立証／405

　6　事実認定のポイント　　405
　　　(1) 離婚原因の認定／405　　(2) 財産分与の認定／406

　7　予想される抗弁以下の攻撃防御の展開　　406
　　　(1) 離婚請求に対する抗弁以下／406
　　　(2) 不貞行為を原因とする慰謝料請求に対する抗弁／407
　　　(3) 親権者の指定／407

　8　紛争解決方法（和解・判決）の選択及び紛争解決の留意点　　408

　9　おわりに　　409

第16章　遺言をめぐる紛争　　　　　　　　　　水野 有子＋黒松 百亜　410

　1　はじめに　　410

　2　事例　　410
　　　(1) 相談事例1（公正証書遺言）／411
　　　(2) 相談事例2（自筆証書遺言）／415

　3　弁護士が受任に際して検討すべき事項　　416
　　　(1) 見通しの検討／416　　(2) 必要となる証拠収集及び調査事項／417
　　　(3) 受任時における留意点／418　　(4) 依頼者が受遺者らである場合／419

　4　争点整理手続のあり方　　419
　　　(1) 争点の確定／419　　(2) 証拠の採用／421

　5　主張立証活動の留意点　　422
　　　(1) 遺言無効確認訴訟の場合／422　　(2) 遺留分減殺請求訴訟の場合／423

　6　事実認定のポイント　　426
　　　(1) 公正証書遺言無効確認事件において遺言者の意思能力が問題となる場合／426
　　　(2) 公正証書遺言無効確認事件において強迫による遺言が問題となる場合／427
　　　(3) 自筆証書遺言無効確認事件において意思に基づく自筆証書遺言が問題となる場合／427
　　　(4) 遺留分減殺請求における特別受益の有無／428

7 予想される抗弁以下の攻撃防御の展開　428
　(1) 公正証書遺言無効確認事件において遺言者の意思能力が問題となる場合／428
　(2) 公正証書遺言無効確認事件において強迫による遺言が問題となる場合／431
　(3) 自筆証書遺言無効確認事件において意思に基づく自筆証書遺言が問題となる場合／432
　(4) 遺留分減殺請求訴訟において考えられる攻撃防御について／432
8 紛争解決の留意点　434
9 おわりに　435

索引　437
編著者・執筆者紹介　449

【本書の目的と構成】

1 　本書は、主として民事訴訟の審理を単独で担当するようになった判事補、実務経験の浅い若手弁護士、さらには企業法務担当者や司法修習生を対象として、典型的な民事紛争を中心に、民事訴訟手続などの紛争解決に携わるうえで必要な基本的知識・知見を、紛争類型ごとに解説した実務のための基本書である。紛争解決のために必要となる法律的・実務的な基本知識だけでなく、経験に基づく知見、技術的な手法なども随所に盛り込まれている。執筆にあたっては、法律家が当事者（依頼者）や国民に信頼される役割を果たしていくために、どのような考え（理念）に基づいて、どのように職務を遂行していくことが求められているのかという視点を強く意識している。

　本書の目的は、民事紛争解決に携わる法律実務家が、紛争解決手続に関与する際に知っておきたい最低限の法的知識や知見をトータルに提供することにある。具体的には、当事者や事件関係者から何を聴き取り、何を証拠として収集すべきか、紛争の全体像をどのようにして把握していくのか、さらにそれらを前提にして紛争解決の見通しを立てて職務を遂行していく上で必要となる重要な事項とは何なのかを明らかにするとともに、それらに関する手法を理解してもらうことである。紛争解決に関与する法律実務家に本書を活用していただき、適正かつ速やかなる紛争解決に役立てていただくことを想定している。

2 　本書は２部構成になっている。第１部はいわば総論であり、紛争解決実務に携わる裁判官・弁護士の役割や活動の在り方に関する考え方を明らかにしている。第２部は各論であり、民事紛争類型ごとに、紛争解決のために必要な知識・知見を整理している。すなわち、紛争類型ごとに、典型的な相談事例を取り上げて、請求（訴訟物）や、請求を基礎付ける要件事実等の内容を中心に法的知識を整理したのち、弁護士が事件を受任するに際して検討すべき事項、訴訟となった場合における争点整理手続のポイント、主張立証活動の留意点、事実認定のポイント、予想される抗弁以下の攻撃防御の展開、紛争解決の留意点、紛

争の予防のために必要な事項などについて詳述している。

　なお、本書は、現行民法を前提に論述してはいるが、債権法改正の内容についてもフォローしており、改正法が適用される紛争解決の実務についても、改正法の内容が影響を与える部分について記載をしている。

【凡 例】

1 本書では、民法の条文に言及する際、原則として、平成29年の改正前の民法を示す場合は「民法」とし、改正後の民法を示す場合は「改正法」と表記した。

2 本書では、主要な文献・判例集等を引用する際には、以下のような略称を使用した。

起案の手引 司法研修所編『10訂 民事判決起案の手引』(法曹会、2006年)
新問研 司法研修所編『新問題研究 要件事実』(法曹会、2011年)
要件事実(1)・(2) 司法研修所編『民事訴訟における要件事実(第1巻)(第2巻)』(法曹会、1985年、1992年)
類型別 司法研修所編『改訂 紛争類型別の要件事実』(法曹会、2006年)
30講 村田渉=山野目章夫編著『要件事実論30講(第4版)』(弘文堂、2018年)
内田Ⅱ 内田貴『民法Ⅱ 債権各論(第3版)』(東京大学出版会、2011年)
山本Ⅳ-1 山本敬三『民法講義Ⅳ-1 契約』(有斐閣、2005年)
我妻Ⅳ・V_1・V_2・V_3 我妻栄『新訂 債権総論』(民法講義Ⅳ)・『債権各論上巻』(民法講義V_1)・『債権各論中巻(一)』(民法講義V_2)・『債権各論中巻(二)』(民法講義V_3)(岩波書店、1964年・1954年・1957年・1962年)

民録 大審院民事判決録
民集 最高裁判所民事判例集
裁判例 大審院裁判例
高民 高等裁判所民事判例集
下民 下級裁判所民事判例集
集民 最高裁判所裁判集民事
東高民時報 東京高等裁判所(民事)判決時報

行集　行政事件裁判例集

家月　家庭裁判月報

判時　判例時報

判タ　判例タイムズ

金法　金融法務事情

労判　労働判例

LLI/DB　判例秘書 Internet

第1部

民事紛争解決における
弁護士・裁判官の
役割と職責

第1章
弁護士の役割と事件受任
(紛争解決手続選択) のあり方

藤原 浩

1 弁護士の使命・役割

(1) はじめに

　民事紛争解決における弁護士の使命・役割について検討してみたい。説明するまでもないが、「弁護士は、当事者その他関係人の依頼又は官公署の委嘱によって、訴訟事件、非訟事件及び審査請求、再調査の請求、再審査請求等行政庁に対する不服申立事件に関する行為その他一般の法律事務を行うことを職務とする」(弁護士法3条1項)。民事弁護の分野では、当事者の依頼に基づき代理人として法律事務を行うことが弁護士としての基本的な職務である。一方、「弁護士は、基本的人権を擁護し、社会正義を実現することを使命とする」(同法1条1項)とされ、この使命に基づき、「誠実にその職務を行い、社会秩序の維持及び法律制度の改善に努力しなければならない」(同条2項)とされている。

　弁護士は、依頼者のために誠実に職務を行い、依頼者の権利・利益を擁護しなければならないが、その目的は基本的人権の擁護と社会正義の実現にあるということである。この点を民事紛争解決という場面で考えてみると、弁護士が依頼者の権利・利益を擁護するために民事事件を受任したとしても、その活動は社会正義の実現に反するものであってはならない。弁護士は、依頼者の代理人としての役割が重要であるものの、司法の一翼を担う弁護士の使命を考えると、その公益的役割を否定するような活動は許されないということである。弁護士としての使命は何かという点を意識しつつ、依頼者のために誠実に職務を遂行するということが必要である。依頼者のために正義に適う紛争処理を行う

ということを常に頭に入れておくべきである。

　弁護士については、このような公益的役割もあることから、民事弁護の活動についても弁護士法による規制を受けている。同法25条では、職務を行いえない事件が規定されており、これに該当する事件については、弁護士として職務を行うことが禁止又は制限されている。同法26条では汚職行為の禁止が規定され、同法27条では非弁護士との提携の禁止が規定されている。また同法28条では係争権利の譲受が禁止され、同法23条では秘密保持の権利及び義務が規定されている。ここでは、これらの一連の規定の内容について説明を省くが、弁護士としては、これらの規定の内容を熟知し、常にその遵守を意識すべきである。

　さらに、弁護士が職務を行うに当たり遵守すべき規範として弁護士職務基本規程があることも忘れてはならない。この規程の前文においても、「弁護士は、基本的人権の擁護と社会正義の実現を使命とする」ことを確認したうえ、「その使命達成のために、弁護士には職務の自由と独立が要請され、高度の自治が保障されている」ことを指摘している。そして、「弁護士は、その使命を自覚し、自らの行動を規律する社会的責任を負う」ものとされている。弁護士職務基本規程は、この前文のほか、82条で構成されており、弁護士法と同様の規定もあるが、弁護士の職務に関する倫理規範と行為規範が明らかになっている。その大半は民事紛争処理にかかわるものであり、弁護士としては、弁護士職務基本規程の内容を理解し、これを遵守することが肝要である。

　英国の法廷弁護士、裁判官として活躍したE. A. パーリー（Edward Abbott Parry）は、その古典的名著『弁護の技術と倫理——弁護の道の七燈』（櫻田勝義訳、日本評論社、2015年）のなかで、弁護士はなによりも依頼者の利益を最優先して考えるべきであるとの意見に対し、民事訴訟裁判所主席裁判官コックバーンの言葉として「依頼者の利益とはいっても、それは正義のために主張すべきもので、不正のために主張すべきではありません。弁護士たるものは、依頼者の利益を、真実ならびに正義の永遠なる利益と、どう調和させるかの方途をこそ知らねばならないのです」と紹介している（「誠実の燈」、9頁）。

(2) 民事裁判における弁護士の役割

　民事紛争解決のなかで、最も重要であるのは、紛争の最終解決機関である裁判所における訴訟活動であろう。訴訟外の紛争解決においても、弁護士として

は、当該紛争が裁判所に持ち込まれた場合にはどのような判断がなされるかを想定しながら職務を遂行することが通例である。このようなことから、予防法学の分野においても、民事裁判における弁護士の役割を知ることはきわめて有用である。ここでは、民事裁判における弁護士の役割について考えてみたい。

　民事裁判における運営の主体は裁判所であるが、弁論主義のもと、事件の内容を明らかにし、判決のために資料を提供するのは、当事者代理人である弁護士の役割である。民事裁判において、事件の進行について主導権を握っているのは、裁判所ではなく、当事者代理人たる弁護士であるという点を十分に認識しておく必要がある。

　あえて説明するまでもないが、民事裁判における弁論主義として、①当事者が口頭弁論において陳述した主要事実のみを判決の基礎とする（逆にいえば、当事者によって弁論で陳述されなかった主要事実は判決の基礎にできない）、②当事者間に争いのない主要事実はそのまま判決の基礎としなければならない、③事実認定に供される証拠は原則として当事者が申請したものでなければならない、というルールが適用される。

　民事裁判では、原告が提示する一定の権利又は法律関係（訴訟物）の存否について判断されるが、審判の対象である権利や法律関係の存否を直接認識することはできない。このため、権利が発生したか、権利の発生に障害があったか、権利が消滅したかなどの判断を経由して権利の存否を判断することになるが、当事者としては、権利の発生、障害、消滅、阻止という法律効果を発生させる要件に該当する具体的事実（主要事実・要件事実）を主張し、これを立証しなければならない。また、判決の基礎となる事実の確定のために必要な資料の提出も当事者の権能であり、責任である。

　このように、民事裁判における当事者代理人たる弁護士の役割はきわめて重要であり、裁判所がいくら頑張ってみても、弁護士が民事裁判における当事者代理人としての役割について無理解であると、訴訟の進め方や証拠調べの実施にも支障が生じ、迅速適正な裁判を実現することは困難となってくる。民事訴訟法2条では「当事者は、信義に従い誠実に民事訴訟を追行しなければならない」と規定し、弁護士職務基本規程74条でも「弁護士は、裁判の公正及び適正手続の実現に努める」と定めている。弁護士としては、民事裁判の公正と適正手続の実現を図ることに協力すべき基本的な役割があることを決して忘れてはならない。

また、民事裁判における弁護士の役割として、依頼者の権利を実現することは当然の要請である。そのためには過去に生起した事実関係を把握し、依頼者の権利を実現するために必要となる事実を主張し、立証することが必要となるが、その前提として、民事裁判における事実認定の約束事を十分に理解することが必要である。そして、依頼された事件の具体的事実を把握し、法的に意味のある事実を正確かつ効果的に伝え、裁判官に正しい事実認定をしてもらうよう努力する必要がある。

　民事裁判における弁護士の役割を自覚することなく、漫然と事件を受任し、事件の事実関係を把握することなく、依頼者の言い分だけに従った主張をするようなことは避けるべきである。弁護士職務基本規程5条では「弁護士は、真実を尊重し、信義に従い、誠実かつ公正に職務を行うものとする」とし、21条では「弁護士は、良心に従い、依頼者の権利及び正当な利益を実現するように努める」と規定されている。これらの規定の趣旨を理解し、本当の意味における依頼者の権利・利益の擁護とは何かという点を常に意識する必要がある。

2　依頼者からの相談・事情聴取の留意点

　弁護士の活動は、依頼者から事実関係を聴取することから始まる。受任の可否を含め、民事事件についての見通しを立て、適切な方針を決定するためには、依頼者からの事情聴取がなによりも重要である。事件を受任した弁護士としては、依頼者の権利を実現するため、過去に生起した事実関係を把握し、依頼者の主張する権利を主張、立証できるかどうかを検討することとなる。そのためには、依頼者からの事情聴取はきわめて重要であり、立証活動のスタートであるとともに、依頼された民事紛争の適正かつ妥当な解決を実現させるためにも必要不可欠な弁護活動であると強く認識すべきである。

　このように、民事事件においては、依頼者からの事情聴取は重要であるが、依頼者から過去に生起した事実を聞き出すことは容易なことではない。依頼者からうまく事情聴取ができるかどうかは、代理人弁護士としての力量が問われる場面でもある。

　依頼者からの事情聴取に当たっては、依頼した弁護士に対しても、すべての客観的事実をさらけ出すとは限らないという点を頭に入れておくべきである。

事情聴取は、依頼者に一応の事実を語らせ、これを聴き取ることから始まるが、依頼者においては、紛争の当事者としての心理から、自らを正当化したい意識が働き、自己に不利益な事実を避けて語ろうとしないことがある。感情的となり、事実を正確に伝えられないケースも多い。正確に記憶していない事実を断定的に強調したり、逆に不利益な事実を隠して説明する場合もある。さらに、依頼者は、民事紛争の処理に関し、何が重要な事実であるかを認識していない場合が多く、重要な間接事実について触れようとしないこともある。このように、依頼者からの事情聴取については、意識的に、又は無意識のうちに事実を歪めて伝えられている可能性もある。弁護士としては、多くのバイアスの可能性を意識しながら、依頼者からの事情聴取を通じて、事件に関する事実関係の把握に努めなければならない。この際、弁護士としては、依頼者の言い分だけでなく、当該事件における相手方がどのような反論をしているのか、また、どのような反論がなされる可能性があるのかという点についても、できるだけ把握するよう努めるべきである。重要な争点については、相手方から反論、反証されることが通常であることから、相手方の言い分についても検討を加え、事件に対する適切な方針を立てることが肝要である。

　このように依頼者からの事情聴取については、一定の経験も要求されるところであるが、それ以上に、事件を受任した弁護士としては、依頼者の訴えや説明を十分に理解するため、依頼者から繰り返し事実を聴こうという粘り強い姿勢が必要である。重ねて事情を聞くことにより、それまで不明であった事情が次第に明らかとなったり、逆にこれまでの説明と矛盾する証拠の存在が判明する場合もあり、依頼者との間で、事実関係の確認を繰り返すことは決して無駄なことではない。弁護士としては、誠実に職務を遂行することにより、依頼者からどんなことであっても事実を聞き出せるような信頼関係を築くことも重要である。弁護士にとって、事件の適切妥当な解決を図る上でも、依頼者との信頼関係を築く上でも、依頼者からの事情聴取というのはきわめて重要な作業であることを自覚すべきである。

　昨今、弁護士と依頼者との関係が希薄化し、事件は受任したものの、依頼者から踏み込んだ事情聴取がなされていない事例が少なからず見受けられるようである。弁護士として事件を受任した以上、紛争の背景を含めた事実関係の把握に努めるべきであり、依頼者からの説明をそのまま鵜呑みにするのではなく、過去に生起した事実がどのようなものであったかを把握するためにも、依頼者

からの事情聴取を怠らぬように努力することが肝要である。

英国のE. A. パーリーは、前掲書において「ろくに資料収集の努力もしないで判断するような人間は、いつまでたっても、へまな判断しかできない」との格言を紹介している（「判断の燈」、59頁）。

3　客観的事実把握、事実関係の調査及び方法

民事紛争の処理において、弁護士が具体的な事実を把握することはきわめて重要である。訴訟活動はもとより、訴訟外の業務であっても、相手方に正確な事実を伝え、説得し、交渉を有利に運ぶためには、具体的な事実を踏まえた法律論を展開する必要がある。民事紛争において、法的に意味のある具体的事実を把握することは、弁護士として最も重要な能力である。

民事裁判は、具体的事実を小前提、法規を大前提とする三段論法により、権利ないし法律関係の存否を確定するものといわれている。適正妥当な事実認定と法律解釈が必要とされるが、当事者の立場では、具体的事実を踏まえた法律論を展開することが必要である。そして、民事裁判では、弁論主義が採用され、判決の基礎となる事実の確定のために必要な資料の提出は当事者の権能であり、責任であるとされている。この点からも、当事者代理人たる弁護士としては、事実を把握し、把握した事実をどのように立証するかを常に意識し、裁判官に正しい事実認定をしてもらうよう活動することが必要である。

事実関係の正確な把握は、民事弁護の根本であり、紛争の適正かつ妥当な解決のためにも必要不可欠である。そして、事実認定に必要となる証拠については、基本的には、当事者代理人である弁護士において、自ら収集しなければならない。

事実関係の把握において最も重要であるのは、依頼者からの事情聴取である。この点については、前記2で触れたところであるが、依頼者がすべての客観的事実をさらけ出すとは限らないことを前提としつつ、依頼者の説明を聞き、必要な事実関係を確認するなど辛抱強く作業を繰り返す必要がある。また、複雑な事件の場合には、依頼者に事件に関する経過メモの作成を依頼し、これに基づき説明してもらうことも事実把握には有効である。

また、事件によっては、依頼者だけでなく、関係者からの事情聴取を行う必

要がある。依頼者が認識していない事実や、依頼者の認識と関係者の認識が食い違うことも多く、過去に生起した事実を把握するためには、関係者からの事情聴取も重要である。ことに民事裁判においては、関係者のなかから証人を申請することもあるので、できるだけ早い段階で関係人からの事情聴取を行うべきである。その場合には、手控えや聴取書を作成し、その後の訴訟活動の準備をすることも必要である。

　次に重要な点は、客観的証拠（書証）との対比、検討である。民事裁判の実務では、最重要の証拠方法は書証であると繰り返し指摘されている。ことに紛争が起きる前の過程で作成された書証については重要である。過去の特定の時点において作成された書証は、その時点での状況や内容が反映され、固定されているという特性があり、物的証拠としての性格が強い。このため、依頼者や関係者との事情聴取に当たっては、このような客観的証拠となる書証との対比を通じ、その言い分に裏付けがあるか、これら証拠と矛盾しないかを常にチェックすることが必要である。弁護士としては、依頼者からの事情聴取を通じて事実を把握していくことになるが、どのような書証が存在するのかという点についても常に意識し、依頼者の言い分の裏付けとなるか、逆に矛盾し、否定するものであるかの検討を怠ってはならない。また、書証については、偽造・変造というリスクがあることも頭に入れ、依頼者の語る事実関係と書証の内容を対比し、検討することが必要である。

　さらに、当事者代理人たる弁護士としては、現物・現場確認をすることも重要である。コピーの普及等もあり、原本を確認しないケースも多いが、書証の成否が争われているようなケースでは、原本の確認をすることは必須である。また、不動産をめぐる事件や、交通事故などの損害賠償事件では、「百聞は一見に如かず」の言葉どおり、現場を確認しておくべきである。

　なお、客観的事実を把握する上で、時系列表の作成は有益である。依頼者からの事情聴取の段階から、重要な事実を時間の順で記載する時系列表を作成し、重要な事実とこれに対応する証拠（書証）を記載していくことにより、事件の全体像を把握できるだけでなく、依頼者の言い分が合理的なものであるかどうかを確認することができる。また、相手方の言い分の弱点や矛盾点を見出すきっかけになることもある。事件を受任した場合には、かならず時系列表の作成を励行すべきである。

4　紛争解決の見通しを立てることの必要性

　事実関係の正確な把握は、民事弁護の根本であり、紛争の適正かつ妥当な解決のために必要不可欠であると指摘したが、これとともに、紛争解決の見通しを立てることもきわめて重要であり、民事事件における弁護士にとって必要な能力でもある。

　民事裁判において、原告たる依頼者の権利を実現するためには、依頼者の主張する権利や法律関係の裏付けとなる事実を立証することが必要であり、これに失敗すると、依頼者の権利を実現することはできない。どのような立派な法律論を用意しても、その前提となる事実関係を立証できなければ、権利は実現されない。つまり、法律効果の発生要件に当たる具体的事実（主要事実・要件事実）を立証できる見込みもないまま、いたずらに主張を重ねてみても、それは無駄ということである。被告たる依頼者の場合も、依頼者の反論を主張・立証できるかという点を検討し、勝訴の見込みがない場合には、その旨を説明し、適切な対応をとる必要がある。

　民事裁判では、事実認定と法律解釈が問題となるが、大半の民事事件では、事実認定によって決着がつくことが多い。当事者代理人たる弁護士としても、事件受任の段階から客観的事実の把握に努めていれば、事実認定について一定の見通しを立てることは可能である。無論、民事裁判のなかでは、主要事実について争いがあり、複数の間接事実を立証して主要事実を推認することができるかどうか微妙な事実認定の事件もあるが、客観的証拠等に照らせば、容易に事実認定を予測できる事件も多い。民事裁判において、主張と無関係な立証は無意味であるが、立証を想定しない主張も無意味であり、場合によれば有害でもある。前記のとおり、通常の民事事件においては、立証という観点から事件の見通しを立てることは可能であり、当事者代理人たる弁護士としては、立証という点を意識しながら、最も実態に即した法律構成による事件処理を検討すべきである。

　民訴規則85条では「当事者は、主張及び立証を尽くすため、あらかじめ、証人その他の証拠について事実関係を詳細に調査しなければならない」と規定し、訴訟当事者には事実関係を事前に調査すべき義務があるとしている。当事者代理人たる弁護士としても、受任した事件の事実関係を詳細に調査し、事件

の核心部分の把握に努め、適切な事件処理の方針を決定し、事件解決への見通しを立てることが肝要である。事実関係を把握することが民事紛争解決の見通しにもつながることを自覚すべきであろう。

また、弁護士職務基本規程29条1項では「弁護士は、事件を受任するに当たり、依頼者から得た情報に基づき、事件の見通し、処理の方法並びに弁護士報酬及び費用について、適切な説明をしなければならない」と事件の見通しについて適切な説明をすべき義務があるとし、同条3項では「弁護士は、依頼者の期待する結果が得られる見込みがないにもかかわらず、その見込みがあるように装って事件を受任してはならない」と規定している。

いずれにせよ、民事事件を受任した場合、紛争の全体像を把握し、紛争解決の見通しをもって事件を処理すべきであり、事件の内容に応じた適切な解決の実現をめざすことが必要である。

5　紛争解決手段の選択

依頼者が弁護士に民事紛争事件の処理を依頼するのは、当該紛争の解決そのものであって、弁護士としては、依頼者から聴取した事実関係を含め、紛争の内容に照らし、どのような紛争解決手段によって解決を図ることが依頼者の要望に適するかを検討し、事件処理の方針を決定すべきである。民事裁判は、紛争解決の一つの手段にすぎず、依頼者の依頼目的に照らし、依頼者のためにはどのような紛争解決手段が適切であるかを判断しなければならない。そして、事件処理の基本方針については、依頼者にその概略を説明し、その了解を得ることが必要である。弁護士職務基本規程においても、弁護士は事件を受任するに当たり、依頼者に対し、事件の「処理の方法」について、「適切な説明をしなければならない」(29条1項)と定めている。

紛争解決手段の選択に当たっては、紛争の内容を把握し、依頼者のニーズに最も適合するものは何かという観点から判断すべきである。民事紛争の経緯と内容に照らし、訴訟手続による解決しか考えられない場合もあるし、逆に、相手方と直接交渉することが適切な場合もある。時間と費用をかけても白黒をはっきりつけたいと要望する依頼者もいれば、譲歩してもよいから早期に紛争を解決してもらいたいと希望する依頼者もいる。また、秘密裏に解決したいとす

る紛争や、相手方と円満に解決することが望ましい紛争もある。さらに、紛争の内容によっては、調停前置主義が適用され、直ちに訴訟を提起することができない場合もある（家事事件手続法257条、民事調停法24条の2など）。

　近年、訴訟によらない紛争解決手段として、ADR（Alternative Dispute Resolution：裁判外紛争解決手続）の利用が注目されている。民事調停や家事調停もADRに含まれるが、その利点として、①簡易であること、②迅速であること、③安価であること、④非公開であること（秘密性の保持）などが指摘されている。紛争の内容や依頼者の要求に照らし、交渉と訴訟の中間に位置するADRの利用についても検討すべきであろう。ADR機関としては、司法型、行政型、民間型など多くの機関が存在する。労働審判などは、司法型ADRとして、個別的労働紛争の解決にきわめて有効に機能しているが、その他のADR機関についても、依頼者の要望に適するものであれば、積極的にその活用を検討すべきである。

　もっとも、ADRを利用しても、依頼者の満足を得ることができない場合や、依頼者の利益を守ることができない場合もあることを理解しておくべきである。民事紛争の最終的な解決手段は訴訟手続であることを常に念頭に置き、訴訟手続との比較において、ADRの利用の是非を検討すべきである。そして、ADRの利用においても、訴訟手続の場合と同様、紛争の客観的事実の把握に努め、紛争解決の見通しを立てておくことが肝要である。ADRの利用は依頼者のために行うものであって、代理人たる弁護士のために利用するものではない。ADRであっても、代理人たる弁護士としては、訴訟手続の場合と同様の調査と準備を怠らないように留意すべきである。

　なお、民事紛争事件の処理においては、事件処理の方針として、民事保全の点についても、常に検討すべきである。事件の内容によっては、民事保全をすることが必要な場合もあり、民事紛争事件の解決において、民事保全が占める役割はきわめて大きい。民事保全の結果、紛争が解決されるケースもある。弁護士としては、民事保全の制度と実務について、基本的な理解が必要であり、この点の研鑽も怠ってはならない。

第2章
弁護士の主張立証活動のあり方

髙須 順一

1　民事訴訟についての技術と心構え

　民事紛争の解決手段として訴訟提起を選択するのは、基本的にはそれ以外の手段によっては当該紛争が解決できない場合に限られる。その意味では、訴訟は最終的な手段であり、弁護士が当事者から依頼を受けて、訴訟による解決を図る局面は自ずと限定される。しかしながら、相談者との面談に際しても、あるいは相手方との協議交渉の場面においても、さらには調停手続等の過程においても、弁護士としては当該紛争事案が訴訟に発展した場合の事件の推移、勝敗の帰趨等を考えながら事件処理を行うことになる。訴訟提起が可能な事案か、勝訴判決を得ることができるか否かの見極めをしたうえで、相談者に対していかなる助言を行うか、交渉や調停において具体的にどのような方針で臨むかが決定される。その意味では、民事訴訟は弁護士にとって、紛争解決のための最終的な手段であると同時に、各種の紛争解決手段を検討、実践するうえで常に意識すべき本来的な事項というべきでる。したがって、訴訟の可否を見極め、適切な訴訟遂行を可能とする能力を涵養することは、民事事件を扱うすべての弁護士が基本的に身につけるべき技術となる。
　一方で、民事訴訟に拠ることの是非という視点も、時として弁護士が日々の業務遂行の過程で直面する問題である。たとえ訴訟に勝訴しうるとしても、そのような手段を選択することが当事者の関係等に鑑みて妥当か否か、あるいは真の意味の紛争解決につながるのかといった判断が必要となる。したがって、弁護士は、民事訴訟に関する技術（スキル）を高めることのみでは不十分なの

であり、訴訟依頼者の信頼に応えうるだけの責任ある仕事を行うために、訴訟提起、遂行の是非に関する心構え（マインド）を持たなければならないのである。

　本稿では、民事訴訟に関して弁護士が身につけるべきスキルとマインドの向上を目指すために留意すべき事柄を、民事訴訟手続の基本構造に留意しながら検討することとする。

2　民事訴訟の構造

(1)　訴訟物の特定

　まずは、訴訟提起は何のために行うのか、訴訟の目的を意識する必要がある。もちろん、依頼者が訴訟を希望する理由にはさまざまなものがある。そのことを否定すべきではない。しかしながら、依頼者の動機あるいは要望がどのようなものであれ、民事訴訟が適法に受け付けられ、審理・判断が可能となるためには、一定の制約がある。すなわち、裁判所法3条1項は、裁判所の職責として、日本国憲法に特別の定めある場合を除いて一切の法律上の争訟を裁判すると規定している。あくまで法律上の争訟を裁判しうるのみである。そしてこれを前提として、弁護士法3条1項で弁護士の行いうる職務のひとつとして、訴訟事件が規定されるのである。

　したがって、裁判所が訴訟手続において取り扱うのは法律上の争訟であり、当事者間の権利義務あるいは法律関係の存否に関する判断に限られる。そして、社会の構成員たる市民、企業等がそのような訴訟手続を利用するためには、民事訴訟法133条1項が定めるところにより、まずは原告による訴えの提起が必要とされる。つまり、訴訟提起は、当事者間の権利義務あるいは法律関係の存否に関する判断を裁判所に求めることを目的として行われるのである。訴えとは原告の被告に対する権利要求であるとともに、原告の裁判所に対する勝訴判決の要求であると説明されるのも、この理解から導き出されるものである。

　このうち、原告の被告に対する権利要求の部分が、いわゆる訴訟物である。訴訟物に関する判断を求めるために、訴訟が提起、遂行されるものであることをまず理解する必要がある。訴訟物を離れた判断は民事訴訟ではなされない。したがって、訴訟提起にあたり、どのような訴訟物を想定するのか、依頼者の説明あるいは存在する書面等の資料に基づき、この訴訟物を特定するという作

業を怠ってはならない。ときに依頼者の素朴な希望をそのまま取り上げ、訴訟物としての十分な吟味のないままに訴状を作成し、裁判所に提出するという例がみられるが、そのような訴訟提起は審理が開始されるや否やたちまちにして裁判所からの厳しい釈明を受けることなり、窮地に陥ることになる。訴え提起にあたっては、明確に訴訟物を意識し、訴状を作成する必要がある。

(2) 要件事実(主要事実)の機能

　もっとも、訴訟物を適切に提示できれば、それで訴訟に勝訴しうるわけではない。被告が原告の請求を認諾する(民事訴訟法266条)という希有な場合であればともかく、通常は訴訟物を基礎付ける事実関係を主張立証しなければならない。裁判における審理判断の対象は、権利そのものの存否ではなく、当該権利の存否を基礎付ける事実の有無である。この理は、権利そのものの存否を直接に判断することは不可能であるという根本的理解に由来する。そして、この訴訟物の判断を基礎付ける事実については、訴訟の公平性を期して、原告が立証責任を負う事実(権利根拠事実)と、被告が立証責任を負う事実(権利消滅事実、権利障害事実、権利阻止事実)に分類される。そして、立証責任の分配の基準に従い、当事者は主張をなすべき負担を負うことになる。これらの事実がいわゆる要件事実であり、主要事実とも説明される。もっとも、後述の証明責任による判断が求められる際には、この立証責任の分配が当事者にとって重要となるが、要件事実は当事者によって主張される必要があるという弁論主義の要請(いわゆる弁論主義の第一テーゼ)そのものに関しては、当事者のいずれかから主張されればよいと理解されている(主張共通)。よって、主張のレベルにおいて、要件事実(主要事実)に関する適切な理解が求められる内容は、①どのような事実が要件事実かを明らかにすることと(要件事実とそれ以外の事実の区別の判断)、②複数の事実が要件事実である場合に、その判断の順序に関する論理関係を明らかにすること(請求原因、抗弁、再抗弁等の区別の判断)になる。

　一定の事実が、要件事実(主要事実)か、あるいは間接事実、補助事実となるのか、さらには当該訴訟においては格別の意味を持たない単なる事実にとどまるのかについては、訴訟物との関係で慎重な検討を必要とする。たとえば、被告が占有する物の返還を求める訴訟を原告が提起した場合、その訴訟物が所有権に基づく返還請求権を根拠とするものであれば、原告の目的物所有の事実は原告の請求を基礎付ける要件事実(請求原因事実)となる。これに対し、た

とえば賃貸借契約の終了に基づく返還請求権を根拠とするものであれば、原告が賃貸目的物を所有しているか否かは、訴訟物の判断に影響を与えることはなく、要件事実とはならない。

　複数の要件事実間の順序に関する論理関係については、たとえば、原告が被告に対し売買契約に基づく代金債権の支払いを求める訴訟を提起した場合に、被告が代金債権の消滅時効を主張することは抗弁事実（権利消滅事実）となる。これに対し、原告が時効の中断を主張するのは再抗弁事実となる。したがって、当該訴訟において当事者から消滅時効の主張がなされていない場合には、再抗弁事実は意味をなさず、時効中断事由の有無は問題とならない。

　訴訟代理人となる弁護士は要件事実が果たす機能を十分に理解して、事実の主張を行う必要がある。

(3) 事実認定の必要性

　当事者が一定の事実を主張したからといって、それが真実であるとは限らない。権利確定手続である訴訟手続において、当事者が主張する事実の存否を認定することなく訴訟物たる権利の有無を判断することが、原則、許されないことは明らかである。そこで、当事者の主張の真偽を証拠等において確かめるための作業が事実認定である。事実認定のために用いられるのは、証拠資料（証拠調べの結果）と弁論の全趣旨である（民事訴訟法247条）。一方で、当事者間において自白が成立した事実及び顕著な事実については、事実認定の必要を免れる（同法179条）。民事訴訟法159条1項により自白が擬制される場合（相手方の主張に対し沈黙する場合）も同様である。

　裁判官が事実の有無を判断するプロセスを心証形成というが、心証形成には特別の法則は定められず、裁判官の自由な判断に任される（自由心証主義、同法247条）。また、どの程度の心証形成に至れば、一定の事実が証明されたと考えることができるのか、つまり、その事実が認定されるのか、この心証の程度のことを証明度と呼ぶ。最判昭50・10・24民集29巻9号1417頁（ルンバール判決）は、「経験則に照らして全証拠を総合検討し、特定の事実が特定の結果発生を招来した関係を是認しうる高度の蓋然性を証明することであり、その判定は、通常人が疑を差し挟まない程度に真実性の確信を持ちうるものであることを必要とし、かつ、それで足りるものである」とする。高度の蓋然性ある証明とか歴史的証明などと説明される。医療過誤訴訟などの専門訴訟におい

てこの証明度をそのまま要求することが妥当か否かに関して議論があるが、原則的にはこの判例法理が今も妥当している（その後の判例として、最判平9・2・25民集51巻2号502頁）。したがって、訴訟代理人は証明度に関するこの判例法理を意識した立証活動を行う必要がある。

　なお、訴訟代理人が立証行為を行うことにより認定されるべき事実は、本来的には訴訟物の存否を直接に基礎付ける要件事実（主要事実）である。しかしながら、弁護士の行う立証活動は、この要件事実の認定に向けたものに限るわけではない。要件事実の有無の判断に直結する証拠方法（直接証拠と呼称される）が存在していれば、たしかにその直接証拠の存在を立証すれば足りるが、当事者間の現実の紛争においてはそのような直接証拠（たとえば、貸金返還請求訴訟における金銭消費貸借契約締結の事実を明らかにする借用書など）が存在していない場合も想定されるからである。そこで、要件事実（主要事実）の存否を明らかにするためには、直接証拠による立証のほかに、この要件事実（主要事実）の存否を推認させる他の事実（これを間接事実と呼称する）を立証することによってこれを試みる手法が認められている。この場合、当事者は当該間接事実が認定されるように証拠方法（間接証拠と呼称される）を提出するなどして立証活動を行うことになる。さらに、訴訟において意味のある事実としては、要件事実（主要事実）と間接事実のほかにも補助事実と呼ばれる事実がある。これは証拠の信用性に影響を与える事実であり、補助事実もまた自白が成立し、あるいは顕著な事実である場合を除き、事実認定が必要となる。

　なお、事実認定を可能とする程度の立証が果たせなかった場合には、裁判所は証明責任に基づく判断を行うことになる。この際には一定の要件事実についての証明責任をいずれの当事者が負担するのかという点が重要な問題となる。法律要件分類説に基づく証明責任の分配がなされると説明されるが、分配の基準は必ずしも単純、一律ではなく、注意を要する。

(4) 相手方の主張、立証に対する対応

　いうまでもないことであるが、民事訴訟は原告、被告の双方が訴訟活動を尽くし、互いに攻防を繰り広げることにより進行するものである。原告は訴訟物の存在を基礎付けるために要件事実を主張し、必要に応じて立証する。被告は原告が提示した訴訟物の不存在を基礎付けるために要件事実を主張し、必要に応じて立証する。それぞれが自らの利益を確保するために訴訟活動を行うわけ

であるが、この訴訟活動は全く別個独立のものではなく、お互いの行為が影響を与え合うことになる。

　そのひとつの場面が、弁論主義の適用のもと、訴訟当事者にそれぞれ相手方の主張に対する認否が求められる点である。自白が成立した事実は事実認定の必要を免れ（民事訴訟法179条）、また、裁判所は自白した事実に拘束される（弁論主義の第二テーゼ。なお、この拘束される事実の対象については民事訴訟学説上、見解の相違がある）。認否の制度により、当事者は相手方から主張された一定の事実を、事実認定を必要する事実とするか否か、つまり、当該訴訟における争点とするか否かの選択の余地が与えられることになる。訴訟代理人となる弁護士は、3に後述するとおり、この点についての責任ある選択が求められることになる。

　もうひとつの場面が立証活動における反証の機会である。すでに指摘したように、訴訟に提示された事実については、自白が成立し、あるいは顕著な事実でないかぎりは証明責任ある当事者によって証明度を満たす程度にまで立証されなければならない。この証明責任ある当事者の証明度を満たすまでの立証を、本証という。争いのある事実を認定するためには本証が必要なのである。これに対し、証明責任を負わない相手方当事者にも、本証が果たされるのを妨げるための立証活動が認められている。この立証活動は裁判官の心証が証明度を満たさないように心証を動揺させれば目的を達することになるので、本証と区別するために反証と呼称される。そこで、実際の訴訟における立証作業は、証明責任を負担する当事者の本証の努力と、相手方当事者の反証の努力（「証明の必要」などと説明されることもある）との競合によって果たされることになる。

(5)　小括

　以上より、民事訴訟手続において原告訴訟代理人となる弁護士は、①訴えを提起するにあたり訴訟物の特定を的確に行い、②訴訟物を基礎付ける要件事実（主要事実）を漏らさず主張し、必要に応じて間接事実や補助事実についても主張し、③主張した事実については、自白の成立した事実及び顕著な事実を除き、事実認定の必要に耐えるだけの立証活動に努めることになる。証拠による立証を可能とするためには判例法理によれば高度の蓋然性ある証明あるいは歴史的証明と呼ばれる程度までの裁判官の心証を得る必要がある。被告訴訟代理人となる弁護士は、上記①の訴え提起に関わることはないが、原告により訴え

られた訴訟物について、これを排斥するために、上記②と③と同様の主張（訴訟物の存在を否定するための主張）、立証を尽くすことになる。また、いずれの訴訟代理人も、④相手方代理人の主張に対し的確な認否を行い、また、⑤相手方の立証行為により事実認定がなされることを妨げるべく反証に尽力することになる。

3 適切な訴訟活動遂行のために（争点整理の必要性）

　上記のような民事訴訟の構造をよく理解すれば、訴訟代理人たる弁護士には、弁論主義の第一テーゼにより、事実を適切に適示することについての権限と責任があることがわかる。訴訟代理人となった弁護士は、主張すべき事実を失念したり、あるいは不十分な主張しかできないなどという事態を招いてはならない。そのうえで、さらに訴訟代理人たる弁護士は、弁論主義の第二テーゼにより相手方の主張を認否することにより、当該訴訟における争点の内容を決定する権限と責任が与えられている。自白した事実については、それがいかに重要な事実であっても争点にはならない。自白するか否かの判断を的確に行うことに努めなければならないのである。

　しかし、このことは、どのような些細な事実でも主張すべきとの理解を促すものではない。同様に、自白は可能なかぎり避けるべきとの方針を迫るものでもない。いたずらに多くの事実を主張するのは、訴訟物の存否の判断において真に必要となる事実を裁判所及び双方当事者間において明確とすることを妨げる。その結果、十分な事実認定を行い、訴訟物の存否を的確に判断することを困難にするのである。また、相手方の主張する事実の多くを否認することは、一見すると事実認定を充実させるかのような印象を与えるけれども、実際には多くの争点を抱えることにより、一つひとつの事実認定の精度を低下させ、結果的に真偽不明として証明責任に基づく判断を甘受せざるをえない事態となる。これでは事実認定の努力は奏功しない。そのような事態が民事訴訟のあるべき姿とはかけ離れたものであることは多言を要しないであろう。

　重要なことは、主張すべき事実とその必要のない事実を的確に見極めること、そして、そのようにして主張された事実について、真に争うべき事実とその必

要のない事実を的確に判断することである。そのような作業を通じて、証明責任に頼ることのない、真実の発見につながる充実した審理を可能とするのである。

　平成8年に制定された新しい民事訴訟法は、以上のような訴訟代理人が真に果たすべき役割を裁判所及び相手方訴訟代理人との協働作業を通じて行うことを可能とするための手続を整備している。①民事訴訟法に定める弁論準備手続（民事訴訟法168条以下）、②準備的口頭弁論手続（同法164条以下）、③進行協議期日（民事訴訟規則95条以下）であり、争点整理手続などと総称される。争点整理手続を有効に活用することにより、充実した審理を可能とし、真実の発見に寄与し、民事訴訟を利用する当事者の納得を得ることを可能とする訴訟が実践されるのである。訴訟代理人たる弁護士は、争点整理を適切に行うことが重要であり、これが訴訟巧者と呼ばれるための条件の一つとなる。まずは、この点を十分に認識すべきである。

4　具体的な主張活動の要諦

(1)　固定観念に基づく主張は避ける（創造性ある主張）

　一定の紛争事案について依頼者から相談を受けた場合、弁護士は図らずも過去に経験した事件に照らし合わせ、自己の経験に基づく主張に固執する傾向がある。たしかに類似の紛争解決の経験を有していることは、ノウハウの保有という意味では財産であるが、そのことゆえに類似でしかない事案を同一の事案と誤信してしまう危険がある。この点は要注意である。紛争事案は個々具体的であり、長年にわたり民事訴訟を手がけてきた弁護士であっても、全く同一の事件というものはありえないと思われる。

　そこで、訴訟代理人として事件を受任した弁護士は、原告、被告のいずれの立場であっても、事案の内容、その特殊性を真摯に検討し、その事案に応じた主張を試みる必要がある。以前の事件と同じという発想は禁物であり、常に新鮮な目線に立って創造的な主張を展開すべきである。

(2)　拡散的な主張は避ける（骨太の主張）

　依頼者から事案の説明を受け、それに基づき訴訟において主張すべき事実を

検討する段階では、さまざまなことが想定されるであろう。過去の経験に盲従せず創造的な主張を試みようとすればなおさらのこと、多くの主張がイメージできるはずである。可能性ある主張という意味であれば、これらの事実が多いに越したことはない。しかし、そのような諸事実のなかから、実際にどのような事実を抽出し、具体的に主張するかとなれば、話は別である。可能性ある主張をすべて羅列して訴状、答弁書及び準備書面に記載するだけでは、真に重要な事実は何であるのか、裁判において明らかにしたいと切実に希望する事実は何であるのかというメッセージを裁判官に伝えることはできない。その結果として、主張の迫力を失わせ、ひいては弁護士自身の能力、人品に関する評価そのものを下げてしまうのである。そこで、訴訟において事実を主張する際には、可能性ある事実を主張するのではなく、真に明らかにすべき事実を主張することを心がけるべきである。

(3) 常に立証との関係を考える（責任ある主張）

どんなに主張すべき事実であっても、相手方当事者から否認されれば、その立証の必要が生じる。主張すべき事実であればあるほど、相手方は否認してくる可能性が高いことを覚悟すべきである。訴訟に、「もしかしたら」は禁物である。そこで、実際に訴訟において事実を主張する際には、常にその後の立証の可能性を考えておくべきである。立証の可能性のない、言い放しの主張はなんらの説得力もないのみならず、ひとたび否認された場合に、心証形成の場面における多大な不利益をもたらしかねない危険な態度であることを心得ておく必要がある。

(4) 主張は対話と考える（コミュニケーションある主張）

訴訟の内容となっている紛争事案について、通常であれば、両訴訟代理人も担当裁判官もこれまでの事実経過を現認しているわけではない。当事者の言い分や第三者の説明、証言等を通じて、過去に惹起された紛争の内容を当該訴訟において再現し、その再現されたと信じる事案に基づき訴訟物たる権利の存否が判断されるのである。したがって、民事訴訟は両当事者及び裁判所が協働して過去の事実の再現を試みる手続である。協働作業である以上、コミュニケーションがとれていなければ、成果を期待することはできない。訴訟代理人の主張は、裁判所及び相手方当事者とのコミュニケーションを可能とするための手

段であることに留意すべきである。ここで求められるのは、対話を可能とする主張である。準備書面において、もっぱら相手方の主張を否定するだけに終始する論述を行ったり、全く対話の姿勢のみられない記述を繰り返すなどということは、本来的な主張には、ほど遠いものであることを自覚すべきである。ましてや相手方あるいは相手方訴訟代理人に対する侮蔑的な表現に傾注するような準備書面等については、むしろ、そのような準備書面しか書けない事実が、裁判官の心証形成の過程において自らの依頼者の立場をいたずらに不利にするということを真摯に考えるべきである。

5 具体的な立証活動の要諦

(1) 量より質の立証を心がける（説得力ある立証）

　証拠の価値は量で決まるのではなく、質、つまり、裁判官の心証形成に与える影響力の大きさにより決定されるということを理解しなければならない。訴訟代理人は、証拠、とりわけ書証について、できるだけ多くのものを提出したいという誘惑にかられる。量的に多くの書証を提出することで、なんとなく安心するという意識である。しかしながら、決定的な証拠があれば、その他の証拠は不要である。むしろ、決定的な証拠を欠くので、つい量に頼ろうとする気持ちが生まれるのである。証拠の有無は受任事件ごとにそれぞれであるから、訴訟代理人といえども如何ともしようのない場合があるが、それでも、まずは立証活動は量より質であるということを忘れてはならない。せっかく証拠価値の高い重要な証拠を有していながら、あまり重要でない証拠を多数、提出した結果、かえってその重要な証拠が埋没してしまうなどという事態は避けなければならない。また、十分な証拠がない場合でも、証拠価値のほとんどない書証を立証趣旨も不明確なまま提出するのは禁物であり、立証すべき事実との関連性を具体的に意識し、その書証が有する証拠価値を低いなりにでも最大限、高める努力を怠らないようにすべきである。

(2) 適時提出を心がける（意味のある立証）

　証拠を提出する時期も重要である。民事訴訟法156条が証拠の申出について適時提出主義を採用していることに留意すべきである。適時というのは、今す

ぐでなくともよい、こちらの都合で適当な時期でよいと、つい考えがちである。しかし、民事訴訟における証拠の役割が前述したとおり事実認定の材料とするためにある以上、裁判官が心証を形成してしまったあとでは、その証拠が、形成された心証を覆すほどの強力なものでないかぎりは、時機を失したことになる。心証形成後の証拠提出は基本的に無意味である。そこで、この場合の適時とは、裁判官の心証がまだ形成されていない、あるいは不十分である段階ということになる。訴訟代理人は自らの事情ないし思惑で、勝手に適時を判断してはならない。細心の注意を払って適時を見極めるべきである。そして、裁判官の心証はどの時点で形成されるのか、あるいは十分なものとなっていくのかについては、通常であれば、当事者側で判断することのできない事柄である。よって、証拠提出は早ければ早いほうがよいと一般的には理解される。時期を失することなく意味のある立証を心がけるべきである。

(3) 常に証明の必要性を意識する（本証と反証）

　立証が必要となるのは、訴訟代理人が証明責任を負担する事実である。これが民事訴訟法上の基本的理解であるが、ここで注意しなければならないのは、反証の必要である。相手方当事者が一定の事実を証明しようとする場合に、ただそれに任せておくのは無策というほかない。相手方の立証を妨げるために役立つ事実を立証することは重要な訴訟活動となる。前述したように反証は、裁判官の心証が証明度を満たさないように、その心証を動揺させれば、その目的を達することができる。したがって、訴訟代理人は当該訴訟において争点となる事実について、それがたとえ相手方が証明責任を負担する事実であるからといって、これを放置しておくことは責任ある訴訟活動とはいえないことになる。

　このことは同時に、自らが証明責任を負う事実の立証活動（本証）についても、相手方からの反証の危険に晒されることを意味している。この場合、自らの本証が害されることのないように、常に相手方からの反証を意識しながら証明度を満たすだけの立証を試みなければならないのである。したがって、一度、立証を行ったからそれで事足れりという問題ではないということを理解すべきである。

　裁判官の心証形成は訴訟係属中にさまざまなかたちでなされるものである。そこで、訴訟代理人としては、自ら証明責任を負う事実を立証する（本証）に際しても、また、相手方が証明責任を負う事実について立証活動を行うこと（反

証）についても、常に証明の必要を意識しなければならない。本証にあたっては裁判官の心証を動揺させることのないように、反証にあたってはその心証を動揺させるように努めるべきである。この点の重要性を忘れることがあってはならない。

6 訴訟代理人たる弁護士に求められる資質

　以上、訴訟代理人たる弁護士が主張立証活動を行ううえで留意すべき事柄を検討した。しかし、実際の訴訟のあり方は多種多様であり、そのすべてについてマニュアル的な知識を用意することは困難であり、無意味である。結局は、受任した一つひとつの訴訟事件について誠実に職務を遂行することを通じて経験的に身につけることのできる技術である。その意味で、一朝一夕に会得することはできないが、そうはいっても意識的な努力を続けることは、重要である。惰性にまかせず、どうすれば訴訟代理人として納得のいく仕事ができるのかを日々、考え続けることは重要である。
　そして、訴訟代理人としてのそのような真摯な活動を可能とするためには、なによりも、あなた自身がなぜ、弁護士として訴訟代理人を務めるのか、その点についての明確なビジョンを持つことがきわめて大切となる。民事訴訟の目的は権利の確定であり、その後に続く強制執行手続と相まって権利の実現を図ることにある。訴訟代理人の職務は依頼者が有する権利を確保することであり、そのための不屈の意志が必要となる。そのうえで、民事訴訟は当事者間の紛争の解決のために機能するという側面も忘れてはならない。弁護士がその職責において訴訟代理人となるという意味は、その訴訟活動を通じて当事者間の争いを収束させるという重要な機能を有している。わが国社会が民事調停手続をはじめとする多様な紛争解決制度を有し、また、民事訴訟そのものにおいても訴訟上の和解が頻繁に試みられ、現に多くの事件が和解によって終了しているという事実を前提とした場合、訴訟代理人は権利の実現に尽力しながら、一方で紛争解決のために自ら訴訟活動をしているという認識を見失ってはならない。この点は訴訟代理人たる弁護士が肝銘すべき事柄である。この点の明確な認識なくしては、いくら主張立証活動に関する技術を学んだところで、信頼に足りる優れた訴訟代理人にはなれないことを忘れてはならない。

第3章
民事裁判官の職責と手続関与の在り方（私論）
争点整理・人証調手続と訴訟指揮、事実認定、和解・判決

木納 敏和

1 民事裁判官の職責

　裁判官は、具体的な争訟について、適正な手続に従い認定した事実に法を適用して裁定するという司法権の行使によって紛争を解決し、これを通じて社会の秩序維持及び法的安定を確保することを職責とする。民事（人事）訴訟事件を担当する民事裁判官は、独立した立場で民事紛争の解決について重要な役割を担うプロの法律家である。

　そして、裁判官がその職責を果たすためには、裁判による紛争解決の内容はもちろんのこと、訴訟指揮を含む裁判手続が、訴訟当事者双方の信頼と納得の下に進められることが大切である。当事者の納得が得られない裁判は、形式的には当事者間の権利義務を確定することにはなっても、不服申立ての対象となるものであるし、裁判手続による紛争解決に対する不信感を生じることにでもなれば、社会の秩序維持という役割も十分に果たすことはできないのである。もちろん、当事者のなかには、裁判官が適正な手続に基づいて妥当な判断をしても、自らに不利益な判断であるというだけで不満を持ち、その判断を受け容れようとしない者もいると思われる。しかし、そうだからといって、当事者の納得が得られる法的解決を図るということの大切さはいささかも揺らぐものではない。その意味において、裁判官が紛争の全体像（実態・実相）を把握したうえで解決の方針を示しながら行われる訴訟上の和解による解決が、当事者双方の合意によって紛争を収束させるものであるという点で、民事紛争解決において重要な機能を果たすものであることも理解できるところである。

裁判手続による紛争解決は、単に過去に生じた紛争を解決するということに意味があるだけではなく、紛争解決を通じて、今後の当事者（ときには社会全体）の活動の在り方や考え方に影響を与えることになるという意味において創造性を有するものであり、また、紛争が生じた原因を当事者が理解し、今後、同様の紛争を繰り返さないためにはどうしたらよいのかを認識する機会を提供するという点でも重要な意味を有するものである。裁判官は、そのような裁判の創造性をも念頭において、個々の事件の紛争解決に中心的な役割を果たすことが期待されているといえる。

2　争点及び証拠の整理手続（争点整理手続）と訴訟指揮

(1)　争点整理手続の目的

　裁判官は、事件が配点されて訴状を含む事件記録が手元に届いた段階から、訴状の記載や基本書証、当事者の進行に関する意見に目を通しながら、事件内容について一応の検討を行い、被告の応訴対応を想定し、どのような点が争点となりそうか、争点整理手続を行う必要があるかといった点について一応の見通しを立てるのが通常である。その後、被告から答弁書が提出され、訴状に対する認否反論の内容が明らかになった段階で、事案の内容から争点整理手続を行う必要があるかどうかについての自らの方針を立てることになる。

　争点整理手続（準備的口頭弁論、弁論準備手続及び書面による準備手続。以下、単に「争点整理」ということもある）は、原告が選択した請求に係る訴訟物及び訴訟物である権利の発生原因事実（請求原因事実）の主張を前提に、訴訟当事者の主張（攻撃防御方法）を抗弁・再抗弁といった攻撃防御の位置付けを念頭に整理しながら争点事実を特定し、争点事実の存否を判断するために重要な間接事実の主張やこれらの事実を立証するための証拠について、当事者の主張立証の内容を整理するとともに、その後の人証調べの対象となるべき実質的争点（中心的争点ともいう）を明らかにすることを目的とする手続である。裁判官は、争点整理手続の目的を実現するために、原告による訴訟物の選択が紛争の実質的解決を図るために適切なものであるか、当事者の主張立証の内容が紛争の実態に沿ったものであるかということを念頭に置きながら争点整理手続を進める

ことになる。その過程で、裁判官は、必要に応じて、訴訟関係を明瞭にするために、釈明権の行使を含む訴訟指揮権を行使することが求められるのであって、釈明権を適切に行使することによって、できるだけ訴訟手続の早い段階で当該紛争の全体像を把握することが、争点整理手続を安定的かつ効果的なものとし、その目的の実現を図るために大切なことである。

　ところで、「紛争の全体像」（紛争の実態・実相ともいう）とは、当該紛争がどのような社会的実態を有するものであるか（紛争の内容だけでなく紛争の原因や経過を含む）をいうが、具体的には、紛争当事者の関係性、紛争の内容と紛争が生じた原因及び紛争が生じた経過、この原因によって当事者（原告）に生じた不利益（損害）の内容、不利益の発生と相手方（被告）の行為との関係性などの事情を把握することによって明らかとなるものである。事案によっては、紛争が生じた後の事情なども重要となることがある。裁判官は、個々の事件について、このような事情を通じて紛争の全体像を把握することで、はじめて原告が選択している訴訟物や当事者が提出している攻撃防御方法が、当該紛争の実質的な解決にとって必要かつ的確なものであるのかを判断することができる（たとえば、貸金返還請求訴訟を例に挙げれば、被告において、原告から金銭を借り受けた事実はもちろん、面識もないとして争っている事案と、原告から金銭を借りた事実はあるが、すでに返済していると主張する事案とでは、紛争の実態〔実相〕は異なるものであって、裁判官は、このような紛争の内容を把握したうえでないと、争点整理手続を安定的・実効的に行うことができないものである）。そこで、裁判官は、当事者の主張立証の内容や適切な釈明権行使の結果として得られた資料を踏まえて紛争の全体像を速やかに把握し、そのうえで、当該紛争の実質的な解決のための適切な訴訟物は何か、当該紛争において主張されるのが合理的な攻撃防御方法は何かということを改めて検討し、検討した内容と、実際に原告が選択した訴訟物の内容や当事者が主張している攻撃防御方法が紛争の実態を反映した適切なものであるかどうかを分析する。そして、分析の結果、当事者の請求ないしは主張内容が紛争の実態に沿わないもので、その内容を前提に審理を行ったとしても紛争の全体的かつ実質的な解決とはならないか（たとえば、原告が使用貸借契約の終了を理由に目的物の返還を求めたのに対し、被告が同契約の締結を否認したうえで、目的物は被告が原告の親から売買契約等によって所有権を取得して占有していると主張して争っているような場合）、その主張されている事実を証拠によって認定できる見込みがないと判断される場合（いわゆる机上

の請求・主張にすぎない場合）には、当事者との間で、以上の点について認識を共有し、処分権主義や弁論主義の制約はあるものの、当該紛争の解決にとって適切な訴訟物や攻撃防御の内容に基づいて主張を整理して、請求内容や重要な争点事実（実質的争点）が何かを確定していくことになる。そして、確定された実質的争点の判断のために必要となる証拠や、提出が合理的に予想される証拠が提出されているか否か（当該証拠が提出できない場合にはその理由は何か）、争点の判断にとって重要な証拠の信用性や合理性が争点となる場合にはその判断に必要な補助事実等の主張立証が行われているかを確認し、当事者が申請する人証調べの採否を検討することになる。

このように、裁判官には、訴訟の初期段階から、速やかに紛争の全体像を把握することに努め、そのうえで、争点を的確に整理し、適切な紛争解決の方法や内容についての見通しを立てるために、訴訟状態に応じた的確な訴訟指揮を行うことが求められているといえる。

(2) 当事者の訴訟活動と争点整理手続

ところで、近時における訴訟当事者（訴訟代理人弁護士）の争点整理手続における訴訟活動には、大きく分けて二つのタイプがあるように思われる。

一つは、当事者（依頼者）のために早期に的確な紛争解決が図られることを訴訟活動の主眼に据え、当初から裁判官が速やかに紛争の全体像を理解できるような主張立証活動を行うタイプである。裁判官に紛争の全体像を速やかに把握してもらうことで、的確な訴訟指揮や必要な和解勧告が行われ、早期に判決等による紛争解決が図られることを期待し、このことを十分に意識した訴訟活動を行おうとするものである。当事者（訴訟代理人弁護士）において、自らが主張立証責任を負っている事実（要件事実）のほか、紛争の実態を裁判官が理解できるように、適宜に必要な主張や証拠の提出を行ってもらえれば、裁判官は、早期に的確な争点整理を進めることができ、裁判官だけでなく、相手方当事者との間でも、紛争の全体像や紛争解決の方向性についての共通の認識を持つことができるため、速やかに適切な紛争解決が図られることにつながる。当事者がこのような訴訟活動を行うには、当事者（訴訟代理人）自身が訴訟前に紛争解決に必要な事実関係の調査を行って紛争の全体像を把握し、紛争解決の見通しについてもできる範囲で検討していることが必要であることはいうまでもない。

もう一方のタイプは、訴訟のために必要な要件事実が何かということを重視し、訴訟の対象である権利ないし法律関係との関係で、自らが主張立証責任を負うべき事実の主張はするが、それ以外の事情については自らにとって訴訟上有利な事情かどうかという基準に従って、有利なものだけを取り出して主張するタイプである。このような主張立証活動を行う当事者のなかには、紛争に関する事実関係の調査が十分に行われていないためか、相手方が主張立証責任を負う事実に対して、客観的な証拠のないものは争うといった訴訟態度で臨んでいると思われるものもある。

　この点、最近の裁判実務をみると、少しずつ、後者のタイプの主張立証活動を行う当事者（訴訟代理人弁護士）が増えてきているように感じられる。本来、自己の主張が訴訟においても認められるのが当然であると確信している当事者は、裁判所に早期に紛争の全体像を把握してもらって、速やかなる紛争解決を求めたいと思うのが通常であり、前者のタイプの訴訟活動を行うのが合理的であると考えられるのであるが、最近は、当事者の双方ともが後者のタイプで主張立証活動を行う事案が増えていると感じる。いずれにしても、当事者双方が後者のような主張立証活動をする場合には、裁判官において、訴訟の初期段階で紛争の全体像を把握することが難しい場合がある。そして、もし、裁判官が、当事者による自己に有利な事実のみを切り取った断片的な主張や、紛争の実態を踏まえないで行われる場当たり的な立証活動に振り回されるようなことにでもなれば、争点整理手続自体が迷走・漂流して審理が長期化し、当事者に必要な主張や保有する証拠が訴訟に顕出されないままに手続が進められることになったり、速やかなる紛争の実質的な解決が図られなかったりするというリスクを生じさせることになる。また、裁判官と当事者との間で、紛争の全体像や紛争解決の見通しについての共通認識を持つことが妨げられることにでもなれば、結果として、和解による解決の可能性を狭め、判決内容に対する不満を生じさせることにつながりかねない。したがって、裁判官は、このような事態を招かないように、訴訟の初期段階から「訴訟関係を明瞭にするため」に必要な事項について積極的な釈明等を行って紛争の全体像の把握に努め、争点事実（実質的争点）の速やかな確定を行うことができるように、争点整理手続を実効的に進めることが必要になる。

(3) 紛争の全体像の把握

　裁判官による紛争の全体像の把握は、当事者の主張及び提出証拠の内容を分析し、当事者間に争いのない事実や証拠等によって容易に認定できる事実（前提事実）に基礎を置きながら行うことになるが、実際には、当事者関係図を作成して、その主張等を紛争当事者の置かれていた状況や関係性のなかで整理し、また、時系列に従って紛争を生ずるに至った経緯や紛争を生じた際の状況、その後の当事者の対応という流れのなかで整理しながら行っていくことになる。その際、必ずしも、対立する当事者の主張のいずれが真実であるかを裁判所が認定して紛争の全体像を把握するということまでを意味するものではなく、当事者の主張が対立している事実関係については、対立があるという前提で紛争の全体像の把握を行うことになる。

　そして、たとえば、紛争の内容が、争いのない契約（合意）上の義務の履行請求のような場合には、紛争の全体像を把握することは比較的容易であり、当事者の主張立証の内容を検討することで足りることが多いと思われる。一方で、契約（合意）の成否ないしは解釈が問題となる事案や、こうした争いの存在を前提に債務不履行ないしは不法行為に基づく損害賠償を求める事案のような紛争性が高い事案では、当事者が行う主張立証の内容だけでは紛争の全体像を把握することが困難な事案も多い。後者のような事案において、裁判官は、当事者の主張立証を手がかりに、そこから考えられる紛争の実情がどのようなものであるかを合理的に推測し、それを頭に置いて、当事者に対し、紛争の把握のために必要となる事情について、必要かつ適切な釈明を行い、当事者が釈明した内容（証拠の提出を含む）を踏まえて紛争の全体像を把握していくことになる。また、事案によっては、当事者の主張事実全体に対立がある事案（たとえば、貸金返還請求訴訟において、被告が原告から金銭の交付を受けたことはもちろん、会ったこともないと主張している事案など）もある。このような事案では、紛争の全体像の把握とはいっても、当事者の主張の対立点を押さえ、いずれの主張が真実であるのかという観点から他の主張や証拠内容を分析し、可能な範囲で紛争の実態を把握することにならざるをえない。

　なお、当事者の主張や提出されている書証だけでは紛争の実態を十分に理解できないという場合には、当事者と一緒に、紛争の現場や争いの対象となっている物（係争対象物）を直接に検分したり、現場で当事者の言い分を聴いたりするほか、それぞれの当事者の主張内容を実際に再現してみることも有効な場

合がある。実際の事件では、当事者（訴訟代理人）が紛争の現場や係争対象物を十分に検分せず、検分したとしても自分の主張を基礎付けるための観点でしか見ていないため、その主張から紛争の全体像が明らかにならないという場合もあり、裁判官が当事者と一緒に現場に赴いて状況を確認したり、係争対象物を検分したりすることによって、当事者の主張の真偽を見極め、当事者との間で紛争の実態についての共通認識を持つことが紛争解決において有用な場合もある。裁判官は、必要と思えば、積極的に現場等に出向くなどにより、自ら紛争の全体像の把握に努めることも大切である。

そして、裁判官としては、ふだんから社会経済における事象に関心を持ち、人間関係を通じた経験を積むことが大切であるし、当事者の主張にじっくりと耳を傾けながら、丁寧かつ柔軟に、自らの知識や社会的経験から得られた知見を生かして、紛争の全体像を把握するための能力を培うことが必要である。

(4) 訴訟指揮
ア　争点整理の初期段階

裁判官は、争点整理手続の最初の段階から、訴訟物の特定、訴訟物である権利の発生原因事実、これに対する抗弁等の攻撃防御方法の主張に欠ける点がないかどうか、重要な証拠が提出されているかどうか（民事訴訟規則53条、55条）といったことを点検して必要な確認を行うほか、訴訟関係を明瞭にし、紛争の全体像を把握するために必要な事項についての釈明を行うなど、適宜に適切な訴訟指揮を行うことが求められる。とくに、紛争が生じた経緯・原因等の紛争の全体像を把握するために必要な事実の主張や証拠が提出されていないと考えられる場合には、当事者に対して訴訟関係を明瞭にする必要があるとして釈明を求め、これに基づく主張立証を促すべきであり、これを明らかにできない場合には、その理由を確認するなどして、紛争の全体像の把握に努め、その後の争点整理手続を進めていくことが必要である。裁判官のなかには、当事者が行う主張立証の内容に口を出すことは控えるべきで、当事者の行う主張立証を前提に争点整理を行えばよいといった考えで争点整理手続を行っている者もあると思われるが、民事紛争の実質的解決に責任を負うべき裁判官の役割に照らして、必要な範囲で主体的に同手続を進めていくことが必要であると考える。

ところで、争点整理の初期段階では、訴訟物が特定され、当事者が主張する攻撃防御方法に関する要件事実の主張がなされていても、いまだ紛争の全体像

が明らかではないという場合が多い。そのような手続段階において、裁判官は、当事者が行おうとする主張や証拠の提出を争点との関係が明らかではないという理由で制限することは相当ではないし、事実関係を十分に把握できていない当事者による調査嘱託の申立てを、必要性の存在が明らかではないという理由で直ちに不採用とすることも相当とは思われない。紛争の実質的解決に必要な、まだ訴訟に顕れていない重要な事実が存在していたり、こうした事実に基づいて新たな攻撃防御方法の提出が検討されたりする事案もあるから、紛争の全体像（争点事実を含む）が把握できるまでは採否の判断を留保するなど、慎重な訴訟運営が望ましい。むしろ、紛争との関連性がないことが明らかである場合でなければ、できるだけ訴訟において主張してもらい、これに対する相手方の認否反論を提出してもらうのが相当であると思われる。いずれにしても、紛争の全体像の理解が不十分な段階で、争点を確定し、これを前提に人証の申請及び陳述書を提出させて争点整理を終了するようなことは、その後に裁判所が把握していなかった事情の存在が明らかになって、新たな争点が判明するという危険性を残すものであるから、望ましい訴訟運営であるとはいえないと考える。

　なお、当事者が、裁判所に対して紛争の全体像の把握ができる程度の主張立証を行っていない段階で、早期和解を希望してくる場合がある。しかし、被告が積極的に早期和解を望んでいる場合であればともかく、そのような事情もないのに、原告が和解を希望しているという理由から裁判所が和解手続を選択することには慎重であるべきである。なぜなら、前記段階で、原告が早期和解を希望する理由としては、最初から勝訴判決を得ることが困難な事情があると考えている事案や、原告の請求（主張）を基礎付けるための主張立証には、今後、相当の労力と時間を必要とするとの見込みの下で、できるだけ手間をかけないで和解解決に持ち込もうという思惑がある事案が多いと思われる。この場合、原告は、裁判所に対しては早期和解を希望するという態度をとりながらも、和解が成立しない場合のことを考えて、自らの請求内容から大幅に譲歩した和解提案をすることは少ないし、一方で、被告も、原告の主張立証が不十分である段階で、原告の請求内容を多少譲歩した程度の和解提案に応じることはできないとの態度をとることがほとんどである。裁判所も事案の内容を十分に把握できていない以上は、合理的な心証を有するはずもなく、実質的に和解解決に向けての調整活動を行うことも困難であり、むしろ、泥沼の和解交渉に巻き込まれて審理の長期化を招く原因となりかねない。また、親族間紛争などのように、

当事者訴訟代理人が当初から和解解決を求めて必要な主張立証を行わないという場合にも同様の問題を生ずることがある。以上のような事案においては、裁判所が関与しないかたちで当事者間において和解交渉を行ってもらうか、あるいは裁判所が入って和解手続を行うとしても、早期に和解が成立する見込みが立たなければ手続を打ち切ることを前提に行い、事案によっては、これと併行して当事者に対し、必要な主張立証手続を進行させるように促すのが相当であり、争点整理手続を事実上停止させた状態で和解交渉のみを進めることは望ましい結果に結びつかない場合が多いと思われる。

イ　争点整理の在り方

裁判官は、争点整理手続において、当事者の主張立証活動を通じて速やかに紛争の全体像を把握し、訴訟物を特定し、当事者の主張を攻撃防御の構造（請求原因、抗弁、再抗弁等）に従って整理するなど、争点の確定や紛争解決の見通しを検討するために必要な審理を主体的に行う。

その際、とくに大切なことは、裁判官は、紛争の全体像（実態）を踏まえて、原告が定立した訴訟物や攻撃防御の主張が当該紛争の実態に則した相当なものであるかを検討し、当事者の主張内容が、他の主張との関係で矛盾している場合や、すでに提出された訴訟資料及び証拠資料の内容に照らして成り立たないと判断される場合には撤回を促し、必要に応じて、証拠上顕れている事実関係から他の主張等を検討すべき場合にはその旨を指摘するなどにより、紛争の実態に適った争点事実（実質的争点）を確定するための主張整理を行い、また、当事者が主張する事実を裏付けるために、通常は提出されるはずの証拠（書証）が提出されていないとか、その主張内容に照らして、主張がなされるのが通常である攻撃防御方法の提出がないような場合には、そうした証拠等を提出するか否かを当事者に確認し、必要があればそのような証拠等を提出しない理由を確認するなどの手続を行って証拠関係の整理を行うことである。また、確定された争点事実について、当該事実の存否に関する当事者の主張を整理したうえで、当事者の主張に対立を生じた原因を分析し、当事者が争点事実（仮説）の存在を基礎付ける事情として主張している事実（間接事実）のほか、経験則上、争点事実の存否を前提とすれば通常は存在するはずの事情の有無や当事者の主張と矛盾することになる事情の有無を把握し、それらの事情の有無が主張上明らかではない場合には、その存否について当事者に釈明を求め、その事情の有無を判断するために必要な証拠の提出を促すなどにより、争点事実の判断に必

要な事実関係の主張や証拠を整理することも大切なことである。
　以上のような手続を経て、争点事実及びその判断に必要な証拠の整理を行ったうえで、争点事実の立証のために当事者が申請を予定している人証を確認し、陳述書の提出を準備してもらう。そうした作業を踏まえ、今後、当事者が行う主張立証の有無及び内容、紛争解決の見通しを検討し、和解による解決が相当であると判断される場合には、適時に、和解を勧告して実質的な紛争解決を図るなど、その手続の目的を実現するために必要な役割を果たすことが大切である。

　　ウ　心証開示
　争点整理手続においては、裁判官がその目的を実現するために、当事者に対し、法律的に成り立ちえない主張や、紛争の実態に照らして不合理な主張、あるいはすでに提出されている証拠等に照らして認め難い主張等を指摘することが必要となる場合がある。そして、このような場合には、裁判官が、当該主張が認められないことに関し、その時点における心証を当事者に開示することが必要となる。
　この点、争点整理手続における心証開示の目的は、同手続の目的を実現するためであり、紛争の実態に沿った適切な争点（実質的争点）を確定して、その争点について必要な主張立証を行ってもらうことにある。しがたって、前記のような争点整理手続の目的に照らして相当な範囲での心証開示は積極的になされてよいと考える。また、暫定的なものであるとはいえ、当事者が裁判所の心証を聴いて、これまでの主張立証上の問題点に気づき、適切な主張立証を補充する機会が与えられることや、裁判官にとっても、裁判所の心証開示に対して当事者がどのような反応を示すかを確認して、裁判所の心証と当事者の考え方に隔たりがあるかどうかを確認し、当事者が和解による紛争解決を検討することができるかどうかに関する見通しを立て、今後の手続の進め方を検討することができるという副次的な意味もある。
　もとより、裁判官にとっては、心証開示によって、当事者による特定の主張が当該訴訟における裁判所の判断に影響するものではないことを伝えて、ほかに主張立証があるかどうかを確認できれば足りるのであり、当該主張の撤回を拒んでいる当事者に対し、撤回を説得するまでの必要はない。
　問題となるのは、心証開示の対象が唯一の攻撃防御方法である場合である。この場合、その唯一の攻撃防御方法の主張が裁判所に採用されることは難しい

との心証を告げられた当事者が、その開示内容を踏まえて和解による解決を検討できるという場合であれば特段の問題を生じるものではない。しかし、これまでの主張立証活動の状況や訴訟対応に照らして、その当事者が、裁判官の心証開示に対して強く反発することが予想される場合には、当該心証開示は紛争の解決に有効でないばかりか、経験上、新たな主張が提出されることによって無用な争点を増やすことになり、紛争を長期化させる結果となりかねない。したがって、紛争の内容からこのような事態が予想される場合は、心証開示をすることなく、当事者に対して陳述書の提出を促し、速やかに争点整理手続を終結することが相当である場合もあるように思われる。

3 人証調手続と訴訟指揮

(1) 人証の採否

ア 人証の採否については、通常、争点整理手続において確認された争点のうち、書証等によって容易に認定することができない争点事実（実質的争点）の存否の立証のために必要な人証を採用する。この場合、当事者が申請する人証（証人及び当事者本人）については陳述書が提出されることが多いから、その記載内容を前提に、相手方当事者の意見を聴いたうえで、証人等が直接に経験した事実関係を問うことや、反対尋問の機会を通してその証言等の信用性を判断することが必要であるかどうかを検討して、その採否（尋問時間及び尋問の順序を含む）の判断をすることになる。

尋問順序は、通常、争点事実の攻撃防御の構造上の位置付けと立証責任の所在を前提に検討がなされる。そして、争点事実が請求原因事実に位置付けられるものであれば、その事実を立証するために申請された原告申請の人証から、請求原因事実に争いがなく、争点事実が抗弁事実に位置付けられるものであれば、その事実を立証するために申請された被告申請の人証から取り調べることが多いと思われる。もちろん、事情によっては、紛争の全体像がわかりやすい順序で尋問を行ったり、それぞれの当事者が申請した人証について、すべての主尋問を行った後に、必要な範囲で反対尋問を行ったりすることもある。

尋問時間は、陳述書の提出の有無及び記載の程度、立証事項の内容等を考慮して必要と認められる時間を予定するのが実務の取扱いである（実務上は、主

尋問の時間と反対尋問の時間を同じとして予定することが多いが、陳述書が提出されている場合には、その目的に照らし、争点に関する事情を中心に主尋問が行われるのがふつうであるから、主尋問の時間は反対尋問の時間よりも短いこともある。もっとも、そのような場合でも主尋問と再主尋問の時間の合計と反対尋問の時間とを同じとする運用が実務上は多くみられる）。

　イ　敵性証人等の採否

　当事者のなかには、自らの主張を基礎付けるために、相手方本人や相手方と利害を共通する立場に属する証人（敵性証人）の尋問を申請してくる場合がある。とくに、自らが経験していない事実を立証しなければならない場合が考えられる。本来、このような場合でも、自らが経験しているところの、要証事実の存在を合理的に推認できる事情（間接事実）があるはずであり、まずは、そのような事情についての主張立証が十分にされているかを検討する必要がある。このような主張立証が不十分であるのに、相手方本人や敵性証人に対する尋問を優先しようとする当事者のなかには、自らが認識している事実経過において要証事実の存在を推測させる事情がないのに、要証事実が存在したに違いないとの仮説を立て、訴訟上、攻撃防御方法として主張しておいて相手方を追及する材料にしようと考える場合や、間接事実の主張立証を積み重ねることをしなくても、相手方本人等を法廷で問い質せば足りるとの考えに基づく場合もあるように思われる。また、なかには、このような人証の取調べをしても自分に有利な証言等がなされることはないだろうと考えながらも、相手方本人等を法廷に立たせて追及すれば、かたちだけでも自分に有利な供述を得られるのではないかと考えたり、相手方を攻撃する尋問をしたりすること自体を主目的と考える場合もあるように思われる。しかし、たとえかたちだけの有利な供述を引き出せたと思っても、他の証拠との関係で自己の主張を基礎付けられない場合も多いのであり、尋問で相手方本人を攻撃することが和解による実質的な紛争解決を妨げる要因となることもあることに照らせば、裁判所としては、提出されている証拠によって要証事実の存在を推測させる事情が認められるような場合を除き、このような人証の採否の判断は慎重に行われる必要があるといえる。いずれにしても、先に述べたように、このような人証申請の採否を判断する前に、要証事実の存在を合理的に推測させる間接事実の主張立証を十分に行ってもらう必要があるのであり、そのうえで当該申請に係る人証について、採用の必要性の検討を行うのが望ましい。

ウ 当事者本人尋問の採否

　裁判所は、当事者本人尋問の申請がされた場合には、基本的に、争点事実の存否の判断に必要な事実関係を直接に当事者本人から聴く必要があるとして、これを採用するのが通常である。もっとも、事案によっては、相手方当事者による相手方本人の尋問申請に対し、自分の陳述書を証拠として提出することで足り、相手方本人に対する反対尋問も必要がないとの意見が出される場合がある。こうした事案については、裁判所が、当事者本人から直接に事実関係を聴く必要があると考える場合を除いて、当事者双方の陳述書を証拠採用するだけで、当事者本人尋問を行わずに口頭弁論手続を終結することも考えられる（もとより、一方当事者のみの尋問を採用することには合理性を認めにくいのがふつうであるから、一方の当事者本人尋問を採用する場合には、原則として当事者双方を採用することになるだろう）。

　一方で、裁判所が争点事実の立証の要否という観点から当事者本人尋問を採用する必要がないと判断する場合において、当事者の双方又は一方から当事者本人の尋問の実施を強く求めてくる場合もある。このような場合、裁判所としては、当事者本人尋問の必要はないとして採用しないことも考えられるが、尋問の実施が紛争解決における当事者の納得を得るために必要があると判断される事案や、尋問後に和解による解決が検討されるべき事案については、尋問時間を限定したうえ、必要な範囲で本人尋問を行うことも認められてよいと思われる。

(2) 人証調手続

　ア　証人及び当事者本人の尋問は、双方の当事者が立ち会う法廷で同一期日に集中して行われるのが原則であり（民事訴訟法182条）、当事者双方が在廷するところで行われる人証調手続を通じ、紛争の全体像や証拠内容について、当事者本人を含む訴訟関係人において認識が共有されることで、当該紛争の和解による解決の可否や、その内容について検討する機会を得られることが多い。したがって、当事者本人尋問では、実質的争点の判断に必要な事実を法廷で明らかにするということはもちろんであるが、当該紛争の解決内容を検討する上で有用な事情についても、適切な範囲で明らかにすることも必要なことと考える。

　そして、証人や当事者本人に対する尋問を行う場合には、紛争に至る経過等

4　事実認定

(1)　裁判官は、争点事実の存否の判断において、当事者が提出した証拠等を適正に評価して的確な事実認定を行わなければならない。とくに、争点事実が、当事者の体験した事実の存否に係る場合（たとえば、原告が被告に対して現金を交付したか否かが争点である事案など）には、当事者は真実を知っているのであるから、裁判官が真実とは異なる事実認定に基づいて原告の請求の当否を判断しても、不利益な判断を受けた当事者が裁判官の判断に納得しないことは当然であり、このような判断が紛争の実質的解決につながらないことは明らかである（なお、事実認定の証明度については、第1部第2章「弁護士の主張立証活動のあり方」の2(3)のとおりである）。

(2)　裁判官は、事実認定に際し、当事者の主張や供述に真摯かつ素直に耳を傾け、提出されている証拠を全体として適正に評価し、争点事実の存否の判断を誤ることのないようにしなければならない。そのためにも、争点事実の存否（実質的争点）についての当事者の主張を十分に把握し、主張の対立を生じた原因を分析すること、証拠の内容を全体として適正に評価し、当事者が主張する事実（仮説）の存在を基礎付ける間接事実等を押さえたうえで、経験則上、争点事実の存在を前提に通常は認められる事情や矛盾する事情が証拠から認められるかどうかを仔細に検討すること、そして、争点事実に関する当事者の対立する主張（仮説）のいずれが、当事者間に争いのない事実及び証拠によって認定できる事実と整合性を有するのかを経験則・論理則に則って慎重に検討し、いずれの主張（仮説）を採用できるかを多角的視点に立って分析することがとくに必要となる。また、裁判官には、的確な事実認定を行うために、幅広い経験則・論理則の理解が必要とされるのであって、判断の対象となっている争点事実に関し、どのような間接事実の存否が重要な判断要素となるのか、その存否を判断するために提出される証拠にはどのようなものがあるのかを、自らの経験や知見を通じて整理し、これを前提に実際の事件における当事者の主張や提出されている証拠を慎重に検討して、証拠等の評価をすることが大切である。そのために、事実認定に必要な経験則を、日常における生活体験から身につけておくことはもちろん、多様な事件を数多く経験することによって得ておくこ

ウ　当事者本人尋問の採否

　裁判所は、当事者本人尋問の申請がされた場合には、基本的に、争点事実の存否の判断に必要な事実関係を直接に当事者本人から聴く必要があるとして、これを採用するのが通常である。もっとも、事案によっては、相手方当事者による相手方本人の尋問申請に対し、自分の陳述書を証拠として提出することで足り、相手方本人に対する反対尋問も必要がないとの意見が出される場合がある。こうした事案については、裁判所が、当事者本人から直接に事実関係を聴く必要があると考える場合を除いて、当事者双方の陳述書を証拠採用するだけで、当事者本人尋問を行わずに口頭弁論手続を終結することも考えられる（もとより、一方当事者のみの尋問を採用することには合理性を認めにくいのがふつうであるから、一方の当事者本人尋問を採用する場合には、原則として当事者双方を採用することになるだろう）。

　一方で、裁判所が争点事実の立証の要否という観点から当事者本人尋問を採用する必要がないと判断する場合において、当事者の双方又は一方から当事者本人の尋問の実施を強く求めてくる場合もある。このような場合、裁判所としては、当事者本人尋問の必要はないとして採用しないことも考えられるが、尋問の実施が紛争解決における当事者の納得を得るために必要があると判断される事案や、尋問後に和解による解決が検討されるべき事案については、尋問時間を限定したうえ、必要な範囲で本人尋問を行うことも認められてよいと思われる。

(2)　人証調手続

　ア　証人及び当事者本人の尋問は、双方の当事者が立ち会う法廷で同一期日に集中して行われるのが原則であり（民事訴訟法182条）、当事者双方が在廷するところで行われる人証調手続を通じ、紛争の全体像や証拠内容について、当事者本人を含む訴訟関係人において認識が共有されることで、当該紛争の和解による解決の可否や、その内容について検討する機会を得られることが多い。したがって、当事者本人尋問では、実質的争点の判断に必要な事実を法廷で明らかにするということはもちろんであるが、当該紛争の解決内容を検討する上で有用な事情についても、適切な範囲で明らかにすることも必要なことと考える。

　そして、証人や当事者本人に対する尋問を行う場合には、紛争に至る経過等

のうち当事者間に争いのない事実や争点事実の存否の判断とは直接の関連性が乏しい事情については陳述書等による立証に委ね、争点事実の認定に必要な事実関係及びこれに関連する事情を中心に、証人等が経験した事項について、簡潔かつ明瞭な質問がされることが望ましい。このような質問は、裁判官の心証形成にとって有効であり、尋問を受ける証人等も、質問の意図を十分に理解したうえで、当時の記憶を喚起しながら質問に答えることを可能とするものであるから、事実の解明にとって望ましい質問の在り方であるといえる。このことは、とくに主尋問において実践されるべきである。そして、相手方の反対尋問の結果、これを弾劾する必要が生じた場合には、その範囲で、再主尋問において必要な質問を行うことが合理的である。

イ　もっとも、実際の尋問（とくに反対尋問）では、自己に不利な証言等を行った証人等に対し、証言等の信用性を弾劾するという目的から、証人等が経験した事実を聞いているのか意見を求めているのかが判然としない質問、争点事実の存否との関連性が不明で、裁判官においてその場で質問の意図や争点事実に関する心証をとることが困難な質問、戦術的で、咄嗟に証言等を行うことが難しい事項に関する質問、証言等が虚偽であるとする質問者の評価を証人等に受け入れさせることを意図した追及的な質問がされることがある。本来、自己の主張と異なる事実を相手方が申請した証人等が証言したとしても、自己が提出している証拠（人証を含む）によって十分に弾劾ができているという事案では、前記のような態様の（反対）尋問を行う必要がないのが通常である。このため、本来の反対尋問において行われる、証言等の信用性を疑わせる事情や経験則を問うような質問とは異なって、前記のような態様の質問が執拗に繰り返されると、事案によっては自己が提出している証拠の信用性が乏しいことを自認しているとの印象を裁判所に与えることがある。

なお、裁判官の訴訟指揮によって、こうした質問をどこまで制限できるかという問題があるが、少なくとも、証人等が質問の内容を十分に理解しないままに誤解して証言等を行う危険がある質問については、質問の趣旨を確認し、必要に応じてこれを制限すべきであろう。

ウ　介入尋問・補充尋問

裁判官は、証人等の尋問手続において、必要な介入尋問や補充尋問を行う。

介入尋問は、証人等に対する尋問の途中に、裁判官が介入して行う質問をいい、当事者の質問が終了した後に改めて質問をするよりも、証人等が証言等の

内容についての記憶が鮮明なうちに、証言等の内容に関する質問をしておいた方が望ましいと判断されるときに行う。具体的には、質問の仕方が明確ではなかったために、証人等が質問内容を誤解して証言等を行った可能性がある場合や、質問の趣旨との関係で的確な証言等を行っていない可能性がある場合、証人等の態度から、証人等が意図的に質問とは異なる事項について証言等を行い、質問に対する回答を避けていると認められる場合、質問に対する回答が不明瞭で証言等の内容を正確に理解できない場合に行われることが多く、質問が中途半端に終了してしまい、それを前提に聞いておかなければならない事項が聞かれなかった場合などにも行うことがある。

　補充尋問は、当事者の証人等に対する質問のすべてが終わった後に裁判官が行う質問をいう。補充尋問を行う目的には種々のことが考えられるが、主として、他の証拠との間に矛盾があるような証言等がされている場合や、争点事実との関係で証言等を得ておく必要のある事項について当事者からの質問がされていなかった場合、それまでの証言等のなかで、争点事実の判断において重要な点に関する質問に証人等が答えていなかった場合のように、証人等が経験した内容を証拠上明らかにしておく必要がある場合に行われる（このような場合に、補充尋問を行っておかないと、裁判官は、判決において、争点事実〔実質的争点〕の存否の判断において重要な事項についての証人等の証言等が欠落した状態で判決をすることになり、控訴審で、原審の判断に不服のある当事者が、改めて、前記欠落した事項に関する証言等を証拠として提出してくる可能性を残すことになる）。そのほかにも、不明瞭な証言等の内容を確認する質問、証言等の信用性に関する質問（たとえば、証人等が過去の事実を明確に記憶しているとして証言等を行っている場合に、明確な記憶の根拠を尋ねるなど）、事案によって、紛争解決のために必要な事情を確認する質問（和解解決の可能性を検討するための質問）などを行うこともある。

　なお、以上のような目的で行われる裁判官による補充尋問の内容は、当事者にとって、その時点における裁判官の心証を推測する手がかりとなることがある。

4　事実認定

(1)　裁判官は、争点事実の存否の判断において、当事者が提出した証拠等を適正に評価して的確な事実認定を行わなければならない。とくに、争点事実が、当事者の体験した事実の存否に係る場合（たとえば、原告が被告に対して現金を交付したか否かが争点である事案など）には、当事者は真実を知っているのであるから、裁判官が真実とは異なる事実認定に基づいて原告の請求の当否を判断しても、不利益な判断を受けた当事者が裁判官の判断に納得しないことは当然であり、このような判断が紛争の実質的解決につながらないことは明らかである（なお、事実認定の証明度については、第1部第2章「弁護士の主張立証活動のあり方」の2(3)のとおりである）。

(2)　裁判官は、事実認定に際し、当事者の主張や供述に真摯かつ素直に耳を傾け、提出されている証拠を全体として適正に評価し、争点事実の存否の判断を誤ることのないようにしなければならない。そのためにも、争点事実の存否（実質的争点）についての当事者の主張を十分に把握し、主張の対立を生じた原因を分析すること、証拠の内容を全体として適正に評価し、当事者が主張する事実（仮説）の存在を基礎付ける間接事実等を押さえたうえで、経験則上、争点事実の存在を前提に通常は認められる事情や矛盾する事情が証拠から認められるかどうかを仔細に検討すること、そして、争点事実に関する当事者の対立する主張（仮説）のいずれが、当事者間に争いのない事実及び証拠によって認定できる事実と整合性を有するのかを経験則・論理則に則って慎重に検討し、いずれの主張（仮説）を採用できるかを多角的視点に立って分析することがとくに必要となる。また、裁判官には、的確な事実認定を行うために、幅広い経験則・論理則の理解が必要とされるのであって、判断の対象となっている争点事実に関し、どのような間接事実の存否が重要な判断要素となるのか、その存否を判断するために提出される証拠にはどのようなものがあるのかを、自らの経験や知見を通じて整理し、これを前提に実際の事件における当事者の主張や提出されている証拠を慎重に検討して、証拠等の評価をすることが大切である。そのために、事実認定に必要な経験則を、日常における生活体験から身につけておくことはもちろん、多様な事件を数多く経験することによって得ておくこ

とも必要であり、一つひとつの事件に真摯に向き合って、事実認定能力を高めることが求められる。

(3) ところで、裁判官としては、当事者が次のような訴訟活動を行う場合には、より慎重な事実認定が求められる。

一つは、当事者の一方又は双方が相手方の主張立証責任に属する事実の存在について、客観的な証拠がないかぎりは争い、自分に有利な主張や証拠のみを選択して提出するといった訴訟行為を行っている場合である。裁判官が、このような当事者の訴訟活動に引きずられ、当事者が行っている主張や提出されている一部の証拠の内容に注意を奪われ、それ以外の、争点事実の存否を判断する上で重要性を有する証拠を見落とし、あるいは訴訟で主張されていない事実や提出されていない証拠の存否に関する検討を怠るなどの事態を招けば、その結果として、誤った事実認定をする危険性が高まることになる。したがって、このようなリスクを生ずることがないように、慎重な検討が必要である。

次に、当事者が、争点事実に関し、真実と異なる主張をしている場合がある。そのような事態は、当事者の過去の記憶が変容していたり、当事者が異なる視点で一つの事実を見るために、解釈上の不一致を生じたりするといったことが原因で生じているものと理解できる事案も多いが、当事者本人のなかには、訴訟をゲームのように考え、実際の事実とは異なる主張をしても裁判に勝訴すればよいといった考えで訴訟活動を行う者がいないとは限らない。そのような事件では、当事者本人は、もともと真実とは異なる主張をしているために、その主張事実と矛盾するような訴訟行為・訴訟態度をとらざるをえなくなったり、矛盾した供述を行ったりすることで真実でない主張をしていたことが表面化したりすることが多い。しかし、裁判官がそのような矛盾を十分に見抜けなかったり、分析が不十分であったりすれば、的確な事実認定ができないリスクを生ずる。当事者の訴訟活動や訴訟態度が主張事実と矛盾していると評価される場合、この点を過度に重要視して直ちに虚偽の主張をしていると断定することは相当ではないが、弁論の全趣旨として斟酌できる場合もある。いずれにしても、当事者本人がこのような虚偽の主張をしているのではないかと合理的に疑われる事案については、慎重に判断を検討することが大切である。

(4) 裁判官は、自身が行った争点事実に関する認定判断が、当該紛争の全体

像(紛争の実態)に照らして、据わりのよいものであるのかどうかということにも意識を向ける必要がある。とくに、一方の当事者の主張を基礎付ける証拠のみを重要なものと評価していないか、自己の認定判断と相容れない事実が証拠上認定できる場合に、その事実の存在を前提としても、自己の判断が維持できる理由を指摘できているか、といった事実認定のバランスにも意を用いる必要がある。

　このような判断のバランスや安定性は、争点事実が規範的要件を基礎付ける個々の評価根拠・評価障害事実であり、これらの認定事実を総合的に評価して判断を行う際には、より強く求められるものである。証拠等によって認定できる評価根拠事実と評価障害事実を前提に総合評価を行う際に、その評価の結果が十分に合理性を有するものであるか否か、重要でない事実の存在を過大に評価していないかといった点については、より慎重に判断を検討する必要がある。

5　和解手続の在り方

(1)　和解勧告

　訴訟上の和解は、当事者の納得の下に紛争を実質的に解決できるという意味において、重要な紛争解決方法である。とくに、裁判官が紛争の実態を踏まえ、審理段階とその時点での心証に応じた解決の枠組み(和解案)を検討しつつ、調整的な活動を行う場合には、その内容においても妥当な紛争解決が期待できるといえる。

(2)　和解勧告の時期

　一般に、和解勧告を行うタイミングとしては、①訴訟提起の初期段階(被告が訴状に対する必要な認否と反論を終えた段階)、②争点整理手続終了時(争点が確定し、争点事実を立証するための人証申請や申請人証に関する陳述書が提出された段階)、③人証調手続終了時(人証調べを含む当事者の主張立証が終了した段階。弁論終結後に行う和解手続もこの類型に属する)において行われることが多いと思われる。

　もっとも、①の段階で和解勧告がされるのは、一般に、原告が主張する請求原因事実に争いがないか、提出証拠によって請求原因事実の全部が認められる

のに対して、被告にとって有効な抗弁主張の提出が困難であるといったように、当事者が早期に紛争解決の見通しを共有できる事案についてである。そのような場合以外に、裁判官が和解事案であると判断したからといって、紛争の全体像が明らかではない段階から和解勧告を行うことは、紛争解決のために有効な方法であるとは思われない（もちろん、そのような訴訟状態において和解勧告を行う裁判官もいると思われるし、そのような訴訟指揮自体を否定するものではない）。実際のところ、裁判官が、紛争の実態や争点の内容及び立証の見通しが明らかではない段階で和解勧告をすることは困難であり、そのような段階で和解協議に立ち会ったとしても、紛争解決のために有効な調整活動を行うことは期待できない。当事者が和解解決を希望している場合であっても、訴訟において紛争の実態が明らかになっていない段階での和解は、裁判官が直接に関与しないかたちで、主として当事者間の和解交渉として行ってもらうことが訴訟審理を遅延させないという点でも望ましい場合が多いと思われる。

　その意味で、裁判官が関与する和解手続が紛争解決方法として重要な役割を持つのは前記②及び③の手続段階における和解勧告である。裁判官は、暫定的ではあっても、それまでの当事者の訴訟活動によって紛争の全体像を把握し、争点を確定したうえで、争点に関する立証の見通しを有しているから、和解手続の状況に応じて、裁判官は必要な範囲で心証を開示しつつ、当事者が和解をすることにどのような利益を有するかという点を踏まえて、合理的な解決の枠組み（和解案）を提案し、当事者の納得を得る方向で紛争解決のための積極的な役割を果たすことが期待できるからである。もちろん、和解手続は判決とは異なるのであって、その時点における暫定的な心証に基づき、紛争解決として当事者双方が受け入れることができる合理的な内容での和解解決を図るものである。裁判官は、紛争の社会的実態を踏まえて、和解として解決するとした場合にどのような解決案が検討できるかを念頭に、当事者の紛争解決に対する考え方を十分に汲み取りながら、和解内容を調整することになる。

(3) 心証開示

ア　和解手続における裁判官の心証開示の目的は、当事者に紛争解決の見通しと和解解決のメリットを提示して、紛争の実態を踏まえた適切な和解内容を検討してもらうことである。和解が、当事者の納得を得て実質的に民事紛争を解決するための重要な紛争解決方法であることに照らしても、そのために必要

な心証開示は積極的になされてよいと考える。また、心証開示には、当事者が、裁判官の示す紛争解決の見通しや主張立証上の問題点等の指摘を聞くことで、これまでの主張立証において不十分な部分を認識し、必要な主張立証を補充する機会が与えられることや、裁判官にとっても、当事者が裁判官の心証に対してどのような反応を示すのかを見極められることで、その心証判断のどの点に当事者が不満を持つのかを把握し、今後の訴訟手続の進め方を検討できるという副次的な意味があることは争点整理における心証開示において記載したことと同じである。

　イ　ところで、裁判官による心証開示は、その手続段階に応じた暫定的なものであっても、当事者にとっては裁判官の今後の判断を推測させることになるという意味において大きな影響を与えかねないものである。したがって、心証開示を行うとしても、それがこれまでの当事者の訴訟活動の結果を前提とする暫定的なものであって、今後、当事者が予定する主張立証の内容によって変わることがあることを念頭に、その審理段階と心証の程度に応じて、和解解決のために必要と認められる合理的な範囲で行うことが望ましい。なお、和解手続における心証開示は、それが和解による紛争解決のために行われる暫定的なものであることから、主として、争点事実の存否に関して主張立証上の問題点を抱えている当事者に対して、相当の方法で行われることが多いと思われる。

　ウ　なお、裁判官は、当事者の一方又は双方が和解による解決を強く否定しており、そのような対応をすることに合理的な理由があると思われる場合にまで、強いて和解勧告を行うことは相当ではないと考える。このような場合に和解勧告をしても、いたずらに審理の長期化を招くだけであるし、自己の主張が受け容れられないという裁判官の心証開示を受けた当事者が、事実はともかく、理論上考えられる主張のすべてを追加してくるというような事態となれば、かえって紛争解決のために無用な争点を増やし、訴訟手続を混乱させ、訴訟遅延のリスクを生じさせることになる。したがって、和解勧告は、紛争の実態や当事者の和解解決に対する考え方などを見極めたうえで、紛争解決に必要かつ有用な場合を前提に行うことが相当であると思われる。

　エ　なお、ときに弁護士から、和解解決を検討していたのに裁判所から和解勧告がされることがなかったという話を聞くことがある。その事件における裁判官の考え方によるものであるから、その理由を一概に推測することはできないが、訴訟当事者は、訴訟における自らの主張立証の内容が、紛争の実態に照

らして受け容れがたいものであるのに、当該主張の正当性のみを強弁し、相手方との信頼関係を損なうような訴訟活動を行ってはいなかったか、相手方にとって受け容れがたいような主張や相手方を非難するような主張立証を行ったりしていなかったか、和解解決を望んでいないと受け取られるような訴訟活動をしていなかったかという点を振り返ってみる必要がある。裁判官は、そのような訴訟活動が行われる事件について、和解勧告を躊躇し、和解による解決を図ることは相当ではないと判断することもある。なかには、裁判官による心証開示に反発する当事者の場合など、和解解決の機会を設けても、紛争解決にとって無用な追加主張がされるだけであると考えて、和解勧告をしないこともあると思われる。裁判所の和解勧告による紛争解決を希望する当事者は、訴訟提起段階で裁判所に提出する「訴訟進行に関する意見書」にその旨を記載することができるし、訴訟手続の適宜の段階で、裁判官に対し、進行についての意見として、和解による解決を希望する考えがあることを相当な方法で伝えることも必要な場合があるだろう。

6 判決書作成（判決起案）

(1) 判決書の目的

判決書作成の目的は、①訴訟当事者に対し、判決の内容を知らせるとともに、これに対し上訴するかどうかを考慮する機会を与えること、②上級審に対して、その再審査のため、いかなる事実に基づき、いかなる理由の下に判決をしたのかを明らかにすること、③一般国民に対して、具体的な事件を通じ法の内容を明らかにするとともに、裁判所の判断及び判断の過程を示すことによって裁判の公正を保障すること、④判決をする裁判官自身に対しては、自己の考え、判断を客観視することを可能とし、自己の行った審理の跡を振り返ることによって、反省する契機ともなる、といわれる（起案の手引を参照）。

そして、民事訴訟制度の目的が、民事紛争を実質的に解決し、これによって社会の法的安定性を図ることを通じて社会の秩序を維持することにあること、したがって、その目的を実現するためには、紛争当事者が判決の内容を受け容れて紛争をやめることが重要であることからすると、判決書の内容は、当事者にとってわかりやすいもので、その知りたいところに簡明かつ的確に答えるも

のでなければならない（最高裁判所事務総局編『民事判決書の新しい様式について』〔法曹会、1990年〕）。つまり、当事者にとって、判決の結論・判断の過程が容易に理解でき、紛争の中心的争点（判決の結論を左右する重要な争点事実・実質的争点）が的確に記載され、争点事実の存否に関する裁判所の判断過程（証拠に基づく事実認定と結論に至る判断過程）が明瞭に読み取れるものでなければならない。そのためには、判決書に、紛争当事者の関係性、紛争を生じた原因やその過程等の紛争の全体像が的確に記載され、原告が選択した訴訟物である権利、その権利の存否の判断を左右する中心的争点（争点事実）、争点事実の存否に関する判断過程（事実認定）、認定事実から結論を導いた判断過程、結論自体（主文）が明瞭かつわかりやすく記述されていることが必要である。その一方で、当該訴訟の結論に関係しない事項に関する有害的記載、当事者の感情を害しかねない表現記載、類似紛争に与える影響について誤解を与えかねない表現記載などがないかについて点検し、そのような記載をしないように注意をしなければならない。

(2) **判決起案について**

ア 判決起案については、一般に、口頭弁論終結後に行う裁判官が多いと思われる。判決が裁判所の最終判断であることからすれば、判決起案は、当事者が最終口頭弁論期日において最終準備書面を陳述したことを前提に行うのがふつうであるともいえよう。しかし、当事者が最終準備書面のなかで新たな主張を追加してくる可能性が排除できなかった旧民事訴訟法下の運用であればともかく、現行の民事訴訟法に基づき、争点整理手続が十分に行われ、争点に絞った証拠調べ（人証調べ）をすることができるという事案であれば、少なくとも裁判官が単独で審理する事件では、遅くとも、人証調べを実施する期日までに、判決書の事実に関する部分（請求、事案の概要、前提事実、争点〔争点事実と争点に関する当事者の主張〕部分）の作成を終えておくことは十分に可能である。そして、このようにすることで、当事者の主張内容に不十分な事項や不明確な部分があるかどうかを点検でき、それがあれば、速やかに補正してもらい、補正を前提に人証調べを実施することができることになる。実際に、口頭弁論終結後に判決起案を行うとなれば、その時点で当事者の主張の不備や証人等に質問をしておかなければならなかった事項が判明することがないとはいえないし、弁論再開等の手続を要することにでもなれば、当事者に迷惑をかけることにも

なる。また、人証調べ実施後、理由を含む判決起案の草稿の作成を弁論終結時までに終えておければ、これを踏まえた和解勧告が可能となるほか、口頭弁論終結日から短期間のうちに判決言渡しをすることができることになる。さらには、判決起案の草稿を手元において、口頭弁論終結時までに当事者が提出した最終準備書面を読み、改めて、自らが起案した判決草稿の内容を点検し、必要な補充や修正をすることもできるのである。

　もちろん、すべての担当事件について、前記のような起案準備をしておくことは裁判官が多くの事件を並行して審理しているという実態に照らすと困難であろうと思われる。また、このような判決準備を可能とするためには、争点事実に関して十分な審理が尽くされていることが必要であるから、訴訟当事者（代理人弁護士）の訴訟活動が民事訴訟法に従って適時に行われていることが必須であり、少なくなったとはいえ、認証調べ終了後に、訴訟当事者が、新たな主張を追加し、争点事実を立証するための証拠（陳述書を含む）を追加するといった望ましくない訴訟活動を行ってくるような場合には、その範囲で改めて判決起案をしなければならなくなってしまう（なお、口頭弁論終結期日に新たな主張等を追加してくる当事者は、その時点で、審理の経過から敗訴判決が必至であると考えていることがうかがわれる場合が多いと思われるが、このような主張等の追加をしたかどうかによって、判決の結論が有利に変更されるような事態は通常は考えにくいし、そのような訴訟活動を行うこと自体が民事訴訟法2条の規定の趣旨に反する場合があることを指摘しておきたい）。しかし、裁判官が紛争の全体像を踏まえて適切に争点整理手続を行っていれば、後者のような事態を招くことを心配すべき事案は少ないといえる。

　イ　裁判官は、判決書を作成したのち、一定の期間を置いてから、改めて自身が作成した判決書を読んで、当事者にとってわかりやすい記載となっているかを確認し、当事者が提出した訴訟資料、証拠資料に基づき、紛争の全体像を十分に把握したうえで、その内容を記載した起案がされているか否か（木を見て森を見ない判決になっていないか）、紛争を生じた経過や原因が浮き彫りにされているか、紛争の全体像に照らして的確な争点が記載され、争点に関して必要な証拠が提出されているか、証拠に基づく争点事実の認定の結論が簡潔かつわかりやすく記載されているか、争点に対する判断と主文の結論に齟齬はなく、判決の結論が明確に記載されているかといった点を慎重に点検して、判決の言渡しに備えることが大切である。また、事案によっては、判決の結論及び理由

の説示が、同種紛争にどのように影響するかを分析し、判決の射程について誤解を生じないような配慮をすることも必要である。

7　民事裁判官が職責を果たすために

　以上に述べたことは、長い間、主として民事事件を担当してきた裁判官としての経験を踏まえて、私自身が考え、できるだけ実践することを心がけてきたことである。このような考え方を当然のこととして読まれる方もあれば、自分の考え方とは異なるとの印象を持たれる方もいるであろう。裁判官は、独立して職権を行使すべき立場にあり、訴訟指揮の在り方も、職責の果たし方も、裁判官の考え方や担当する民事紛争の内容によって異なりうるものである。ただ、民事裁判官がどのような目的の下に裁判官としての職責を果たしていくことが必要であるのかについては、日頃から、十分に念頭に置いて実務に携わる必要があると思う。

　私の本論考が、少しでも民事裁判官としての経験の少ない若手裁判官の方々にとって、裁判官としての職責を果たす上での参考となれば、このうえもない幸せである。

第2部

紛争類型別の紛争解決の手引

民事訴訟が提起される
典型的な紛争類型

第1章
売買契約をめぐる紛争(1)
売主による請求

池田 知子
清永 敬文

1 はじめに

　売買契約をめぐる紛争は、民事訴訟実務において少なからぬ割合を占めており、そのなかでも売主からの代金支払請求の事案は、典型的かつ基本的な訴訟類型であるといえる。もっとも、請求原因自体は一見シンプルなものであっても、紛争の内実をみると、契約書がなく売買契約の存否そのものが争われるもの、契約書があってもその合意内容の解釈に争いがあるもの、目的物の性状に問題があり売買の基礎とした事情と現実に食い違いがあるものなど、買主が代金を支払わない理由はさまざまである。そして、その争われ方によって、検討すべき事項や審理上の留意点も異なってくるし、時に紛争に係る事実関係が込み入り複雑な様相を呈することもめずらしくない。
　本章では、まず不動産及び動産の特定物売買の事例を取り上げ、次いで不特定物を目的とする継続的売買の事例を取り上げて、それらの紛争解決に必要な主張立証上の基本事項や考え方を説明したうえで、適正な解決のために必要なポイントを明らかにしていくことにしたい。

2 事例

　まず、売主が買主に対して売買契約に基づいて代金の支払いを求める事例を通じて、相談者の主張から構成できる権利を考察するとともに、その存在を基

礎付けるために必要な事実（主要事実）について考える。

(1) 相談事例1

> 私（A）は、平成27年2月1日、Bとの間で、本件土地を代金8000万円でBに売却し、Bは、同月20日までに手付金300万円を控除した残代金を私名義の銀行口座に振り込んで支払うこと、同日までに支払わないときは代金額の2割を違約金として支払うとの合意をしました。しかし、Bは、約束の期日までに手付金300万円を除いた残代金を振り込まなかったので、残代金と違約金の支払いを請求したいと思います。

ア 事例1の場合、Aは、Bを相手に、①売買契約に基づく代金支払請求と、②履行遅滞に基づく損害賠償請求を行うことになる。

判例は、一個の債権の数量的な一部についてのみ判決を求める旨を明示した請求の場合、その部分のみが訴訟物になるとする（最判昭37・8・10民集16巻8号1720頁）。したがって、①については、代金8000万円のうち、手付金300万円を控除した残代金7700万円の請求権が訴訟物となろう。

イ 売買代金支払請求

民法555条は、「売買は、当事者の一方がある財産権を相手方に移転することを約し、相手方がこれに対してその代金を支払うことを約することによって、その効力を生ずる」と規定しており、売買契約の成立によって代金支払請求権は直ちに発生するから、Aは、代金支払請求のためには、Bとの間で売買契約を締結したことを主張立証すれば足りる。そして、同条の規定から、目的物と代金額（又は代金額の決定方法の合意）が売買契約の本質的要素であると解されるから、Aは、売買契約の締結をいうために、これらの事実（本件土地、代金8000万円）を具体的に主張立証する必要がある（類型別2頁、新問研10頁、30講166頁）。

なお、代金支払債務の履行期限の合意は、売買契約の本質的要素（成立要件）ではなく付款（特約）にすぎず、付款の主張立証責任は、これによって利益を受ける当事者（買主）に帰属すると解される（抗弁説、類型別3頁）。したがって、代金支払請求との関係では、Aが請求原因としてこれを主張立証する必要はない（抗弁説によれば、期限の合意は買主が主張立証責任を負う抗弁事実になり、

さらにその期限の到来が売主の再抗弁事実になる)。また、売買契約は諾成契約であるから、Aは目的物の引渡しを主張立証する必要はないし、他人の財産権を目的とした売買契約も有効である（民法560条）から、Aは売買契約締結当時、本件土地がAの所有であったことを主張立証する必要もない。

　ここで手付に係る主張の位置付けについても触れておく。手付は、契約が履行されれば売主から買主へ返還されるべきものであり、その点で売買代金債務の一部履行として支払われる内金とは理論上異なるが、特約があれば、交付済みの手付金が代金の一部弁済に充当されうるし、金銭をもって手付とした場合には、黙示的にその旨の特約が結ばれているのが通常であると解される（大判大10・2・19民録27輯340頁参照）。事例1では、AB間で、手付金300万円を控除した残代金を支払うとの合意がされているが、前記**ア**のとおり、判例の見解によれば、訴訟物は8000万円の売買代金債権全部ではなく、そのうちの7700万円であると解されるから、Aからすれば、その合意の主張は（厳密には手付金300万円の交付の主張は）代金支払請求に対する一部抗弁の先行自白となるわけではなく、単なる事情にとどまる。ただし、後記の「7　予想される抗弁以下の攻撃防御の展開」のとおり、事例1では、被告から手付解除の抗弁が提出されることも考えられ（この場合は、手付に係る主張は抗弁事実になる）、実務上は事情としてであっても訴状段階から手付の授受の事実に言及されているのが通常と思われる。

　ウ　違約金支払請求

　「違約金」とは、契約において債務不履行があった場合に、不履行をした当事者が相手方に支払うことをあらかじめ約束した金銭のことをいう。不動産取引では、売買代金額の一定割合を違約金とする違約金条項が定められていることが多い。

　違約金の性質については、別途損害賠償請求ができる「違約罰」の場合と、違約金の限度で損害賠償請求ができる「賠償額の予定」の場合とがあるが、民法420条3項は、「違約金は、賠償額の予定と推定する」と規定しているから、違約金の合意があれば、特別の事情のないかぎり、その額が損害賠償額の予定額として扱われる。この場合、違約金は損害賠償の性質を持つことになる。

　そうすると、Aは、違約金の支払いを請求するためには、債務不履行（代金支払債務の履行遅滞）に基づく損害賠償請求権の発生原因事実について主張立証する必要があり、まず、一般的な要件として、①履行すべき本来債務の発生

原因事実、②弁済期の経過、③損害の発生とその数額、を充たす必要がある。そこで、①として売買契約の締結（前記イ）を、②として代金支払債務の履行期限の合意とその経過（民法412条1項）を、③として違約金合意の存在を主張することになる。

　また、売買契約は双務契約であり、①によって代金支払債務に同時履行の抗弁権（民法533条）が付着していることが明らかになるところ、同時履行の抗弁権の存在は、履行遅滞の違法性阻却事由に当たると解されているので（存在効果説、我妻V_1・153頁）、同時履行の抗弁権の存在効果を消滅させる必要がある。目的物が不動産の場合、買主の代金支払債務と売主の所有権移転登記手続債務との間に同時履行の関係があることは争いがないが、買主の代金支払債務と売主の目的物引渡債務との間に同時履行の関係を認めるべきかについては争いがある（30講175頁）。目的物が土地の場合、判例（大判大7・8・14民録24輯1650頁）及び有力説（我妻V_1・93頁、内田Ⅱ50頁）によれば、原則として、買主の代金支払債務と同時履行の関係に立つのは売主の所有権移転登記手続債務であって、売主の目的物引渡債務ではないから、この立場によれば、④売買契約に基づき目的物の所有権移転登記手続の提供をしたこと、が主要事実になる（類型別4頁）。そして、②と④のより遅い時期以降に違約金を請求できることになる。

(2)　相談事例2

> 　私（C）は、Dに対し、平成27年8月3日、著名な画家Eが描いた「紛争のない街」と題する絵を、同月31日にD宅で引き渡すとの約定の下、代金160万円で売りました。私は、同月31日、絵を持ってDの自宅に赴き、代金の支払いを請求したのですが、Dは絵の受取りを拒否して代金の支払いをしません。Dに対して、代金と遅延損害金の支払いを求めたいと思います。

ア　事例2は、同じく売買契約をめぐる紛争で売主からの請求事例であるが、事例1の目的物が不動産であったのに対し、目的物が同じく特定物であるものの動産である点で異なる。事例2の場合も、Cは、Dを相手に、①売買契約に基づく代金支払請求と、②履行遅滞に基づく損害賠償請求を行うことになる。

イ　売買代金支払請求

　代金支払請求のためには、売買契約を締結したことのみを主張立証すれば足り、目的物と代金額が売買契約の本質的要素であるから、Ｃは、Ｄとの間で売買契約を締結したというために、これらの事実（「紛争のない街」と題する絵、代金160万円）を具体的に主張立証する必要があること、その他の事項については請求原因で主張立証する必要がないことは、事例１で述べたとおり（前記(1)イ）である。

　ちなみに、ＣとＤとの間には絵の引渡日について約定があるところ、売買の目的物の引渡しについて期限があるときは、代金の支払いについても同一の期限を付したものと推定されるが（民法573条。同条はいわゆる解釈規定である〔要件事実(1) 228頁〕）、この目的物の引渡期限の合意は、売買契約の本質的要素ではなく付款（特約）であるから、代金支払請求との関係では、Ｃが請求原因として主張立証する必要はない（なお、未到来の場合であれば、この合意が代金の支払期限として抗弁になる）。

ウ　遅延損害金請求

　履行遅滞に基づく損害賠償請求をするためには、前記(1)ウと同様に、まず、一般的な要件として、①履行すべき本来債務の発生原因事実、②弁済期の経過、③損害の発生とその数額、を充たす必要がある。Ｃは、①については売買契約の締結を主張し、②については目的物の引渡期限の合意（民法573条により代金支払いも同一期限となる）とその経過（民法412条１項）を主張すればよい。③については、金銭債務の不履行の場合、特約がなくても当然に法定利率年５分（民法404条）の割合による損害金を請求することができる（同法419条１項本文）。

　また、売買契約は双務契約であるから、代金支払債務に付着している目的物引渡債務との同時履行の抗弁権（民法533条）の存在効果を消滅させるため、④売買契約に基づき目的物の引渡しの提供をしたこと、を主張する必要がある（このように同時履行の対象は、目的物が不動産の場合〔事例１〕と、目的物が動産の場合〔事例２〕とで異なる）。特定物の引渡しは、特約がなければ、売買契約成立当時にその物の存在した場所になるが（民法484条）、事例２では「Ｄ宅で引き渡す」との特約があるので、Ｃは、この特約の存在を主張して、絵を持参してＤの自宅に赴いたことが目的物の引渡しの提供に当たる旨を主張していくことになる。

さらに、民法575条2項の「利息」の法的性質について、遅延損害金であると解する多数説（遅延損害金説）によれば、①〜④に加えて、⑤売買契約に基づき目的物を引き渡したこと、の主張が必要になる（類型別4頁）。民法575条2項の「引渡し」は占有移転を意味し、引渡しの提供では足りないので、結局、④は⑤に含まれることになる。そして、②と⑤のより遅い時期以降の遅延損害金を請求できることになる。

ところで、事例2では、Dが絵の受取りを拒否しており、目的物の引渡しが完了していない。判例は、売主が引渡しを遅滞しているときでも、買主が代金を支払わない以上、売主は果実収受権を失わないとしている（大判大13・9・24民集3巻440頁。同判決が引用する大判大4・12・21民録21輯2135頁は、買主が代金支払いを遅滞した事案であるが、売主の引渡しが未了である以上、買主は遅延利息を支払う義務はない旨を判示している）。そうすると、Cが目的物の引渡しの提供をしていても、CからDへの目的物の引渡しが完了していない以上、Cは遅延損害金として、民法575条2項にいう「代金の利息」は請求することができないと解される（なお、CがDに対し、Dの代金支払債務の履行遅滞を理由に同項の「代金の利息」以外の損害賠償請求をしたり、売買契約の解除をしたりすることは別論と考えられる）。

(3) 相談事例3

> 私（F）は、魚の卸業をしていますが、平成20年1月から、料理店を営むGに対して日々の注文に応じて魚を売っています。代金の支払いは毎月末日〆で翌月末日払いです。Gとの継続的な取引関係は平成27年3月まで続いていたのですが、Gが平成26年11月30日支払分から代金の支払いを遅滞するようになり、遅れて支払った分を精算しても平成27年3月31日時点で230万円の売掛金が未回収となったため（同年3月分の売掛金は25万円）、同月をもってGとの取引を打ち切りました。Gに対して代金の支払いを請求したいと思います。

ア 事例3も売買契約をめぐる紛争で売主からの請求事例であるが、事例1及び2がいずれも一回限りの特定物売買であったのに対して、事例3は継続的な不特定物売買の事例である。事例3の場合も、Fは、Gを相手に、売買契約

に基づく代金支払請求を行うことになる。

イ　Fは、事例1及び2と同様、代金支払請求のためには、Gとの間で売買契約を締結したこと、具体的には売買契約の本質的要素である目的物と代金額の合意を主張立証する必要がある。事例3のような継続的取引の場合、実務上は、まず基本契約の締結（事例3でいえば、平成20年1月頃、代金の支払いは毎月末日〆で翌月末日払いとの約定で魚を売買するとの合意をしたこと）を主張したうえで、未払代金に係る取引について、一覧表などを活用して、その時期（いつ）、目的物（何を）、代金額又は代金額の決定方法（いくらで）が明らかになるように整理して主張することが多い。とくに、売買の内容自体や残代金額が争われる事案においては、これらを厳密に特定して主張する必要性が高いといえる。

3　弁護士が受任に際して検討すべき事項

依頼者から相談を受けた弁護士としては、事実関係の聴取り及び資料の確認・収集と、法律構成の検討を行い、そのなかで、予想される争点を把握し、事件の見通しを立てて、方針の決定・紛争解決手続の選択を行わなければならない。

上記のうち、法律構成については前述のとおりであるので、以下、事実関係の聴取り及び資料の確認・収集、予想される争点の把握及び事件の見通し並びに方針の決定・手続の選択について、事例に即して述べる。

(1)　相談事例1
ア　事実関係の聴取り及び資料の確認・収集
(ア)　全体像の把握と契約書の確認

依頼者からの事実関係の聴取り方や資料の確認方法については、ケースごとに工夫が必要であるが、どのケースにおいても、相談の早い段階で、売買に至る経緯から現在の状況までの概要を聴き取って、事案の全体像を把握しておくとともに、基本的な資料として売買契約書の有無を確認しておくことが重要である。

そして、売買契約書が存在する場合には、その内容を精査して、依頼者の説明と合致しているか否かを確認し、もし合致しない部分がある場合はなぜ合致

しないのかを聴き取ることも必要である。また、売買契約書が存在しない場合には、契約書を作成しなかった理由を聴き取るとともに、契約書の代わりにAB間の契約内容を示す資料がないか確認したり、契約内容を推認させる間接事実としてどのようなものがあるかを聴き取ったりすることも必要である。

(イ) 目的物の特定

売買の目的物が登記・登録の対象となっていない動産の場合には、特定が困難となるケースもあるが、事例1の場合は、目的物は土地であるから、登記事項証明書の記載によって容易に特定することができる。

(ウ) 違約金に関する確認

事例1においては、「違約金」に関するAの請求内容を確定させるため、AとBが合意した「違約金」が、違約罰の趣旨なのか賠償額の予定の趣旨なのかを聴き取るとともに、売買契約書やその他の資料にそのような趣旨の記載があるか確認する必要がある。

また、違約金を請求できる状況になっているかどうか、すなわち同時履行の抗弁権の存在効果を消滅させているかどうかを確認するため、本件土地の所有権移転登記手続の提供をしているか否かを聴き取るとともに、仮に提供している場合には、それを立証する資料があるか否かを確認することが必要となる。

(エ) Bの不払いの理由の確認

予想される争点を把握して見通しを立てるために、Bが残代金を支払おうとしない理由についても確認する必要がある。

そして、その理由が、たとえば、「手付解除（民法557条1項）を行うつもりである」ということであれば、手付解除が可能な状況かどうか、すなわち、すでにAが履行に着手しているかどうかについて、事実関係を確認する必要がある。そして、仮に本件土地の所有権移転登記手続の提供をしているようであれば、履行の着手が認められ、手付解除は不可能となるので、その提供の状況を示す資料（登記申請書類や、登記手続の準備が整った旨の通知書面等）を収集する必要がある。

また、Bの意思表示に瑕疵があるというものであれば、売買契約締結に至る経緯や締結時の状況についてさらに詳細に聴き取って、意思表示に瑕疵があるかどうかを見極めるとともに、反論に有用な資料の有無を確認したり、収集を検討したりする必要がある。具体的には、「契約時点では説明を受けていなかった建築制限が本件土地に存在し、計画していた建物が建てられなくなったの

で、錯誤により無効である」といった主張をBがしているのであれば、Aが売買契約前に説明資料として交付した書面等があるかどうかを確認し、書面等がある場合には、「AがBに建築制限の存在をきちんと伝えていてBが錯誤に陥るはずがない」と立証することができるような記載内容になっているかどうかを確認する必要がある。また、これは動機の錯誤であるから、動機が表示されていたかについてもAから聴き取っておく必要がある。さらに、Bの重過失の有無を判断するために、評価根拠事実及び評価障害事実についても聴き取っておく必要がある。なお、この建築制限に関しては、瑕疵担保責任の規定による解除（民法570条）の主張も考えられるが、その場合も、上記説明資料等の有無が重要となる。

　さらに、たとえば、「本件土地の実際の面積が契約書の面積より小さい」ということであれば、本件土地の面積を実測して、契約書の面積より小さいか否かを確認するとともに、数量指示売買に該当するかどうかも含めて判断する必要がある。

　また、「有害物質が地中に埋まっていることが判明した」というものであれば、現場の確認や必要な調査を行い、実際にそのような瑕疵があるかどうかを見極めるとともに、瑕疵が存在しないのであれば、それを立証するための資料を検討・収集し、瑕疵が存在するようであれば、瑕疵担保責任を負わない旨の特約の存否や知りながら告げなかった事実の存否（民法572条）についても確認する必要がある。

　なお、Bは、手付金を支払っている以上、売買契約がそもそも存在しない（成立していない）と主張してくることはあまり考えにくいが、仮にそのような主張がなされているのであれば、売買契約の存在（成立）を示す売買契約書その他の資料の確認・収集が必要となる。

　イ　予想される争点の把握及び事件の見通し並びに方針の決定・手続の選択

　上記の事実関係の聴取り及び資料の確認・収集を通じて、どのような点が争点となるかを予想し、その争点についてAの主張を裏付ける資料がどの程度そろうかを吟味・検討して、Aの請求が最終的に認められるかどうかの見通しを立てる必要がある。たとえば、前述のとおり、Bが手付解除を主張しているのであれば、履行の着手の有無が主たる争点となり、Aが履行に着手していることを裏付ける資料がそろうかどうかがポイントとなる。

　そして、それを踏まえて、たとえばAの主張を裏付ける資料があまりそろ

わない場合には、なるべく訴訟外の任意交渉での解決を図るという方針の下に進めていくことになるであろう（もとより、Aの主張が虚偽である場合には、その主張に沿って交渉すべきでないことはいうまでもない）。また、たとえば、Aの主張を裏付ける資料が十分そろう見込みであり、かつ、Bの対応ぶりからすると任意交渉での解決が不可能と思われる場合には、直ちに訴訟を提起することも考えてよいであろう。さらに、民事保全（仮差押え）を申し立てるか否かについても検討を行う必要がある。

また、事実関係の聴取りを経ても、Bの不払いの理由が不明の場合は、まずは内容証明郵便でBに残代金及び違約金の支払いを催告するなど、訴訟外での交渉を行い、Bからの反論等を確認するところから始めることも検討すべきである。

なお、Aとしては、残代金及び違約金を請求するという選択肢のほかに、債務不履行を理由に解除して本件土地の所有権を確保するという選択肢もありうるところであるから、後者の選択肢も存在することをAに説明したうえで、残代金と違約金の請求を希望する理由をAから聴き取って、方針を確認しておく必要がある。たとえば、本件土地は、Bだからこそ8000万円で買ってくれたのであって、通常は低い金額でなければ売却することができないとか、あるいは、なかなか買い手のつかない物件であるといった事情があるようであれば、残代金及び違約金を請求する方針を維持することとなるであろう。

(2)　**相談事例2**
ア　事実関係の聴取り及び資料の確認・収集
(ア)　全体像の把握と契約書の確認
この点については、事例1と同様である。
(イ)　目的物の特定
事例2は、目的物が絵であるから、画家名、タイトル、製作時期、寸法、写真等によって特定することになる。画家によっては、同一タイトルで複数の作品を描いている場合もあるので、写真による特定も重要である。
(ウ)　Dの不払いの理由の確認
事例2においても、予想される争点を把握して見通しを立てるために、Dが絵の受取りを拒否して代金を支払わない理由を確認する必要がある。
たとえば、「売買の目的物たる絵が贋作である」として、詐欺取消し又は錯

誤無効を主張し、絵の受取り及び代金の支払いを拒否しているのであれば、真作であることを示すための資料として鑑定書が存在するかどうかを確認し、鑑定書がない場合には、然るべき鑑定人・団体に鑑定を依頼することを検討するとともに、もともとＣが絵を誰から入手したのか等、絵の来歴についても可能なかぎり調査して、贋作の売買がなされるような疑わしい入手経路ではないことを確かめておく必要がある。

また、たとえば、「画家Ｅとよく似た名前の別の画家の絵だと勘違いして買った」、あるいは、「画家Ｅの同じタイトルの別の絵と間違えて買った」といった錯誤を主張しているのであれば、売買契約締結に至る経緯及び締結時の状況を詳細に聞き取って、Ｄが錯誤に陥っていた可能性があるかどうかを吟味するとともに、Ｄの重過失の有無を判断するために、評価根拠事実及び評価障害事実についても聴き取っておく必要がある。

(エ)　同時履行の抗弁権との関係での確認

訴訟においては、同時履行の抗弁をＤが主張してくることも考えられる。事例２においては、Ｃが絵を持参してＤの自宅に赴いており、そこで履行の提供がなされているが、その提供が継続されないかぎり、同時履行の抗弁権をＤは失わないので（最判昭34・5・14民集13巻5号609頁）、履行の提供を継続している状況か否か、また、仮に継続していないとしても、いつでも直ちにＤに絵を引き渡すことができる状況にあるか否かを確認しておく必要がある。

イ　予想される争点の把握及び事件の見通し並びに方針の決定・手続の選択

一般論については事例１と同様であるが、事例２においては、たとえば、前述のとおり、絵が贋作であるとして詐欺ないし錯誤がＤから主張されているのであれば、絵の真贋が主たる争点となり、絵が真作であることを裏付ける資料がそろうかどうかがポイントとなる。

(3)　相談事例３

ア　事実関係の聴取り及び資料の確認・収集

(ア)　全体像の把握と契約書の確認

この点については、基本的には事例１と同様であるが、事例３のような継続的売買契約の場合、基本契約書が存在するのみで個別契約に関する契約書類は存在しないケースや、そもそも一切契約書類が存在しないケースも少なからずみられる。そのため、目的物の発注、納品、受入れ検査、請求、支払い等につ

いて、実際の流れに沿って具体的に聴き取り、当事者間の合意内容を整理しておくとともに、帳簿等の記録が整っているかどうかについても確認しておくことが必要である。

　(イ)　目的物の特定

　事例3は、目的物が魚であるから、基本的には名称、サイズ、数量等によって特定することになると思われるが、実際のFG間の取引においてどのようなかたちで特定されていたかをFから聴き取って、特定のための項目・要素を工夫すべきである。

　(ウ)　Gの不払いの理由の確認

　事例3においても、予想される争点を把握して見通しを立てるために、Gが代金の支払いを遅滞するようになった理由を確認する必要がある。

　たとえば、「実際に買った数量より多い数量を買ったものとして代金が計算されている」とGが主張しているのであれば、Fの請求している数量が、実際に売買された数量と合致していることを示す発注書、受注書、納品書、帳簿といった資料の存否を確認し、存在しない場合には、別の立証手段を検討・収集する必要がある。

　また、「すでに弁済した取引分について重複して請求されている」とGが主張しているのであれば、これまでの取引数量と弁済金額とを照合することができるような資料（発注書、受注書、納品書、振込口座の通帳、帳簿等）の有無を確認し、存在しない場合には、別の立証手段を検討・収集する必要がある。

　さらに、「魚が傷んでいるなど品質に問題があった」ということであれば、品質に問題がなかったことを示す資料の有無を確認するとともに、受入れ検査について契約書等でどのように規定されているか、あるいはこれまでどのような取扱いが確立していたのかを確認のうえ、傷んだ魚がある旨の指摘がG側からなされていたか否か、なされていたとしてその状況についても聴き取っておく必要がある。

　イ　予想される争点の把握及び事件の見通し並びに方針の決定・手続の選択

　一般論については事例1と同様であるが、事例3においては、たとえば、前述のとおり、実際より多い数量の代金を請求されているとGが主張しているのであれば、残代金の額（当該魚に関する売買契約の存否）が主たる争点となり、また、すでに弁済した取引分について重複して請求されているとGが主張しているのであれば、弁済の有無が主たる争点となり、それぞれ、前述のような

資料がそろうかどうかがポイントとなる。

4　争点整理手続のあり方

(1) 争点の確定

　裁判所（裁判官）は、訴状が提出された段階から、その後の審理の展開を予測して必要な準備を行い、適切に釈明権を行使して、早期に争点が確定するよう手続を進めていくことになる。その争点整理手続においては、主要事実レベルでの争いを確定するだけでなく、重要な間接事実とそれに対する認否や、証拠関係の整理まで行って、中心的な争点が何であるかを実質的に議論検討し、双方代理人との間でその認識を共通化しておくことが重要である。

　売主が買主に対して売買契約に基づいて代金の支払いを求める事例では、買主が代金を支払わない理由が何かによって、審理のポイントが変わってくる。この種の事案においては、売買契約の成否自体が争われるものも一定数存在する。訴状には、立証を要する事由につき重要な書証の写しを添付することになっているので（民事訴訟規則55条2項）、売買契約書が存在するのであれば、訴状とともに提出されるのが通常である。もっとも、売買契約書が存在していても、被告（買主）がその成立の真正を争う場合がある。その場合には、被告に対し、署名又は押印が作成名義人の意思に基づくことを争うのかを確認し、これを争うのであれば、さらに印影が作成名義人の印章によることは認めるのか否かを確認したうえ、成立の否認の具体的理由を明らかにすることを求めて、民事訴訟法228条の推定規定との関係、あるいはいわゆる二段の推定（最判昭39・5・12民集18巻4号597頁）との関係で何を審理判断していくかを見極めることになる。

　これに対し、売買契約書が存在しない場合もある。売買契約は諾成不要式の契約であるから、売買契約書が作成されていなくても売買契約の成立が直ちに否定されるものではないが、この場合には、間接事実の積み重ねにより原告が主張する売買契約の締結が推認できるかを考えていくことになるので、交渉経過や当事者の事後的言動、当事者間で交わした書面等の有無やその内容、売買契約書を作成しなかった理由などについて、十分な主張立証が尽くされるように審理を進めていくことになる。

また、売買契約の具体的な合意内容について、当事者間の認識に齟齬がある場合もある。たとえば、事例3は継続的売買契約のケースであるが、基本契約書が存在するのみで個別契約に関する契約書が存在しない場合や、そもそも契約書類が一切存在しない場合もありうる。その結果、実際に取引された目的物（魚の種類、数量等）又は代金額（単価）の認識に食い違いが生じて残代金額の争いになっていることが考えられる。事例3においては、一定期間継続的に納品とこれに対する代金の支払いがされてきた経緯があるから、取引の実態（目的物の発注方法、納品方法、受入検査の方法、代金の請求方法、支払方法等）について、早期の段階で当事者双方の主張を突き合わせ、可能なかぎり争いのない事実（前提となる事実）を整理して、争点を絞っておくことが有用であろう。

　なお、附帯請求として履行遅滞に基づく損害賠償請求権も訴訟物となっている場合には、代金支払債務の履行期限の合意も争点となりうる。また、事例1のように違約金の請求をする場合には、違約金の合意も争点となりうる。もっとも、売買契約書が存在すれば、通常は同契約書に代金の支払期限や違約金の定めが記載されていることが多いであろうから、これらの特約についての争点整理は、売買契約書の存否に係る争点整理と連動するであろう。また、原告が同時履行の抗弁権の存在効果を消滅させているか（原告が自己の債務に係る弁済の提供をしているか）についても確認することになろう。

　さらに、被告が代金を支払わない理由が、抗弁となる内容であれば、その抗弁事実の有無を中心に審理していくことになる。たとえば、事例2において、被告が「売買の目的物たる絵が贋作である」として、詐欺取消し又は錯誤無効を主張するのであれば、被告は、それぞれの抗弁に該当する事実を具体的に主張立証していくことになる。また、事例1において、被告が手付解除（民法557条1項）の抗弁を主張した場合には、仮に抗弁事実が認められたとしても、原告から履行の着手の再抗弁が主張され、原告に履行の着手があったか否かが中心的争点になることも考えられよう。なお、上記各主張の改正法との関係については、後記の「7　予想される抗弁以下の攻撃防御の展開」を参照されたい。

(2) 証拠（人証）の採否

　上記(1)で述べたように、事例ごとに争点整理を行ったうえで、提出された書証によっても容易に判断しかねる争点部分については、尋問を行い、その結果

も踏まえて判断していくことになる。

　通常は、人証として契約当事者である原告及び被告（当事者が法人であれば、その代表者又は契約担当者）が考えられる。また、事案によっては、売買契約の仲介ないし媒介業者なども考えられるであろう。いずれにしても、要証事実について、誰が最も事情をよく知る立場にあり人証に適するのか、その人選はもとより尋問順序や尋問時間などの立証計画についても、裁判所と双方代理人との間でよく意思疎通を図っておくことが重要であろう。

5　主張立証活動の留意点

(1)　訴状・答弁書における留意点

　売買代金支払請求訴訟を提起する原告としては、主要事実を主張するのは当然のこととして、ほかに、被告が売買代金を支払わない理由、売買契約書の有無、継続的取引における取引状況、訴訟提起前の被告との交渉経過等、裁判所が紛争の実態を把握することに役立つさまざまな事情を早期に主張して提示し、迅速かつ円滑な審理が行われるようにすることが必要である。ただし、訴訟における被告の応答内容が明らかとなっていない段階で、あらゆる事情を主張すると、かえって審理が混乱し、あるいは実態について裁判所に誤解を与えてしまうおそれ等があるので、主要事実以外に何を主張すべきかについては、適宜適切な取捨選択が求められる。

　他方、被告としては、売買代金を支払わない理由、たとえば売買契約の否認や、事例1であれば手付解除、事例2であれば贋作を理由とする詐欺取消しや、錯誤無効や、同時履行の抗弁、事例3であれば弁済について、可能なかぎり答弁書の被告の主張の項で詳細にこれを主張することが求められる。もとより、時間の関係で、実際には答弁書で詳細な主張を行うことが難しいこともあるが、その場合にも、簡潔に主張の骨子程度は答弁書で明らかにしておくことが望ましい。

(2)　売買契約書に関する留意点

　売買代金支払請求訴訟においては、売買契約書が書証の基本となる。したがって、売買契約書が作成されている場合には、訴状とともに証拠とてして裁判

所に提出することが必要である（民事訴訟規則55条2項）。

そして、たとえば、被告が、売買契約書の成立の真正を争い、売買契約を否認する場合、原告としては、印鑑登録証明書を書証として提出して、売買契約書における被告の印影が被告の印章によるものであることを立証するとともに、交渉経緯や事後の経過等を明らかにして、売買契約を締結する動機・利益が被告にあること、被告が買主として行動していたこと等を主張立証することが考えられる。これに対し、被告としては、被告の印章による印影であることを認めつつ、他人が盗用したものであると主張し、それを裏付けるために、被告の印章の保管状況を明らかにして、盗用可能なものであることを示したり、当該他人の盗用の動機を明らかにしたりしていくことが考えられる。

他方、売買契約書が存在しない場合には、原告としては、契約書の代わりに売買契約の存在及び内容を示す資料や、原告・被告間の交渉経緯・取引経緯等をもって、売買契約の存在を主張立証していく必要がある。

(3) 契約内容に関する留意点

売買契約書の有無を問わず、売買契約の具体的な合意内容について、原告と被告とで認識に齟齬がある場合は、原告・被告とも、自己の認識する合意内容を示す具体的な事実を主張立証していく必要がある。たとえば事例3において、原告と被告とで、実際に取引された魚の種類、数量、単価等に食い違いがある場合は、原告・被告とも、これまでの取引実態（発注方法、納品方法、受入検査の方法、代金の請求方法、支払方法等）について、それぞれ主張立証していくことが求められる。

6 事実認定のポイント

実際の民事訴訟において事実認定を行う場合にどのような点がとくに問題となるか、まずは請求原因事実における争点について、事例ごとに検討する。

(1) 相談事例1

被告（買主）が手付金を支払っている事例であるので、被告が売買契約の締結自体を否認してくることは考えにくい。また、不動産の売買契約（代金8000

万円という高額な土地の取引）であるので、売買契約書が作成されないという事態は通常稀であろう。そうすると、残代金の支払請求（主たる請求）との関係では、請求原因事実（売買契約の締結）はおそらく争点とならないと考えられる。被告が残代金の支払いを拒む理由については、専ら抗弁以下における争点が問題となろう。

また、違約金の支払請求（附帯請求）との関係では、原告は、請求原因事実として、売買契約の締結に加えて、代金支払債務の履行期限の合意と違約金の合意の各存在をも主張する必要がある。しかし、いずれの合意についても、売買契約書が存在すれば、通常は同契約書に代金の支払期限や違約金の定めが記載されているであろうから、同契約書に明確な記載があれば、これらの合意の存在についても、実質的な争点となることは想定しにくいであろう。もっとも、前述のとおり、違約金を請求するためには、同時履行の抗弁権の存在効果を消滅させておく必要があり、具体的には、原告が被告に対し、売買契約に基づき本件土地の所有権移転登記手続の提供をしたことが必要になるところ、被告がこの事実を否認して争うことは十分に考えられる。その場合、原告は、履行の提供を行ったことを立証するために、登記申請書類や、登記手続の準備が整った旨の通知書面等を証拠提出することになろう。

(2) 相談事例 2

事例 2 については、まずは目的物である当該絵が特定されることが必要である。そのうえで、請求原因事実である売買契約の締結が争われた場合には、売買契約書の存否によって、前記 4 (1)で述べたような検討をしていくことになろう。売買契約書が存在しない場合には、間接事実の積み重ねにより原告が主張する売買契約の締結が推認できるかがポイントになるので、交渉経過や、当事者間で交わした書面等の有無やその内容、売買契約書を作成しなかった理由などについて、十分な主張がされ、それらを裏付ける資料が証拠提出されているかによって判断していくことになろう。

被告が「売買の目的物たる絵が贋作である」として、詐欺取消し又は錯誤無効を主張する場合には、専ら抗弁以下における争点が問題になる。

なお、遅延損害金請求（附帯請求）について、民法 575 条 2 項との関係で、原告から被告に対して目的物の引渡しが完了していないことが問題になりうることは、前記 2 (2)**ウ**のとおりである。

(3) 相談事例3

　事例3のような継続的売買契約の場合、前述のとおり、契約関係書類が十分に整っていないことなどから、実際に取引された魚の数量や代金額の認識に食い違いが生じて残代金額の争いになっていることが考えられる。

　まず、基本契約の締結（平成20年1月頃、代金の支払いは毎月末日〆で翌月末日払いなどの約定で魚を売買するとの合意をしたこと）については、基本契約書が存在すればそれにより、基本契約書が存在しなければ過去の取引実態により、それぞれ認定可能な場合が多いであろう。次に、未払代金に係る取引については、原告は、一覧表などを活用して、時期、目的物、代金額を厳密に特定して主張することになる。そして、これらの売買契約の内容について認識の齟齬があり、被告が否認して争う場合には、裁判所は、原告から証拠提出される発注書、受注書、納品書、帳簿などの裏付け資料を検討して判断することになろう。

　なお、被告が、原告が主張する残代金額の全部又は一部についてすでに弁済していると主張する場合には、抗弁事実における争点として整理されることになる。

7　予想される抗弁以下の攻撃防御の展開

(1) 相談事例1

　手付の授受がある事例1においては、手付解除（民法557条1項）の抗弁を被告が提出することが考えられる。

　手付解除の抗弁を主張する場合には、①被告が原告との間でその売買契約に付随して手付として300万円を交付するとの合意をしたこと、②被告が原告に①の手付として300万円を交付したこと、③被告が原告に対して契約解除のためにすることを示して手付返還請求権を放棄するとの意思表示をしたこと、④被告が原告に対して売買契約解除の意思表示をしたことを主張立証する必要がある（類型別16頁）。

　これに対し、原告としては、履行の着手を再抗弁として提出することが考えられる。

　履行の着手の再抗弁を主張する場合には、被告の解除の意思表示に先立ち原告が履行に着手したことを主張立証する必要がある（類型別17頁）。

履行の着手とは、客観的に外部から認識しうるようなかたちで履行行為の一部をなし又は履行の提供をするために欠くことのできない前提行為をした場合をいい（最判昭40・11・24民集19巻8号2019頁）、原告としては、履行に着手したといえる具体的な行為を主張立証する必要がある。

なお、被告が履行に着手していても、解除の相手方たる原告が履行に着手していない場合には、被告による手付解除が可能であるから（前掲最判昭40・11・24民集19巻8号2019頁）、原告が、被告の履行の着手を主張したとしても、主張自体失当となることに注意を要する。

（改正法との関係）

改正法は、557条1項に但書を設け、「ただし、その相手方が契約の履行に着手した後は、この限りでない」と定めて、上記の履行の着手の再抗弁の内容を明文化している。

(2) 相談事例2

ア 詐欺取消し、錯誤無効

事例2においては、たとえば被告が、贋作であったことを理由として、詐欺取消し（民法96条1項）や錯誤無効（民法95条）を抗弁として提出することが考えられる。

詐欺取消しの抗弁を主張する場合には、①詐欺の事実、すなわち、被告が取消しの対象となっている意思表示をしたことについて、原告の欺罔行為及びこれに基づく被告の錯誤が意思表示の原因となったものであり、かつ原告にはこの欺罔により被告に錯誤を生ぜしめ、これによって意思表示をさせようとする故意があったことに該当すべき事実並びにこの詐欺が違法性を有することを基礎付けるべき事実関係、②取消しの意思表示を主張立証する必要がある（30講241頁）。

また、錯誤無効の抗弁を主張する場合には、動機の錯誤の事例であるから、①法律行為の要素に動機の錯誤があること、②動機が相手方に表示されていることを基礎付ける事実を主張立証する必要がある。

この錯誤無効の抗弁に対しては、民法95条但書に基づき、原告から、被告の重過失の評価根拠事実を再抗弁として主張立証することが考えられる。重過失のような規範的要件については、規範的評価を根拠付ける具体的事実を主要事実とする見解（主要事実説）と、規範的評価自体を主要事実とし、それを根

拠付ける具体的事実は間接事実とする見解（間接事実説）が対立しているが、主要事実説が一般的であり（新問研141頁）、この見解によると、重過失を根拠付ける具体的事実すなわち評価根拠事実を原告は再抗弁として主張立証することになる。たとえば、売買された絵が、少し調べればすぐ贋作であると判明するようなものであったという事実や、売買代金が、贋作でなければ考え難いような低額となっているという事実は、重過失の評価根拠事実となる。なお、仮に、売買の目的物が贋作であるにもかかわらず、売買代金が真作にふさわしい額となっている場合は、贋作であることを原告が知っていたのであれば詐欺が成立し、また、真作であると原告も信じていたのであれば共通錯誤の再々抗弁が成立するので、いずれにせよ重過失の評価根拠事実の再抗弁は成り立たないこととなる。

　上記重過失の評価根拠事実の再抗弁に対しては、被告から、重過失の評価障害事実の再々抗弁を提出することが考えられる。たとえば、被告は絵画を購入するのがはじめてであるという事実や、原告が美術商であるという事実は、被告が原告を信頼して調査しなかったのもやむをえないことを示すものとして、重過失の評価障害事実となる。

　（改正法との関係）

　改正法においては、錯誤に関する民法95条について、錯誤の効果が無効ではなく取消しとされ、要素の錯誤の要件が明示され、動機の錯誤についても明文化され、表意者に重過失があっても相手方が悪意重過失の場合や共通の錯誤の場合には取消しが許容されるなど、大きく改正されており、注意を要する。

　イ　同時履行の抗弁

　事例2においては、履行の提供が継続されていない場合、主たる請求に対する抗弁として、被告が同時履行の抗弁（民法533条）を提出することが考えられる。

　同時履行の抗弁を主張する場合には、原告が目的物の引渡しをするまで代金の支払いを拒絶するとの権利主張を行うことになる（類型別8頁）。なお、すでに売買契約締結の事実が請求原因において主張され、同時履行の抗弁権の存在がこれによって基礎付けられているため、被告が、目的物引渡債務と代金支払債務が同時履行関係にあることを基礎付ける事実を抗弁で主張立証する必要はない。

　この同時履行の抗弁に対しては、事例2のケースからは少し離れてしまうが、

たとえば、代金支払いを先履行とするとの合意をした旨の先履行の合意の再抗弁や、目的物の引渡しを履行した旨の反対給付の履行の再抗弁が考えられる（類型別8頁）。

(3) 相談事例3

事例3においては、被告としては、請求原因の段階で、たとえば、実際の残代金額は原告の主張する金額より少額である旨を主張して争うこと（積極否認）が考えられ、また、抗弁としては、たとえば弁済の抗弁を提出することが考えられる。

弁済の抗弁を主張する場合には、①被告が原告に対し、債務の本旨に従った給付をしたこと、②①の給付がその債権についてされたことを主張立証する必要がある（類型別9頁）。事例3においては、約7年間の長期にわたって取引が継続しているため、②の給付と債権との結合関係、すなわち、その支払いがどの個別取引の代金として支払われたのかが判然としないことも考えられ、被告としては、納品、請求、支払いの事実を可能なかぎり丹念に拾って、上記②を主張立証していくことが求められよう。

8 紛争解決の留意点

三つの事例を用いて検討してきたとおり、売買契約をめぐる紛争のうち、売主による代金支払請求訴訟だけをみても、不動産売買か動産売買か、一回限りの特定物売買か継続的な不特定物売買か、買主が代金を支払わない理由は何か、などの要因によって、紛争解決のために必要な主張立証上のポイントは異なる。また、売買契約書の存否、売買契約書が存在する場合にはその成立の真正の争いの有無といった証拠構造に応じて、審理の進め方も異なってくる。

適正迅速な解決を図っていくためには、個々の事案の特質や争われ方を前提に、当該事案ではどのような点が問題になるのかを掌握し、それぞれの立場で的を射た訴訟活動を行っていくことが重要である。たとえば、事例3のような継続的取引の事案では、得てして事実関係や資料の整理に時間を要しがちであり、これをいかにして合理的かつ十分に行っていくか、とくに初動での争点整理手続のあり方が肝要であろう。また、売買契約書が存在しない場合や、売買

契約書が存在していても、その合意内容の解釈に争いがある場合など、交渉経過等について人証による立証が重要性を持つ事案においては、集中証拠調べに向けて、争点を絞り込み、その争点の認識を共通化していくことを、より一層意識的に心がける必要がある。そして、事案の見通しが立てられた時点において、実情に応じた和解による解決を図ることが望ましい事件も少なくないと思われるので、裁判所と双方代理人とで常に在るべき紛争解決の姿を模索していくことが重要であろう。

9　おわりに：紛争予防のために

　紛争を100％予防することは不可能であるが、重要事項を記載した書類を残しておくことによって、紛争の芽を摘み、あるいは紛争が仮に生じたとしても早期の解決につなげることができる。
　売買の場合は、その典型が売買契約書である。売買契約を締結する場合には、たとえ親しい者どうしであっても、売買契約書を作成しておくことが望ましい。仮に、契約締結時ないしその前の交渉時において、互いに考えていること・想定していることにずれがあったとしても、契約書案を見れば、そのずれに気づくことができることもある。また、契約締結後、契約内容に関する記憶が減退・変容したり、相続が発生して契約内容を知らない者が相続したりしても、契約書があれば、契約内容を正しく認識することができる。
　また、仮に契約書を作成できなかった場合は、契約交渉時や契約時の発言等をメモに残すなどして記録化しておく工夫が必要であろう。
　契約書等、客観的資料の重要性を日ごろから意識しておくことが重要である。

第2章
売買契約をめぐる紛争(2)
買主による請求

池田 知子
清永 敬文

1 はじめに

　前章においては、売買契約に基づく代金支払請求（売主による請求）の事例を通じて、主張立証上の留意点や、適正な解決のために必要なポイントなどを検討した。

　本章では、売買契約に基づく目的物引渡請求や瑕疵担保責任に基づく損害賠償等の請求（買主による請求）の事例を取り上げ、それらの紛争解決に必要な主張立証上の基本事項や考え方を説明したうえで、適正な解決のために必要なポイントを明らかにしていくことにしたい。

2 事例

　まず、買主が売主に対して売買の目的物の引渡しを求める事例を取り上げ、次に、目的物は引き渡されたものの損傷があるため買主が売主に対して損害賠償等を求める事例を取り上げて、それぞれ相談者の主張から構成できる権利を考察するとともに、その存在を基礎付けるために必要な事実（主要事実）について考える。

(1) 相談事例1

> 私（A）は、平成27年9月1日、Bから、建設機械を代金1200万円で買い受け、手付金120万円を支払いました。ところが、Bは機械の引渡しに応じませんので、引渡しを請求したいと思います。

ア 訴訟物

事例1の場合、Aは、Bを相手に、売買契約に基づく目的物引渡請求をすることになる。

イ 請求原因事実

この場合、Aは、請求原因において、AがBとの間で売買契約を締結したことを主張立証すれば足りる（類型別19頁、30講165頁）。そして、民法555条の規定から、目的物と代金額（又は代金額の決定方法の合意）が売買契約の本質的要素であると解されることから、Aは、Bとの間で売買契約を締結したというためには、これらの事実（建設機械、代金1200万円）を具体的に主張立証する必要がある。その際、目的物である建設機械については、物件目録を用いるなどして、名称や型式など、対象建設機械を特定認識できる程度に記載して特定することになる（なお、建設機械抵当法3条1項の登記がされた建設機械については、建設機械登記簿の記載に従って特定することになろう）。

Aは、請求原因において、目的物引渡債務の履行期限の合意とその到来の事実や、AがBに売買代金を支払った事実、売買契約締結当時、建設機械がBの所有であった事実を主張立証する必要はない。このことは、売買代金請求の場合（第1章）と同様である。また、所有権に基づく返還請求権としての引渡請求の場合とは異なり、Aは、請求原因において、Bが目的物を占有していることを主張立証する必要はない。

なお、手付は、本質的に証約手付としての性質を有するが、売買契約の成立を主張するには、端的にその事実を主張すれば足り、証約手付が授受されたこと（この事実は売買契約の成立を推認させる重要な間接事実との位置付けになる）まで主張する必要はない（要件事実(1)148頁）。

(2) 相談事例2

> 私（C）は、Dから、平成27年1月10日、同人が所有する土地と中古建物（建築年数20年）を、代金3500万円（土地2700万円、建物800万円）で買いました。その後、同年2月1日に代金を支払って、その引渡しを受け、建物に入居しました。そうしたところ、同年4月10日の大雨の際に、2階の寝室から雨漏りが生じ、屋根瓦が損壊していることがわかりました。Dに対して、修繕や損害賠償を求めたいと思います。

ア 事例2の場合、Cは、Dを相手に、まず、民法570条、566条による売主の瑕疵担保責任に基づいて損害賠償請求をすることが考えられるが、このほかに、同責任に基づいて瑕疵修補請求をすることができるかは争いがある。

イ 瑕疵修補請求

CがDに対して、瑕疵担保責任に基づいて瑕疵修補請求をすることができるかについては、民法570条による売主の責任の法的性質をどのように考えるかによって異なる。

これを法定責任であると解する法定責任説は、特定物売買の場合、売主はその物を給付する債務のみを負うから、目的物に瑕疵があっても、その物を引き渡せば債務の履行は完了し、債務不履行はないとの考え（いわゆる特定物ドグマ）を前提に、同条はそこで生じた対価の不均衡を是正し、買主の信頼を保護するために法がとくに認めた責任であるとする（我妻V_1・309頁、柚木馨＝高木多喜男編『新版 注釈民法14：債権5』〔有斐閣、1993年〕260頁）。この法定責任説によれば、特定物売買の場合、売主に瑕疵のない物を給付する債務は存在しないから、買主には瑕疵修補請求などの完全履行請求権は認められないことになる。

これに対し、民法570条は債務不履行責任を定めた規定である解する契約責任説は、特定物売買か不特定物売買かを問わず、売主は、代金額に見合う程度の合意された目的物を給付する債務を負い、目的物に瑕疵があれば、債務不履行責任を負うのであって、同条は売買の目的物に隠れた瑕疵があった場合に適用される債務不履行責任の特則であり、そこに規定のない事項については債務不履行の一般原則が適用されるとする（北川善太郎『契約責任の研究――構造論』〔有斐閣、1963年〕193頁、星野英一「瑕疵担保の研究――日本」『民法論集（第3巻）』〔有斐閣、1972年〕235頁、内田Ⅱ129頁など）。この契約責任説によれば、買主

には瑕疵のない物の給付を求める完全履行請求権があり、その一内容として瑕疵修補請求が認められることになる。

　判例が民法570条の法的性質をどのように解しているのかは、必ずしも明らかではない。一般に法定責任説に立つとも評価されているが、不特定物売買についても、特定物売買とは異なる要件のもとで同条の適用を肯定しているとの立場をとっており（最判昭36・12・15民集15巻11号2852頁参照）、各個の論点において法定責任説で一貫しているものではない。

　改正法は、「引き渡された目的物が種類、品質又は数量に関して契約の内容に適合しないものであるときは、買主は、売主に対し、目的物の修補、代替物の引渡し又は不足分の引渡しによる履行の追完を請求することができる」（改正法562条1項本文）と規定した。同条は、売買契約において、売主が、物の種類・品質・数量に関して契約の内容に適合した物を引き渡すべき義務を負うことを当然の前提としており（法務省法制審議会民法〔債権関係〕部会資料83-2・42頁）、買主の追完請求権を一般的に定めることによって、特定物ドグマを否定し、物が契約の内容に適合していなかった場合の売主の責任が債務不履行責任であることを明らかにした（同部会資料75A・9頁、潮見佳男『民法（債権関係）改正法の概要』〔きんざい、2017年〕258頁）。したがって、改正後は、特定物売買であっても、同条により追完請求として修補請求が認められることになる。

　　ウ　損害賠償請求

　民法570条、566条1項によれば、売買の目的物に隠れた瑕疵が存在するときは、買主は売主に対して損害賠償を請求できるとされている。したがって、瑕疵担保責任に基づいて損害賠償を請求するためには、①売買契約の締結、②①の目的物に「隠れた瑕疵」があること、③損害の発生及びその数額の各要件を充たす必要がある（要件事実(1)218頁）。

　①の売買契約の締結について、Cが、売買契約の本質的要素である目的物と代金額を具体的に主張立証する必要があることは、事例1で述べたとおり（前記(1)イ）である。事例2の目的物は土地と中古建物であり、特定物であるから、この点では瑕疵担保責任の適用は問題がない。

　②（隠れた瑕疵）の要件につき、目的物の「瑕疵」とは、一般に、その物が通常有すべき客観的性質・性能の欠如あるいは契約上予定した性能の欠如などをいうとされている。瑕疵の態様は、具体的に主張立証しなければならないが、

通常、買主が目的物を使用収益できることを予定して、その目的物の品質、性能が定められているといってよいから、その瑕疵は、使用収益に障害が生ずる程度に、品質、性能を欠くものであることが必要である（要件事実(1) 215 頁）。「隠れた」とは、通常の人がその買主となった場合に容易に発見することができないという一般的要件（大判昭 5・4・16 民集 9 巻 376 頁）と、当該買主が知らず、かつ、知りえなかったという個別的要件の両方を含むと解すべきである（要件事実(1) 214 頁、我妻 V_1・289 頁）が、後者の個別的要件については、買主の悪意又は有過失が抗弁に回ると解される（同大判参照）。なお、特定物売買の場合、「瑕疵」は契約締結時に存在している必要があり（大判大 13・6・23 民集 3 巻 339 頁）、契約締結後に瑕疵が発生した場合には、売主に保管義務（民法 400 条）の違反があれば売主は債務不履行責任を負い、違反がなければ危険負担の問題になる（同法 534 条 1 項）。

③（損害の発生とその数額）の要件につき、瑕疵担保責任により買主にどこまでの損害の賠償が認められるかは、民法 570 条の法的性質の理解と関連して争いがある。法定責任説では、一般に信頼利益の賠償であると説明される（売買代金額と瑕疵ある物の客観的価値の差額に限定されるとの見解もある）。一方で、債務不履行責任説では、履行利益の賠償も認められると説明される（信頼利益、履行利益の区別は不要で、損害の範囲は民法 416 条によって定まるとの見解もある）（要件事実(1) 219 頁）。

改正法 562 条は、前記のとおり、買主の追完請求権を定めた規定であるが、同条を含む改正法の売買の規定は、「瑕疵」という表現を避け、これに代わるものとして契約適合性という観点から規律を設けた。また、買主側の瑕疵の認識可能性は、「その売買契約において、当事者が売買の客体に与えた意味は何か」という、契約の解釈に取り込まれており、契約適合性と分けて判断することは理論的に説明がつかないと考えられたことから、同条は「隠れた」との要件も外した（法務省民事局参事官室「民法（債権関係）の改正に関する中間試案の補足説明」〔2013 年 4 月〕399 頁、407 頁、法務省・前掲部会資料 75A・19 頁）。そして、改正法 564 条は、「前二条の規定は、第 415 条の規定による損害賠償の請求並びに第 541 条及び第 542 条の規定による解除権の行使を妨げない」と規定しており、契約不適合があれば、債務不履行として評価されることになるので、買主は売主に対して、債務不履行の一般規定の定めるところに従い、法的救済を求めることができ、上記追完請求権のほか、債務不履行を理由とする損害賠償

請求権と解除権を有する。したがって、契約不適合（瑕疵）を理由とする損害賠償の範囲について、履行利益の賠償は認められず信頼利益の賠償しか認められないなどという従来の説明は、改正法の下では妥当しなくなる（潮見・前掲264頁）。また、改正法567条は、目的物（売買の目的として特定したものに限る）の滅失又は損傷についての危険の移転について定め、その危険は目的物の引渡しによって売主から買主に移転し、引渡し後の滅失又は損傷の場合には、買主は売主に対して追完請求、損害賠償請求等の権利主張ができない旨を原則とした。

3　弁護士が受任に際して検討すべき事項

　依頼者から相談を受けた弁護士として、事実関係の聴取り及び資料の確認・収集と、法律構成の検討を行い、そのなかで、予想される争点を把握し、事件の見通しを立てて、方針の決定・紛争解決手続の選択を行わなければならないことについては、前章の売買契約に基づく代金支払請求（売主による請求）の場合となんら変わるところはない。
　そして、上記のうち、法律構成については前述のとおりであるので、以下、事実関係の聴取り及び資料の確認・収集、予想される争点の把握及び事件の見通し並びに方針の決定・手続の選択について、事例に即して述べる。

(1)　相談事例1
　ア　事実関係の聴取り及び資料の確認・収集
　(ア)　全体像の把握と契約書の確認
　前章において述べたとおり、相談の早い段階で、売買に至る経緯から現在の状況までの概要を聴き取って、事案の全体像を把握しておくとともに、基本的な資料として売買契約書の有無を確認しておくことが重要である。
　そして、売買契約書が存在する場合には、その内容を精査して、依頼者の説明と合致しているか否かを確認し、もし合致しない部分がある場合はなぜ合致しないのかを聴き取ることも必要である。また、売買契約書が存在しない場合には、契約書を作成しなかった理由を聴き取るとともに、契約書の代わりにAB間の契約内容を示す資料がないか確認したり、契約内容を推認させる間接

事実としてどのようなものがあるかを聴き取ったりすることも必要である。

　(イ)　目的物の特定

　事例1においては、目的物が建設機械であるから、基本的には名称、型式等によって特定することになるが、建設機械抵当法3条1項の登記がなされている場合には、登記事項証明書の記載に従って特定することになる。

　(ウ)　Bの引渡し拒絶の理由の確認

　予想される争点を把握して見通しを立てるために、Bが建設機械の引渡しに応じない理由についても確認する必要がある。

　その理由が、たとえば、「売買代金1200万円から手付金120万円を控除した残代金1080万円の支払いと建設機械の引渡しが同時履行関係にあるにもかかわらず、Aが残代金を支払おうとしない」というものであれば、売買契約において売買代金の支払時期及び建設機械の引渡し時期についてどのように定められているか、建設機械の引渡しが先履行になっているかどうかを確認する必要がある。

　そして、確認した結果、同時履行関係に立つ場合は、さらに、Aが残代金の弁済の提供をしているか否かを聴き取り、提供しているようであれば、それを示す資料（預金通帳、資金調達のための金融機関からの借入れに関する書類等）を確認・収集する必要がある。なお、弁済の提供がいったん行われても、それが継続されないかぎり、同時履行の抗弁権をBは失わないので（最判昭34・5・14民集13巻5号609頁）、弁済の提供を継続している状況か否かを確認しておく必要がある。たとえば、「残代金1080万円はいつでもお支払いできますので、建設機械の引渡日を早く指定してください」とAからBに伝えている場合には、その後にその申出を撤回していないかぎり、弁済の提供が継続していると評価してよいであろう。

　また、建設機械の引渡しが先履行になっている場合には、それを裏付ける資料（売買契約書等）を確認・収集する必要がある。

　なお、たとえ建設機械の引渡しが先履行になっていたとしても、その後に残代金支払債務の履行期も経過している場合は、両債務は同時履行関係に立つと解される（我妻V_1・91頁、谷口知平＝五十嵐清編『新版　注釈民法13：債権4』〔有斐閣、補訂版、2006年〕593頁、高松高判昭35・2・12下民11巻2号311頁）ことに注意を要する。

　また、たとえば、手付解除（民法557条1項）をBが考えているようであれば、

Aが履行に着手しているかどうかを確認する必要がある。これについては、前述の同時履行関係に立つか否かとも事実上関連しており、仮に建設機械の引渡しが先履行になっていれば、まだA自身は履行に着手していないことも多いであろうし、仮に同時履行関係に立っていて、それを踏まえて、残代金を支払うための資金の準備をして建設機械の引渡しを求めているのであれば、Aの履行の着手が認められるであろう。

　なお、Bは、手付金を受け取っている以上、売買契約がそもそも存在しない（成立していない）と主張してくることはあまり考えにくいが、仮にそのような主張がなされているのであれば、売買契約の存在（成立）を示す売買契約書その他の資料の確認・収集が必要となる。

　イ　予想される争点の把握及び事件の見通し並びに方針の決定・手続の選択
　前章において述べたとおり、上記の事実関係の聴取り及び資料の確認・収集を通じて、どのような点が争点となるかを予想し、その争点についてAの主張を裏付ける資料がどの程度そろうかを吟味・検討して、Aの請求が最終的に認められるかどうかの見通しを立てる必要がある。たとえば、前述のとおり、Bが同時履行の抗弁を主張しているのであれば、双方の債務が同時履行関係に立つか否かが主たる争点となり、建設機械の引渡しが先履行となっていることを裏付ける資料がそろうかどうか、あるいは同時履行関係を前提としてAが弁済の提供を継続していることを裏付ける資料がそろうかどうか（又は改めて弁済の提供を行うことができるかどうか）がポイントとなる。

　そして、前章において述べたとおり、資料のそろい具合やBの対応ぶりによって、訴訟外の任意交渉での解決を図るか、直ちに訴訟を提起するかを検討することになる。また、民事保全（占有移転禁止の仮処分）を申し立てるか否かについても検討を行う必要がある。

　なお、Bの反論等を確認するためにまずは内容証明郵便でBに履行を催告する方法もありうること、建設機械の引渡しを請求するという選択肢のほかに、債務不履行を理由に解除する方向の選択肢もありうることについても、前章において述べたとおりである。

(2) 相談事例2

ア 事実関係の聴取り及び資料の確認・収集

(ア) 全体像の把握と契約書の確認

この点については、事例1と同様である。

(イ) 目的物の特定

事例2は、土地と建物であるから、登記事項証明書の記載に従って特定することになる。なお、建物が未登記の場合には、家屋番号以外の項目(所在、種類、構造及び床面積)を現況に基づきできるかぎり正確に記載して特定することになる。

(ウ) 瑕疵の状況等の確認

事例2は、CがDに対し瑕疵担保責任に基づいて瑕疵修補や損害賠償を請求する事例であるから、瑕疵の状況を正確に把握する必要がある。具体的には、雨漏りの状況や屋根瓦の損壊の状況を調査し、売買契約の時点で屋根瓦の損壊が存在していたこと及びその部分から雨漏りが生じていることの確認を行うとともに、雨漏りの状況及び屋根瓦の損壊の状況を写真に撮影して証拠化しておく必要がある。

また、調査に当たっては、必要に応じて、建築士等の専門家の協力を得ることも重要であり、場合によってはその専門家に意見書を作成してもらうことも考えられる。

さらに、屋根瓦の損壊や雨漏りについて、仮にDから事前に聞いていたとすると、「隠れた」瑕疵(民法570条)とはいえないため、Dから事前に聞いていないかどうか、念のためCに確認しておく必要がある。

(エ) 除斥期間に関する説明

瑕疵担保責任は、買主が事実を知ってから1年以内に行使する必要がある(民法570条、566条3項)。

Cが屋根の損壊による雨漏りに気づいたのは平成27年4月10日であるから、そこから1年以内にDに対し瑕疵修補や損害賠償を請求する必要があることをCに十分説明しておく必要がある。

(オ) 特約の有無の確認

瑕疵担保責任を負わない旨の特約があると、一定の場合を除き、CはDに瑕疵修補や損害賠償を請求することができないため(民法572条)、そのような特約の有無について、Cから聴き取るとともに、売買契約書やその他の資料に

そのような特約の記載があるかどうか確認する必要がある。

　また、仮に特約がある場合であっても、「知りながら告げなかった事実」については担保責任を免れないとされているので（民法572条）、屋根の損壊によって雨漏りが生じることをDが知っていたといえるような資料や間接事実がないか、Cから聴き取るとともに、資料収集を行う必要がある。たとえば、屋根の損壊による雨漏りが、C・D間の売買契約以前から発生していれば、Dがそのような瑕疵を知っていたことを推認させる間接事実たりうるので、古い雨漏りの痕跡がないかを探し、もしあれば、その写真を撮影して証拠化することが考えられる。また、屋根の損壊が古いものであることが見た目にもわかるようであれば、その写真を撮影して証拠化することも考えられる。さらに、建築士等の専門家の協力を得て意見書を作成してもらうことも検討すべきである。

　イ　予想される争点の把握及び事件の見通し並びに方針の決定・手続の選択
　一般論については事例1と同様であるが、事例2においては、たとえば、担保責任を負わない旨の特約があったとすると、屋根の損壊による雨漏りをDが知っていたか否かが主たる争点となり、屋根の損壊による雨漏りが売買契約締結以前から発生していたことを裏付ける資料がそろうかどうかがポイントとなる。

4　争点整理手続のあり方

(1)　争点の確定

　前章において述べたとおり、裁判所（裁判官）は、訴状が提出された段階から、その後の審理の展開を予測して必要な準備を行い、適切に釈明権を行使して、早期に争点が確定するよう手続を進めていくことになる。その争点整理手続においては、主要事実レベルでの争いを確定するだけでなく、重要な間接事実とそれに対する認否や、証拠関係の整理まで行って、中心的な争点が何であるかを実質的に議論検討し、双方代理人との間でその認識を共通化しておくことが重要である。

　まず、買主が売主に対して売買契約に基づいて目的物の引渡しを求める事例においては、売主が引渡しを拒む理由が何かによって、審理のポイントが変わってくる。この種の事案においては、そもそも売買契約の成否自体が争われる

ものが一定数存在することも、前章で述べたとおりである。売買契約書が存在する場合には、その成立の真正に争いがなければ、又は争いがあっても成立の真正が認められれば、特段の事情がないかぎり、同契約書記載のとおり、売買契約締結の事実が認定できる見通しとなろう。これに対し、売買契約書が存在しない場合には、間接事実の積み重ねにより原告が主張する売買契約の締結が推認できるかを考えていくことになるので、交渉経過や当事者の事後的言動、当事者間で交わした書面等の有無やその内容、売買契約書を作成しなかった理由などについて、十分な主張立証が尽くされるように審理を進めていくことになる。

　また、被告（売主）が目的物の引渡しを拒む理由が、抗弁となる内容であれば、その抗弁が立つか否か、抗弁以下の当事者の主張立証について審理判断していくことになる。たとえば、事例1において、被告が同時履行の抗弁を主張する場合、請求原因においてすでに原被告が双務契約の当事者であることは現れているから、被告は、抗弁として、「被告は、原告が代金を支払うまで、本件建設機械の引渡しを拒絶する」との権利主張をすれば足りる。そして、原告は、再抗弁として、被告の建設機械の引渡債務を先履行とする合意があれば、その合意の存在を主張立証していくことになる（もっとも、引渡債務が先履行との合意があっても、代金支払債務の履行期も経過している場合には、両債務は同時履行関係に立つと解されることは前述のとおりである）。また、原告は、別の再抗弁として、自己の代金支払債務の履行の提供を継続していることを主張立証することが考えられる。

　次に、目的物は引き渡されたものの瑕疵が存在するため、買主が売主に対して瑕疵担保責任に基づいて損害賠償等を請求する事例においては、瑕疵担保責任の要件該当性が問題になる。なお、瑕疵担保責任に基づいて瑕疵修補請求ができるかについて、現行民法上理論的な争いがあることは、前記2(2)で述べたとおりである。

　瑕疵担保責任に基づいて損害賠償請求をする場合は、①売買契約の締結、②①の目的物に「隠れた瑕疵」があること、③損害の発生及びその数額の各要件を充たす必要がある。事例2では、①の要件該当性は問題にならないと思われる。②については、まず、瑕疵の存在及びその内容を確定すべく、原告が、雨漏りの状況と屋根瓦の損壊状況に加えて、屋根瓦の損壊部分が雨漏りの原因であること、売買契約締結時にすでに同様の状況が生じていたことについて主張

し、これに対する被告の認否を確認して、争点を詰めていくことになる。瑕疵の存否については、建築士等の専門家の意見書が当事者から証拠提出されることもあるほか、裁判官の専門的知見を補うために、当事者の意見を聴いたうえで、専門委員を争点整理手続に関与させることも考えられる。事案によっては、現状の確認のために、裁判所外における進行協議期日（民事訴訟規則95条、97条）を活用することも有用であろう。また、③についても争点になると考えられ、原告がどこまで主張立証できるかがポイントになる。

　被告が、抗弁として、瑕疵担保責任を負わない旨の特約の存在（民法572条）を主張する場合は、当該抗弁事実の存否を審理していくことになる。また、特約の存在が認められる場合であっても、被告が特約締結時に瑕疵につき悪意であれば瑕疵担保責任を免れないので、原告から再抗弁として、被告の悪意が主張され、当該再抗弁事実の存否が争点になることもあろう。

(2) 証拠（人証）の採否

　上記(1)で述べたような事例に即した争点整理を行ったうえで、提出された書証によっても容易に判断しかねる争点部分については、尋問を行い、その結果も踏まえて判断していくことになる。

　前章で述べたとおり、通常は、人証として契約当事者である原告及び被告（当事者が法人であれば、その代表者又は契約担当者）が考えられる。また、事案によっては、売買契約の仲介ないし媒介業者なども考えられるであろう。事例2においては、瑕疵の存否に関して、専門家証人による立証も考えられる。いずれにしても、要証事実について、誰が最も事情をよく知る立場にあり人証に適するのか、その人選はもとより尋問順序や尋問時間などの立証計画についても、裁判所と当事者との間でよく意思疎通を図っておくことが重要であろう。

5　主張立証活動の留意点

(1) 訴状・答弁書における留意点

　前章において述べたことと同様であるが、売買契約に基づく目的物引渡しや瑕疵担保責任に基づく損害賠償等を求める訴えを提起する原告としては、主要事実を主張するのは当然のこととして、ほかに、被告が目的物の引渡しないし

損害賠償等を拒む理由、売買契約書の有無、提訴前の被告との交渉経過等、裁判所が紛争の実態を把握することに役立つさまざまな事情を早期に主張して提示し、迅速かつ円滑な審理が行われるようにすることが必要である。ただし、訴訟における被告の応答内容が明らかとなっていない段階で、あらゆる事情を主張すると、かえって審理が混乱し、あるいは実態について裁判所に誤解を与えてしまうおそれ等があるので、主要事実以外に何を主張すべきかについては、適宜適切な取捨選択が求められる。

　他方、被告としては、目的物の引渡しないし損害賠償等を拒む理由、たとえば売買契約の否認や、事例1であれば同時履行の抗弁、事例2であれば瑕疵の存在の否認や瑕疵担保責任を負わない旨の特約等の抗弁について、可能なかぎり答弁書の被告の主張の項で詳細にこれを主張することが求められる。もとより、時間の関係で、実際には答弁書で詳細な主張を行うことが難しいこともあるが、その場合にも、簡潔に主張の骨子程度は答弁書で明らかにしておくことが望ましい。

(2)　売買契約書に関する留意点

　前章において述べたのと同様、売買契約に基づく目的物引渡しや瑕疵担保責任に基づく損害賠償等を求める訴訟においても、売買契約書が書証の基本となる。したがって、売買契約書が作成されている場合には、訴状とともに証拠とてして裁判所に提出することが必要である（民事訴訟規則55条2項）。

　そして、たとえば、被告が、売買契約書の成立の真正を争い、売買契約を否認する場合、原告としては、印鑑登録証明書を書証として提出して、売買契約書における被告の印影が被告の印章によるものであることを立証するとともに、交渉経緯や事後の経過等を明らかにして、売買契約を締結する動機・利益が被告にあること、被告が売主として行動していたこと等を主張立証することが考えられる。これに対し、被告としては、被告の印章による印影であることを認めつつ、他人が盗用したものであると主張し、それを裏付けるために、被告の印章の保管状況を明らかにして、盗用可能なものであることを示したり、当該他人の盗用の動機を明らかにしたりしていくことが考えられる。

　他方、売買契約書が存在しない場合には、原告としては、契約書の代わりに売買契約の存在及び内容を示す資料や、原告・被告間の交渉経緯・取引経緯等をもって、売買契約の存在を主張立証していく必要がある。

(3) 契約内容に関する留意点

　売買契約書の有無を問わず、売買契約の具体的な合意内容について、原告と被告とで認識に齟齬がある場合は、原告・被告とも、自己の認識する合意内容を示す具体的な事実を主張立証していく必要がある。たとえば事例1において、被告から同時履行の抗弁が提出され、それに対し原告から目的物引渡しを先履行とする旨の合意が再抗弁として提出され、これについて争いがある場合、原告としては、そのような合意の直接証拠がないときは、売買契約の交渉過程や契約締結時、さらには契約締結後における原告・被告の言動や、それに付随する交渉メモその他の客観資料から、先履行の合意の存在を主張立証していく必要がある。

(4) 瑕疵担保責任に関する留意点

　事例2においては、原告は、雨漏りの状況や屋根瓦の損壊の状況を撮影した写真や、建築士等の専門家の意見書を提出して、売買契約締結時に、通常人がふつうの注意を用いても発見することのできない瑕疵が存在していたことを主張立証していく必要がある。

　他方、被告としては、仮にそのような雨漏りや屋根瓦の損壊について事前に原告に伝えていた場合は、原告の悪意を抗弁として主張立証することになる。具体的には、たとえば原告が売買契約より前に重要事項説明書を受領しており、そのなかに雨漏りや屋根瓦の損壊について記載されていればその重要事項説明書を証拠として提出することが考えられる。また、たとえば、原告の悪意の間接事実として、瑕疵があるため相場より安い売買代金額となっていることを主張する場合は、一般の取引事例や不動産の売出広告を証拠として提出し、売買代金額が相場の金額より低いことを立証することが考えられる。

　また、被告としては、瑕疵担保責任を負わない旨の特約（民法572条）の存在を抗弁として主張立証することが考えられる。

　これに対し、原告としては、瑕疵が存在することを被告が特約締結時に知っていた旨を再抗弁として主張し、古い雨漏りの痕跡を撮影した写真や、屋根の損壊が古いものであることがわかる写真、さらには建築士等の専門家の意見書を提出して、屋根の損壊による雨漏りが売買契約以前から存在していたこと、したがって被告はそのような瑕疵の存在を知っていたことを明らかにしていくことが考えられる。

6 事実認定のポイント

　実際の民事訴訟において事実認定を行う場合にどのような点がとくに問題となるか、まずは請求原因事実における争点について、事例ごとに検討する。

(1) 相談事例1

　被告（売主）が手付金を受領している事例であるので、被告が売買契約の締結自体を否認してくることは考えにくい。また、代金1200万円という高額な建設機械の売買契約であるから、通常は売買契約書も作成されているであろう。そうすると、請求原因事実（売買契約の締結）は争点とならない可能性が高いと考えられる。被告が機械の引渡しを拒む理由については、専ら抗弁以下における争点が問題となろう。

(2) 相談事例2

　瑕疵担保責任に基づいて損害賠償請求をする場合、①売買契約の締結、②①の目的物に「隠れた瑕疵」があること、③損害の発生及びその数額の各要件を充たす必要があることは、前述のとおりである。事例2では、①は争点にならないであろう。②については、「瑕疵」の存否が争点になることが考えられるが、原告から、雨漏りの状況及び屋根瓦の損壊状況についての写真撮影報告書や、雨漏りの原因や当該状況が発生した時期等についての専門家の意見書などの証拠が提出されるであろう（被告からも反証のための証拠が提出されるであろう）から、これらの証拠関係を子細に検討して判断していくことになろう。「隠れた」瑕疵であることも争点になる可能性があるが、通常の人がその買主となった場合に容易に発見することができないという一般的要件については、「瑕疵」の存否に関連して、雨漏りの状況や屋根瓦の損壊状況等を審理していけば、自ずと明らかになることが多いと思われる。また、③についても別途争点になると考えられるが、瑕疵担保責任により買主にどこまでの損害賠償が認められるかについて、民法570条の法的性質の理解と関連して争いがあることは、前記2(2)ウで述べたとおりである。

　被告が、瑕疵担保責任を負わない旨の特約の存在（民法572条）を主張する場合には、専ら抗弁以下における争点が問題になる。

7　予想される抗弁以下の攻撃防御の展開

(1)　相談事例1

事例1においては、被告が同時履行の抗弁（民法533条）を提出することが考えられる。

前章において述べたのと同様、同時履行の抗弁を主張する場合には、原告が代金を支払うまで目的物の引渡しを拒絶するとの権利主張を行うことになる（類型別8頁）。なお、すでに売買契約締結の事実が請求原因において主張され、同時履行の抗弁権の存在がこれによって基礎付けられているため、被告が、代金支払債務と目的物引渡債務が同時履行関係にあることを基礎付ける事実を抗弁で主張立証する必要はない。

この同時履行の抗弁に対しては、原告としては、目的物の引渡しを先履行とするとの合意をした旨の先履行の合意の再抗弁を主張立証することが考えられる（類型別8頁）。この合意の存在については、売買契約書にその旨の条項があればよいが、ない場合には、契約交渉時のメモ類や、契約前後の原告・被告の言動、建設機械を先に引き渡してもらうことの必要性ないしは合理性を示す事情等から立証していく必要があろう。

なお、前述のとおり、たとえ目的物の引渡しを先履行とする合意が存在したとしても、その後に残代金支払債務の履行期も経過している場合は、両債務は同時履行関係に立つと解されていることに注意を要する（我妻V_1・91頁、谷口=五十嵐・前掲593頁、高松高判昭35・2・12下民11巻2号311頁）。

(2)　相談事例2

ア　買主の悪意の抗弁

事例2においては、買主の原告が瑕疵の存在を知っていたことを抗弁として提出することが考えられる（類型別14-15頁）。

前述のとおり、具体的には、重要事項説明書の記載、一般の取引事例や売出広告における標準的な価格より本件売買代金額のほうが安いこと等（「瑕疵が存在しているからこそ、相場より売買代金が低く抑えられており、このことを原告もわかっていた」との主張）をもって、原告の悪意を立証することが考えられる。

イ　担保責任を負わない旨の特約

　事例2においては、被告が売主としての担保責任を負わない旨を原告と被告が約したこと（民法572条）を、被告が抗弁として提出することも考えられる（要件事実(1)225-226頁）。

　この特約の存在については、売買契約書にその旨の条項があればよいが、ない場合には、契約交渉時のメモ類や、契約前後の原告・被告の言動、一般の取引事例や売出広告における標準的な価格より本件売買代金額のほうが安いこと（「売主が担保責任を負わないからこそ、相場より売買代金が低く抑えられている」との主張）等をもって立証していく必要があろう。

　これに対し、原告は、再抗弁として、売買の目的物につき主張された瑕疵が存在することを被告が特約締結時に知っていたことを主張立証することが考えられる（要件事実(1)226頁）。なお、民法572条は、「知りながら告げなかった事実……については、その責任を免れることができない」と定めており、その文言上は、特約締結の時点で被告が瑕疵の存在を知っていたことに加えて、それを被告が告げなかったことまで原告が主張立証しなければならないようにもみえるが、売主が瑕疵の存在を知りながら担保責任を負わないとの特約をしたということだけで、売主に信義則違反があると一応いうことができるので、原告としては、被告が告げなかったことまで主張立証する必要はなく、被告側が再々抗弁として告げたことを主張立証する必要があると解されている（要件事実(1)227頁）。

8　紛争解決の留意点

　前章において述べたとおり、適正迅速な解決を図っていくためには、個々の事案の特質や争われ方を前提に、当該事案ではどのような点が問題になるのかを掌握し、それぞれの立場で的を射た訴訟活動を行っていくことが重要である。たとえば、事例1については、被告（売主）であるBが、残代金の支払いさえ確保されれば建設機械を引き渡す意向があるとのことであれば、早い段階から和解を念頭に置いた審理を進めることが考えられる。また、事例2については、瑕疵の存否・状況やその認識等をめぐって主張が対立し、事案が複雑化する可能性もあるところ、判決に向けた争点整理を計画的に行っていく一方で、事案

の実情に応じた和解による早期解決の余地が生じる場合もあると思われるので、裁判所と双方代理人とで常に在るべき紛争解決の姿を模索していくことが重要であろう。

9 おわりに：紛争予防のために

　前章において述べたとおり、紛争を100％予防することは不可能であるが、重要事項を記載した書類を残しておくことによって、紛争の芽を摘み、あるいは紛争が仮に生じたとしても早期の解決につなげることができる。

　売買契約書や、契約交渉時・契約時の発言等のメモなど、客観的資料の重要性を日ごろから意識しておくことが重要である。

第3章
消費貸借契約をめぐる紛争

木納 敏和
髙須 順一

1 はじめに

　民事訴訟実務においては、金銭の貸借から生じる民事紛争が相当の割合を占めている。もっとも、多くの事件は、金融機関（貸金業者を含む）が原告となって、貸し付けた金員の返還を求める事案であり、貸金の交付を含む金銭消費貸借契約の締結に争いのない事案である。しかし、紛争のなかには、消費貸借契約書が存在するものの金銭の交付に争いがある事案や、金銭の交付に争いがなくても贈与を受けたものであると主張して貸金であることを争うような事案もあり、このような紛争においては裁判所が難しい判断を求められることになる。ましてや、金銭消費貸借契約書が存在しない場合で契約締結に争いのある事案などでは、紛争をめぐる事実関係の把握自体が困難なことが多い。

　本章では、民事裁判実務における典型的な紛争の一つである消費貸借契約をめぐる紛争について、その解決に必要な主張立証上の基本事項や事実認定における考え方を提示したうえで、紛争解決に必要なポイントを明らかにし、そのために法律家が理解しておかなければならない事柄について説明することにしたい。

2 事例

　最初に、消費貸借契約をめぐる紛争において典型的な事例を取り上げ、相談

者の主張から構成できる権利及びその存在を基礎付けるために必要な事実（主要事実）について考える。

(1) 相談事例1（通常型）

> 私（A）は、Bに対し、平成28年3月4日、240万円を、弁済期を同年9月3日、利息を年1割の約束で貸しました（以下「本件消費貸借」という）。
> 弁済期が到来したので、Bに対し、同日、返済を求めたのですが、Bは返済を拒んでいます。Bに対して、貸金240万円の返還と、利息及び遅延損害金の支払いを求めたいと思います。

ア 事例1の場合、Aは、Bを相手に、本件消費貸借契約に基づく貸金返還請求、利息合意に基づく利息金支払請求及び貸金返還債務の履行遅滞による損害賠償請求を行うことになる。

イ 貸金返還請求

消費貸借契約は「当事者の一方が種類、品質及び数量の同じ物をもって返還することを約して相手方から金銭その他の物を受け取ることによって、その効力を生ずる」（民法587条）契約であるから、Aは、これらの事実（返還合意と240万円の交付）を主張立証する必要がある。

また、消費貸借契約のような貸借型の契約は、売買契約のような財産権の移転を目的とする契約とは異なり、一定の価値をある期間相手方に利用させることを目的としており、契約当事者が契約の目的物を受領するや否や直ちに返還することを前提に当該契約を締結するとは考え難いから、返還時期（弁済期）の合意は、その契約に不可欠の要素であり、同合意の事実も同契約の本質的要素として契約の成立を主張する者において主張立証する必要があると解される（類型別27頁、30講215頁、我妻V_2・353頁参照。このような見解に対して、返還時期の合意は、契約の成立要件ではなく、返還請求をするための要件であると主張する見解もある〔新問研39頁、山本Ⅳ-1・380頁〕。もっとも、いずれの見解においても、実際に貸金返還請求をする場合には、弁済期の合意を主張立証する必要がある点においては変わりない）。なお、具体的に弁済期を定める合意をしなかった場合には、貸主が返還を請求したときに弁済期が到来する旨の合意がされたものと解されるから、「弁済期の定めなく」貸し付けたものであることを主張す

ればよい。

　以上に加えて、貸金の返還を求める以上、弁済期が到来した事実がなければならない。

　　ウ　利息請求

　利息合意は、消費貸借契約に付随する合意であるから、同契約の成立要件のほかに、利息合意（利率合意を含む）及び同合意以後の一定期間の経過を主張する必要がある。なお、事例1の場合には、貸金返還請求権の発生を基礎付けるために消費貸借契約の成立要件が主張されることになるから、貸金の返還とともに利息を請求する場合において、重ねて同じ事実を主張する必要はない。

　　エ　遅延損害金請求

　遅延損害金請求については、貸金債務の発生要件（前記イ）のほか、弁済期の合意と弁済期の経過（履行遅滞の要件）を主張する必要がある（弁済期の定めのない消費貸借の場合には、貸主の請求によって弁済期が到来するが、その後の相当期間の経過〔民法591条1項〕を履行遅滞の要件として貸主が主張すべきとする見解と、相当期間が経過していないことを借主が抗弁として主張すべきとする見解がある。裁判実務においては後者の見解に基づいて判断がされている〔大判昭5・6・4民集9巻595頁〕。以上は遅滞の要件であり、弁済期の定めのない場合における消滅時効の起算点は消費貸借契約がされた日の翌日から起算されるものであることに注意を要する）。なお、事例1では、法定利息の利率を超える約定利率の合意が前記ウで主張されることになるから、遅延損害金請求においても同利率に基づく請求ができる（民法419条1項）。

(2)　相談事例2（諾成的消費貸借型）

>　C銀行は、Dとの間で、平成26年5月10日、500万円を、弁済期を平成27年5月30日、利息を年2.5％の約定で貸し付ける旨を書面で合意し（以下「本件諾成的消費貸借」という）、平成26年5月30日、同額をD名義の銀行預金口座に振り込みました。ところが、Dは、同年6月30日になって、C銀行との本件諾成的消費貸借を同年5月29日に解除した旨を主張して、同額を返金してきたのです。C銀行としては、Dに対し、同月30日から同年6月30日までの約定利息金の支払いを求めたいと思います。

ア　事例2は、諾成的消費貸借に付随する利息合意に基づく利息金支払請求の事案である。

　要物契約としての消費貸借契約ではなく、諾成的消費貸借契約を締結しなければならない事情には多様なものが考えられるが、同契約に基づいて金銭が交付される前に借主から契約締結の必要がなくなったことを理由に同契約が解消されたという事案が訴訟に持ち込まれるケースはほとんどみられない。仮に、このような事案において紛争を生じたとしても、同契約上の特約に従って解決が図られることが多いためと考えられる。特約がない場合には、貸主に生じた損害を借主の債務不履行と構成して損害賠償を請求できるか否かという問題が生じることになる。

　イ　改正法は、諾成的消費貸借について、「書面でする消費貸借は、当事者の一方が金銭その他の物を引き渡すことを約し、相手方がその受け取った物と種類、品質及び数量の同じ物をもって返還をすることを約することによって、その効力を生ずる」と明文で規定した（改正法587条の2第1項）。

　事例2のように、諾成的消費貸借契約に付随する利息合意に基づいて利息金の支払いを請求する場合には、諾成的消費貸借の成立要件（書面による消費貸借の合意）のほか、同契約に基づいて金銭を交付したこと、利息の合意（利率合意を含む）及び金銭交付以後の一定期間の経過を主張する必要がある。

　事例2の場合は、C銀行からの事情聴取によって、Dが利息金の支払いを拒んでいる理由が明らかとなっている。そして、このようなDの反論を踏まえると、本件諾成的消費貸借の成立を含む請求原因事実は当事者間に争いがないから、争点は、Dが、同契約に基づく貸金交付を受ける前に同契約を解除する旨の意思表示をしたか否か、ということになる。なお、改正法587条の2第2項は、Dの解除が認められる場合であっても、これによって「貸主は、その契約の解除によって損害を受けたときは、借主に対し、その賠償を請求することができる」と規定しているから、C銀行としては、仮に解除の意思表示の有無を争点としたくないような場合には、利息金の支払請求を訴訟物とするのではなく、C銀行に損害が生じたことを理由に同条項に基づいて損害賠償請求をすることも想定される。もっとも、約定利息相当分が損害として認められるかについては法制審議会民法（債権関係）部会においても疑問が示され、損害の内容は今後の解釈に委ねられた問題であるので、注意を要する。

(3) 相談事例3（準消費貸借型）

> 私（E）は、友人であるFが経営するG会社に対し、平成17年夏ころから平成20年3月ころまでの間、その必要なときに応じて数回にわたり合計700万円を貸し付けていました。その後、Gは、平成21年2月1日までに合計300万円の弁済をしたので、私は、Gとの間で、同日、利息を年1割、弁済期を同年9月1日として、400万円の貸金残債務を消費貸借の目的とする旨の準消費貸借契約を書面によって締結しました（以下「本件準消費貸借」という）。その際に、Fは、書面により、私との間でGの私に対する本件準消費貸借に基づく債務を連帯保証する旨の合意をしています。
> ところが、Gは、弁済期が経過しても、同債務の支払いをしないので、G及びFに対し、前記400万円並びに利息・遅延損害金を支払ってもらいたいと思います。

ア　事例3によれば、貸主Eは、借主Gに対して、本件準消費貸借に基づく貸金返還請求、利息金支払請求及び履行遅滞による損害賠償請求を、連帯保証人であるFに対して、保証契約に基づく保証債務履行請求をすることになるが、本章では、EのGに対する請求について考えることにする。

イ　本件準消費貸借に基づく貸金返還請求

(ｱ)　準消費貸借契約は、借主がすでに金銭その他の物を給付する義務（旧債務）を負っている場合に、これを消費貸借の目的とする旨の合意である（民法588条）。そして、準消費貸借契約に基づく貸金返還請求をする場合には、準消費貸借の合意（貸借型理論によれば弁済期の合意を含む）及び弁済期の到来を主張する必要がある。問題は、準消費貸借契約が旧債務の存在を前提とする契約であることから、旧債務の存在（発生原因事実）をEの側で主張立証しなければならないかという点である。

(ｲ)　旧債務の主張立証責任

旧債務の主張立証責任については、Eが旧債務の存在を主張すべきであるとする原告説と、Gが旧債務の不存在を主張しなければならないとする被告説の対立がある（30講230頁）。

原告説は、民法587条の消費貸借契約に関する規定が金銭その他の物の交付

と返還の合意を消費貸借契約の要件としていることから同法588条が規定する準消費貸借契約においても金銭の交付に代えて旧債務の存在が必要であると解し、旧債務の存在と返還の合意が同契約の要件事実となると解する。もっとも、改正法は、要物性を前提とした民法587条をそのまま維持したうえで、改正法587条の2を新たに設け、書面でする消費貸借契約は当事者間の合意のみで成立し、効力を生ずることを規定している。したがって、諾成的消費貸借に関する明文の規定（同条の2）が新設される状況下での解釈論として、原告説の理由がどこまで説得力を有するのかについては検討の余地がある。

一方で、被告説は、準消費貸借契約を締結する際、貸主が旧債務に関する借用書等の書証を借主に返還するのと引換えに、準消費貸借契約書が作成されることが多いという取引の実情からすれば、貸主に旧債務の存在（発生原因）を主張立証させることは困難であるとの理解に立ち、借主に旧債務の不存在について主張立証責任があると解する（最判昭43・2・16民集22巻2号217頁、30講230頁）。

そこで検討するに、主張立証責任の分配は、法律要件分類説に立てば法律の解釈に基づいて一義的に決まるべき性質のものと解されるところ、判例が被告説に立っていると解されること、債権法改正によって諾成的消費貸借に関する規定が明文化されたことで原告説の根拠にも説得力が失われたこと、一般に、準消費貸借契約において債務者の意思に基づいて作成された借用書が存在するのが通常であり、債務者側に旧債務の不存在を明らかにさせることが主張立証の公平性の観点で合理的であり、実際にも、こうした契約書が存在しない場合には、債権者側において準消費貸借の合意自体を直接的に立証することは困難で、結果的に同合意の成立を立証するために旧債務の存在を基礎付ける事実を重要な間接事実として主張立証することが必要となることなどからすれば、被告説に立って債務者（借主）に旧債務の不存在に関する主張立証責任を負わせることが民法588条の解釈として合理的であると解される。なお、被告説に立った場合にも、債権者（貸主）は、相手方の防御の観点から、旧債務の内容を特定して主張する必要がある。

(ウ) 旧債務の存否に関する主張立証

被告説に立てば、債権者（貸主）であるEにおいて、旧債務の存在（発生原因事実）を主張立証する必要がなく、債務者（借主）であるGにおいて、旧債務の不存在を主張立証する責任を負う。そして、この場合にも、貸主Eは、

本件準消費貸借の目的である旧債務を特定して主張する必要があるが、事例 3 のように、債務者 G が会社である場合には、本件準消費貸借以前の消費貸借取引の経過に関する資料（帳簿等）が整備されていることが予定されているから、借主 G の防御という観点において、事例 3 の程度の特定でも足りるものと解される。いずれにせよ、旧債務の特定は、それぞれの事案において、債務者の防御という観点からできるだけ具体的に特定されることが望ましい。

　一方で、原告説に立つ場合には、貸主 E において、旧債務の存在（発生原因事実）を具体的に主張立証しなければならないと解するのが帰結である。もっとも、裁判実務においては、原告説に立ったとしても、すべての事実についてこれを厳格に求めることが相当であるとは思われない。実際に、事例 3 のような事案を前提に考えてみれば、準消費貸借契約に関して債務者の意思に基づく借用書が作成されているのに、相当に長期間にわたって多数の独立した消費貸借契約が繰り返し存在し、貸付けや弁済が行われていたような事案において、これらの貸付けのすべてを具体的に主張立証できなければ、債権者の請求が認められないとすることは、いたずらに債権者に過大な主張立証の負担を課し、債務者の責任を免れさせる結果となりかねない場合もあるのであって、相当とは考え難いからである。したがって、原告説を形式的に適用して、旧債務の発生原因事実のすべてを具体的に主張立証できなくとも、債務者の防御に支障がないと認められる範囲において、直接に準消費貸借契約締結時における消費貸借の目的とされた旧債務の存在自体を推認するに足る証拠（準消費貸借に関する借用書のほか、その貸借額の存在を推認しうる証拠）がある場合には、これに基づいて旧債務の存在についての主張立証がされたものと認定できると解するのが相当である。

　(エ)　準消費貸借契約に関する借用証書等の書証の存否が主張立証責任に与える影響

　借用証書等の書証の存在が準消費貸借契約の成立の立証において重要なものであることはいうまでもない。そして、借用証書等の書証が存在しない場合には、前記のとおり、旧債務の存在に関する主張立証責任について被告説に立ったとしても、同契約（返還合意）の存在を立証するために、貸主において、多くの場合、旧債務の発生原因事実を重要な間接事実として主張立証することにならざるをえない。

　一方で、原告説に立ったとしても、準消費貸借契約に関する借用証書等の書

証が存在する場合には、その作成の経緯や作成内容等の具体的事実が、旧債務の存在を立証する重要な間接事実になると解される。

　ウ　利息金支払請求及び履行遅滞による損害賠償請求

　事例1における同各請求について述べたのと同様である。

3　弁護士が受任に際して検討すべき事項

(1)　依頼者が貸主である場合

　ア　消費貸借契約に関する紛争を受任するに際しては、依頼者から、同契約に関する書証（借用証書等の書証。以下「借用証書等」という）及び金銭交付の事実を確認できる書証（金融機関発行の振込証明書、借主作成の領収書等）が存在するか否か、こうした書証が作成されている場合にはその記載内容を確認しながら、紛争の全体像を把握するために必要な事情を聴取することになるが、借主が弁済期に至っても貸金を返還しない理由（紛争を生じた原因）を確認することは、依頼者の権利が認められるか否かの鍵となる争点を把握するという意味でとくに重要なことである。

　また、借用証書等が存在する場合であっても、借主の署名押印があるだけで貸主の記載がないものや、貸主の金銭交付が借主以外の第三者（仲介者）に対してなされているというような場合には、消費貸借契約の当事者が誰であるのかに関して争いとなる場合があるから、このようなケースでは、依頼者が借主に対して資金を貸し付けた経緯・理由等のほか、依頼者が借用証書等を所持するに至った理由、依頼者が借主に交付された資金を調達していたことを裏付けるための資料などを確認することが必要である。

　イ　依頼者が主張する貸付けについて借用証書等の書証が存在しておらず、借主が消費貸借契約締結の事実自体を否定している場合には、依頼者の言い分の信用性を確認するためにも、同契約が締結された事実を推認させるために必要な間接事実（補助事実）をより慎重に検討しなければならない（実際の訴訟においては、被告が金銭を受領していたことが認められる場合でも、借用証書等が存在しないことを理由に借りたのは自分ではないと反論することがある）。このような場合に、弁護士は、依頼者の主張を鵜呑みにするようなことがあってはならないのであって、借用証書等が作成されなかった理由を含め、依頼者が主張す

る消費貸借に関する主張が事実であるか否かを慎重に判断しなければならない。また、依頼者が現金を交付した事実をできるだけ客観的な資料で確認するほか、依頼者が借主であると主張する相手が実際の借主であるのか、単なる仲介者にすぎないのかといった点を含めて慎重に判断する必要がある。

　このような場合に、借主が誰であるかを十分に調査することなく、安易に関係者のすべてを被告として訴訟を提起するようなことは慎むべきことである。弁護士としては、依頼者と借主と主張する相手との関係（知り合った経緯、貸付当時の関係など）、貸付けを依頼された相手・貸付依頼の理由、貸付金の交付方法・交付の相手方、借主が誰であるかについての依頼者の貸付当時の認識及びその者を借主と判断した理由、弁済がされている場合の弁済者（借主以外の者が弁済者である場合はその理由）、借入金の実際の使途等の事情を詳細に確認し、借主と主張する者との間で消費貸借契約が締結されたことの裏付けとなる証拠関係を調査したうえで、その者が借主であるかについて慎重に検討することになる。

　ウ　以上のような点について検討した後に、借主と判断された相手方が返済を拒んでいる理由を把握して、その理由が法律上成り立たないものであるか否かを検討する必要がある。最終的には、この理由を把握することが、紛争の全体像を把握し、争点となる事由、今後の主張立証の方向性を検討する出発点となるのであって、紛争解決の見通しを判断するために重要となるからである。とくに、相手方が貸金（及び利息）の返済を一部でもしているのか否か（一部でも支払いをしているのであれば、消費貸借契約自体を否認できる可能性は少ないと考えられる）、なんらの返済もしていない場合には、その理由が弁済する資力に問題があるためであるのか、それとも貸金の交付を受けた事実を否認するのか、返還合意をした事実自体を否認するのかといった事情は当該紛争の見通しを検討し、どのような手続で紛争を解決するのが適切であるのかを判断するのに欠かせない情報といえる。そして、借主が貸金の返済をしない理由が不明の場合には、内容証明郵便等による督促を行い、あるいは訴訟外での交渉を行って、借主が返済を行わない理由を直接に確認したうえで、その対応を見極めてから方針を立てるべきである。

(2)　争点・紛争解決方法の検討

　前記(1)を前提に、借用証書等の書証が存在する場合であるか否かを区別して、

争点の見通しを立て、紛争解決方法について検討することになる。

ア 借用証書等の書証が存在する場合

借主が貸金の返済をしない理由が、返還合意の否認であれば、依頼者から、借用証書等が存在しているのに消費貸借契約を否認できるような事情の有無を確認することになる。もっとも、現金交付の事実が認められない場合であればともかく、現金交付の事実が客観的な証拠によって認められる場合には、贈与・出資等の積極否認がされるのが通常であり、一般的には、借用証書等の存在について借主から通謀虚偽表示の主張がなされ、架空の借用証書等を作成する必要があったか否かが主要な争点となる。しかし、借主の返還合意がなかった旨の主張は、借用証書等が作成されている以上、よほどの事情がないかぎり、採用されることは難しいというべきであろう（なかには借主から、貸主が多額の債務を負担していると同人から言われ、対外的に借主に対する貸金債権があることを見せかけるために借用証書等の書面を作成してもらいたい旨を依頼されて、借主においてこの依頼に応じたとの主張がされる場合がある。この場合も、法律的には返還の合意がされていると認められるが、これが通謀虚偽表示であり、または、金銭の交付がないから消費貸借契約が成立していないという主張として整理することになろう）。

一方で、現金交付が認められない場合には、諾成的消費貸借契約の問題となるのはともかく、依頼者の請求を維持することは困難となるから、現金交付を立証できるか否かが主要な争点となるであろう。

イ 借用証書等の書証が存在しない場合

消費貸借契約を証する借用証書等の書証が存在しない場合には、借主が同契約の成立自体を否認することが十分に予想されるのであるから、どのような理由で返済をしていないのかということが明らかではない段階においては、借用証書等の書証を作成しないで現金を貸し付けたとしても不自然ではない事情の有無（貸主と借主の人間関係、貸金額、貸金の理由、担保等の有無、以前にも借用証書を作成しないで現金を貸し付けていたといった事情、現金を交付したことを裏付ける証拠の有無など）を依頼者から聴取することが重要となる。もとより、借用証書等の書証が存在しなくても、借主が現金の交付を受けていることや、一部でも弁済等をしていた事実が客観的証拠によって認められる場合には、消費貸借契約の締結を推認させる重要な証拠となるから、このような事情の存在について依頼者から十分に事情を聴取して、これを基礎付ける証拠を収集する

必要がある。

　ウ　以上のようにして、依頼者からの事情聴取や相手方が争っている理由がなにかとの点に関する調査を踏まえて、訴訟外での話し合いによる解決を進めるのか、直ちに訴訟を提起することを検討すべきなのかといった方針を立て、依頼者に対し、貸金の回収可能性の程度や保全処分等の保全措置をとるか否かを含めた方針内容とその理由を十分に説明して納得を得たうえで、その後の手続を進めることが大切である。

(3) 依頼者が借主である場合（争点・紛争解決方法の検討）

　借主から相談を受ける場合としては、貸主から内容証明郵便等による督促を受けたり、支払いに関する交渉が持ちかけられ、あるいは貸金返還訴訟を提起されたりといった、貸主側からなんらかの行動が起こされている場合がほとんどであると思われる。

　弁護士としては、金銭を借り受けた事実の有無（借用証書等の作成の有無を含む）を確認することが出発点となる。依頼者が返還義務を争っている場合には、その理由を十分に聴取して、今後の対策を立てることになる。依頼者が借用証書等の存在を失念して、あるいは意図的に秘して曖昧な説明に終始する場合も想定される。そのような場合にも可能なかぎり事実の明確化に努めるべきであり、時間的制約などの理由により事実関係を曖昧にしたままで受任するような事態は危険である。ましてや、依頼者が借受けの事実を認めている場合であるのに、借用証書等を作成していないことなどを理由に、同事実を否定して争うような方針を助言するようなことがあってはならない。たとえば、訴訟に発展し、その本人尋問手続において、依頼者が相手方代理人の反対尋問によって、弁護士の助言によって事実と反する主張をしたと供述するような場面を想像してみれば、慎重な対応が必要となることは容易に理解できるであろう。このような場合には、速やかに（訴訟提起前に）、和解交渉を通じて依頼者の利益を考えた解決を検討すべき場合もあると思われる。

　依頼者が消費貸借契約締結の事実を争っている場合には、消費貸借契約の存在を争っているのか、金銭の受領を認めつつ返還合意を争っているのか、借主が自分ではないということを主張しているのかといった趣旨を確認し、その主張に応じた対応を検討することになる。依頼者が消費貸借契約の存在を争っている場合には、相手方（貸主）の主張立証内容を見極めたうえで、適切な反論

反証を検討していくことになる。このとき、とりあえずは依頼者に不利益と思われる相手方の主張を否認しておいて、後に相手方の提出証拠を見て、否認できないと判断される事実のみを認めればよいといった訴訟活動をすると、裁判所（裁判官）から、この当事者は実際の事実の有無ではなく、依頼者にとって不利益となる事実をすべて否認しているだけであると思われることにもなりかねないから、そのような訴訟活動が依頼者に不利益に働くことがあることを認識しておくべきである。依頼者が、金銭の受領を認めつつ返還合意を争っている場合には、金銭の受領についての法律上の原因の有無が重要な事情となるから、贈与等の積極否認事由を検討したうえで、この点に関する依頼者の主張を十分に聴取して裏付けとなる資料を集める必要がある。貸主と主張する者の契約当事者性を争うのであれば、真実の貸主が誰であるのかを特定するだけでなく、その者から請求を受けている事実や、その者に対して弁済をしている事実等を積極的に主張立証する準備をするべきである。真実の借主が別にいるという場合は、その者を特定し、貸主が貸したと主張する金銭がその者のために使われていることを明らかにするための準備をするほか、消費貸借契約の存在を争っている場合と同様の検討をすることになろう。

消費貸借契約の締結には争いがないが、弁済・消滅時効等の抗弁を主張すべき場合には、その点の法的分析、抗弁事実の主張立証を検討することになる。また、そのような抗弁主張が認められる見通しを踏まえて、必要な場合には早期の和解を検討することも紛争解決の視点としては検討しておくべき事項である。

4　争点整理手続のあり方

(1)　争点の確定

裁判所（裁判官）は、当事者の主張及び提出された証拠から速やかに紛争の全体像を把握し、貸主・借主といった契約の主体に争いがあるのか、貸金の授受に争いがあるのか、返還合意（弁済期の合意を含む）に争いがあるのかを特定して、争点の判断に必要な事情、証拠の提出がされているのかを確認し、必要な釈明を行って争点の確定及び証拠の整理を行う。

この場合、訴訟提起の当初から、当事者の主張・証拠等から紛争の全体像の

把握に努め、ここから考えられる争点を頭に置きながら当事者の主張及び証拠を実質的に検討し、当該訴訟において争いのある重要な間接事実及び証拠の整理・評価を行っていくことが重要である。裁判官は、たとえ訴訟当事者が、相手の主張立証の内容が明らかになってから反論を検討し、必要な証拠を収集するといった場当たり的な防御をしているような場合であっても、限られた主張立証の内容から紛争の全体像をイメージし、当該紛争の解決にとって重要な争点がなにかを常に考え、前記のような手続主宰者としての役割を十全に果たしていくことが求められる。訴訟進行の司令塔である裁判官が、審理の目標をもたずに、漫然と争点整理に関与していては、実質的な紛争解決に導くことはできないのである。

ところで、これまで検討してきたように、この類型の紛争において考えられる争点としては、消費貸借契約の成否（返還合意・弁済期合意の存否、現金交付の有無及び額）、原告の貸主性、又は被告の借主性が主なものである。したがって、裁判所は、当事者の主張を合理的に解釈し、これらの争点を速やかに確定して、争点事実の判断に必要な間接事実、争点の判断に関連する証拠（間接証拠を含む）が提出されているか否かを精査したうえで、必要な釈明を行って、主体的かつ積極的に争点整理を行うことになる。

(2) 証拠（人証）の採否

裁判所は、紛争の全体像を念頭に、すでに提出されている証拠（書証）によっては容易に判断できない実質的な争点について必要な人証を採用する。当事者の主張や証拠の内容から、当事者が申請している人証以外に、当該争点について重要な立場にある証人がいる場合には、当事者に対して、改めて同証人の申請意思を確認することも必要である。もちろん、そのような証人の申請を当事者が行わないのには、それなりの理由があるはずであるから、事案によっては当該証人の申請をすべき当事者から申請ができない理由を確認して期日調書に記載することも必要となる。

通常は、原告及び被告のほかに証人申請すべき人証は多くはないと思われる。もっとも、争点によっては、契約の主体に争いがある場合の仲介人、消費貸借契約ないしは現金交付の際の立会人等の証人が考えられる。

5　主張立証活動の留意点

　ア　貸金返還請求訴訟を提起する原告は、その請求を基礎付ける事実についてはもちろんのこと、争点事実がなんであるかを提示したうえ、その判断に必要となる重要な間接事実を紛争の全体像を明らかにする記載とともに特定して主張することが大切である。したがって、訴状において、請求を基礎付ける主要事実のほかに、被告が貸金返還を拒んでいる理由、借用証書等の書証が作成されているか、被告が一部の弁済を行っているか、といった事情を明確に記載し、裁判所（裁判官）が速やかに紛争の内容を理解し、円滑な訴訟進行が図れるように主張を準備することが求められるといえる。

　イ　次に、貸金返還請求訴訟における立証は、借用証・領収書等の書証の提出が出発点となるから、これらの書証がある場合には、訴状の提出とともに証拠として裁判所に提出することが必要である。実際の訴訟では、被告が原告の主張事実を否認するかどうかを確認した後に証拠の提出を考えればよいという考えのもとに、訴状提出時に書証を全く提出しないケースもみられるが、早い段階での基本書証の提出は、裁判所に速やかに訴訟進行の見通しをもってもらうために有効であるというだけでなく、原告の所持する証拠を確認できるまで自分側に不利益な主張事実を争っておこうという被告の防御対応を防ぎ、訴訟の遅延を防止するという意味でも有益である。次に、これらの書証が被告（借主）によって作成されたものであることが争われる場合には、筆跡が被告のものであるか書証に顕出された印影が被告の押捺行為によること、そうでないとしても被告の管理する印章によるものであることを（実印であれば被告の印鑑証明書を提出して）立証することになる（民事訴訟法228条、最判昭39・5・12民集18巻4号597頁）。もっとも、被告が書証の内容に沿う金銭を受領していることが容易に認定できる場合には、書証が被告以外の者によって作成されたか否かが重要な争点となることはないであろう。

　ウ　一方で、被告（借主）作成の借用証・領収書等の書証がない場合や、これがある場合でも貸主欄等に原告（貸主）の記載がされていない場合には、被告から消費貸借契約の成立を否認されたり、あるいは、貸主が原告であるのか、原告（貸主）と被告（借主）との間に立った仲介者（第三者）であるのかが争いとなったりする場合がある。

このような事案では、一般に、原告が被告に対して金銭を交付した事実を立証することができれば十分であることが多いと考えられるが、逆に、この点の事実が立証できないときは、被告との間で消費貸借契約が締結された事実の立証は相当に厳しいものがある。また、被告が貸付金を受領したことを認める場合でも、原告が仲介者に貸付金を交付し、仲介者が被告に対してその貸付金を交付している場合には原告が貸主であることを基礎付ける事実を主張立証する必要が生ずる。その場合、被告に交付された貸付金が原告の財産から出捐されたものであることを前提に、仲介者が原告の使者ないし代理人として被告に貸付金を交付したことを推認させる事情を具体的に主張立証する必要がある。原告としては、原告と仲介者との関係、原告が、仲介者から被告に対する貸付けを依頼された経緯（貸付目的・貸付金の使途が被告にあることに関する仲介者からの説明内容など）、仲介者から被告作成の借用証・領収書等を受領した経緯、原告が被告と直接に貸付内容について交渉した経緯等の事実を立証するための証拠関係（仲介者の陳述書、原告の資金の存在を立証する預金通帳等の書証等）を収集しておく必要がある。ところで、この場合、原告と被告との間で消費貸借契約が締結されたことを主張立証するためには、原告において、被告を借主として同契約を締結する意思を有していたことを基礎付ける事情だけでは不十分であり、被告も貸主が原告であるとの認識で貸付金の交付を受けたことを主張立証する必要がある。したがって、仲介者が、被告に対し、貸付金を準備する者が原告であり、原告の了解の下に契約内容を決める必要があるとの事情を説明していた事実、返済方法が原告に対する持参又は送金となっているなどの契約内容に関する事実や、被告が原告に対して弁済猶予を求めていたといった原告を貸主とする行動をとっていた事実等を主張立証する必要がある。このうち、とくに後者の点は重要である。実際の裁判実務をみると、契約（合意）の成否が争点となっている事案であるのに、この事実の存在を主張する側の当事者において、同合意をする意思を有していた事実や、同合意が成立したものと認識したからこそ、相手方のために行動をしたなどと主張するだけで、合意の当事者である相手方の事情（相手方にも合意をする動機があったことや、相手方が合意に基づく行動をとっていたことなどの合意意思を有していたこと、及び相手方において合意をする意思を外部に明示又は黙示に表示したことを基礎付ける事実）をなんら主張立証しないことが多い。しかし、合意の事実が認められるためには相手方も合意をする意思をもって意思表示をしていた事実がなければならないか

ら、合意当時に相手方にもそのような合意をする動機・利益があったこと、相手方も合意の成立やこれを前提とする行動をとっていたといった相手方が合意をする意思をもって意思表示をした事実の存在を基礎付ける事情を主張立証しなければ合意の事実を基礎付けるための主張立証としては不十分であることを十分に理解する必要がある。

エ 次に問題となるのは、貸金の授受が争いになる事案である（銀行振込みなどの第三者機関を通じて金銭の交付が行われた場合には、この点を容易に立証できるので、この点が重要な争点となる場合は、金銭の授受が手渡しで行われている場合がほとんどであるといえる）。一般には、消費貸借契約の成否自体が争点となる場合が多いと考えられるが、諾成的消費貸借契約が認められる場合には、金銭の授受のみが争点となる場合も考えられる。この場合は、原告が被告に対して、いつ、どこで、どのようにして貸付金を交付したのかに関する主張立証が中心となるが、そのほかにも、弁済期後の督促の有無、督促に対する被告の対応状況等の事情も重要であり、こうした事実関係をていねいに聴取して、関連書証を収集し、これらを提出するほか、陳述書及びその信用性を基礎付けるための裏付け証拠等を検討することになる。

オ なお、金銭の授受に争いがないものの、被告において贈与を受けたものであるとして争いになる事案もときどきみられるが、このような主張が考えられる事案は親族関係や男女関係にある者どうしのような特別な関係にある場合が通常である。いずれにしても、原告が被告に対して金銭を贈与するような関係にあったか、原告に贈与すべき動機があったか、被告の贈与を受ける必要性の存在、原告が贈与を行うに至った経緯、被告が主張する贈与の目的等に照らして金額が相当の範囲であるか（原告がどのような資金で贈与したのかという点を含む）、贈与時の交渉経緯（返済をどうするかについてのやりとりの有無など）、原告の金銭交付後の督促の有無などの事実関係を明らかにして、主張立証を検討することになる。

カ 以上のとおり、その紛争における争点を見極めたうえで、争点に関する事実関係及び証拠関係を十分に調査し、証拠を収集したうえ、貸主である原告の主張事実を立証する見通しをもって訴訟における主張立証の方針を検討することになる。

キ なお、これに対し被告は、以上に検討した各場合において、原告が、被告との間で消費貸借契約が締結されたことを基礎付けるために主張立証すべき

事実につき、そのような事実が認め難いことを基礎付ける間接事実や反証を提出して防御活動をすることになる。

6　事実認定のポイント

(1)　返還合意（弁済期の合意）の存否が争点の場合

ア　借用証書等の書証が存在する場合

被告（借主）の意思に基づいて作成された借用証書等の書証が存在する場合には、特段の事情がないかぎり、返還合意（弁済期の合意）が認定される。この場合、この合意が通謀虚偽表示によるものであるか否かが中心的な争点となる事案がある。

通謀虚偽表示であるか否かを判断する場合には、①被告（借主）において、原告（貸主）から資金を借り入れる必要がなかったこと（資金を借り入れる必要があったが、原告以外の者から調達したこと）、②原告（貸主）において、被告（借主）に貸し付ける資金を有していなかったこと、③実体のない借用証書等を作成しなければならなかった事情（原告において、多額の負債を有しており、自己の債権者に対し、被告に対する貸金債権を有していることを示して、返済猶予等を求め、あるいは他から借入れをするために被告名義の借用証書等の書類を示す必要など）があったこと、などの間接事実の存否を認定することになる。

イ　借用証書等の書証が存在しない場合

原告（貸主）及び被告（借主）の経歴・職業、関係、貸付けの目的・使途、金額の多寡、弁済期の長短等の事情から、借用証書等の書証を作成していないとしても不自然ではないといえる特段の事情のないかぎり、これらの証書を作成していないことは、消費貸借契約がされたとの原告（貸主）の主張の信用性を妨げる間接事実となる。したがって、前記「特段の事情」の有無の判断が事実認定のポイントとなる。

そのうえで、原告（貸主）が被告（借主）に対して現金を貸し付けたと主張する当時、①被告（借主）に資金を得る必要があったこと、②原告（貸主）が貸付資金を有していたこと、③貸付けに至る経緯、貸付け後の原告の請求の有無、被告の対応等の事情を認定して、貸付けの有無を判断することになる。

なお、原告（貸主）から被告（借主）に対して現金交付がされている事実に

争いがない場合には、通常、贈与・出資等の主張が積極否認事由として主張されることになるから、この主張との関係を踏まえて返還合意の有無を判断することになる。もっとも、この場合においても、借用証書等の書証が作成されていないことは、返還合意の存在を否定する方向に働くことになるのは同様である。

(2) 貸付金交付の有無が争点の場合

貸付金交付の有無が争点となる場合は、前記のとおり、消費貸借契約の成否が全体として争点となる場合がほとんどと考えられるから、前記(1)に記載した判断も検討することになる（判断の前提となる間接事実も重複する場合が多い）。むしろ、貸付金交付の有無が認定できるかどうかは、消費貸借契約の成否の判断の前提となるもので、同契約の成否の判断に影響を与えることになる。

以上を前提に検討すると、貸付金交付の有無の判断においては、被告（借主）作成の領収書等の金銭の受領を証する書証や、原告（貸主）による銀行振込証明書等の書証が重要な証拠となる。これらの書証が存在しない場合に検討することになる現金交付の事実を推認する方向に働く間接事実としては、一般的に、①原告（貸主）において、現金を交付したと主張された当時、貸付けを行うことのできる資力（原資）があったこと（貸付資産の存在）、当該資産が移転したこと、②その当時、被告（借主）に借入れを必要とする事情があり、その後に借入れに見合った支出をしていたこと、③ ①の後、原告（貸主）が、被告（借主）に対し、現金を貸し付けたことを前提とする行動をしていたこと、④ ②の後、被告（借主）が、原告（貸主）から現金を借り入れたことを前提とする行動をしていたこと、などが挙げられる（③と④は、返還合意を推認させる方向に働く間接事実でもある）。

一方で、被告（借主）は、現金が交付されたと主張された当時、借入れを要する事情があったが、その資金を原告（貸主）以外の他から調達した事実などが、現金交付があったとの推認を妨げる間接事実として挙げられる。

(3) 貸借当事者が争点の場合

借用証書等の書証が作成されている場合には、貸主・借主に関する記載やその書証の記載内容が重要な資料となる。そのほかにも、金銭授受の当事者が誰であったか、その当事者の関係、授受に至った経緯、その当事者が誰を貸主又

は借主と認識して金銭の授受を行っていたか、交付金銭の原資は誰が準備したものか、貸付けの目的、貸金が実際に誰のためのどのような用途に使われたか、貸金額・弁済期が誰の意向に従って確定したか、貸金が交付された後に貸主又は借主として行動していた者は誰か、その行動の内容、などの事情を確定し、総合的に斟酌して貸主又は借主が誰であるかを判断することになる。

借主とは認められない場合でも、その者が実質的には保証人として行動していたとして争いとなることがあるが、保証人としての責任を肯定するためには書面による合意が必要である（民法446条2項）。

〈改正法との関係〉

改正法は保証債務に関して、個人保証人の保護を図る観点から数多くの規定を新設しており、事業に係る債務についての保証契約の場合の特則を設けている（改正法465条の6以下）。これに該当する場合（事業のために負担した貸金等債務を主たる債務とする保証契約又は主たる債務の範囲に事業のために負担する貸金等債務が含まれる根保証契約の場合。ただし、保証人になろうとする者が法人である場合を除く）に、保証契約が効力を生じるためには、保証契約の締結に先立ち、その締結の日前1箇月以内に作成された公正証書で保証人となろうとする者が保証債務を履行する意思を表示することが必要となる（改正法465条の6）。したがって、事業用貸金について借主の認定が問題となり、借主と認められなかった者に関して、改正法の下で保証人的地位を認定することは前記規定を前提とするかぎり困難であろう。ただし、改正法は一方で、前記規定が適用されない場合を認めており（改正法465条の9）、適用除外のケースであるか否かについても注意を要する。

7　予想される抗弁以下の攻撃防御の展開

(1) 消滅時効

ア　金融機関が貸主である場合に、債務者から消滅時効の抗弁が提出されることはほとんどないが、個人が貸主である場合には消滅時効の抗弁が提出されることがときどきある。

消滅時効の抗弁を主張するときは、①弁済期の合意と到来、②時効期間の経過、③時効援用の意思表示を主張する必要があるが、①は請求原因事実におい

て顕れているから、改めて抗弁事実として主張する必要はない。この点に関し、弁済期の定めのない消費貸借契約においては、貸主は契約成立後いつでも貸金返還請求権を行使できる法的地位を有するものであるから、同契約成立の翌日から法律が定める所定の時効期間が経過すれば、債務者は時効の援用をすることによって消滅時効を主張することができる。注意すべきは、民法591条1項の「返済の催告」をしたときから時効期間が進行を開始するものではないということである。

〈改正法との関係〉

改正法は、債権の消滅時効について、現行法と同様の「権利を行使することができる時から10年間行使しないとき」という客観的規律（改正法166条1項2号）に加え、「債権者が権利を行使することができることを知った時から5年間行使しないとき」にも時効が完成するという主観的起算点に基づく新たな規律を規定する（同項1号）。弁済期の定めのない消費貸借契約を締結した場合、通常は、同契約のときに「権利を行使することができることを知った」ものと解されるから、起算点に関して改正前の取扱いととくに異なることはない。弁済期の定めのない消費貸借契約については客観的起算点に基づく10年の消滅時効の規定（同項2号）によって10年の消滅時効期間が適用されるという解釈も考えられるところである。しかし、このような解釈も、弁済期の定めのある消費貸借契約と定めのない場合とで、消滅時効に関して異なる取扱いを認めることになることに鑑みれば、相当な解釈とは言い難い。

また、前記②及び③は、抗弁事実として主張する必要があるが、通常は顕著な事実として特段の立証を要しない。

消滅時効に関して、従前は商事債務か民事債務かという争いが生ずる事案があったが、改正法では、いずれの債務であるかによって消滅時効期間が異ならないことになったから（民法の一部を改正する法律の施行に伴う関係法律の整備等に関する法律により商事消滅時効に関する商法521条を削除）、この点が争点となることはなくなった。

イ　消滅時効の抗弁に対しては、時効中断の再抗弁（時効援用権の喪失の再抗弁を含む）が主張されるのがふつうである。したがって、被告（借主）が、消滅時効の抗弁を主張する場合には、時効中断の再抗弁が提出される可能性を慎重に検討し、時効中断の再抗弁が客観的な事実の存在によって容易に認められることになる場合には、無意味な消滅時効の抗弁を提出することのないよう

にすべきである。

(2) 相殺

ア 貸金返還請求に対して、被告（借主）から相殺の抗弁が主張されることがある。もっとも、すでに貸金返還義務を遅滞している債務者が、債権者に対して自働債権（反対債権）を有しているのであれば、訴訟提起前に相殺の意思表示をしているのが通常であるから、訴訟係属後に準備書面をもって相殺の意思表示を行っているような場合は、貸金債権の存在を争っているのでないかぎり、反対債権の存在自体に問題がある事例が多いといえる。

イ 相殺の抗弁においては、自働債権の発生原因事実と相殺の意思表示を主張立証する必要がある。とくに、実務上不明確な主張が多いのが、相殺適状の時点が特定されない主張である。自働債権の主張については、元本債権のみを自働債権として相殺するのであれば問題は少ないが、相殺適状前に発生していた利息債権や遅延損害金債権も自働債権として相殺を主張する場合には、その点の主張が曖昧にならないように主張を特定すべきである。実際の裁判においては、以上の点が明確に特定されていない相殺の主張が多く、この点の主張整理に時間を要する結果、訴訟遅延を招くこともある。

ウ また、自働債権に抗弁権が付着していることが主張から顕れてしまっている場合（同時履行の抗弁権等）には相殺が許されないから、抗弁権の効果を覆滅させる事由を併せて主張しなければならない。加えて、自働債権が債務不履行（履行遅滞）による損害賠償請求権である場合には、履行遅滞の要件として違法性が基礎付けられていることが必要であり、違法性阻却事由の存在が請求原因事実や抗弁事実から顕れている場合（抗弁権の存在効果）にも、同事由の効果を覆滅させる事由を主張する必要があることに注意を要する。

(3) 弁済・代物弁済

ア 実際に、貸主が貸金債務の弁済を受けるなどにより、すでに貸金債務が弁済等によって消滅しているのに、弁済等を受けていないと主張して貸金返還請求訴訟を提起してくるケースは考え難いといってよい。とくに、貸金が返済されていれば、借主に対して借用証書等の書証が返還されるという経験則に照らせば、貸主の手元に借主作成の借用証等が残っているということ自体が、貸金債権が弁済されていないことを推測させる。したがって、被告（借主）が、

抗弁として貸金の弁済・代物弁済による全部消滅を主張するケースは多くはないといえる。

しかし、貸主が借主から利息制限法の制限利率を超える高利の約定利息の支払いを受け続けたような事案で、貸金元金が消滅したか否かが争いとなるような場合もあり、訴訟上、このような抗弁が提出されるケースがないわけではない。この場合、弁済・代物弁済を抗弁として主張する被告（借主）は、弁済日を特定して弁済の事実を具体的に主張立証し、利息制限法の制限利息を超える高利の約定利息の支払いによる貸金元金の消滅を主張する場合には、さらに貸金元金に対する充当関係について、計算書等を使用して具体的に主張立証することが必要である。

イ　また、実務上の難しい事案としては、借主がすでに死亡しており、貸主の手元に借用証等が残っていたような場合において、貸主が、長期間の経過によって弁済を受けたとの記憶が曖昧となっていまだに弁済を受けていないものと誤認する場合や、弁済を受けた記憶は有しているが、この事情を知らない借主の相続人を相手に二重払いを目論んで訴訟を提起してくるような場合が考えられないではない。

この場合、訴訟の被告とされた借主の相続人は、原告（貸主）が、借主の生前には訴訟上の請求をしていなかったのに、借主が死亡した直後に事情を知らない相続人を被告として訴訟を提起してきたという貸主の態度から、すでに貸金債務は借主が生前に弁済していたものであると主張することがあるが、すでに死亡している借主による生前の弁済等の事実を弁済日及び弁済額を特定して主張立証することには相当に困難を伴うことが考えられる。

このような事案では、弁済等により貸金債務が消滅したか否かについての十分な主張立証を尽くしてもらい、慎重に判断をすることが求められる。

8　紛争解決の留意点

民事紛争において、貸金返還請求訴訟は典型的な紛争類型に属する。ただ、金融機関が貸主となることが多く、人的・物的保証が提供されている場合がほとんどである。この場合、それほど厳しい攻撃防御が行われる場合は少なく、債務者である被告が貸金を返還できない理由としては返済能力がないことがほ

とんどであるため、相当程度は欠席判決ないしは和解による早期解決が図られることになる。しかしながら、実際の訴訟をみていると、なかには、現金を借り受けていながら、借用証等が存在しないことを奇貨として借受けの事実を否認していると考えざるをえないような事案もある。このような訴訟対応は、適正かつ迅速な紛争解決の妨げとなるばかりか、和解の機会を失うことにもつながるものである。

　また、実質的に、消費貸借契約の成否・現金交付の有無が争われるケースでは、一方当事者は真実を知りながら虚偽の申立てをしているケースが想定されるから、裁判所が、借りていない被告に貸金の返還を命じ、あるいは借りている被告の貸金債務を不当に免れさせるなど、誤った判決をすることは司法の信頼を失わせることに直接につながることになる。一方で、当事者の代理人である弁護士も、訴訟詐欺につながりかねないような安易な訴訟提起・訴訟遂行や、被告が返還すべき貸金債務を不当に免れさせるために尽力するような結果とならないように、十分な調査を行ったうえで、適切な訴訟活動を行うことが求められている。この点で、自分は依頼者のいうことを信じて訴訟遂行をしただけであり、最終的な判断をするのは裁判所であるといった考え方で裁判実務を取り扱うようなことがあってはならないと考える。

9　おわりに：貸金紛争の予防のために

　他人に現金を貸し付ける者は、将来の紛争を防止するためにも、必ず、借用証・領収書等の書証を作成しておくべきである。そうした書類には、貸主・借主・貸金額のほか、消費貸借契約における重要な合意事項を明記しておくことが必要である。また、現金を手渡すといったことをせずに、銀行振込みなどの第三者が関与した徴証を残すようにする心がけが大切である。このような手続によることができない特段の事情があるのであれば、借主が消費貸借契約を否認する場合に備えて、契約の締結や貸金の交付の際に利害関係のない第三者を立ち会わせることなども事情によっては必要である。

　どのような約束も、破られる可能性があるということを念頭に、そのための手立てを講じておく必要があるということを社会的な常識として理解し、将来の訴訟リスクを低減することが大切である。

第4章
保証契約をめぐる紛争

木納 敏和
鈴木 雅之

1 はじめに

　保証契約は、主たる契約（売買契約、消費貸借契約、賃貸借契約など）に付随して、同契約から生ずる債務の履行を担保する目的で締結される身近な契約であり、それだけに民事上の紛争を生じやすい。とくに、主たる契約における債務者（主たる債務者）との情義に基づく関係から保証人となった個人は、主たる債務者が債務の履行を怠ることはないであろうことを信頼して保証人となるのが通常であり、ほとんどの場合、保証契約によるリスクを現実的に認識していない。
　このため、その後、実際に、債権者から保証債務の履行を求められるという事態に陥った場合、このような請求には応じられないとして紛争を生ずる場合が多い。また、主たる債務者が、人的保証を求める債権者の指示に応じなければ主たる契約を締結してもらえないとして、親族（父母ら）の明確な承諾を得ないままに親族名義の保証契約書を作成して債権者に交付したことから紛争となる場合も少なくない。
　保証契約をめぐる紛争は、裁判実務において、保証契約の締結自体には争いがないが、保証人が保証債務を履行しないことから民事訴訟に至るという事案が多いが、保証契約の成否が争点となる場合もあり、保証契約書が保証人によって作成されたものであるか否かが問題となる紛争においては、裁判所が難しい判断を求められる場合も少なくない。
　本章では、民事裁判実務における典型的な契約類型の一つである保証契約を

めぐる紛争について、紛争解決に必要なポイントを明らかにし、そのために理解しておかなければならない事柄について説明することとしたい。

2 事例

最初に、保証契約をめぐる紛争において典型的な事例を取り上げ、相談者の主張から構成できる権利及びその存在を基礎付けるために必要な事実（主要事実）について考える。

(1) 相談事例1

> 私（A）は、Bに対し、平成28年3月10日、機械を代金300万円で売却し、その際、Cに、Bの債務について書面により連帯保証をしてもらいました。私は、引渡期限である同年4月10日にBに対して同機械を引き渡しましたが、Bは代金の支払いをしようとしません。このため、私としては、保証人であるCに対してその支払いを求めたいと思います。

ア 事例1では、AがCを相手に保証契約に基づいて保証債務履行請求を行うことになる。この場合、連帯保証契約は、保証契約の補充性を奪うものではあるが、保証契約の附従性を有することには変わりがないから、保証契約とは別の契約類型ではなく、保証契約に、主たる債務者と連帯して支払義務を負担する旨の連帯特約が附されたものにすぎないと解されている（我妻Ⅳ 498頁）。この点、実務的には、訴状の請求原因事実として、「連帯保証契約を締結した」との記載をしたり、同契約に基づく連帯保証債務履行請求権を訴訟物と構成するような「よって書き」の記載をしたりするものがみられるが、このような記載をしていても、訴えの変更を求められるようなことはなく、訴訟上の扱いに問題を生じることはない。

イ 保証契約は、債権者と保証人との間で、保証人が「主たる債務者がその債務を履行しないときに、その履行をする責任を負う」（民法446条1項）ことを約する契約であり、「書面でしなければ、その効力を生じない」（同条2項。平成16年法律第147号による改正、平成17年4月1日施行）とされている。し

がって、AがCに対して保証債務の履行を求めるためには、①主たる債務の発生原因事実、②保証契約の締結、③Cが書面によって②についての保証意思を表明したこと、④主たる債務の履行期の到来が必要である。なお、前記③の「書面」といえるためには、保証人となる者の保証意思がその文書によって外部（債権者に対して）に表明されていることを要するが、そのような書面であれば、債権者の署名押印がなく、また、保証契約の内容が完全に記載されたものではなかったとしても、同条項の「書面」に該当すると解される（木納敏和「保証契約の書面性（民法446条2項）をめぐる実務的問題に関する一考察」下森定先生傘寿記念論文集『債権法の近未来像』〔酒井書店、2010年〕。実際の契約では、主たる契約に関する契約書に保証人が署名押印して同一の契約書で保証契約を締結し、あるいは主たる契約が具体的に特定された保証書に保証人が署名押印して保証契約を締結するのがふつうである）。

　したがって、Aは、主たる債務（BのAに対する売買代金債務）の発生原因事実であるAB間の売買契約締結の事実のほか、AC間の保証合意の事実、同合意についてCの保証意思の表明が書面によってされたことを主張立証する必要があるとともに、保証債務の履行を請求する以上は、主たる債務の履行期が到来している必要があるから、この事実を明示又は黙示に主張することになる（もっとも、主たる債務は売買契約に基づく代金支払債務であるから、売買契約の主張によって契約と同時に同債務が履行期にあることが基礎付けられている。なお、事例1では、機械の引渡期限の合意の事実が明らかになっているが〔民法573条参照〕、すでに到来した引渡期限において機械の引渡しがされているから、被告Cが引渡期限の合意を履行期未到来の抗弁として主張することは考え難い）。

　ウ　保証債務は、「主たる債務に関する利息、違約金、損害賠償その他その債務に従たるすべてのものを包含する」（民法447条1項）から、Aは、Cに対し、主たる債務に関する利息、遅延損害金等の請求も保証契約に基づく保証債務履行請求権の内容として請求することができる。したがって、これらの請求も併せて行う場合には、主たる債務の発生原因として、利息債務や遅延損害金債務等の従たる債務の発生を基礎付ける事実も主張立証することになる（民法575条2項参照）。

(2) 相談事例2

> 私（D）は、Eに対し、平成27年4月1日、甲建物を、賃料月額5万円、期間を2年間とする約定で賃貸し、Eから、同人の父Fの署名と押印のある保証書を受領しました。ところが、Eは、平成28年8月1日以降の賃料を支払わないので、保証人であるFに支払いを求めたいと思います。

ア 事例2によれば、Dは、保証人Fとの保証契約に基づき、Fに対して、Eに対する賃料債権（主たる債務）について、保証債務の履行請求をすることになる。そのために、Dは、Eに対する賃料債権の発生原因事実（賃貸借契約の締結と同契約に基づく甲建物の引渡し）及び発生賃料の期間の末日の到来を主張することが必要となる（なお、建物賃料の支払時期については、特約があればそれに従い、特約がなければ毎月末日となる〔民法614条〕）。

また、Dは、賃貸借契約に際し、EからFの署名押印のある保証書を受領したというのであるから、EはFの使者であると考えて、DとFとの間で保証契約（個人根保証契約）が締結された旨の主張をすることになる。

改正法は、事例2のような賃借根保証の事案について、465条の2第2項により、極度額を定めなければその効力を生じないとの規定を新設しているから、改正法が適用される契約には保証契約の内容として極度額の合意が必要となる。

イ ところで、民法446条2項は、「保証契約」が「書面」によってされたものでなければ効力を生じないと規定している。F名義の「保証書」が、DとEとの間の賃貸借契約に関する契約書とは別の書面であり、Fによる「保証する」旨の一方的な意思が記載されているだけで債権者Dの署名押印がないものである場合においても、この書面をもって保証「契約」が「書面」によってされたものといえることは前記(1)**イ**のとおりである（これに対して、保証人の意思表示が書面によってなされるだけでは足りず、保証契約自体が書面によって締結されたことを要するとの厳格説に立つと、事例2は保証契約が書面によってなされたとの請求原因事実の主張を構成できないために失当の主張となる）。

ウ なお、事例2によれば、Dは、Eを通じてF名義の保証書を受領しただけで、Fと直接会って保証契約を締結していない。このような場合には、Fが、保証書を作成した事実を否定して、保証契約の成立を争ってくることも考えられるから、その場合の法律構成を検討しておく必要があるであろう。Dとして

は、保証契約によって利益を受けるEが保証書をFの名義で作成した可能性も想定し、事情によっては、EがFの代理人として、署名代理の方法で保証書を作成したとする主張を検討することも必要と考えられる。すなわち、保証契約の当事者をDとFの代理人Eとであると構成したうえで、①Eの顕名と、②FのEに対する保証契約に先立つ代理権授与の主張を検討することになる(この場合、保証契約の締結について代理権を授与されたEが作成した書面も、民法446条2項の「書面」性を有すると解される)。また、前記②の代理権授与行為の主張に代えて、追認や表見代理といった主張が構成できるかについても検討する必要がある。

(3) 相談事例3

> 私(G)は、Hに対し、平成21年7月20日、弁済期を平成24年7月20日として、事業資金の目的で500万円を貸し付け、その際、Iに書面によって連帯保証をしてもらいました。Hが弁済期を経過しても貸金の返還をしないので、平成25年1月8日、Hに督促したところ、貸金債務を負っていることを認めたうえで同年12月末日までに支払うことを約束しました。ところが、Hがその約束を履行しなかったので、保証人Iに対して支払いを求めたいと思います。

ア 事例3によれば、Gは、Hに対する貸金債権の保証人であるIに対して保証債務の履行を求めたいというのであるから、主たる債務の発生原因事実である消費貸借契約の成立とGとIとの間の保証合意、Iの保証意思が書面によって表示されたことのほか、主たる債務の弁済期の到来の事実が必要である。

イ 改正法は保証債務に関して、個人保証人の保護を図る観点から数多くの規定を新設している。そのなかで、事業のために負担した貸金等の債務を主たる債務とする保証契約、又は主たる債務の範囲に事業のために負担する貸金等の債務が含まれる根保証契約(以下、これらの債務を「事業用貸金債務」という)の場合において法人ではない個人が保証人となるときは、保証契約の締結に先立ち、その契約の日前1箇月以内に作成された公正証書で、保証人となろうとする者が保証債務を履行する意思を表示していなければ、保証契約は効力を生じない旨を規定している(改正法465条の6。例外規定として改正法465条の9)。

このため、Ｉが、事業資金のためにＨが500万円を借り受けたと主張してくる場合には、Ｇにおいて、保証契約の締結に先立って、その契約の日前1箇月以内に作成された公正証書によって保証人Ｉが保証債務を履行する意思を表示していたことを主張立証することが必要となるから、このための準備をしておくことになる。もっとも、実際にＩがこのような公正証書を作成していた事実が存在する場合には、このことを認識しているＩが、再抗弁が認められることが明らかである前記抗弁（事業のための借入れである事実）を主張することはないと考えられる（なお、事業用貸金債務に関する保証契約は、通常の保証契約とは別の契約類型であるとして、原告が請求原因において、主たる債務が事業用貸金債務であること、この保証契約に先立ち、その契約の日前1箇月以内に作成された公正証書で、保証人となろうとする者が保証債務を履行する意思を表示したことを主張すべきであるとする考え方もある）。

3 弁護士が受任に際して検討すべき事項

(1) 依頼者が債権者である場合

ア 保証契約書の確認と保証契約締結についての事情聴取

保証契約をめぐる紛争について相談を受けた弁護士は、依頼者から、保証契約に関する書証（保証契約書）のみならず、主たる債務の発生原因となる契約に関する書証（売買契約書、賃貸借契約書、消費貸借契約書等）の提示を受け、これを詳細に確認しながら、主たる債務に関する契約及び保証契約の成立にいたる経緯等、必要な事情を聴取することになる。

保証契約は、書面によってなされていなければ無効である（民法446条2項）から、依頼者が、保証契約書（ないし保証人の保証意思が表示された書面）を所持していないということはほぼないといってよいだろう。保証債務の履行請求に関する相談を受ける以上、弁護士が、当該保証契約書を確認すべきなのは当然である。

この場合の保証契約書は、売買契約書、賃貸借契約書、消費貸借契約書といった主たる債務に関する契約書と一体となっていることも多い（たとえば、売買契約書の一条項として「第○条：丙（連帯保証人）は本契約に基づき乙（主たる債務者）が甲（債権者）に対して負担する一切の債務につき連帯して保証する」と

いった表現がされ、同契約書に、依頼者〔債権者〕と主たる債務者及び保証人の全員が署名ないし記名押印する）。

　これと異なり、保証契約書が主たる債務に関する契約書とは別個に作成されている場合もある。この契約書も、保証人の保証意思が明確に表示されているかぎり、法的効力について問題はない（主たる債務に関する契約書と一体となっている場合と違いはない）ということになるはずではある。それでも、弁護士としては、保証人から、「主たる債務の特定がない（あるいは不十分である）ので保証契約は成立していない」とか、「主たる債務について説明を受けていない（あるいは説明内容に虚偽があった）ので、保証契約は錯誤により無効である」といった主張が出される可能性も念頭において、そのような保証契約書を徴求した理由（主たる債務に関する契約書と一体で作成することができなかった理由）や、保証契約締結の際の具体的状況（契約場所、日時、同席者の有無、その場での出席者のやりとりの具体的内容等）を、ある程度詳細に依頼者から事情聴取すべきと思われる。

　なお、改正法は、事業用債務（事業用貸金債務には限らない）について主たる債務者が法人でない個人に保証を委託するときは、主たる債務者は、保証人に対し、財産及び収支の状況等についての情報を提供しなければならないとし、主たる債務者がこれらの情報を提供せず、又は事実と異なる情報を提供したために保証人が誤認をして保証契約の締結をした場合、主たる債務者がその事項に関して情報を提供せず又は事実と異なる情報を提供したことを債権者が知り又は知ることができたときは、保証人は、保証契約を取り消すことができるとの規定を新設した（改正法465条の10）。したがって、事業用債務を主たる債務とする保証契約については、個人の保証人から、「主たる債務者から十分な情報提供を受けていない」などとして、取消しの主張がされる可能性もあり、債権者から相談を受けた弁護士としては、主たる債務者から保証人に対する事前の情報提供の有無とその内容及び債権者の認識の程度を確認する必要がある。

　イ　主たる債務の契約書の確認・検討の必要

　また、保証債務は主たる債務が存在することを大前提としており、主たる債務の不発生、消滅等は保証債務に絶対的に影響するものであるから、主たる債務の発生原因や、主たる債務者の債務不履行の事実を確認するためにも、主たる債務に関する契約書の確認も必須である。もちろん、前述したとおり、保証人に対する保証債務履行請求訴訟において、原告は、請求原因として、主たる

債務の発生原因事実を主張立証する義務を負うのであるから、主たる債務に関する契約書を全く一度も確認しないまま（依頼者の言い分のみを信じ）事件の処理を進めるということはありえない。ただ、相談段階では、依頼者も弁護士も、保証人が当方の請求を争うことはないだろうと予測し、もっぱら分割支払いあるいは一定の減額に応じた和解を締結する目的で訴訟を提起しようとする場合や、逆に、保証人が保証契約の締結を否認していることが明らかで、その点に関する反論の主張立証が重要課題となっている場合など、主たる債務の成否自体、依頼者も弁護士も重要視していないため、主たる債務に関する契約書の詳細な確認がおろそかなまま保証債務履行請求を提起するということは往々にして起こりうる。このような場合に、訴訟において、保証人から主たる債務自体の不成立や無効・取消原因が主張されたり、主債務者の弁済、相殺その他の抗弁が提出されたりすると、原告代理人としては予想外の事態であるから、法廷で的確な反論ができず、改めて依頼者に事情を確認したり追加の調査をしたりせざるをえなくなる。被告から予想外の反論が出されたからといって当然に敗訴のリスクが高くなるというわけではないが、訴訟方針の変更を余儀なくされることになり、依頼者の信頼を失うおそれは否定できない。

　たとえば、事例1のケースで、弁護士が、売買契約書及び連帯保証契約書を確認して依頼者AがBとの売買契約及びCとの保証契約を締結したことはまちがいないと判断し、「Bに機械を引き渡した」という事実についてはAの言い分を鵜呑みにして、これを裏付ける証拠をとくに確認することのないまま、Cに対し、売買代金とこれに対する遅延損害金の合計額について保証債務の履行を求める訴訟を提起したとする。この場合、訴訟において、被告（保証人C）から、「Bに対する機械の引渡しがないのでCは保証債務を負わない」と主張され、原告側が上記引渡しの事実を立証できなければ、原告は、請求全部認容の判決を得ることはできないことになる（被告の上記主張は、遅延損害金の請求については請求原因の否認となり、売買代金の請求に対しては主たる債務者の有する同時履行の抗弁権の援用〔引換給付判決がなされる〕となる）。

　実際の保証債務履行請求訴訟において、被告となった保証人が、主たる債務の発生原因事実については争わないケースが多いことは確かであろうが、それが想定される場合であっても、原告代理人として事件を受任する弁護士は、訴訟提起前には、被告側が万一争ってきたとしても、請求原因としての主たる債務の発生原因事実を一通り主張立証できる見込みを立てておくべきであるし、

その見込みを立てるのに必要な程度には、依頼者から事情を聴取し、必要な資料を確認・調査するべきである。

　　ウ　争点・紛争解決方法の検討

　事例1を例にとれば、依頼者Aの相談事項は、端的にいえば「Bに機械を売ったが、代金を支払ってくれない。保証人であるCに請求できないか」というものである。

　Aから相談を受けた弁護士は、前記**ア**のように、Bに対する売買代金（及び遅延損害金）の発生原因事実及びCの保証債務の発生原因事実を、証拠（売買契約書、保証契約書等）と照らし合わせながら、Aとともに確認していく。

　そして、次に、主たる債務者Bが売買代金の支払いをしない理由や、支払遅滞後にA自身がBと交渉したことがあるのか、あるとしてどのようなやりとりがあったかをAに確認する。Bは売買契約を否認しているのか、購入した機械に瑕疵があるなど、代金の支払いを拒む理由があると主張しているのか、単に支払能力がないからなのか、さまざま考えられるところであるが、相手方にすでに代理人がついて内容証明郵便等により理由つきで支払拒絶を通知してきているような場合は別として、この段階で、主たる債務者が支払いをしない理由を「特定」すべきではなく、複数の可能性を視野に入れておくべきである。

　また、保証人Cが保証債務を履行しない理由についても、上記同様Aに確認する。ただし、弁護士に対する相談の時点で、債権者（A）が、保証人Cに対しては請求その他なんらかの接触をしていないことも多いだろう。

　依頼者からの事情聴取だけでは主たる債務者や保証人の支払拒絶理由が判然としない場合、弁護士としては、即訴訟を提起するというのではなく、主たる債務者及び保証人に内容証明郵便等による督促を行い、あるいは訴訟外での交渉を行って、主たる債務者と保証人が支払いを行わない理由を確認し（主たる債務者と保証人の支払拒絶理由は同内容のものであるとは限らない）、和解を考えているのか、徹底的に争うつもりなのかなど、相手方の対応を見極めたうえ、訴訟提起の可否も含め、依頼者と協議し方針を決定すべきである。

　実際の訴訟で、保証人が原告（債権者）の請求を争う理由（争点）として比較的多いのは、保証否認（保証契約の成立を否認する）の事案だと思われる。また、保証契約に錯誤無効、心裡留保、虚偽表示等の瑕疵があると主張される場合もあるし、保証契約の成立は認めたうえで、主たる債務が弁済、相殺等により消滅したとか、時効により消滅したなど、主たる債務者の有する抗弁事由を

援用して履行を拒む場合もある。改正法施行後は、事業用債務に関する保証人が主たる債務者から委託を受ける際に必要な情報の提供がなかった、あるいは不十分であった（かつ債権者がそれを知り又は知りえた）として、保証契約の取消しが主張される場合もありうる（改正法465条の10）。

　なお、契約締結から相当期間が経過している場合には時効についてもあらかじめ検討が必要である。保証人から、主たる債務の消滅時効や保証債務の消滅時効の抗弁が提出される場合に備え、時効中断事由の有無についても調査・検討しておくべきである。この点、保証人の弁済（債務承認）は、保証債務の時効中断事由とはなるが、主たる債務の時効中断事由とはならない。主たる債務者が行方不明等の理由により、主たる債務者に対する時効管理を怠ったまま、保証人とのみやりとりして、保証人から長期間一部弁済を受けていた場合などは注意が必要である。

　保証債務履行請求訴訟の提起を依頼された弁護士は、保証人が保証債務の履行を拒絶している理由を見極め（ただし、一つに「特定」すべきではなく複数の可能性を視野に入れておくべきであることは、主たる債務者に関して前述したところと同様である）、かかる争点が、訴訟においてどのように取り扱われるか（この点は後記4以降で詳述する）をも念頭において、当該争点について、依頼者から事情を聴取し、証拠を提出させ、自らも証拠を収集するなど、必要な調査をする必要がある。そのうえで、訴訟提起の可否や勝訴の見込み、回収可能性、保全処分申立ての要否等を検討し、今後の方針内容を依頼者にもていねいな説明をして納得を得たうえで手続を進めていくことが大切である。

　エ　主たる債務者に対する訴訟提起の要否

　保証債務の履行請求は、主たる債務（事例1ないし3のケースでいえば、売買代金債務、賃料債務、貸金債務）の存在を前提としているから、保証人に保証債務の履行を請求するという事案では、当然、主たる債務者に対してもその履行の請求が可能となっているはずである。そこで、通常、依頼者（債権者）は、主たる債務者と保証人の両名を共同被告（訴えの主観的併合）として訴えを提起するよう希望するであろうし、弁護士も、そのような事件として受任することになる。

　逆に、主たる債務者に対する訴訟提起は行わず、保証人のみを被告として保証債務履行請求訴訟を提起する場合としては、①依頼者が、すでに主たる債務者に対する確定判決等の債務名義を有している場合、②主たる債務者が破産等

の法的整理を行った場合、③主たる債務者が無資力であり、債務名義を取得してもそこから回収する見込みがないと予想される場合、④主たる債務者が行方不明の場合、⑤依頼者が、被告を複数にすることで余計な費用や時間がかかることを心配している場合などが、一応考えられる。

　しかし、上記①、②の場合は別として、上記③、④、⑤の場合については、主たる債務者に対する訴訟の提起を否定する積極的な理由にはならないと思われる。主たる債務者が現在無資力であっても、将来資力を回復し、あるいは新たな資産を発見したときのために、あらかじめ債務名義を取得しておく意味はあるし、行方不明の人物に対する訴訟も公示送達（民事訴訟法110条以下）の方法で行うことが可能だからである。また、保証人のみを被告として訴訟を提起する場合と、主たる債務者と保証人双方を共同被告として訴訟提起する場合とで、訴えの手数料は通常変わらないし、弁護士費用も大きく変わらないのが一般と思われる。保証人のみを被告として保証債務の履行を請求する場合でも、原告が主たる債務の発生原因を主張立証しなければならないことは前述のとおりであるから、主たる債務者が共同被告となるかならないかで、審理期間が大きく変わるということもまず考えにくい。

　したがって、仮に依頼者が保証人のみに対する訴訟提起を希望している場合であっても、その理由を確認したうえ、依頼者が誤解していることがあればその誤解を解き、共同被告として訴訟提起することにより一回的・統一的解決が図れるというメリットも説明して、原則的には、主たる債務者及び保証人双方を共同被告とすることで依頼者に納得してもらうべきと考える。

　なお、主たる債務者に訴えを提起することで、主たる債務の時効は中断し（民法147条1号）、その時効期間は、もともと短期消滅時効に服するものであった場合でも、判決が確定（あるいは裁判上の和解が成立）した時から10年に伸長される（民法174条の2）。この点、「連帯」保証人のみに訴訟提起をした場合であっても主たる債務の時効は中断し（民法458条が引用する同法434条）、連帯保証債務自体の時効期間は、民法174条の2により10年間に伸長されるが、この効果が主たる債務にも及んで主たる債務の時効期間も10年に伸長されるかという点について、判例は否定的である（大判昭20・9・10民集24巻82頁、東京高判平5・11・15判時1481号139頁、東京地判平8・8・5金法1481号61頁）ので、注意が必要である。

(2) 依頼者が保証人である場合

ア　保証契約書等の確認

　保証契約をめぐる紛争で依頼者から相談を受けた弁護士が、依頼者と協議をして方針を検討するためには、最低限、保証契約書（ないし保証人の保証意思が記載された保証書）と主たる債務に関する契約書を入手する必要がある。すでに保証債務履行請求訴訟が提起されている場合には、原告（債権者）は訴え提起と同時に、基本書証である保証契約書や主たる債務の契約書を提出することが多いだろうから、弁護士は、依頼者から上記書証の提出を受ければよい。これに対し、依頼者が、債権者から内容証明郵便等で保証債務の履行を求められたことをきっかけとして弁護士に相談に訪れた場合など、訴訟提起に至る前の段階であって、依頼者が、保証契約書あるいはその写しを所持していない場合もある。この場合、弁護士は、速やかに、債権者に上記書類の写しの交付を求めるべきである。

イ　事情聴取・調査すべき事項

　保証契約書や主たる債務に関する契約書を入手した後、弁護士は、その内容を検討し、債権者からの請求を認めるべきか、それとも争うべきか、依頼者と協議をしたうえで方針を確定していくことになる。

　依頼者が保証契約の締結の事実を争っている場合には、保証契約書に記載された保証人の署名が依頼者本人によるものか、保証人欄の印影が依頼者本人の印章により顕出されたものか、依頼者本人の印章が使用されたのであれば、その印章は誰かに預けていたのか、誰かが盗用したのかなど、保証契約書成立の真否に関する事情を詳細に確認すべきである。そして、訴訟において、被告（保証人）が保証契約書の成立を否認した場合、原告の対応としては、①あくまで被告の作成にかかる書面であるとしていわゆる二段の推定の問題となるか、②被告から代理権を授与された第三者が保証契約書を作成したとして代理人による保証契約の締結を主張してくるかのいずれかが考えられる。保証人から依頼を受けた弁護士としては、上記二つの場合のいずれをも想定し、争点についての立証（ないし反証）の見通しを立てる必要がある（具体的な主張立証活動については、後記4以下で詳述する）。また、依頼者に保証契約を締結する動機がなかったことを推認させるような事実の有無を調査するという観点から、主たる債務に関する契約について依頼者が関与した事実の有無や、保証人と主たる債務者との関係（たとえば親子等の親族である場合、会社とその経営者である場合、

友人の場合、全く知らない他人である場合などがありうる）を確認し、依頼者の言い分を裏付ける客観的証拠を収集しておくことも有用と思われる。

　依頼者が、保証契約書に署名押印した事実は認めつつも、「保証人となるつもりはなかった」とか、「主たる債務者にだまされた」、「債権者からは形だけなのでサインしてほしいと言われていた」などと主張したり、「なんで自分が支払わなければならないのか納得できない」などと不満を述べたりすることも多い。このような依頼者の言い分は、えてして感情的な発言にすぎないことも多いが、弁護士は、依頼者の言い分を法的に再構成し、たとえば錯誤、詐欺、心裡留保といった意思表示の瑕疵があった可能性がないか、場合によっては債権者の保証人に対する請求が信義則違反といえる事情があるのではないか、という観点で、依頼者から詳細な事情を聴取するべき場合もあるだろう。

　保証契約の締結に争いがない場合でも、そもそも主たる債務が弁済、相殺、消滅時効等の理由により消滅している場合や、錯誤、詐欺等の無効・取消原因がある場合は、保証債務の附従性から、保証人は、債権者の保証債務履行請求に対する抗弁として、上記事実を主張することができる。また、改正法施行後は、主たる債務が事業用債務である場合、保証人が主たる債務者から委託を受ける際に必要な情報の提供がなく、あるいは不十分であり、かつ債権者がそれを知り又は知りえたとして、保証契約の取消しを主張することも可能である（改正法465条の10）。したがって、弁護士は、依頼者に、上記のような事実がないか確認する必要がある。

　　ウ　主たる債務者からの事情聴取
　依頼者が保証契約締結の事実を否認している、すなわち依頼者のあずかり知らぬところで依頼者名義の保証契約書が作成されたと主張している場合、かかる保証契約書の作成（偽造）には、主たる債務者が直接関わっているか、少なくともその事情を承知している可能性が高いといわざるをえない。したがって、保証人から依頼を受けた弁護士としては、保証契約書作成の経緯や、保証人名義の印章の取得経緯（いわゆる実印が使用された場合には印鑑登録証明書の取得経緯も）を確認するため、主たる債務者からの事情聴取も行う必要はきわめて高いといえる。

　また、前述したように、依頼者が保証契約の締結を認めている場合であっても、主たる債務についてなんらかの抗弁事由があれば、それを保証債務履行請求に対する抗弁として主張できるのであるから、弁護士は、そのような事由が

ないか慎重に調査をする必要がある。ところが、保証人は、主たる債務者の負う債務の内容や現在の状況を明確に認識しているとは限らない。たとえば、主たる債務者に依頼されて保証人になることは承知したが、保証契約締結後は、主たる債務者あるいは債権者と特段連絡をとっておらず、あるとき突然に債権者から保証債務の履行を求められ（あるいは訴訟を提起され）たため、何が何だかわからず慌てて弁護士に相談にきたという依頼者もめずらしくない。このような場合も、弁護士としては、できるかぎり、主たる債務者から事情聴取をして、主たる債務の内容や抗弁事由の有無を確認しておきたいところである。

　ところで、保証人と主たる債務者が連れだって弁護士に相談に訪れたという場合や、保証人が主たる債務者と連絡がとれて、保証人が依頼しさえすれば、主たる債務者が弁護士の事情聴取に簡単に応じてくれるような場合のように、主たる債務者が保証人に協力的であることが期待できる場合であれば、弁護士は、速やかに主たる債務者から事情を聴取できることになるし、そうすべきである（なお、保証人と主たる債務者が連れ立って相談に訪れた場合に、相談を受けた弁護士が両名から事件を受任できるかという点については、次項エで検討する）。他方、主たる債務者が保証人からの連絡に応じない場合など、非協力的であっても、弁護士は、保証人の代理人として、可能なかぎり、主たる債務者との接触を試みるべきである。

　　エ　弁護士倫理上の問題
　前述したように、保証債務履行請求訴訟は、主たる債務者と保証人とを共同被告として提起される（訴えの主観的併合）ことが多い。そして、このような訴訟において、弁護士が、主たる債務者と保証人の両名から相談を受け、事件の受任（被告ら訴訟代理人への就任）を依頼されることはめずらしくない。しかし、主たる債務者と保証人との間には「利益の相反」（弁護士職務基本規程〔以下、単に「規程」という〕28条3号）が生じる場合があるため、相談を受けた弁護士としては慎重な対応が必要である。

　すなわち、主たる債務者と保証人とは、原告（債権者）との関係でみれば、いずれも債務者側という同じ側の立場であり、共同被告として利害を共通する部分もある一方、一度保証債務が認められ保証人がその責めを負った場合には、保証人から主たる債務者への求償権の行使が可能になるという意味で、主たる債務者と保証人とは、論理的に利害が対立する関係（潜在的な利益相反関係）にあるともいえるところ、規程28条3号は、「依頼者の利益と他の依頼者の利

益が相反する事件」については「その職務を行ってはならない」と定めており、上記の主たる債務者と保証人との論理的な利害対立関係が規程28条3号の「利益の相反」に該当する場合には、弁護士は事件を受任することができないからである。

　この点、規程28条3号における「利益の相反」は実質的に判断されるべきであり、両当事者の協力が事件全体の解決のため双方にとって有利である事案であり、現に協力関係が存在している場合に、双方間の利害対立が顕在化していない場合は、利益が相反しているとはいえないと解されている（日本弁護士連合会弁護士倫理委員会編著「解説『弁護士職務基本規程』第2版」〔2012年〕81頁以下）。

　これを保証に関する事件で検討するに、上記のように、主たる債務者と保証人との間には論理的に利害が対立する関係にあることを前提としても、①主たる債務者及び保証人の両名がいずれも主たる債務及び保証債務の発生を争わず、もっぱら原告（債権者）との間で債務の減額ないし分割返済を内容とする和解の成立を望んでいる場合や、②両名が、主たる債務の不発生や無効・取消し、あるいは主たる債務の消滅時効完成等を主張して原告の請求を全面的に争うという訴訟方針で合致している場合、あるいは、③主たる債務者が、保証人に無断で、勝手に保証人の名をかたって保証契約を締結したことを自認しており、保証人が、偽造・無権代理等を理由に保証契約の成立を争う方針である場合などは、双方間の利害対立が顕在化していない場合といえると考えられる。したがって、法律相談の結果、上記のような訴訟方針が立つと判断できれば、弁護士が、主たる債務者及び保証人の両名から事件を受任することも可能であろう。これに対し、主たる債務者と保証人の両名が自らの債務を認めているが、原告への支払方法等、和解の方針につき意見を異にしている場合や、②保証人は、主たる債務者が保証人に無断で保証契約書を作成したと主張しているが、主たる債務者がこれを否定している場合などは、主たる債務者と保証人との間ですでに利害対立が顕在化しているといわざるをえず、弁護士は両名から事件を受任するべきではない。

　また、いったん、利害対立が顕在化していないとして主たる債務者及び保証人両名から事件を受任した場合でも、その後事件処理を進めていくにつれて利害相反が顕在化することもありうる。この場合、弁護士は、「依頼者それぞれに対し、速やかに、その事情を告げて、辞任その他の事案に応じた適切な措置

をとらなければならない」（規程42条）。ここで、「辞任」は「事案に応じた適切な措置」の例示であり、辞任が必須であるという趣旨ではないとされ（日弁連弁護士倫理委員会・前掲110頁）、現実に利害の対立が生じたときでも、利害の調整が全く不可能か否かを慎重に見極め、なお調整が可能であるならば、各依頼者の利益に適うように、依頼者と十分な協議をして、その間の調整を試みることが必要であるといわれる（日弁連弁護士倫理委員会・前掲110頁）。

　以上のとおり、主たる債務者と保証人の両名から事件の受任を依頼された弁護士は、受任に至るまでの法律相談の段階から、利益相反のおそれを念頭におき、慎重に対応する必要がある。また、利害対立が顕在化していない場合であるとして事件を受任するとしても、受任するにあたり、依頼者それぞれに対し、辞任の可能性その他の不利益を及ぼすおそれのあることを説明しなければならない（規程32条）。

4　争点整理手続のあり方

(1)　主張の分析

　保証債務履行請求訴訟において争点整理手続を行う事案としては、実務上、保証契約の成立が争点となる事案が多いと思われる。そして、被告の保証意思の表明が書面によってされていない場合には保証契約の効力を生じないことになるから（民法446条2項。以下、この「書面」を「保証書面」ということもある）、争点整理手続では、最初に、被告又は代理人による保証書面が証拠提出されていることを確認し、その内容を踏まえて、原告に、書面の作成者が被告（保証人）であるとして保証契約の成立を主張するのか、被告以外の第三者が代理人（第三者が被告名義で書面を作成する署名代理を含む）として書面を作成したとして、原告と第三者との間の保証契約を主張するのかを明確にしてもらったうえで、その主張を前提に、保証契約の成否に関する原告の主張を整理していくことになる（なお、原告が保証人である被告の保証意思が書面によって表示された旨の主張をしていても、この書面を書証として提出できない場合もありうる。しかし、このような事案では、保証意思の表示が書面によってなされた事実の立証自体が困難であり、そうでないとしても書面の記載内容を的確に証明できる書証がないことになるから、結局、被告の保証意思が書面によって表明されていた事実の立証ができ

ないという場合がほとんどであろう)。通常、書面の作成者が被告(保証人)であると主張される場合には、書面が同人によって作成されたものであるか否かが争点となり、また、書面が被告(保証人)以外の第三者によって作成されたと主張される場合には、被告が書面作成者である第三者に対して保証契約締結の代理権を授与したか否か(署名代理についての権限を授与したか否か)が中心的な争点となることが多いが、後者の場合には、被告による追認の事実の有無や表見代理の成否が争点となることもあるから、以上のような点を想定しながら争点整理手続を進めることになると思われる。

　また、実務上、多くはないが、保証契約が錯誤、心裡留保ないしは詐欺に基づいて締結されたものであるとか、原告による保証債務の履行請求が信義則違反であると主張されることがある。もっとも、このような主張が成り立つかどうかについては、保証契約が締結されるに至った経緯を踏まえて、慎重に検討する必要がある。

　いずれにしても、以上のような点を踏まえて、当事者の主張を仔細に検討し、当該訴訟における争点が何かを確定し、的確な証拠の提出を促して争点整理手続を行う必要がある。

(2) 争点の確定

　裁判所(裁判官)は、争点整理手続において、当事者の主張及び提出された証拠から速やかに紛争の全体像を把握し、必要な釈明を行って争点の確定及び証拠の整理を行う。そして、保証否認の事案では、保証契約の成否や書面によって保証意思が表明されたかといった主要事実レベルで争点を確定するだけでなく、これらの事実の存否に関する重要な間接事実等のレベルにおいても争点を整理しておくことが必要な場合が多いと思われる。

　ア　原告の主張(請求原因)

　前記(1)のとおり、被告が保証契約の締結を否認する場合には、保証書面を被告が作成した事実についても否定するのが通常であるから、原告において、書面の作成者を被告又は被告以外の第三者のいずれと主張しているのかを確定したうえで、以下のとおり、その後の争点の把握を行う必要がある。

　(ア)　書面の作成者を被告とする場合

　a　原告が、書面の作成者を被告と主張する場合には、書面が被告(保証人)によって作成されたものであるかが争点となるから、被告に対し、書面に記載

された被告名が被告の署名であるか、あるいは被告名下の印影が被告（保証人）の使用する印章によるものであるかどうかを確認し（民事訴訟法228条4項。なお、書面中の印影が被告本人の管理する印章によって顕出された場合、特段の事情がないかぎり、印影は被告本人の意思に基づき顕出されたものと推定され〔一段目の推定〕、その結果、民事訴訟法228条4項によって被告作成名義部分が被告の意思に基づいて作成されたものと推定される〔二段目の推定。最判昭39・5・12民集18巻4号597頁〕）、被告の署名であることや被告名下の印影が同人の管理する印章によって顕出されたものであることを被告が争う場合には、原告において、書面中の被告名の記載が被告の自署であること、ないしは被告名下の印影が被告（保証人）の管理する印章（他の者と共有・共用している印章を除く。最判昭50・6・12判時783号106頁）によって顕出されたものであることを主張立証する必要がある。そして、原告は、争点整理において、被告の署名であることを立証するための被告が署名したことに争いがない文書等の証拠や、被告名下の印影が被告の印章によることを立証するための被告の印鑑証明書、被告が管理する印章によって押捺されたことに争いのない文書等の証拠を提出するのが通常であり、こうした証拠について整理をしていくことになる。

　なお、原告は、二段の推定の適用を受けるために必要な事実を主張立証することとは別に、あるいは同主張とともに、被告が保証書面を作成したという事実を間接事実によって直接に立証することができるが、実務上は、このような主張立証の対象となる事実も、二段の推定の適否や同推定が覆るか否かを判断するための事情として争点整理を行うことが多いと思われる。

　b　一方で、文書中の被告名下の印影が被告の印章によることを被告が認めている場合や、この事実が証拠によって容易に認定できるという場合には、被告（保証人）において、当該印影が第三者（保証契約によって利益を得る主たる債務者である場合が多い）の偽造ないし冒用によって顕出されたものであることを主張して一段目の推定を動揺させるか、白紙の書面に押印をしたというような事実を主張して二段目の推定を争うことになるから、いずれの推定を覆す主張であるのかを念頭に争点整理を行うことが必要となる（文書中の被告の署名性を被告が認める場合にも、二段目の推定を動揺させる事情と同様の事実の存否が争点になると思われる）。

　この場合、一段目の推定を覆す事情（偽造又は冒用の可能性を基礎付ける事情）としては、当該印章の保管状況、第三者が当該印章を使用できる状況の存在（第

三者が印章を持ち出せるような保管状況にあったかどうか、印章の保管場所を第三者が認識していたかどうか、印章を第三者に預託したことの有無及びその目的など）、被告（保証人）と主たる債務者との人的関係（被告が主たる債務者の債務を保証するような関係になかったこと、実際に、被告が過去に主たる債務者の債務を保証した事実の有無など）、保証責任の内容に照らして、被告（保証人）が保証責任を果たすことができる資力等を有していなかったこと、被告（保証人）が保証責任を負わない趣旨の言動をしていたことなどの事情が重要となるから、こうした主張や証拠を中心に争点を整理する必要がある。

(イ) 書面の作成者を第三者とする場合

a 原告が、書面を作成した者が被告（保証人）ではなく第三者である旨を主張する場合には、被告が第三者に対して保証契約締結についての代理権を授与していた事実及びこの事実を基礎付ける間接事実を中心に争点を整理することになる。一般に、被告の第三者に対する代理権授与が争点となる場合の原告の主張として、原告の面前で被告による代理権授与行為がなされたと主張されることは想定し難いから（原告の面前で代理権授与が行われる場合であれば、原告は、保証人となる被告に対し、その場で保証書面を作成してもらうのがふつうであろう）、通常は、代理権授与の時期及び場所を特定することなく、被告（保証人）が保証契約の締結に先立って同契約締結に関する代理権を授与した旨の抽象的な主張をするにとどまることが多いと思われる。しかし、その場合においても、被告が第三者に対して代理権授与をしたことを推測させる被告の言動や、第三者の言動を具体的に主張することが求められる。もっとも、実際に、原告が、被告の第三者に対する代理権授与行為を主張立証するためには、当該第三者からの事情聴取や第三者の証言を得るなど、第三者の立証に対する協力が不可欠な場合が多いから、原告の主張が、被告による抽象的な代理権授与行為の主張に留まっている場合には、この点の立証は、相当に困難であるとの見通しを想定して、慎重に争点整理手続を行うことが必要になると考えられる。

b また、原告が、代理権授与行為の主張が認められない場合に備えて、被告が第三者による保証契約を追認したと主張する場合がある。

追認の意思表示が明示的になされたと主張される場合には、その態様を具体的に主張してもらい、争点事実を確定することになるが、書面による意思表示であればともかく、口頭による場合には、原告において、被告が追認したものと理解した具体的な被告の言動を、その言動に至る経緯を含めて主張すると思

われる。しかし、大切なことは、追認をしたと主張される被告が、追認をする合理的な理由や必要性を有していたということであり、そのような被告側の事情の存在を原告がどの程度主張立証できるかがポイントになることが多いと思われる。

　次に、追認の意思表示が黙示的になされたと主張される場合には、被告が保証責任を負う意思を有するのでなければ、そのような言動をすることはないと考えられるような追認の意思表示を基礎付ける具体的な事実を主張してもらい、争点事実を確定する必要がある（なお、追認については、「保証契約は、書面でしなければ、その効力を生じない」とする民法446条2項の規定との関係が問題となる。追認によって保証契約の効果が保証人である被告との関係で遡って有効に帰属することになるのであるから、第三者が保証契約に際して作成した書面をもって同条項の書面性の要件を満たすという考え方と、同条項の趣旨を徹底して、被告が追認の意思表示を書面でする必要があると解する考え方もある。そして、後者の考え方によれば、書面によらない被告による追認の意思表示の主張はそれ自体が理由のないものであることになる）。なお、実務上多くの事例で、原告が、保証契約締結後に被告に対して同人の保証意思を電話等の方法によって確認した旨の事実を主張してくることがある。このような事実は、代理権授与行為の存在を基礎付ける間接事実であるとともに、追認の意思表示を基礎付ける主要事実と位置付けることができる場合もあるから、その主張内容に従って攻撃防御の位置付けを検討する必要がある。

　c　次に、原告が、第三者との間の保証契約の締結を前提に、代理権授与行為の主張に代えて、被告（保証人）との関係で表見代理の成立を主張する場合がある。しかし、保証契約における表見代理の主張は、第三者が、被告から保証書面の交付を受けておらず、したがって、原告も被告が作成した保証書面を確認することなく第三者との間で保証合意を行ったことを前提とした主張となるから、裁判官としては、その主張が法律上構成できるものであるのかを慎重に検討する必要がある。とくに、実務上、原告において、いずれの類型に属する表見代理の主張をするのかを十分に特定しないままに、原告が第三者に代理権があるものと信じた事情だけを網羅的に主張してくる場合が多いから、その主張が民法109条の表見代理か、同法110条ないしは112条の表見代理の主張であるのかを具体的な事実主張によって明らかにしてもらったうえで、民法109条の表見代理では「代理権授与表示」の内容を、民法110条の表見代理で

は「基本代理権の存在」を、民法112条の表見代理では「消滅した代理権の存在」を基礎付ける具体的な事実を主張してもらうことが必要である。いずれにしても、以上のような観点に留意しながら、原告に対する必要な釈明を行って、争点事実が何かを具体的に確定する必要がある（なお、原告の主張態度から、表見代理の主張が認められることは難しいであろうことを認識しながら、あえて主張をしているという場合もあるから、裁判官において、その事案の内容から表見代理の主張を認めることは困難であるとの心証を有している場合には、それ以上、原告の主張が不十分であるとして徒に釈明を求めるようなことはせずに、現状の主張を前提に争点整理を終えることも相当な場合があると思われる）。

　イ　被告による錯誤等の抗弁

　前記のとおり、保証債務履行請求訴訟では、原告の主張する保証契約の成否が争点となるものが多いが、ときには、被告が錯誤等の抗弁を主張することがある。

　被告（保証人）が、抗弁として、保証契約の際に、ほかに連帯保証人がいると信じ、あるいは主たる債務者に支払能力がある（債務の履行ができる十分な資力を有する）と信じて保証契約を締結したと主張する場合などである。もっとも、このような事情は動機の錯誤として同契約を無効とするものではないから（最判昭32・12・19民集11巻13号2299頁。なお、債権者である原告としては、主たる債務者に十分な資力があるとは認め難いから被告との間で保証契約を締結しているともいえる）、錯誤の抗弁として成り立つものであるかを具体的な主要事実を特定して慎重に検討する必要がある。

　また、被告が、「債権者から、形だけなので保証契約書に署名してほしい、と言われたので書面にサインをしただけであり、真実、保証人となる意思はなかった」と主張して心裡留保などの主張をする場合がある。しかし、実際の事案においては、このような債権者（原告）の言動の存在を認めるに足る的確な証拠が提出されない場合がほとんどであり、主たる債務が存在していることを認識していた被告が、保証契約に関する書面に署名して債権者（原告）に交付したのに、その時点で、保証意思を有しておらず、そのことを債権者も認識し、あるいは認識することができたと認められる事案はほとんどないと思われる。

　ウ　被告による信義則違反の抗弁

　被告が、抗弁として、原告（債権者）の被告（保証人）に対する保証債務履行請求が信義則に反する旨を主張する事案では、その主張を基礎付ける評価根

拠事実を整理することになる。

　なお、改正法は、保証人が主たる債務者の委託を受けて保証をした場合において、保証人から請求があったときは、債権者において、主たる債務の履行状況に関する情報提供義務を負うものとしている（改正法458条の2）。とくに、主たる債務者が期限の利益を有する場合において利益を喪失したときは、債権者は、個人保証人に対し、当然に、その利益の喪失を知った時から2箇月以内にその旨を通知する義務を負い、これを怠ったときは、主たる債務者が期限の利益を喪失した時から通知をするまでの遅延損害金に係る保証債務の履行を請求できない（同法458条の3）とするなど、保証人を保護するための情報提供義務を特定の場合に債権者に対して負わせている。

(3) 併存的債務引受契約の主張

　原告が、保証書面を受領していない場合に、被告との間で主たる債務者の債務について併存的債務引受契約を締結したと主張して、同契約に基づき、主たる債務の履行を請求してくる場合が考えられるが、このような主張をどのように取り扱うのが相当であろうか。

　保証契約の実質を有する併存的債務引受契約の主張は、本来は保証契約を締結している事案であるのに、書面性の効力要件を立証できないために行われる場合もあると思われる。そのような主張は、紛争の実態に反するものであるだけでなく、保証意思の表示が書面によってされることを求めている民法の規定の適用を免れる目的で行われるものと解さざるをえない。したがって、このような主張がされても、民法446条2項の趣旨に照らし、書面によって契約意思が表示されていない並存的債務引受契約の効力は認められないと解する余地があるし、そうでないとしても、被告（債務者）の契約意思を基礎付ける書面が作成されていない場合には、被告が同契約を締結した事実を認定することは困難とされる場合が多いと思われる。

5　主張立証活動の留意点

(1)　原告の主張立証活動

ア　保証書面が被告（保証人）の意思に基づいて作成されたものであると主張する場合

　原告は、保証契約書等、保証書面が、被告の意思に基づいて作成されたものであることを主張立証する必要がある。

　そこで、原告は、書面上の被告名義の署名が被告本人のものであることを立証するか、被告名下の印影が被告の印章によって顕出されたものであることを立証することになる。被告名義の署名が被告本人のものであるかは、筆跡鑑定などの方法により立証し、被告名下の印影が被告の印章によって顕出されたものであることは、当該印章がいわゆる実印であれば、印鑑登録証明書を書証として提出することで立証可能である。他方、押捺された印章が実印でない場合、書面に押捺された印影が「被告の印章によって顕出されたもの」であることを立証するのは一般にかなり困難であろう。

　民事訴訟法 228 条 4 項の「本人又は代理人の署名又は押印」は、単に文書上に署名又は押印が存在することではなく、本人又は代理人の「意思に基づく」署名又は押印がされていることを意味するところ、被告名下の印影が被告の印章によって顕出されたことが立証できた場合（あるいは被告がそれを認めた場合）、反証のないかぎり、その印影は被告の意思に基づいて顕出されたものと事実上推定され（いわゆる一段目の推定）、これにより、「本人の意思に基づく押印があるとき」という民事訴訟法 228 条 4 項の適用のための要件を満たすことになるため、文書全体について、同項の推定（いわゆる二段目の推定）が働くことになる。

　この一段目の推定は、経験則を基礎にする事実上の推定であり、この推定を破るには、相手方（被告）は、自己の印章は厳重に保管・管理し、理由もなく他人に使用させることはないという経験則を適用できない事案であるとの疑いを抱かせる程度の反証をすれば足りることになる。したがって、被告の反証次第では、当該書面について二段の推定が働かないということも起こりうる。

　二段の推定が働かない場合（あるいは被告の反証により推定が破られた場合）、原告は、他の直接証拠や間接事実によって、被告が自らの意思に基づいて保証

書面を作成したという事実を立証する必要がある。たとえば、保証契約書記載の日時に、特定の場所で原告と被告が直接面談したとの事実が立証できれば、そのときに、被告が、原告の面前で、書面に署名ないし押印したという事実を立証できる可能性は高い。また、原告が保証契約書を取得した経緯として、あらかじめ原告から被告に保証契約条項が記載された書面を郵送したところ、被告の押印がされた書面が返送されてきたとの事実（返送に使用された封筒を証拠提出することもありうる）を立証することができれば、当該書面に押印・返送した者は被告以外に考えにくいとして、被告が書面を作成した事実が認定されることもありえよう。

　また、保証契約締結以前に被告との間で保証契約締結のための交渉を行ったことがあるか、被告に対し、事前又は事後に保証契約締結の意思があることを確認したか、確認したとしてその確認方法は何か（電話、面談など）といった被告が保証契約締結の意思を有していたことを推認させる事実や、被告と主たる債務者との人的関係や、保証責任の内容・程度、保証契約締結当時の被告や主たる債務者の資力といった被告に保証契約を締結する動機があった（少なくとも保証契約の締結を拒絶する積極的理由がなかった）ことを推認させる事実を立証することができれば、被告が保証契約を締結したこと、さらに、書面により保証意思を表示したことが認定される可能性は高まるだろう。

　イ　被告の保証書面を被告以外の第三者が作成したと主張する場合
　原告は、当該書面を作成した第三者が、被告（保証人）から、保証契約締結についての代理権を与えられていた事実を主張立証する必要がある。
　代理権授与の事実の立証手段として有効なものとしては、代理人とされる当該第三者（保証契約の場合、主たる債務者自身が保証人の代理人となることが多いだろうと思われる）の証言や、第三者が所持していた被告名義の委任状、実印、印鑑登録証明書などが考えられる。ただ、当該第三者が、自分が無権代理行為をした事実を隠すため、「代理権を授与された」と虚偽の証言をすることも考えられるし、反対に、（とくに主たる債務者の場合）保証人たる被告に迷惑をかけたくないとして、真実は被告から代理権を授与されていたのにもかかわらず「勝手に被告の名前を使った（無権代理行為をした）」という証言をする可能性もあるから、当該第三者の証言のみに頼るのは危険があるといわざるをえない。したがって、原告としては、代理権授与を推認しうる間接事実を、できるかぎり豊富に主張立証するべきである。具体的には、前記**ア**で述べたものと同様に、

被告が保証契約を締結する意思を有していたことを推認させる事実や、被告に保証契約を締結する動機があったことを推認させる事実を主張立証し、さらに、被告と代理人とされる第三者との間に信頼関係があったこと、被告本人ではなく代理人に保証契約を締結させる合理的な理由と必要性があったこと、被告が当該第三者と頻繁に連絡をとっていたこと（したがって被告が当該第三者から保証契約締結に関し事前事後の報告を受けていた可能性が高いこと）などの事実により、被告が当該第三者に代理権を授与していたという事実を立証することになる。

　ウ　追認について

　原告は、被告が、無権代理人による保証契約の締結を追認したと主張することもできる。この場合、原告は、単に追認があったと抽象的に主張するだけでは足らず、被告が追認の意思表示をした日時、場所、追認の意思表示の具体的内容を主張立証する必要がある。また、追認の意思表示があったことを推認させる事実として、原告が保証債務の履行を被告に求めた際に被告がとった言動や、その後の被告の言動（たとえば保証債務として請求された金額の一部を支払ったなどの事実があれば原告に有利に働くといえよう）などを具体的に主張立証すべきである。

　なお、追認の意思表示が書面によることが必要か否かについては確定的ではないが、少なくとも、書面によらない追認の意思表示を具体的に立証することはきわめて困難であろう。また、保証の意思表示に書面を要求した民法466条2項の趣旨からすれば、追認の意思表示も、保証契約の法的効果が自己に帰属することを自認する趣旨であることが明確であり、新たな保証契約を締結したに等しいといえる程度に具体的である必要があると思われる。

　エ　表見代理について

　原告が、表見代理の主張をする場合、通常、その根拠は民法110条（あるいは110条及び112条の重畳適用）となると思われる。

　この場合、原告は、有権代理を主張する場合の「先立つ代理権授与」に代えて、「基本代理権の存在」、「原告が自称代理人に保証契約締結の代理権があると信じたこと（善意）」及び「代理権があると信じることにつき正当な理由があること（無過失）」を主張立証することになる。

　ただ、有権代理と表見代理とでは、原告が主張立証すべき事実には、重複するものも多い。たとえば、前記イで述べたとおり、原告は、代理権の授与を推認しうる間接事実として、自称代理人が被告の実印と印鑑登録証明書を所持し

ていた事実や、被告が保証契約を締結する意思を有していたこと、被告に保証契約を締結する動機があったことなどを主張立証することができるが、これらの事実は、表見代理における原告の善意・無過失を基礎付ける事実ということもできる。したがって、表見代理の主張をする場合であっても、まずは、有権代理の主張立証に全力を挙げるべきであろう。

(2) 被告の主張立証活動
ア 保証契約の締結を争う場合
　原告が、保証書面の作成者が被告であると主張する場合、被告は、当該書面の被告名義の署名や印影が被告のものか否かにつき、明確に認否をする必要がある。被告名下の印影が被告の印章（実印など）に基づき顕出されたものであることを認める場合には、同書面の成立の真正につきいわゆる二段の推定の問題になるから、被告は、一段目の推定と二段目の推定のいずれかを破らなければならない。
　一段目の推定は、印章は慎重に管理されており、第三者が容易に押印することはできないという経験則を根拠としている。したがって、具体的な事案において、①印章を他の者と共用していた場合、②印章の紛失、盗難、盗用があった場合、③他人に別の目的で預けていた印章が悪用された場合、④本人による印章の押印が不可能・困難と認められる場合などの事情があれば、事実上の推定は覆るということになる。
　これに対し、二段目の推定が覆る場合としては、①白紙に署名（または押印）したものを他人が悪用して文書を完成させた場合、②文書作成後に変造がされている場合、③他の書類と思い込んで署名（または押印）した場合などが考えられるが、そのような場合に該当する事案は現実的には少ないものと思われる。
　なお、被告は、上記二段の推定を覆すことだけで満足することはできない。二段の推定が覆ったとしても、それは、保証書面が被告の意思に基づき作成されたと「推定されることがなくなった」だけであり、当該書面が「被告の意思に基づかないことが立証された」わけではないからである。したがって、原告としては、二段の推定とは関係なく、被告が書面により保証の意思表示をした事実を主張立証することになり、被告は、保証契約を締結したことはなく、当該書面に署名押印した事実もないことを積極的に主張立証するべきである。
　そこで、被告としては、被告が主たる債務者の債務を保証するような関係に

なかったこと、保証債務の内容に照らして被告が保証責任を果たすことができる資力を有していなかったこと等、被告には保証契約を締結する動機も必要性もなかったことを裏付けるような事実を、詳細に主張立証する必要がある。

　原告が、第三者が被告の代理人として保証契約を締結したと主張する場合、被告から当該第三者への代理権授与の有無が中心の争点となる。被告は「先立つ代理権の授与」を否認する側であって、「代理権を授与していないこと」の立証責任を負っているわけではないが、たとえば当該第三者が被告の委任状や実印、印鑑登録証明書を所持していた等の事実によって代理権の授与が推認されてしまうこともあるから、このような場合は、当該第三者が実印等を所持していたのは被告が代理権を与えたことに基づくものではないことを積極的に反証する必要がある。具体的には、第三者が実印等を所持していた理由（当該第三者が被告の意思とは関係なく実印等を持ち出し使用することができたこと、第三者が被告から実印を盗用したこと、あるいは被告が別の目的で預けていた実印を保証契約締結のため冒用したことなど）を主張立証し、事案に応じた反論をすることになる。また、同時に、被告に保証契約を締結する動機も必要性もなかったという事実を立証することで、被告が保証契約締結の代理権を第三者に与える理由もないということを立証できる。このようにみてくると、原告が、保証書面の作成者を被告本人であると構成する場合と、被告の代理人が作成したと構成する場合とで、被告が反論として主張立証すべき事実は相当程度共通することになる。

　原告が表見代理を主張する場合、被告は、基本代理権の存在を争うこともできるし、原告に、「代理権があると信じることにつき正当な理由」がなかったこと（有過失）を基礎付ける事実（たとえば、保証契約締結の前後を通じて、原告から被告に保証意思の確認をした事実がないこと）を主張立証することもできる。

　イ　抗弁の主張立証

　被告は、主たる債務者による弁済・代物弁済・相殺といった主たる債務の消滅事由や、保証債務の弁済・代物弁済・相殺といった保証債務の消滅事由を抗弁として主張することができる。また、主たる債務や保証債務の消滅時効を援用して抗弁として主張することもできる。さらに、被告は、主たる債務や保証債務に無効・取消原因（たとえば、錯誤無効、詐欺取消しなど）があれば、かかる事由を抗弁として主張することもできる。

ウ　主たる債務者に対する証人尋問、訴訟告知

　原告の保証債務履行請求を被告が争う場合、被告はここまで述べたような主張立証を行うことになるが、その立証手段のなかでも重要なものは、主たる債務者に対する証人尋問（主たる債務者が共同被告である場合は、相被告に対する本人尋問）ということになる。とくに、被告の印章を主たる債務者が冒用した事実の有無や、主たる債務者が被告から代理権を授与された事実の有無が大きな争点となっている場合には、原告にとっても被告にとっても、主たる債務者の供述内容が結論に大きな影響を及ぼすことは明らかであり、主たる債務者の証人尋問（本人尋問）は不可欠と思われる。

　なお、被告（保証人）は、仮に原告からの保証債務履行請求訴訟に敗訴し、原告に対する保証責任を負ったときは、主たる債務者に対して求償権を有することになる（民法459条）。また、被告は、原告からの保証債務履行請求に対し、主たる債務者の弁済・代物弁済・相殺といった主たる債務の消滅事由や、その他主たる債務についての抗弁事由を主張することができるところ、被告にはかかる事由の存否自体が不明である場合も多く、主たる債務者に抗弁事実の存否を主張立証させる必要がある。保証債務履行請求訴訟において、主たる債務者が共同被告となっていない場合には、被告（保証人）は、主たる債務者に対し訴訟告知（民事訴訟法53条）をし、主たる債務者の補助参加（同法42条）を促すことも検討すべきである。

6　事実認定のポイント

(1)　保証契約の成否

　原告が、被告（保証人）との間の保証契約の締結を主張している場合において、被告（保証人）が保証契約の成立を否認し、保証書面が被告によって作成されたものではないと主張する事案では、書面上の被告名の記載が同人の自署であることを立証することは容易ではないため、原告において、まず、書面の作成名義人である被告名下の印影が被告の印章によって顕出されたものであることを主張立証することで、当該印影が作成名義人である被告の意思に基づいて顕出されたものであるとの事実上の推定を受け、民事訴訟法228条4項によって書面全体が被告の意思に基づいて作成されたことの推定を受けられるかがポイ

ントとなる事案が多いと思われる。この場合、被告が、書面の被告名下の印影が自己の管理する印章によることを認める場合には二段の推定が働くことになる。一方で、被告が、これを否定して第三者の偽造を主張する場合には、原告において、実印であれば印鑑登録証明書を、それ以外であれば被告が作成したことに争いがない他の文書に押捺された印影との同一性を証明するなどによって、被告名下の印影が同人の管理する印章によって顕出されたことを立証するか、被告が書面を作成した事実を認識している第三者の証言や被告が保証意思を表明する動機と必要性があったことなどを証拠によって立証することで、書面自体が被告の意思に基づいて作成されたものであること（被告の署名性）を直接立証することになる。このため、裁判官としては、以上の点に関する証拠を適正に評価して原告の主張事実の存否を判断することになる。

　これに対して、被告は、二段の推定が働かないように、一段目の推定の基礎となっている経験則（一段目の推定については、わが国では、印章は厳重に保管・管理されており、理由もなく他人に使用させることはないという経験則）の適用を動揺させる主張立証を行うのが通常であり、裁判官は、経験則の適用に合理的な疑いを生じさせる事情として、印章の保管状況に加え、被告以外の第三者が印章の保管場所や保管状況を認識し、あるいは認識していた可能性があること、したがって、第三者が被告の承諾を得ずに印章を持ち出した可能性があること、被告（保証人）と主たる債務者との人的関係（親子などの親族的関係や職業上の利害関係の有無・程度などを踏まえて被告が主たる債務者の保証人となる動機がないこと、過去に主たる債務者の保証人となったことがなく、保証人の依頼を断っていた事情など）、保証責任の内容・程度、保証人の資力、保証責任が顕在化する可能性の程度等（被告において保証責任を負担することについて抵抗感を有していた事情など）に関する事情の有無を認定判断することになる。

　そして、裁判官は、以上のような被告の主張内容を精査し、これらの主張事実の存否を証拠に基づいて判断するとともに、被告が保証責任を負担することを承諾し、あるいは保証人としての立場を前提とする言動を行っていた事実に関して原告が主張する事実の存否を証拠に基づいて検討し、これらの認定事実を総合的に評価して、前記一段目の推定を行うことに合理的な疑いが認められるかどうかを判断することになる（なお、被告が、保証書面の署名又は押印が被告によることを認めたうえで、二段目の推定を覆す事情を主張立証する場合には、白紙の文書に被告が署名押印したというような事実や原告が文書を変造した事実な

どが存在した蓋然性が認められるかが判断のポイントとなるが、前者の場合には、被告が白紙の文書に署名押印した理由や必要性の存在を合理的に基礎付けられるかが認定上は重要となろう）。

　なお、前記のとおり、二段の推定が破られる場合（証拠によって、被告が署名し、あるいは印影が被告の管理する印章によって顕出されたものと認められない場合を含む）であっても、理論上、原告は、被告が同書面を作成した事実を証拠によって直接に立証することができる。ただ、裁判実務においては、このような保証書面を被告が作成したことを基礎付ける原告の立証事実も、前記一段目の推定を行うことに合理的な疑いを生ずるか否かを判断する際に考慮し、証拠上認められる事実関係を総合的に評価して前記推定が破られるか否かを認定判断することが多いと思われる。したがって、判決においては、前記推定が破られると判断したうえで、他の証拠から、書面が被告によって作成されたものと認定判断することは少なく、このような判断をすべき場合でも、前記推定は破られないものと判断するか、あるいは、前記推定が破られるか否かという枠組みで判断することはせずに、認定された事実関係から、書面が被告によって作成された事実を直接に認定判断する場合が多いと思われる。

(2) 保証契約締結の代理権授与の存否

　次に、原告が被告の代理人である第三者との間での保証契約の締結を主張している場合（第三者による被告の署名代理を含む）には、保証書面が第三者によって作成されたものであることについて被告が不知と認否する場合がほとんどであると思われる（もっとも、被告の第三者に対する代理権授与行為の存否が争点となる事案では、当該第三者による書面の作成を否認して争う場合も考えられないではない）。このような主張を原告がする場合、その書面には、代理人と主張される第三者の署名押印があるか、被告から代理権を与えられた第三者が書面に被告名義で記名押印したことを認めている場合が想定されるから、書面が第三者によって作成された事実の存否が実質的な争点となるような事案は多くはなく、通常は、被告（保証人）が第三者に対して、保証契約締結の代理権を授与していたかどうかが実質的な争点となるものと思われる。このような事案では、原告による立証方法として、被告から代理権の授与を受けたとする第三者の証言、被告名義の委任状（被告が作成し、被告の管理する印章による印影が顕出されたもの）、被告から交付を受けた印鑑証明書等の書証が証拠として提出さ

れる事案が多いと思われる。そして、第三者の証言が代理権授与行為を認定するための直接証拠となるから、その信用性を慎重に検討することが求められることになる（とくに、当該第三者の証言が得られない場合には、それが得られない理由等を確認して、それ以外の証拠によって代理権授与行為の存在を認定できるかを慎重に判断する必要がある）。この場合も、被告（保証人）と主債務者との人的関係（親子などの親族関係や職業上の利害関係の有無・程度などの被告が主債務者の保証人となる動機の有無・程度等、過去に主たる債務者の保証人となったことの有無など）、保証責任の内容・程度、保証人の資力、保証責任が顕在化する可能性の程度等（被告において保証責任を負担することについて抵抗感を有すると合理的に認められる事由の有無）、被告による保証責任を負担していることを前提とする言動の有無などの事実の存否が重要であるが、そのほかにも、被告と第三者との間の関係（被告が第三者に対して代理権を授与するような信頼関係を有していたか）、被告が第三者に対して代理権を授与する合理的な理由及び必要性の有無、被告と第三者が保証契約の締結について事前に交渉していた事情、被告が第三者から保証契約締結後に報告を受け、契約書等の交付を受けていた事情の有無なども重要であり、こうした事実関係の存否を認定して、総合的に被告から代理権の授与を受けたとする第三者の証言などの信用性を判断することになる。

(3) 追認

被告（保証人）による追認の有無が争点となる場合は、通常、原告が被告に対して保証意思を直接に確認し、あるいは保証債務の履行を求めた際の被告の言動が追認を基礎付ける事実として主張される場合が多いと考えられる。裁判官は、こうした被告の言動の有無を認定したうえで、追認の意思表示と評価できるかを慎重に判断することになる。この場合、追認がされたと主張された日における被告の言動のほか、それ以後に、被告が保証人であることを受け容れて行動していたとしか理解できないような言動の有無などが事実認定の際のポイントになる（なお、前記4(2)ウのとおり、追認の意思表示が認められるためには、民法466条2項の趣旨から、書面による追認の意思表示が必要であると解すれば、その書面が被告の意思によって作成されたものであるかを認定する必要がある。この点、追認の意思表示を書面でする必要がないとの考え方に立ったとしても、追認の意思が書面等によってされているかどうかは、追認の事実の存否の認定において

重要な事実である)。原告による、被告の保証意思を確認し、あるいは、保証債務の履行を求めた際の被告の言動に関する主張としては、電話等による確認が多いと思われるが、確認の相手方が被告であるかどうか、どのような確認の方法をとったのか、これに対する被告の具体的な言動等を証拠によって認定して、追認の有無を判断することになる。電話による保証意思の確認の場合には、原告の供述だけでその際の被告の言動を認定することは困難な場合が多く、原告の供述内容を裏付ける日記・業務日誌などの記録文書の記載内容を合理的に評価してその信用性を判断することが必要になるのが通常である。一方で、被告に直接に会って保証意思を確認している場合には、わざわざそのために面会をしているのに、被告との間の口頭のやりとりをしただけで、被告作成名義の確認書面を作らなかったという主張はそれ自体が不自然であり、特段の事情がないかぎり、そのような書面が存在しないという事実を、追認の意思表示がされたとの認定を妨げるべき事由として評価することになる。

　以上のような点を踏まえつつ、追認に関する事実関係を認定し、総合的に追認の意思表示の有無を判断することになる。

(4) 表見代理

　保証契約が効力を有するためには、保証人となる者の保証意思が書面によって明らかとなっていることが必要である旨の民法の規定が置かれたことで、この種の紛争において、表見代理が実質的な争点として争われるケースは、少なくなっているのではないかと思われる。もっとも、第三者が、被告から預託を受けた白紙委任状、実印や権利証を冒用して、保証契約を締結したような事案などにおいて、表見代理が主張されるケースがないとはいえない。

　表見代理が主張されている場合に事実認定上注意すべき点については、表見代理特有のものがあるから、本稿では触れないが、表見代理の主張については、争点整理手続において、感覚的な主張整理で済ますことなく、争点事実が何かを具体的に特定したうえで人証等の手続に入ることが必要であり、その過程で、表見代理の成否の判断について見通しを立てることも大切であると思われる。

7　予想される抗弁以下の攻撃防御の展開

(1)　主たる債務の消滅事由の抗弁

　保証債務は、主たる債務の履行を担保するものであり、主たる債務に附従するものであるから、被告は、弁済・代物弁済・相殺といった主たる債務の消滅事由を抗弁として主張することができる。もっとも、被告が、保証契約の成立自体を強く争っている事案では、こうした抗弁主張の必要性を意識しないことも多いと思われるし、そもそも、被告（保証人）において、訴訟に至るまで、主たる債務の消滅事由の有無はもちろん、主たる債務の存在自体を認識していないのが通常と思われるから、主たる債務の消滅原因事実の存在自体を抗弁として主張してくる場合は多くないといえる。また、主たる債務者との関係も希薄で、日常的な交流がないという場合もあるから、主たる債務の消滅事由を抗弁として主張することができない場合も多いと考えられる。
　被告（保証人）は、主たる債務について完成した消滅時効を援用して、これを抗弁として主張することができ、これに対して原告は、主たる債務者に対するすべての時効中断事由や連帯保証人に対する履行の請求による時効中断事由を再抗弁として主張することができる（なお、保証人が保証債務を承認しても、主たる債務の時効中断事由とはならない）。

(2)　主たる債務の不存在の抗弁

　被告（保証人）は、主たる債務の無効事由や取消事由を抗弁として主張することができる（附従性）。ただ、この抗弁のうち、被告が、行為能力の制限によって取り消すことができる債務を保証したという事案において、原告は、保証契約当時、被告がその取消しの原因を知っていたことを主張することができる（民法449条。なお、このような原告の主張は、主たる債務の存在という請求原因に基づく法的効果を復活させるものではなく、被告が、主たる債務と同一の目的を有する独立の債務を負担したものと推定されるという効果を導こうとするものであるから、被告の抗弁主張に対する再抗弁として位置付けられるものではなく、被告主張の抗弁事実を前提とする予備的請求原因を構成する主張であると解される）。

(3) 催告の抗弁・検索の抗弁（民法 452 条、民法 453 条）

　連帯保証契約は、保証契約に「連帯の合意」（附款）が特約として付加されたものであると解する一般的な見解に従えば、被告（保証人）は、催告の抗弁・検索の抗弁を抗弁事由として主張することができ、この抗弁に対して、原告が、連帯の合意（附款説）を再抗弁として主張することになる。もっとも、実社会においては、連帯保証契約書と題する書面に基づいて保証の合意がされる場合が通常であると思われ、このような場合には、実務上も、原告において、連帯保証契約を締結したとの事実を訴状において記載して保証契約が締結された事実を主張するのが通例であるから、先行的に訴状で主張された連帯合意の再抗弁事実に争いがないのであれば、催告の抗弁や検索の抗弁を被告において主張する事例はないといえる。

(4) 保証債務の消滅事由の抗弁

　被告（保証人）は、保証債務の弁済・代物弁済・相殺といった同債務の消滅事由のほか、保証債務の消滅時効を援用して抗弁として主張することができる。

　このうち、消滅時効の抗弁主張に対して、原告は、主たる債務者に対する時効中断事由（主たる債務者が債務を承認したことにより消滅時効が中断されると、この中断の効果は連帯保証人に及ぶ。大判昭 7・2・16 民集 11 巻 125 頁）ないしは保証人に対する時効中断事由を再抗弁として主張することができる。

　また、被告（保証人）は、主たる債務者が原告に対して有する債権による相殺を抗弁として主張することができる（民法 457 条 2 項）。もっとも、この主張は、保証人は主たる債務者の債権について処分権を有するものではないと解されるので、主たる債務者の債権の範囲で「債務の履行を拒絶する」旨の抗弁権を行使する趣旨と解される。

(5) 改正法による抗弁

　改正法は、原告（債権者）が被告（保証人）に対し、主たる債務者が期限の利益を有する場合においてその利益を喪失したときは、その事実を知ったときから 2 箇月以内にその旨を通知しなかったときは、その通知を現にするまでに生じた遅延損害金（期限の利益を喪失しなかったとしても生ずべき部分を除く）に係る保証債務の履行を請求することができない旨の規定（改正法 458 条の 3）を設けているから（ただし、保証人が法人である場合は適用除外となる）、被告は、

原告が期限の利益の喪失を知ったときから2箇月以内にその事実を通知しなかったことを遅延損害金の発生原因に対する抗弁として主張することができることになる。

8 紛争解決方法（和解・判決）の選択及び紛争解決の留意点

　保証債務履行請求訴訟は、金融機関が原告（債権者）として提起するものが大部分を占めており、保証契約に関する契約書等の書証が速やかに提出される事案が中心であるから、訴訟係属後短期間のうちに和解による解決か判決によって終局することが多い。裁判所としては、訴訟に対する被告の対応を速やかに見極めて、実質的な紛争解決を図るために、和解等による解決の機会を設けることが相当であると思われる。また、保証否認の事案においても、主たる債務の存在が認められる事案では、紛争の実態を踏まえて、適切な和解勧告を行い、紛争の抜本的解決を検討すべき場合が多いと思われる。

9 おわりに

　債権者において、保証契約をめぐっての将来の紛争を防止するためには、保証人となるべき者の適格性に関する必要な調査（資料の徴求）をしたうえで、保証意思を書面によって十分に確認することが肝要である。保証人には、自分の面前で保証書面を作成してもらうことが望ましいが、それができない場合でも、保証人となるべき者から直接に保証書面の交付（送付）を受けるようにして、まちがっても、主たる債務者を通じて保証書面を提出させるようなことのないようにしたいものである。もし、そうせざるをえなかったときにも、保証契約の締結後に、直ちに保証人に対して直接に保証意思の確認をするようにしたい。
　一方で、保証責任を問われて法的紛争に巻き込まれないためには、軽々に保証人にはならないようにしたい。また、自分の印鑑管理を十分に行っておくことが肝要である。万が一にも他人に無断で印鑑を使用されるような危険のある管理の仕方をしないように心がけたい。なにかの事情によって、印鑑や印鑑

登録証明書を他人に預託する必要が生じた場合には、その目的以外には使用できないような手立てを講じ、印鑑を長期間にわたって預けておくようなことのないようにすべきである。また、不要となった印鑑登録証明書の回収も忘れてはならない。
　保証契約をめぐる紛争は、日常的に起こりうる身近な紛争であるだけに、保証人となることの重大さを十分に認識しておきたい。

第5章
賃貸借契約をめぐる紛争(1)
賃貸人による請求

島田 英一郎
永野 剛志

1　はじめに

　賃貸借契約は社会的に最も重要な契約類型の一つであり、わが国における住宅事情の特徴に伴ってとりわけ不動産賃貸借は重要である。民事訴訟実務においても不動産賃貸借をめぐる紛争は相当割合を占めている。

　そこで、本章では、不動産賃貸借をめぐる紛争のうち、賃貸人側から請求する事例のなかから、①賃貸借契約関係を解消する場面として、賃料不払解除に基づく明渡請求及び無断転貸等の賃借人の債務不履行による解除に基づく明渡請求を、また、②賃貸借契約関係の継続中の場面として、賃料増額請求を、それぞれピックアップして、その解決に必要な主張立証上の基本事項や事実認定における考え方を提示したうえで、紛争解決に必要なポイントを明らかにし、そのために法律家が知っておかなければならない事柄について説明することとしたい。

2　事例

(1)　相談事例1（賃料不払解除）

　　Aは、Bに対し、平成25年4月1日、甲建物を、賃料を月額10万円として毎月末日に翌月分を支払うこと、賃貸期間を2年間とする約定で賃貸

> しました。私（C）は、平成27年10月1日、Aから甲建物を、代金2500万円で買い受けました。Bは、平成28年1月分以降の賃料を滞納しています。このため、私は、Bに対し、賃貸借契約を解除して、甲建物の明渡しと未払賃料の支払いを求めたいと思います。

ア 事例1の場合、Cは、Bに対して、賃貸借契約を解除する旨の意思表示をしたうえで、Bを相手に、賃貸借契約の終了に基づく目的物返還請求権としての建物明渡請求、賃貸借契約に基づく賃料支払請求及び目的物返還債務の履行遅滞に基づく損害賠償請求を行うことになる。なお、以下では賃貸借契約の更新がされている前提で説明を進める。

イ 建物明渡請求

(ｱ) 賃貸借契約の締結及び引渡し

賃貸借契約は「当事者の一方がある物の使用及び収益を相手方にさせることを約し、相手方がこれに対してその賃料を支払うことを約することによって、その効力を生ずる」（民法601条）契約であるから、目的物（甲建物）及び賃料額（月額10万円）を特定したうえで、一定期間使用収益させることについての合意を主張立証する必要がある。なお、目的物の返還時期（平成25年4月1日から2年間）の合意が契約の成立要件か否かについては、賃貸借契約のようないわゆる貸借型の契約にあっては返還時期の合意は契約に不可欠の要素として契約の成立要件になるとする見解（いわゆる貸借型理論）と、条文の文言などを根拠に返還時期の合意は契約の成立要件ではないとする見解とがある。もっとも、実務的には、いずれにせよ返還時期（賃貸期間）も含め、可能なかぎり契約内容を特定することが望ましいから、Cは、当初の契約当事者であるAB間の賃貸借契約締結の事実を具体的に主張する必要がある。

また、Cは、甲建物の明渡しを求める以上、AB間の賃貸借契約に基づいてAがBに対し甲建物を引き渡した事実を主張する必要がある。

(ｲ) 賃貸人の地位の移転

ところで、事例1では、Cは、AがBに対し賃貸していた甲建物を買い受けることによってAから賃貸人の地位の移転を受けているため、これを基礎付ける事実を主張立証する必要がある。この点、対抗要件を備えた賃借権の目的物である不動産の所有権を移転した場合、特段の事情がないかぎり、賃貸人

の地位もこれに伴って当該所有権の譲受人に移転し（最判昭39・8・28民集18巻7号1354頁）、その場合、特段の事情のないかぎり、賃借人の承諾を要しない（最判昭46・4・23民集25巻3号388頁）。また、新所有者と対抗要件を具備した賃借人との関係は民法177条の対抗関係にすぎないため（最判昭49・3・19民集28巻2号325頁）、新所有者による所有権移転登記の経由は賃貸人たる地位の移転の効力発生要件ではない（さらに、対抗要件について権利抗弁説に立てば、BがCに対して対抗要件の有無を問題としてこれを争うとの権利主張〔対抗要件の抗弁〕を待って、Cは再抗弁として対抗要件具備の事実を主張立証すべきことになる）。本件では、Bの賃借権について登記（民法605条）はされていないが、上記のとおりAB間の賃貸借契約に基づいてAがBに対し甲建物を引き渡した事実が主張されることになるため、借地借家法31条に基づき、Bは賃借権をCに対抗することができることになる。そこで、Cは、Aが甲建物を（譲渡の時点で）所有していたこと、その所有権を平成27年10月1日売買によりAから譲り受けたことの2点を主張立証することによって、Aから賃貸人の地位の移転を受けたことを基礎付けることになる。

　改正法は、対抗要件を備えた不動産賃貸借の賃借人は、賃貸不動産が譲渡された場合に、賃貸借の効力を不動産の譲受人に主張することができることを前提として、賃貸不動産の譲渡とともに、不動産賃貸人の地位も不動産の譲受人に当然に移転することなどを明記し、上記の判例法理を明文化した（改正法605条の2第1項等）。

　(ｳ)　賃料不払いによる解除

　事例1では、Cは、Bが賃料を滞納していることを理由に賃貸借契約を解除したうえで建物の明渡しを求めようとしているところ、不動産の賃貸人は、賃借人の一定期間分の賃料支払債務の履行遅滞を理由として賃貸借契約を解除することができる（民法541条）ため（判例・通説）、Cは、賃貸借契約の終了原因として、①AがBとの間で賃料前払特約を締結したこと（毎月末日に翌月分を支払う旨の合意。なお、賃貸人の地位の移転は上記(ｲ)参照）及びこの特約による支払時期が経過したこと（平成27年12月31日及びそれ以降の各月の末日の経過）、②CがBに対し、平成28年1月分以降の賃料の支払いを催告したこと、③催告後相当期間が経過したこと、④CがBに対し、賃貸借契約を解除するとの意思表示をしたことを主張立証する必要がある。

　なお、賃貸借は当事者相互の信頼関係を基礎とする継続的契約であるから、

賃料債務の不履行があっても、相互の信頼関係が破壊されたものと認められないときは、賃貸借契約を解除することはできないとされている（判例・通説）。しかし、解除の効果を主張する側に信頼関係破壊の主張立証責任があるわけではないため、賃貸人Cは、請求原因において賃借人Bの賃料不払いが信頼関係を破壊するに足りるものであることまで主張立証する必要はなく、Bが抗弁として、賃料不払いがCに対する背信行為と認めるに足りない特段の事情を主張立証することになる。もっとも、賃貸借契約の継続中に当事者の一方に信頼関係を裏切り賃貸借関係の継続を著しく困難にさせるような背信性が認められる場合には、賃貸人は催告することなく賃貸借契約を解除することができるとされている（最判昭42・3・30集民86号773頁等）。したがって、賃貸人Cは、上記②及び③に代えて、背信行為に当たることを基礎付ける事実を主張立証することもできる。

また、不動産賃貸借契約においては、無催告解除特約（たとえば、賃借人が賃料の支払いを1回でも怠ったときは、賃貸人は催告をしないで賃貸借契約を解除することができるとの特約）が締結されることが多いところ、このような特約がある場合、賃借人の背信性があれば無催告解除が認められるため（判例）、Cは、上記催告及び相当期間経過の事実に代えて、無催告解除特約の合意をしたこと及びBの背信性を基礎付ける事実を主張立証することによっても解除することができる（30講254頁参照）。

　ウ　未払賃料請求

賃貸借契約が解除されるまでの間の賃料については、Cは、AB間の賃貸借契約の締結及び基づく引渡しの事実（上記イ(ア)）、Aから賃貸人の地位の移転を受けた事実（上記イ(イ)）及び賃料債務の発生期間の経過（上記イ(ウ)）を主張立証すれば、賃貸借契約に基づき賃料請求をすることができる。

　エ　履行遅滞に基づく損害賠償請求

CがBに対し「建物明渡済みまで1箇月当たり10万円の割合による金員」の支払いを求める場合、Cによる解除までの分は未払賃料請求だが（上記ウ）、賃貸借契約終了後（Cによる解除後）については賃料支払請求権は発生しないため、解除後明渡済みまでの分は、賃貸借契約終了に基づく目的物返還債務としての建物明渡債務があるのにそれを履行しない（履行遅滞）ことを理由とする履行遅滞に基づく損害賠償請求ということになる。この建物明渡債務の発生原因事実はすでに上記イで述べたところであり、これに加えて、Cは、損害の

発生及びその数額を主張立証する必要がある（通常は賃料と同額であると主張することになろう）。

(2) 相談事例2（賃借人の債務不履行解除）

> 私（D）は、Eに対し、平成24年10月1日、乙建物を、使用目的を飲食店として、賃料を月額15万円、保証金を45万円、賃貸期間を同日から2年間とする約定で貸しました。ところが、私が、平成28年1月15日に乙建物を見にいったところ、Fが飲食店を経営しており、Eが乙建物内部の内装を事前に私の同意を要するとの約定に反して無断で変更していることが判明しました。このため、E及びFに対して、乙建物の明渡しを求めたいと思います。

ア 事例2は、無断転貸・無断改装を理由として、賃借人及び転借人に対して目的物である乙建物の明渡しを求める事案である。

Dは、まず、賃借人であるEに対しては、無断転貸を理由に解除し（民法612条2項）、賃貸借契約の終了に基づく目的物返還請求権としての建物明渡請求をするのと同時に、内装変更について事前に同意を要するとの特約に違反したこと（用法順守義務違反）を理由に債務不履行解除し（民法616条、594条1項、541条）、賃貸借契約の終了に基づく目的物返還請求権としての建物明渡請求をすることになる。

また、転借人であるFに対しては、所有権に基づく物権的返還請求権としての建物明渡請求をすることになる（なお、仮にDが乙建物の所有権を有していない場合に、賃貸人たるDが無断転借人Fに対し契約上の目的物返還請求をすることができるか否かについてはここでは触れない〔民法613条1項の規定は「適法」な転貸借関係の存在を前提とするものであるから、本事例に直接適用することはできない。要件事実(2)97頁参照〕）。

なお、事例2においても、賃貸借契約の更新がされている前提で説明を進める。

イ 賃借人Eに対する請求

賃貸借契約締結の事実及び同契約に基づく引渡しについては事例1で述べたとおりである（上記(1)イ(ア)）。

(ア) 無断転貸による解除

　賃貸借契約の終了原因である無断転貸を理由とする解除（民法612条2項）については、賃貸人Dとしては、①賃借人Eが目的物である乙建物をFに転貸した事実（EとFとが乙建物について賃貸借契約を締結したこと及び同契約に基づきFが乙建物の引渡しを受けこれを使用又は収益したこと。もっとも、この点、同条項に基づく解除権の発生根拠は、「賃借人が賃借物を第三者に使用収益させた」という行為そのものの背信性にあるとみられることを根拠に、解除権発生要件としては、Fが乙建物を使用収益したこと及びFの使用収益がEの意思に基づくことという事実そのもので足りるとする見解もある〔要件事実(2) 89頁〕）を主張立証したうえで、②Eに対して解除の意思表示をする必要がある（Dによる承諾がされた事実は、民法612条1項の規定の趣旨や同条2項との均衡等から、Eによる抗弁事実となると解されている〔要件事実(2) 85頁〕。また、判例は、賃借人が賃貸人の承諾なしに第三者に賃借物を使用収益させたときでも「賃貸人に対する背信的行為と認めるに足らない特段の事情」があるときは、賃貸人は賃貸借契約を解除することができないとしている〔最判昭28・9・25民集7巻9号979頁等〕から、Eは、Dによる承諾の抗弁に代えて、EがFに賃借物を使用収益させたことについてDに対する背信行為と認めるに足りない特段の事情があることを基礎付ける具体的な事実を主張立証することができる）。

(イ) 無断改装による解除

　特約違反（用法順守義務違反）を理由とする解除については、一般の債務不履行解除（民法541条）に基づくものであるから（民法616条、594条1項に基づく用法順守義務違反による解除の場合も、原則として同法541条による催告が必要であるとするのが判例・通説である〔要件事実(2) 111頁〕。例外は後述する背信行為に当たる場合）、Dは、①賃貸借契約締結の際、DがEとの間で、Eが乙建物内部の内装を変更するには事前にDの同意を要する旨の合意をしたこと、②Eにより乙建物内部の内装が変更されたこと（なお、上記無断転貸と同様、Dによる同意があった事実はEによる抗弁事実となろう）、③DがEに対し内装を元に戻すよう催告したこと、④催告後相当期間が経過したこと、及び、⑤DがEに対し賃貸借契約を解除するとの意思表示をしたことを主張立証する必要がある。

　なお、判例・通説によれば、賃貸人Dは、請求原因において賃借人Eの義務違反が信頼関係を破壊するに足りるものであることまで主張立証する必要は

なく、Eが抗弁として、Eの義務違反がDに対する背信行為と認めるに足りない特段の事情を主張立証することになる。一方、判例は、賃借人の義務違反が賃貸借契約の継続を著しく困難にする背信行為に当たる場合には、賃貸人は無催告解除することができるとするため、Dは、上記③催告及び④相当期間経過の事実に代えて、Eの特約違反（用法順守義務違反）がそのような背信行為に当たることを基礎付ける事実を主張立証することによっても解除することができる（要件事実(2) 111頁以下参照）。

また、仮に、内装を元に戻すこと（違反行為の結果の除去）が社会通念上不能である場合には、それを催告しても無意味であることなどから、Dは、上記③催告及び④相当期間の経過の事実に代えて、内装を元に戻すことが社会通念上不能であることを主張立証することによって、無催告で解除することができる（要件事実(2) 113頁参照）。

　ウ　転借人Fに対する請求

賃借権の譲渡又は転貸を承諾しない賃貸人は、賃貸借契約を解除しなくても、譲受人又は転借人に対して明渡しを求めることができる（最判昭26・5・31民集5巻6号359頁）。

したがって、DがFに対し乙建物の明渡しを求めるには、①Dが乙建物を所有していること、及び、②Fが乙建物を占有していることを主張立証すれば足りる。

(3)　相談事例3（賃料増額請求）

> 私（G）は、Hに対し、平成15年1月5日、丙建物を、使用目的を飲食店として、賃料を月額15万円、保証金を45万円、賃貸期間を同日から2年間とする約定で貸しました。私は、最近の地価高騰や経費の増加を受けて、賃料相場は月額20万円以上が相当であると判断しており、Hに対して賃料の増額を求めたいと思います。

　ア　事例3では、Gは、Hに対して、賃料増額請求（借地借家法32条）をしたうえで、Hとの間で賃料額について合意形成できない場合は、まずHに対し調停の申立てをし（調停前置主義、民事調停法24条の2第1項）、それでも調わない場合に、Gは、Hに対し、増額後の賃料の確認訴訟（請求の趣旨は、た

とえば、「原告（G）と被告（H）との間で、丙建物についての賃貸借契約の賃料は、平成○○年○月○日以降1箇月金20万円であることを確認する」）又は増額後の賃料の給付訴訟（請求の趣旨は、たとえば、「被告（H）は、原告（G）に対し、金20万円及びその内金である別表上段記載の各金員（5万円）に対しそれぞれ対応する下段記載の日から支払い済みまで年1割の割合による金員を支払え」）を提起することになる。

イ　賃料増額請求

賃料増額請求は形成権であると解されており、その意思表示がされた時点から直ちに額が変更される（最判昭36・2・24民集15巻2号304頁）。GH間で月額20万円での協議が調えばそれでよいが、GH間の協議が調わない場合、Gが、Hに対し、上記アの訴えを提起すれば、裁判のなかで具体的な賃料の額が定まることになる。たとえば、Gが賃料増額請求権を行使し、これに基づいて賃借人Hに対し、その後一定期間分の賃料を請求する場合は、①Hとの間の賃貸借契約の締結、及び、②同契約に基づく引渡し（事例1で述べたとおりである〔上記(1)イ(ア)〕）に加えて、③丙建物の敷地若しくは丙建物に対する租税等の負担が増加したことにより丙建物の敷地若しくは丙建物の価格が上昇するなど経済事情の変動が生じ、又は丙建物の近傍同種の建物の借賃に比較して、丙建物の月額15万円という借賃が不相当となった事実（増額後の賃料月額20万円が相当であることを基礎付ける評価根拠事実）、④GがHに対し賃料増額に係る意思表示をしたこと及びその意思表示が到達した時期、⑤増額後の賃料の額（20万円）、並びに、⑥一定期間が経過したことを主張立証することになる〔加藤新太郎＝細野敦『要件事実の考え方と実務（第3版）』〔民事法研究会、2014年〕148頁参照。なお、前述の調停前置主義から、Gが本訴提起に先立ちHに対し調停の申立てをしたことを要件と解する見解もみられる〔大江忠『要件事実民法4：債権各論（第3版）』（第一法規、2005年）314頁参照〕が、受訴裁判所が事件を調停に付することを適当でないと認めるときは訴訟手続を進行させることができる〔民事調停法24条の2第2項但書〕ことなどから、一般的には要件事実として挙げられていない）。

3　弁護士が受任に際して検討すべき事項

(1)　依頼者が賃貸人である場合

　ア　建物賃貸借契約をめぐる紛争について賃貸人から依頼を受けた場合、当該賃貸借契約においては通常賃貸借契約書を作成しているケースが大多数であると思われるので、まずは賃貸借契約書を確認することが必須となる（重要事項説明書などの賃貸借契約締結時の重要書類がある場合はそれらも一緒に確認しておくほうが無難である）。賃貸借契約書により、使用目的（居住用か営業用か）、賃料額、賃料相当損害金の額、連帯保証人の有無、改装に関する規定、賃料の増減に関する事項、解除事由、原状回復条項などを確認できる。仮に、賃貸借契約書が存在しないのであれば、不存在の理由、相手方が賃貸借契約の存在や賃料額について争っていないかなどをこれまでの賃料支払いに関する資料を踏まえて十分に確認しておくべきである。

　イ　賃料不払い等の契約違反の債務不履行が問題となる場合では、その債務不履行の事実の存否やその程度を速やかに確認すべきである。賃料不払いのケースでは、賃料の支払状況（従前の賃料支払経緯、未払賃料の総額や既払部分も遅れがちであったか否かなど）、従前の支払催告状況（口頭催告、書面催告、解除予告の有無など）、催告に対する賃借人の対応、不払いの理由等を確認する必要がある。

　ウ　同じ債務不履行でも、無断転貸や無断改装については、実際に債務不履行に該当する事実が存在するか否かの判断は、賃料不払いに比べて容易でない。すなわち、無断転貸のケースでは、第三者が賃貸物件を利用しているといっても、法的に転貸と評価できるかの判断は難しい。転借人だとされる者がじつはその店舗を手伝っているだけの場合等があるからである。そこで、実際に転貸の事実が存在するのかを確認するために、当該賃貸物件に赴き、現地調査をするとともに、関係者から詳しく事情を聴取することが不可欠となる。たとえば、転借人だとされている者の属性、賃借人との関係、契約締結の有無、保健所への飲食店営業許可の申請名義等を、依頼者である賃貸人からはもちろんのこと、賃借人などの関係者からも十分に事情聴取をする必要がある。それらの調査をせずに賃借人でない第三者が賃貸物件に居たというだけで転貸をしていたと軽々に判断すべきでなく、方針決定をする際には慎重な評価・判断が要求される。

仮に、賃借人が第三者と賃貸借契約を締結していたり、行政庁への許可申請名義が賃借人でない場合など、転貸している可能性が高いと評価できるときには、解除して契約解消に向けた方針をとるのか、もしくは、契約解除はせずに、転貸関係の解消に向けた交渉をするか、転貸を許したうえで変更契約を締結する交渉をするのかなどの基本的な方針について、早い段階で十分に依頼者と協議することが必要となる。

エ　また、無断改装のケースでは、まず、賃貸借契約書や重要事項説明書において、改装についてどのような規定となっているかを確認するとともに、依頼者が指摘する内装の変更がどの程度のものなのかを現地を実際に確認しながら（店舗であっても原則として賃借人の承諾をとるべきであろう）、具体的な変更箇所について依頼者等から聴取りをする必要がある。それらの事実確認や適切な評価をせずに、依頼者に言われるままに安易に相手方と交渉を開始すべきでない。そして、賃貸借契約書等の趣旨や内装の変更箇所の状況などを踏まえて、当該内装の変更が、契約上、賃貸人の承諾を得る必要がある内装の変更に該当すると判断できる場合は、依頼者が希望すれば契約解除の方針を採用することになろう。

オ　事例3のような賃料増額請求のケースでは、まず、依頼者が本心としてどの程度の増額を希望しているのかを十分に把握したうえで、その希望する増額が訴訟上認められる可能性について、賃料推移や近隣相場などの諸事情を調査して、適切な見通しを立てる必要がある。その際、安易な見通しを立てて、依頼者に過大な期待をもたせるような言動は慎むべきである。

(2)　争点・紛争解決方法の検討

ア　賃貸借契約書が存在せず、賃料等の支払いも一度もない場合は、賃借人が賃貸借契約自体を争ってくること（すなわち使用貸借であるとの主張などの場合）も考えられるが、事例1の場合は、少なくとも2年以上も賃料を支払っていることから、賃貸借契約自体を争われる可能性はまずないと考えられる。

そこで、以下では、賃貸借契約自体は争いがないことを前提として、検討することにする。

イ　まず、賃料の不払い、無断転貸及び無断改装の債務不履行の事実が実際に存在するか否かが問題となり、相手方がその事実及び評価を争っているのであれば、それらの事実の存否が争点となるので、賃貸人の代理人弁護士として

は、その債務不履行の事実について主張立証しなければならない。賃料の不払いの事実の立証は通帳の記載などから比較的容易であると思われるが（そもそも賃借人が賃料の不払いの事実を争うことは稀であろう）、無断転貸や無断改装の事実については工夫を要する。

　すなわち、事例2（無断転貸）では、依頼者によると賃借人でないFが経営をしていたということであるが、その点について十分に事実関係を確認する必要がある。Fが実際に飲食店の店長として働いているが、オーナーは賃借人であるEであり、Fは単にEの従業員としての店長にすぎない可能性もあり、そのような場合には建物の賃借人はあくまでもEであるから、転貸にならないと評価される可能性も高い。したがって、賃借人でないFがEから転借を受けて実際に飲食店を経営しているのかを十分に調査する必要がある。それらの事実調査により、転貸の可能性が高いという場合には、依頼者の意向を聴きながら、無断転貸を理由として賃貸借契約を解除するか、転貸の事実を前提とした話し合い（転貸を承諾する代わりに、承諾料の支払いを求める方法、賃借人が契約関係から離脱して賃貸人が転借人と直接賃貸借契約を締結する方法など）をするかの方針を速やかに決めなければならない。

　また、無断改装については、まず、賃貸借契約書等において、改装についてどのような規定となっているかを確認するとともに、使用目的が飲食店であることから、ある程度の内装の変更は通常許容されるということを前提として、契約締結の際に内装の変更について実際にどのようなやりとりがあったかを確認する必要がある。そして、賃貸借契約書等の趣旨や内装の変更箇所の状況などを踏まえて、当該内装の変更が、契約上、賃貸人の承諾を得る必要がある内装の変更に該当すると判断できる場合は、契約解除の方針を採用するか、無断改装を前提として、原状回復義務の加重、敷金の追加差入れなどの方法による和解を模索するかを依頼者と十分に協議する必要がある。

　ウ　次に、債務不履行の事実が認められたとしても、それが賃貸人と賃借人との間の信頼関係を破壊するものであるか否かが重要な争点となる。

　建物賃貸借契約において賃料の支払いは賃借人の義務のなかでも最も重要な義務であることから、少額の不払いであればともかく、実際にそれなり賃料の不払いがあり、相当期間を定めて支払催告のうえ解除された場合は、原則として信頼関係を破壊されたものと評価されることが多いであろう。無断転貸については、それが事実として認められると、賃貸人に無断で第三者が勝手に賃貸

物件を使用していることになるので、その転借人がきわめて近い親族で、かつ、短期間の使用にすぎなかったなどの特別な事情がないかぎり、信頼関係を破壊すると評価されるのが通常である。他方、無断改装は、物件を飲食店として利用する目的である以上、ある程度の改装もやむをえないという観点からすると、当該改装の性質やその程度、承諾を事前に得なかった事情などによっては、承諾が必要な改装には該当するが、信頼関係までは破壊しないとされる場合も想定されるので、賃貸人の代理人としては、その可能性も視野に入れて、方針立てをする必要がある。

エ さらに、依頼者が最終的にどのような解決を望んでいるかを十分に確認する必要がある。賃貸物件によっては、賃料の不払いの解消や無断転貸を中止さえしてくれれば、そのまま賃貸借契約を継続して家賃収入を得たいと考えている場合もある（たとえば、物件の需要が少なく、他の賃借人がなかなか見つからないような物件の場合など）。他方、人気物件であり、すぐによい条件で賃借人が見つかるようなケースでは、できるだけ早く契約を解除して明渡しを受けたいと考えるのが通常である。したがって、依頼者の意向を十分に汲み取り、賃料不払い等の債務不履行状態の解消に力点を置いた方針を立てるのか、明渡しに力点を置いた方針を立てるのかを早い時点で見極める必要がある。

オ 賃料不払い等の解消に力点を置く方針の場合は、まず、内容証明郵便により弁護士名義の督促状を送付するとともに、弁護士が代理人として適宜賃料支払い等の交渉にあたることになる。そして、その交渉が決裂した場合には、解除の意思表示とともに、訴えを提起して、未払賃料等の支払いと物件の明渡しを求めていくことになる。

また、明渡しに力点を置く方針の場合には、早期の期限を定めた支払催告をするとともに、解除予告の内容証明郵便を送付することになる。その際、賃借人が占有を移転する危険性がある場合には、執行を見据えて、占有移転禁止の仮処分を申し立てるなど、確実に明渡しを受けられる方策を講じることが必要となる。とくに、無断転貸のケースにおいては、賃借人が賃貸人に無断で転貸している事実に鑑みても、さらに第三者に対し占有を移転するおそれもあることから、明渡請求の実効性を担保するために、賃借人及び転借人に対し、占有移転禁止の仮処分を申し立てる必要性が高いのが通常であろう。

カ 賃料増額のケースにおいては、賃料の推移、現在までの賃料増額経緯、近隣の賃料相場、物価上昇率、物件の立地や状況、賃貸人及び賃借人の財政状

況などを詳細に分析して、増額の可能性や増額率についてある程度の見通しを立てて、任意交渉、民事調停（調停前置主義、民事調停法24条の2第1項）のいずれの解決方法が適当であるかの方針を立てる必要がある。いずれの方法でも、賃料増額請求をするとの方針を立てたならば、増額請求の効果が生じるのは、その意思表示が相手方に到達した日からであると解されることから（最判昭45・6・4民集24巻6号482頁）、速やかに配達証明付内容証明郵便により賃料の増額を求める通知をすべきである。その後、任意交渉が決裂したり、民事調停が不調となった場合には、賃料増額訴訟を提起することになる。

(3) 依頼者が賃借人である場合（争点・紛争解決方法の検討）

ア　依頼者が賃借人である場合も、まずは賃貸借契約書等の重要な書面を確認することが必須となることは依頼者が賃貸人である場合と同様である。仮に、賃貸借契約書が存在しないのであれば、不存在の理由、賃貸借契約の存在や賃料額等について争う必要性についても十分に確認しておくべきである。

イ　依頼者が賃料不払いで督促等を受けている場合については、賃料の支払状況（未払賃料の総額や既払部分も遅れがちであったか否かなど）、従前の支払催告を受けた状況（口頭催告、書面催告、解除予告の有無など）、催告に対してどのように対応したか、不払いとなった理由等を依頼者に確認する必要がある。賃貸借契約の存在を前提とすると、賃料の不払い等の債務不履行が賃貸人と賃借人との間の信頼関係を破壊するものであるか否かが重要な争点となるところ、仮に、その不払額がある程度多額のときは、それを解消することが可能であるか、無理であれば、明渡しの方向での和解を模索することになる。たとえば、今後の賃料は払えるが、不払部分を一括で支払うことができない場合には、不払部分を分割で支払うという和解ができないかを交渉することになる。また、依頼者が今後の賃料や不払部分の解消について目処が立たない場合には、早期の明渡しに協力することを条件として、未払賃料の免除、減額等ができないかを交渉することになる。このような交渉は訴訟前の任意交渉で行われる場合もあれば、調停や訴訟での和解交渉で行われる場合もある。

ウ　無断転貸の事案については、Fとはどのような人物で、依頼者とFとの関係、Fが飲食店の店長となった経緯などの事情を十分に聴取する必要がある。そして、無断転貸であるとされる可能性が高い事案であれば、無断で転貸したことについて謝罪するとともに、Fは問題のない人物であること、今後も

賃料の未払いの可能性はないこと、万一問題が生じた場合には賃借人として全責任を負うなど今後誠実に対応することなどを賃貸人側に真摯に説明して、転貸を承諾してもらう努力をする必要がある。また、ケースによっては、転貸を解消するから解除はしないようにお願いする方法や、Fと直接賃貸借契約を締結してもらい、Eが賃借人から抜けるという方法などで無断転貸事案を解決する方策などを検討する必要も出てくる。

　エ　無断改装の事案については、賃貸借契約書等において、改装に関する規定を確認することはもちろんのこと、賃貸借契約締結の際に内装の変更についてどのようなやりとりがあったか、内装の変更について賃貸人が承諾をしたなどの事情が存在したか、内装変更の程度やその必要性などを確認するとともに、実際の内装の変更がどのようなものであったのかについて、図面などを元に現地において十分に依頼者から聴取する必要がある。そして、明示ないしは黙示の承諾が認められそうなケースであれば、内装の変更について承諾があると主張することになるし、仮に、その承諾自体が認められることが難しいとしても、使用目的が飲食店であることから、ある程度内装の変更は許容されるのが通常であることを理由として、本件程度の内装の変更は契約上も承諾を要する内装の変更に該当しないと争い、最終的には少なくとも信頼関係を破壊するものではないと主張を展開することになろう。実施してしまった内装の変更を元に戻すことは現実的ではないのが通常であることから、改装を賃貸人に認めてもらう方向で粘り強く交渉することが重要である。また、ケースによっては、明渡時には責任を持って原状回復をするとの念書を差し入れたり、敷金を増額したり、ある程度の承諾料的な金員を支払うなど、賃貸人に変更を事後的に承諾してもらう工夫が必要となる場面も想定される。

　オ　賃料増額を請求されたケースにおいては、賃借人の代理人として、賃料の推移、現在までの賃料増額経緯、近隣の賃料相場等を詳細に検討して、賃料の増額が判決で認められる可能性を分析して、和解に応ずるべきか否か、応ずるとしてその増額率はどの程度が適当かについてある程度の見通しを立てて、依頼者と方針について協議し、仮に増額される可能性が高ければ、依頼者を説得してある程度増額を認める方向で紛争の早期解決に努力する必要がある。また、賃貸人から賃料増額を請求された場合、紛争が決着するまでの間の賃料の支払いをどうするかについても依頼者と十分に協議する必要がある。この点について、借地借家法32条2項は、賃借人が相当と認める賃料を支払えば足り

るとしている。ある程度でも増額した賃料を相当賃料として支払うと、賃貸人からの増額請求を一部でも認めているとされかねないので、実務では、従前の賃料額を相当と認める額として、従前の賃料額を支払い続けるという方針をとることが多いと思われる。ただ、裁判によって新賃料が確定した場合に不足額があるときは、賃借人はその不足額に年1割の利息を付して支払わなければならないことから（借地借家法32条2項但書）、そのリスクも依頼者に説明して、賃料支払いについての方針を立てる必要がある。

4 争点整理手続のあり方

(1) 争点の確定

　裁判所は、当事者の主張及び提出された証拠から速やかに紛争の全体像を把握し、債務不履行の事実（賃料不払いの事実〔事例1〕、無断転貸の事実や無断改装の事実〔事例2〕）の存否やその程度に争いがあるのか、賃貸人と賃借人との間の信頼関係破壊の有無に争いがあるのか（事例1及び2）、賃料推移や近隣相場などの諸事情を基礎付ける各事実の存否やその評価に争いがあるのか（事例3）を早期に特定して、争点の判断に必要な間接事実、争点の判断に関連する証拠（間接証拠を含む）の提出がされているのかを確認し、必要な求釈明を行って、主体的・積極的に争点整理（争点の確定及び証拠の整理）を行う。

(2) 証拠（人証）の採否

　裁判所は、把握した紛争の全体像を念頭に置いて、すでに提出されている証拠（書証）によっては容易に判断できない実質的な争点について必要な人証を採用する。

　通常は、原告（賃貸人）、被告（賃借人・転借人）及び旧賃貸人A（事例1の場合）のほかに申請すべき人証はいないと思われる。もっとも、事案や争点によっては、不動産業者などの賃貸借契約に係る仲介人や、賃借人又は転借人の同居人らの人証がありうるだろう。

5　主張立証活動の留意点

(1)　建物賃貸借契約をめぐる紛争について、賃貸人が賃借人に対し賃料不払い等の債務不履行を理由として、契約を解除したうえで、明渡しや未払賃料等の支払いを求める訴えを提起する場合は、その訴状において、債務不履行の事実、解除の意思表示の事実などの請求原因を漏れなく主張することはもちろんのこと、勝訴判決が言い渡され、その債務名義に基づいて明渡しの強制執行を確実に行うことができるように、訴状において的確に対象物件を特定する必要がある。また、債務不履行の事実だけではなく、信頼関係不破壊の抗弁に対する評価障害事実についても、積極的に早期に主張して、早い段階で裁判官に争点を十分に理解してもらう努力をすることが肝要である。さらに、訴状に添付する書証として、賃貸借契約書は必須であるが、それ以外にも、債務不履行の事実や評価障害事実に関する書証も、訴え提起段階で収集できたものは、特別な理由（たとえば、被告の主張を待って提出をしたほうが適当な書証）がないかぎり、訴状に添付して、早期の争点整理を可能にする努力をすべきである。

(2)　賃借人の債務不履行のうち、賃料の未払いについての立証活動は、賃借人が賃料の不払いの事実を否定することは稀であることから、訴状において、賃料の不払いの事実だけを指摘すれば足りる場合が多いであろう。仮に、訴訟において、被告である賃借人が争ってきた場合には、振込口座であった通帳などを書証として提出すれば不払いの立証として十分である。

(3)　無断転貸についての立証活動としては、まず、転借人が誰であるかを特定する必要がある。特定する調査方法としては、当該飲食店に赴き、現地調査するとともに、賃借人や転借人から事情聴取したり、保健所への飲食店営業許可の申請名義（その他、消防署への防火管理者選任届、警察署への深夜酒類提供飲食店営業開始届などがある）が誰であるのかを調査することなどが考えられる。さらに、弁護士名の内容証明郵便で賃借人等に事実確認する方法、弁護士会照会（弁護士法23条の2）を利用する方法、訴訟前の当事者照会制度（民事訴訟法132条の2）を利用して、相手方に照会をする方法、飲食店営業許可などについては行政機関に対しての情報公開制度を利用する方法なども有用であろう。

調査により得られた回答書等で転貸を根拠付ける文書（たとえば、賃借人以外の者が飲食店の届出名義人となっている書面、賃借人から賃借している旨の回答書など）は、訴状を提出する段階で裁判所に提出するのが適当である。

　また、Fの飲食店における稼働状況などを立証するために、その状況についての写真撮影報告書、ビデオ、陳述書等の作成が考えられるが、賃貸している飲食店内で営業時間中に証拠収集が行われることから、Fや顧客などとトラブルにならないように、十分に注意する必要がある。

　(4)　無断改装については、改装が実際に行われたかどうかの書証を早期に出す必要がある。立証方法は、改装後の状況を写真に撮影し、写真撮影報告書を作成して、書証として提出することが考えられる。また、改装後の状況をビデオで撮影して、それを準文書として提出することもある。改装の状況をより明らかにするために、改装前の状況の写真等があれば、それも書証として提出することもよいであろう。また、賃貸時に改装についてのなんらかの合意がある場合（たとえば、改装については賃借人の費用負担により行う旨の合意等）には、その合意についての合意書やその合意に関する賃貸人等の陳述書を作成して、証拠化することも考えられる。

　(5)　賃料増額訴訟においては、増額することに理由があることを基礎付ける近隣の相場、固定資産税の変動、物価変動、賃料推移等の具体的な事情を主張し、それを根拠付ける不動産物件情報、物価指数、不動産鑑定士等の専門家による私的鑑定書などの資料を書証として提出することになる。事案によっては、裁判所における鑑定の申立ても検討すべきである。

　(6)　なお、これに対し被告は、債務不履行の事案においては、債務不履行の事実を争うのであれば、明確に否認するとともに、弁済の事実、転貸でないことを基礎付ける間接事実（Fは単なる従業員にすぎないと主張して、雇用契約書を書証として提出するなど）、改装について賃貸人の承諾があった事実、信頼関係不破壊の評価根拠事実（改装や転貸をする必要性が高い事情、賃貸人の承諾を事前に取得できなかったやむをえない事情等）などを速やかに主張立証して、裁判上の争点を早期に明確化する努力をすべきである。また、賃料増額訴訟においては、原告とは逆に、増額には根拠がないことを示す近隣相場資料、私的鑑定書

などを書証として提出することになる。

6　事実認定のポイント

(1)　賃料不払いの存否が争点の場合（相談事例1）

　前記3及び5のとおり、そもそも賃借人が賃料の不払いの事実を争うことは稀だろうが、仮に争いがある場合は、賃貸人又は賃借人は、賃借人から賃貸人への定期的な金銭の動きの有無を示す通帳や帳面等の書証を提出することがほとんどであろうから、争点との関係ではこれらが重要な書証となる。これらの書証から、Bが具体的に賃料を支払っていない分があるのか否か、あるとして何か月分支払っていないのかを認定することになる。

(2)　無断転貸の存否が争点の場合（相談事例2）

　この場合、前記2のとおり、「無断」については、賃貸人による承諾がされた事実についての主張立証責任が賃借人側にある（抗弁）と解されているため、賃貸人Dが主張立証責任を負う請求原因として重要な主要事実は、「①賃借人Eと転借人Fとが乙建物について賃貸借契約を締結したこと」又は「②FがEの意思に基づいて乙建物を使用収益したこと」となる。この点は、「Fが飲食店を経営している」という事実を掘り下げて具体的に認定したうえで（間接事実の認定）、当該事実が上記①又は②の事実に該当するといえるか否かを判断する（間接事実による主要事実の推認）ことになる。重要な間接事実として、EとFの関係（人的関係・経済的関係）、飲食店でのFの立場・地位、Fが乙建物に関与し始めた時期などの事実を認定することになる。

(3)　無断改装の存否が争点の場合（相談事例2）

　この場合、前記2のとおり、賃貸人Dが主張立証責任を負う請求原因として重要な主要事実は、「①賃貸借契約の際にされた、賃借人Eによる無断改装を禁止する合意」及び「②賃借人Eにより乙建物内部の内装が変更されたこと」となる。そして、この①との関係では、賃貸借契約書等における改装に係る条項の具体的文言、賃貸借契約締結の際に交わされた内装に関する具体的なやりとりなどが、②との関係では、乙建物内部の内装の具体的な変更箇所などが、

重要な間接事実として認定されることになる。

(4) 信頼関係破壊の有無が争点の場合（相談事例1及び2）

前記2及び3のとおり、賃貸借契約をめぐる紛争では、債務不履行の事実に加えて、賃貸人と賃借人との間の信頼関係破壊の有無が重要な争点となりうるところ、実務上もこれが争点となることが多い。

前記2のとおり、賃貸人C又はDにおいて、賃借人B又はEの債務不履行が背信行為に当たることを基礎付ける事実を主張立証する必要がある場面と（その場合は、B又はEにおいて、背信性の評価障害事実を抗弁として主張立証することになる）、B又はEにおいて、自身の債務不履行が背信行為と認めるに足りない特段の事情を基礎付ける事実を抗弁として主張立証する必要がある場面（その場合は、C又はDにおいて、背信行為と認めるに足りない特段の事情の評価障害事実を再抗弁として主張立証することになる）とがありうる。

これらの具体的事実は、上記(1)から(3)において認定対象となるべき間接事実と実際上は多くが重なることになるが、それらに加えて、事例1では、たとえば、賃借人Bによる従前の賃料支払経緯、既払部分についての支払状況（遅れがちだったか）、賃貸人Cによる未払分に係る支払催告状況とそれに対するBの対応、賃料を支払っていないことについてのBの言い分と、それが事実として認められるか否か、Bにとって甲建物を賃借することの重要性、その他BC間の人的関係全般に係る事実などが、事例2の無断転貸では、賃借人Eにおいて転借人Fに対する転貸をするに至った理由、E自身による乙建物の管理状況（Eが乙建物の管理を全く放棄しているような場合に比べて、Eが一定程度乙建物の管理をしている場合であれば、一般的には転貸による信頼関係破壊の程度は低いといえよう）、Eにとって乙建物を賃借することの重要性、その他DE間の人的関係全般に係る事実などが、事例2の無断改装では、Eによる乙建物の改装の程度（内装を元に戻すことが社会通念上不能か否かなど）や質（当初EがDに話していた飲食店の形態と実際にFが経営している飲食店の形態が全く異なり、後者に合うような改装を施しているような場合には、質的変化が著しいといえよう）、Dの承諾を事前に得なかったことについてのEの言い分と、それが事実として認められるか否か、Eにとって乙建物を賃借することの重要性、その他DE間の人的関係全般に係る事実などが、信頼関係破壊の有無を判断するに当たり問題となりうる間接事実といえよう。

(5) 賃料推移や近隣相場などの諸事情を基礎付ける事実の存否が争点の場合（相談事例3）

賃料増額請求のケース（事例3）においては、丙建物の賃料月額20万が相当であることを基礎付ける評価根拠事実（及び抗弁事実としての評価障害事実）が事実認定の対象となる。具体的には、賃料の推移、現在までの賃料増額経緯、丙建物の敷地又は丙建物自体に対する租税等の負担の推移、丙建物の敷地又は丙建物の価格の推移、近隣の賃料相場、物価上昇率、丙建物の立地や状況、賃貸人G及び賃借人Hの財政状況などの事実を認定し、最後はそれらを基に相当賃料額を評価することになる。

7　予想される抗弁以下の攻撃防御の展開

(1) 賃料の未払い
ア　弁済

被告からの予想される抗弁としては、まず、弁済の抗弁が考えられる。弁済の事実は、銀行口座の履歴や領収書について当事者間で認識の違いが生じた結果突然訴訟で弁済の抗弁が出されるといったケースはほとんどないと思われるが、賃貸人から解除の意思表示をされて、驚いて延滞している家賃を一括弁済したケースで、訴訟において、弁済の抗弁が提出される場合もある。しかし、契約解除後に弁済がなされても、契約解除の効果が覆されることはないので、契約解除に対する抗弁となるものではない。ただ、解除後の賃料相当損害金の支払いが請求されている場合は、それに対する弁済の抗弁となるし、解除後の支払いの事実は、後記の信頼関係不破壊の評価根拠事実とはなりうるものと考えられる。なお、敷金を入れているから賃料の不払いはないとの主張は、敷金は賃料の不払いに当然に充当されるものではないので（最判昭44・6・12集民95号493頁）、抗弁たりえない。

〈改正法との関係〉

敷金については現行民法に規定がなかったが、改正法は、622条の2において、1項で敷金を定義するとともに、判例理論であった明渡時説（最判昭48・2・2民集27巻1号80頁）を採用した。また、2項において、判例理論に従い（大判昭5・3・10民集9巻253頁）、敷金による充当をすることができるのは賃貸人側

であって、賃借人側は充当請求権を有しないことを明記した。

イ　賃借物の修繕義務・賃料の減額等

賃借物の修繕が必要であった事案で、賃貸人が修繕義務を負うが（民法606条）、その修繕義務を履行せず、かつ、一部が滅失しているような場合には、賃料の減額を請求できるとしている（同法611条）。建物の賃貸借で一部が滅失するケースは稀であると思われるが、たとえば、雨漏りがひどくて建物の一部が使用できないような場合には、一部滅失に準じて民法611条1項を類推適用して賃料の減額請求ができると考えられる（名古屋地判昭62・1・30判時1252号83頁）。そして、賃借人である被告が当該賃料の減額請求をしたことを抗弁として、賃料の未払いはないとの主張をすることになる。この抗弁が出された場合には、減額請求で賃料がいくらに減額されたかという点が争点となることになる。ただ、一部使用不能状態よりも大幅に減額請求をし、減額した家賃を支払うという状態を継続した場合に、後日、大幅な減額は認められないとされた場合、多額の賃料の未払いがあるとして、契約を解除されるおそれもあるので、慎重に対応する必要がある。

〈改正法との関係〉

改正法は一部滅失の規定を「賃借物の一部が滅失その他の事由により使用及び収益をすることができなくなった場合」と範囲を拡張するとともに、一部滅失等が「賃借人の責めに帰することができない事由」であるときは、「その使用及び収益をすることができなくなった部分の割合に応じて」賃料が当然減額されると改正された（改正法611条1項）。なお、「賃借人の責めに帰することができない事由」の立証責任は賃借人側にあるとされている。賃借物は賃借人の支配下にあり、帰責事由について賃貸人が把握することができないのが通常だからである。

ウ　必要費償還請求権・留置権

賃借人が賃借中に必要費を支出していた場合には、賃貸人に対し償還請求権を行使することができるが（民法608条1項）、当該請求権との相殺を抗弁として、賃料の未払いはないと主張する場合も考えられる。また、賃貸人が必要費の支払いをしていない場合には、明渡請求に対して留置権を抗弁として主張する場合もありうる。この抗弁については、賃貸人が負担すべき必要費の存否やその額が争点となるが、その抗弁が認められる可能性が高いと認められる場合には、その必要費について弁済ないしは相殺の主張を再抗弁として主張して、

建物の明渡しを優先するのが一般的であろう。

　　エ　信頼関係不破壊の評価根拠事実

　賃料の支払いは賃貸借契約において賃借人の基幹的な義務であることから、この義務違反がある場合には、信頼関係を破壊していると認められる場合が多いと考えられるが、その額が微々たるものであること、すぐに不履行状態を解消したこと（解除後の支払いも、解除に対する抗弁とはならないが、信頼関係不破壊の評価根拠事実とはなりうるので、被告代理人としてはその主張立証は必ずすべきである）、当該建物の使用が賃借人にとってきわめて重要である事情等を信頼関係不破壊の評価根拠事実の抗弁として主張立証することになる。

　他方、賃貸人である原告は、再抗弁として、賃料の支払いが遅れがちであったこと、催告に対する対応も不誠実であったこと、延滞状態も深刻であったことなどを信頼関係不破壊の評価障害事実として主張立証することになる。

(2)　無断転貸・無断改装

　　ア　賃貸人の同意

　無断転貸・無断改装が問題となる訴訟では、「無断」とはいえない場合、すなわち、賃貸人の同意がある場合には、無断転貸等にならないので、前記2のとおり、賃貸人の承諾（民法612条1項）が抗弁になる。賃貸人の承諾が書面化されている場合には訴訟まで発展しないことが通常であると思われることから、訴訟においては、明示ないし黙示の口頭による承諾の存否が争点となることが多いであろう。被告としては、賃貸人が改装の事実を現認していたにもかかわらず、なんら異議を述べなかった事情など具体的な事実を明らかにしていくことになる。これに対し、原告としては、黙示の承諾を否定する具体的な事情（たとえば、改装の事実を全く知らされていなかったとか、改装の事実を知って直ちに抗議したなど）を主張するとともに、改装や転貸については、賃貸借契約書において書面での承諾が必要であるとされている場合が多いことから、その条項の存在を再抗弁として主張することになろう。

　　イ　解除権の放棄（追認）

　事前の賃貸人の同意はないが、事後的に賃貸人が無断転貸や無断改装について同意し、解除権を放棄（追認）したというケースが考えられるが、その場合は、解除権の放棄ないし追認の抗弁を被告が主張立証することになる。立証方法としては、事前の同意と同様に追認等を書面化していることは少ないであろう

から、明示ないしは黙示の口頭での追認等の事実を推認する具体的な事実を詳細に陳述書や関係者の証人尋問等で立証していくことになる。

　ウ　信頼関係不破壊の評価根拠事実

　無断転貸や無断改装をし、それに対して賃貸人の同意はなかったが、信頼関係を破壊しないので解除は認められないとして、被告が抗弁として信頼関係不破壊の評価根拠事実を主張立証することが考えられる。具体的には、転貸についての承諾はないが、転借人は親しい親族であって、賃借人の監督が可能であり、賃料の不払いもなく、利用方法も全く変わらないため、賃貸人に迷惑をかけていないとか、一時無断転貸の事情はあったものの、現在はそれを解消しており、無断転貸関係は存在しないなどの事情を主張立証することになる。また、無断改装については、改装はしたが、その範囲はきわめて軽微であり、原状回復も容易であるとか、当該改装を行わないと営業に著しく差し障りがあり、やむをえず実施したものであるなどの事情が考えられる。

　他方、賃貸人は、再抗弁として信頼関係不破壊の評価障害事実を具体的に主張立証することになる。

　エ　留置権（有益費償還請求権）

　賃借人が、改装費用は有益費に当たるとして、賃貸借契約終了時の有益費償還請求権（民法608条2項）を根拠に、明渡請求に対する抗弁として留置権（同法295条）を主張する場合が考えられる。無断改装費用が有益費に当たる場合、その償還請求権を根拠に留置権が認められるかが問題となるが、解除された後に改装費用を支出した場合には民法295条2項の類推適用により留置権の主張はできないという判例（最判昭46・7・16民集25巻5号749頁）からすると、賃貸人に無断で改装を行って契約違反等の事実がある本事例にも同様に民法295条2項が類推適用され、被告の留置権の主張は認められないと考えるべきであろう。

(3)　賃料増額請求

　増額請求を受けた経緯、現在までの賃料の推移、近隣の賃料相場等を検討して、被告は抗弁として、原告の賃料の増額請求には理由がない具体的な事情（評価障害事実）を主張することになる。

8 紛争解決方法（和解・判決）の選択及び紛争解決の留意点

民事紛争において、賃貸借契約をめぐる紛争は典型的な紛争類型に属する。もっとも、不動産賃貸借に関しては、不動産仲介業者が間に入ることが多く、賃貸借契約書等の書面がしっかりと存在し、契約内容も問題がないケースが多い。また、賃貸人が原告として賃料を請求する訴訟の場合（事例1）、債務者である賃借人が賃料を支払えない理由は、資力がないことによることが多いため、訴訟事件の一定数は欠席判決ないし和解による早期解決が図られることになる。しかしながら、賃料を支払わないことについて賃借人にそれなりの言い分がある場合（雨漏りによって部屋が事実上使用できない状態にある、賃貸人による騒音被害がひどいなど）には、その言い分が事実として認められるか審理を進める必要があるケースもみられるため、訴訟が長期化する可能性もある。そのようなケースにおいては、当該言い分が訴訟上どのような位置付けの主張になるのかを早期に適切に主張整理する必要がある。

そして、どの事例においても、前記3のとおり、当事者がどのような解決を望んでいるか、どのような解決が可能であり不可能であるかによって、当該事案の解決方法は異なってくるため、双方の希望や状況を聴取して、和解等による早期の抜本的・一回的解決を目指すことが肝要である。

9 おわりに：賃貸借契約をめぐる紛争（賃貸人側の立場から）

建物賃貸借等の不動産賃貸借では、賃貸借契約書が交わされる場合がほとんどであると思われるが、紛争が生じた場合はこの賃貸借契約書が最も重要な規範となることから、契約締結に際しては過不足のない充実した賃貸借契約書を作成することが紛争の未然防止のためにも重要である。賃貸借契約書は賃貸人側（賃貸人から依頼された不動産仲介業者が作成することが一般的である）が作成した定型の契約書を使用する場合も多いと思われるが、賃貸借契約は物件や条件なども個別に異なることから、各事情に応じた適切な内容となるように、定

型書式を使用する場合でも特約条項を個別に記載するなど工夫する必要がある。また、契約締結時に賃借人に対し契約書の内容を十分に説明して、少なくとも重要な内容は誤解がないようにすることが、トラブル回避のためには肝要である。賃貸借契約書のなかには、賃貸人側に一方的に有利な内容となっている場合も多いが、少なくとも賃貸人に圧倒的に有利で消費者保護法や信義則により無効ないしはその効力を一部制限されるような規定は、当初より契約書に規定しないほうがトラブルの軽減につながるものと思われる。建物賃貸借契約等の不動産賃貸借は、ある程度長期にわたり継続する当事者間の信頼関係が根底にある契約関係であることから、双方が相手側の立場もよく理解しながら、できるかぎり紛争が生じないようにふだんから円滑なコミュニケーション等をとる努力をすべきである（間に入る仲介業者がいる場合は、その仲介業者の役割も重要である）。そして、その努力の甲斐もなく紛争が発生した場合には、信頼関係に基づく継続的な契約関係であることを考慮して、当該紛争をできるだけ早期に任意の話し合いで解決できるように真摯に十分な話し合いをすることが肝要である。さらに、任意の協議が不調となり、訴訟事件に発展した場合でも、できるだけ早期に主張立証を展開して争点を明らかにしたうえで、双方において的確な見通しを立て、早期解決に向けた和解の可能性を模索して、継続的契約関係をできるだけ円満に解決するための努力を惜しむべきでないと考える。

第 6 章
賃貸借契約をめぐる紛争(2)
賃借人による請求

島田 英一郎
永野 剛志

1　はじめに

　前章（第 5 章）で述べたとおり、不動産賃貸借をめぐる紛争は民事訴訟実務において相当の割合を占めている。本章では、前章とは逆に、賃借人側から請求する事例のなかから、賃貸借契約関係の継続中の場面として建物の修繕請求を、賃貸借契約関係を解消する場面として敷金返還請求を、それぞれピックアップして、その解決に必要な主張立証上の基本事項や事実認定における考え方を提示したうえで、紛争解決に必要なポイントを明らかにし、そのために法律家が知っておかなければならない事柄について説明することとしたい。

2　事例

(1)　相談事例 1（建物の修繕）

> 　私（A）は、Bから、平成 25 年 4 月 15 日、甲建物部分を、賃料を月額 10 万円として毎月末日に翌月分を支払うこと、賃貸期間を 2 年間とする約定で賃借しています。ところで、甲建物部分は老朽化していて、平成 28 年 9 月 14 日の台風の際に、屋根が損傷して雨漏りをするようになりました。このため、Bに対して修繕を求めたのですが、屋根の修繕に応じてくれません。Bに対して屋根の修繕を求めたいと思います。

ア　事例1では、Aは、Bに対し、賃貸借契約に基づく目的物修繕請求権として建物の修繕請求をすることになる（もっとも、実際には、後記3のとおり、〔事例1の雨漏りのような場合はとくに〕修繕に緊急性があることが多いことから、修繕そのものを求める訴訟が提起されることはそう多くない）。なお、以下では賃貸借契約の更新がされている前提で説明を進める。

　イ　賃貸目的物（賃貸物）修繕請求権
　賃貸人は「賃貸物の使用及び収益に必要な修繕をする義務を負う」（民法606条1項）とされているところ、この義務は、賃貸人が賃借人に対して目的物を使用収益させる義務を負うことの当然の帰結として認められるものである（要件事実(2)47頁）。

　Aは、請求原因として、賃貸借契約の締結と修繕を要する状態（要修繕状態）の存在を主張立証しなければならない。このうち、前者の賃貸借契約の締結については、第5章の2イ(ア)を参照されたい（なお、賃貸人は、賃貸借契約時以後であれば、目的物の引渡し前においても修繕義務を負うものと解すべきであるから、Aは、甲建物部分の引渡しまで請求原因として主張立証する必要はない）。後者の要修繕状態の存在とは、目的物の破損により賃借人が定められた用法（使用目的）に従って使用収益をすることができない状態があることを指す。この場合の用法（使用目的）は、賃貸人と賃借人との合意により定められることが多いが（その場合は、原告は、請求原因として、目的物の使用収益の方法について一定の合意をしたことを主張立証することになる）、目的物の性質によって定まることもある（民法616条、594条1項参照。この場合、原告は、請求原因として、目的物の性質を主張立証することになる）。事例1では、甲建物部分の屋根が損傷して雨漏りをしているところ、賃貸借契約締結の事実（「Bは、Aに対し、平成25年4月15日、甲建物部分を、賃貸期間を同日から2年間として、賃料1箇月10万円で賃貸した」事実）を摘示することにより目的物の性質（建物であること）が示されている以上、これに加えて上記雨漏りの事実さえ主張立証すれば、通常は目的物（建物）の用法に従って使用収益をすることができない状態にあたると評価されることになろう（大江忠『要件事実民法4：債権各論（第3版）』〔第一法規、2005年〕300頁は、雨漏りの事例における「目的物の性質」の事実摘示として、「本件建物は店舗であること」を例示として挙げているところ、このように目的物が建物であることに加えて建物の性状を摘示することまで必要であると考えれば、本事例の場合は、「甲建物部分は住居である」ことなどを摘示する必要があると解するこ

とになろうか)。

(2) 相談事例2（敷金返還）

> 私（C）は、Dから、平成20年9月1日、乙建物部分を、賃料を月額12万円、敷金24万円、賃貸期間を2年間とする約定で賃借していました。Dは、平成26年2月1日、Eに対し、乙建物部分を売却しました。私は、その後に新たな転居先を見つけ、平成28年5月10日、Eに対して同年6月30日をもって乙建物部分を退去する旨を告げて、同日、同建物部分を明け渡しました。ところが、Eは、敷金24万円の返還に応じてくれません。Eに対して敷金の返還を求めたいと思います。

　ア　事例2は、賃貸人の地位の移転により賃貸人となった者に対して、賃借人が敷金の返還を求める事案である。Cは、新賃貸人であるEに対し、敷金契約に基づく敷金返還請求として、敷金24万円を請求することになる。なお、事例2においても、賃貸借契約の更新がされている前提で説明を進める。
　イ　敷金返還請求
　㋐　敷金については、民法上、正面から規定した条文はないが（同法316条、619条2項但書参照）、判例・通説（大判大15・7・12民集5巻616頁、最判昭48・2・2民集27巻1号80頁、我妻V_2・472頁など）はいわゆる停止条件説であり、賃貸借契約において賃借人の負担する債務を担保する目的で、賃貸人と敷金提供者との間の合意（敷金契約）に基づき賃貸人に交付される金銭であって、賃貸借契約終了（明渡しまで必要か否かについては後記のとおり説が分かれる）の際、賃借人に債務不履行があるときは当然にその弁済に充当され、債務不履行がなければ返還するという停止条件付返還債務を伴う金銭所有権の移転であると説明している。なお、改正法は、敷金を明文で定義したうえで、判例の見解（停止条件説のうち後記の明渡時説）を採用している（改正法622条の2）。
　このように、敷金返還請求権は敷金契約に基づくところ、敷金契約は賃貸借契約の従たる契約とされており（最判昭53・12・22民集32巻9号1768頁）、賃貸借契約が締結されないかぎり敷金契約も成立しないため、Cとしては、まず、①旧賃貸人Dとの間の賃貸借契約締結の事実、及び、②敷金契約締結の事実を主張立証する必要がある。このうち、前者の①賃貸借契約締結の事実につい

ては、第5章の2イ(ア)を参照されたい。後者の②敷金契約は、金銭を交付することによって効力を生ずることから要物契約と考えられているため（要件事実(2)164頁）、Cは、(i)CD間の敷金授受の合意と、(ii)CのDに対する敷金24万円の交付の事実を主張立証することになる。

また、敷金返還請求権の発生時期については、賃貸借契約が終了した時点と解する終了時説もあるが、賃貸借契約の終了に加えて目的物の明渡しが完了してはじめて発生するとの明渡時説が判例（前掲最判昭48・2・2）・通説であるから、Cとしては、③賃貸借契約の終了、及び、④乙建物部分の明渡完了の事実を主張立証する必要がある。このうち、③賃貸借契約の終了については、事例2の賃貸借契約がどのような更新をされているのかによって、具体的にどのような事実を主張立証する必要があるかが異なってくる。仮に従前と同一条件で合意更新を繰り返してきている場合は、賃貸期間は平成28年8月31日までとなるため、同日の1年前から6箇月前までの間に更新をしない旨の通知をしていないCとしては（5月10日の時点では期間満了まで4箇月弱しかない）、平成28年9月1日から期間の定めのない賃貸借となることを前提に（最判昭28・3・6民集7巻4号267頁）、その3箇月経過後である平成28年12月1日をもって賃貸借契約は終了することになろう（民法617条。もっとも、通常は中途解約条項を特約していることが多く、その場合は、解約申入れから所定の期間経過後〔仮に6箇月であれば11月10日〕に終了するか、同期間分の賃料又は賃料相当損害金を支払うことによって直ちに終了させることができることになる）。また、仮に合意更新ではなく、法定更新（借地借家法26条1項）によって期間の定めのない賃貸借契約となっていた場合であれば、Cが平成28年5月10日に解約申入れをしてから3箇月経過後である同年8月11日をもって賃貸借契約は終了することになろう。なお、EがCから乙建物部分の明渡しを受けていること（上記④）からすると、事情によっては、CとEとの間で、同年6月30日に合意解約が成立している可能性もある。この場合は、そのような中途解約の合意の事実を主張立証することによって、同日の終了を基礎付けることができる。以上を要すれば、Cとしては、③賃貸借契約の終了として、上記の各事実（賃貸借期間に係る合意、合意更新又は法定更新を基礎付ける事実、解約申入れの事実と所定の期間の経過の事実又は中途解約の合意の事実）を主張立証することになる。

さらに、これらに加え、Cは、⑤乙建物部分につきCD間の賃貸借契約に基づいて引渡しを受けた事実（賃貸借契約成立のためには引渡しは必要ないが、敷

金返還請求権発生のためには上記のとおり明渡しが必要となるためその前提として必要である。また、事例2では後記(イ)のとおり賃貸人の地位の移転が発生する前提として、賃借人であるCが賃借権の対抗要件〔借地借家法31条1項〕を備えている必要がある）、⑥CがD及びEに対し、賃貸借契約の終了か乙建物部分の返還までのどちらか遅い時点（事例2では、乙建物部分の返還は平成28年6月30日であるため、賃貸借契約の終了時点のほうが遅くなる。したがって、合意更新されていた場合は平成28年11月30日、法定更新されていた場合は同年8月10日となる）までの賃料ないし賃料相当損害金全額を支払った事実を主張立証しなければならない（敷金返還請求権は、授受された敷金から明渡時までの未払賃料及び損害金が控除されその残額についてのみ発生するものであるところ、上記の、①賃貸借契約締結、⑤同契約に基づく引渡し、③賃貸借契約の終了、及び、④目的物の明渡しの事実が摘示されることによって、賃貸借契約の終了時までの賃料債権及び目的物の明渡時までの賃料相当損害金債権の発生が明らかになるため、敷金全額の返還請求を求めるには、既発生の賃料及び損害金を全額支払った事実の主張立証が必要となることによる〔要件事実(2)164頁〕。したがって、この種事案でしばしばみられる、賃貸人側からの未払賃料を敷金に充当する旨の主張は、抗弁ではなく請求原因に対する〔一部〕否認として位置付けられることになる）。

(イ) 賃貸人の地位の移転

事例2では、賃貸借契約の目的物である乙建物部分がDからEへと売却されているところ、賃貸借継続中、賃貸目的物たる建物の所有権が移転し、賃借権について対抗要件が備わっている場合、賃貸人たる地位は新所有者が承継し、その場合、敷金関係も新所有者に承継されるとするのが判例（最判昭44・7・17民集23巻8号1610頁）、通説（我妻V_2・474頁、山本IV-1・506頁など）である（賃貸人の地位の移転については、第5章の2イ(イ)に詳述したとおりである）。なお、改正法は、上記判例法理を明文化し、賃貸不動産の譲渡がされ、不動産賃貸人の地位が譲受人に移転する場合に、敷金返還債務等が譲受人に承継されることを明記した（改正法605条の2第4項）。

したがって、事例2では、Cは、Dが乙建物部分を（譲渡の時点で）所有していたこと、その所有権をEが平成26年2月1日売買によりDから譲り受けたことの2点を主張立証することになる。

3　弁護士が受任に際して検討すべき事項

(1)　依頼者が賃借人である場合

ア　賃借人が賃貸人に対し建物賃貸借契約上の請求をするに際しても、建物賃貸借契約書で民法の規定を修正している場合が多いので、まず、受任に際して建物賃貸借契約書の内容を確認することは必須である。賃貸借契約における修繕義務は賃貸人にあるのが通常であるが（民法606条1項）、特約で修繕義務を減免しているケースもあるので、その点を確認しておくことが必要となる。Aによると、賃貸人のBが修繕に応じてくれないとのことであるが、なぜ修繕に応じないのかその理由（雨漏り自体を否定しているのか、雨漏りは認めているが修繕義務がないと言っているのか、そもそも理由も言わずに拒否しているかなど）も事前に依頼者から確認しておく必要がある。また、建物賃貸借契約の賃借人から、賃貸人に対する請求について相談を受けた場合、当該建物が生活の本拠地である住居であったり、営業店舗であったりと、賃借人にとって重要な物件であることが多いことから、受任に際しては迅速に対応することが要請されることが少なくない。とくに、雨漏りなどの修繕のケースでは、家具や衣服が水浸しになったり、カビが発生するなど生活に支障が生じることがあるので、依頼者である賃借人にとってきわめて深刻な状況となっていることもある。弁護士としては、速やかに現地に赴いて、賃借人から被害状況を詳しく聴き取り、実際に被害状況、修繕の必要箇所、損害額等の確認をすべきである。雨漏りは大雨が降らないと起こらないケースもあるので、大雨に合わせて現地集合して状況を把握する必要も出てくる。さらに、現地で雨漏りの状況を確認したうえで、あくまでも賃貸人に修繕を求めていくのか、それとも修繕の緊急性があることから、賃借人側で直ちに修繕を行い、その費用を必要費として求償していく方法を選択するのかについても、依頼者と協議して早期に方針決定をしなければならない。また、雨漏りのために、賃借人が契約目的に従った建物の使用を全くできなかったときは、賃借人はその期間の賃料の支払いを免れると考えられるので（最判昭43・11・21民集22巻12号2741頁）、賃料の支払停止や契約解除についても依頼者と協議しなければならない。他方、一部の使用不能の場合は、その割合に応じて賃料の一部の支払いを拒絶できる可能性があるので、その点も検討する必要があるが、実際にいくらに減額するかは、賃料一部未払

いと評価されるリスクもあるので、慎重にその額を算定する必要がある（なお、改正法では、一部使用不能等の場合に、その使用等できない割合に応じて賃料が当然減額される旨定められた。611条1項）。

イ また、敷金返還請求に関しても、賃貸借契約書に償却規定（敷引規定）が存在して、敷金の一部が償却（敷引）される場合、原状回復義務の範囲を拡張しており、通常の使用に伴う損耗をも原状回復義務の範囲に含めて、壁紙や床の張替えなどをする必要があると規定されている場合などには、賃貸人がそれらの規定を理由として敷金の返還を拒否する可能性があるので、事前に契約書のチェックは欠かせない。賃借人Cによると、50日前予告により退去する旨告げたとしているが、これが契約に定められた解除予告として有効なものであるか（契約によっては6箇月前までに書面による解除予告をしなければならず、その前に明渡しをしても、6箇月分の賃料を支払わなければならないと規定されていることもある）、仮にそういえないとしても中途解約の合意が成立していないか、その合意の内容はどのようなものか（未払賃料等について支払免除の合意がなされていないか等）、未払賃料や原状回復義務の不履行がないか等も十分に確認するとともに、賃貸人がなぜ敷金を返還しないと言っているのかを聴き取り、その賃貸人の言い分は法律上理由があるか否かを見極めて早い段階で見通しを立てる必要がある。

(2) 争点・紛争解決方法の検討

ア 相談事例1（建物の修繕）について

民法上、賃貸人が修繕義務を負うとされているし（民法606条1項）、契約上も賃貸人が修繕義務を負うと定められていることが多いことから（ただし、賃貸人の修繕義務を免除している契約や、修繕は賃借人が義務を負うと定められている契約も少なくない）、雨漏りが実際に存在するのか、屋根の損傷が存在するのか、仮に雨漏り及び屋根の損傷が存在するとして、その雨漏りの原因が屋根の損傷に起因しているかなどの事実関係がまず争点となる。

現地調査等により、雨漏り及び屋根の損傷が存在し、その雨漏りの原因が屋根の損傷に起因している可能性が高いと考えられる場合には、直ちに賃貸人に対して代理人として内容証明郵便等で屋根の修繕を請求することになる（なお、雨漏りの原因が賃借人側で不明である場合は、賃貸人に対し、雨漏りの原因を至急調査して、雨漏りを防止するよう請求することになる）。当該請求に対して、賃貸

人が誠意ある対応をしない場合は、任意交渉や民事調停などで修繕義務は賃貸人の重要な義務であることを粘り強く説明して、修繕を実施してもらう話し合いをする必要がある。それでも賃貸人が全く応じない場合で、かつ、生活や営業に支障が生じるような場合には、期限を定めて修繕を行うように催告するとともに、修繕に応じない場合には、履行の強制（民法414条）や債務不履行に基づく損害賠償（同法415条、最判平21・1・19民集63巻1号97頁）も請求することが考えられる。また、雨漏り等の場合、修繕に緊急性があることが多いと思われることから、賃貸人に対し修繕が必要である旨通知したうえで（同法615条）、やむをえず保存行為として賃借人側で修繕を行い、後日その費用の償還を請求する（同法608条1項）のが一般的であろう。賃借人側で修繕を行った場合、修繕費用を必要費として請求していくことになるが、賃借人は毎月賃料を支払っていることから、修繕費用の請求について訴えを提起するというよりは、毎月の賃料支払いと相殺していくという方法が一般的であろう（ただし、相殺する場合、賃貸人から、修繕は不当で相殺できないことを理由に、賃料不払いであるから賃貸借契約を解除すると主張されて紛争となるリスクもあるので、十分慎重に進める必要はある）。

〈改正法の関係〉

改正法は、賃借人が修繕できる場合について具体的に明記した（民法607条の2）。すなわち、①賃借人が賃貸人に修繕が必要である旨を通知し、又は賃貸人がその旨を知ったにもかかわらず、賃貸人が相当の期間内に必要な修繕をしないとき、②急迫の事情があるときに、賃借人は賃貸物件の修繕をすることができるとされた。

イ　相談事例2（敷金返還）について

本件のように、賃貸人の地位の承継があった場合には、敷金返還債務については、旧賃貸人に対する賃借人の未払賃料、損害賠償等の支払義務があれば、これに当然充当されたうえで、残額について新賃貸人に承継されるので（最判昭44・7・17民集23巻8号1610頁）、本件においては、Dから賃貸人の地位の移転を受けたEに対し敷金返還請求をすることになる。そして、その敷金返還請求の可否については、賃料支払義務及び原状回復義務の存否が重要な争点となる。

すなわち、敷金は、明渡時において賃借人に債務が存在する場合に、当該すべての債務を控除しなお残額あることを条件として、敷金返還請求権が発生す

るところ（最判昭 48・2・2 民集 27 巻 1 号 80 頁）、本件賃貸借契約に中途解約条項が存在する場合（解約申入れから一定の期間経過後に契約が終了するとされるケースが多い）では、明け渡しても賃料等が発生する場合があるため、2 箇月程度の敷金ではその返還どころか逆に未払賃料等の支払いを請求される可能性もある。なお、既述のとおり、仮に CE 間で合意解約が成立しているのであれば、その合意において未払賃料等は免除するとされている可能性や敷金返還請求権について何らかの合意をしている可能性もあるため、C がそのような主張をしているのであれば、代理人としては合意解約の成否やその合意内容について十分に調査する必要がある。

　また、賃借人が明け渡したと主張しているが、実際は原状回復が未了で、原状回復費用が多額となり、敷金が全く返還されないケースもあるので、原状回復義務が契約条項に従って履行されているか否かも十分に確認する必要がある。さらに、契約によって原状回復義務を加重している特約が規定されている場合（たとえば、明渡しの場合は壁紙や床をすべて張り替える必要があると規定している場合など）には、当該特約の有効性の検討が必要となる。この点について、判例は、賃借人に特別の義務を課すためには、①賃借人が修繕費用を負担することになる通常損耗の範囲が賃貸借契約書の条項自体に具体的に明記されているか、②仮に賃貸借契約書では明らかでない場合には、賃貸人が口頭により説明し、賃借人がその旨を明確に認識し、それを合意の内容としたものと認めるなど、特約が明確に合意されていることが必要であるとしていることから（最判平 17・12・16 集民 218 号 1239 頁）、その要件を充足していないケースでは当該特約の効力を否定する主張をすべきである。なお、国土交通省作成の「原状回復をめぐるトラブルとガイドライン（再改訂版）」（2011 年）や東京都の「東京における住宅の賃貸借に係る紛争の防止に関する条例」（2004 年）も同様の趣旨で一定の基準を示しているので、それらも参考としながら、特約の有効性を吟味することになる。また、賃借人が事業者でなければ、当該規定が消費者契約法 10 条により無効とならないかも検討する必要があるし（京都地判平 16・3・16 裁判所ウェブサイト）、当該特約の限定解釈（自然損耗等は含まれないとの限定解釈等）の構成、賃借人が事業者である場合は、公序良俗に反し無効であるとの構成も検討の余地がある（大阪地判平 15・6・30 判例集未登載）。

　以上の争点を検討した結果、未払賃料や原状回復義務などが敷金額を上回る場合には、敷金返還請求は断念し、将来賃貸人から未払賃料等の請求を受ける

可能性がある旨依頼者に説明する必要がある。仮に、未払賃料等が敷金額を上回る場合に賃貸人から未払賃料等の請求がきた場合には、賃借人の代理人としては、賃借人が早期の明渡しをして、新しい賃借人も早く入居して賃貸人に損害がないことなどを理由として、追加の支払いは免除してほしい旨、もしくは減額してほしい旨粘り強く交渉することになろう。

　他方、未払賃料等がなく、敷金全額の返還請求が認められる可能性が高い場合は、まず内容証明郵便で請求したうえで、任意の支払いが望めない場合には訴えの提起や支払督促などの法的手段を検討することになる。

(3) 依頼者が賃貸人である場合（争点・紛争解決方法の検討）

　ア　相談事例1（建物の修繕）について

　建物の賃貸借契約の規定上修繕に関して特段の定めがなく、原則どおり修繕義務が賃貸人にある場合は、雨漏り及び屋根の損傷が存在するか、その雨漏りの原因が屋根の損傷に起因しているかなどの事実関係を調査し、それらが認められる場合には、依頼者である賃貸人に法的には修繕をすべき義務があるので、速やかに修繕を実施すべきである旨助言することとなる。ただ、その際、今まで修繕に応じなかったのはどのような理由があるのかていねいに聴き取り、その理由に合理性があるか否かも検討する必要がある。そして、修繕を行わない理由に合理性がない場合は、債務不履行を理由として解除されるリスクや、賃借人が修繕を行いその費用を賃料と相殺されるリスクなどを説明し、結局は修繕費用を負担しなければならないので、速やかに修繕を実施して、良好な継続的契約関係を維持して安定的に賃料収入を取得するほうが得策である旨説得することが重要となろう。

　イ　相談事例2（敷金返還）について

　賃貸人から、賃借人から敷金の返還請求をされていると相談があった場合は、まず、敷金返還請求を減額できる事由（償却規定、未払賃料、原状回復費用、遅延損害金など）が存在しないかを賃貸借契約書の規定や依頼者から確認して、返還すべき敷金が法的に存在するかどうかを早急に検討する必要がある。仮に、それらの事由が存在しない場合は、賃貸借契約書に定められた時期に速やかに敷金全額を返還するように依頼者に助言することとなる。また、ある程度の減額があっても、残額がある場合は、その根拠を示して依頼者である賃貸人が返還することに納得するように説明する必要がある。さらに、敷金を充当しても

まだ未払賃料等の残債務が存在する場合には、賃借人に対し、賃貸人を代理してその残額を請求することになる。この場合は、まず内容証明郵便でその根拠を示して請求したうえで、任意の支払いが望めない場合には訴えの提起や支払督促等の法的手段を検討することになる（賃借人から敷金返還請求訴訟を提起された後は反訴を提起することになる）。

4　争点整理手続のあり方

(1)　争点の確定

　裁判所は、当事者の主張及び提出された証拠から速やかに紛争の全体像を把握すべきである。建物修繕請求（事例1）では、その多くの場合、雨漏り（と思われる現象）の原因が争点となるし、敷金返還請求（事例2）では、請求原因レベルでは未払賃料の有無が、抗弁レベルでは原状回復義務の有無・範囲・費用の額が、主要な争点となることが多いだろう。いずれにせよ、争点を早期に特定して、争点の判断に必要な間接事実、争点の判断に関連する証拠（間接証拠を含む）の提出がされているのかを確認し、必要な求釈明を行って、主体的・積極的に争点整理（争点の確定及び証拠の整理）を行う必要がある点において、賃貸人による請求が行われるケースについて前章（第5章）で述べたことと同様である。

(2)　証拠（人証）の採否

　本章の事例においては、修繕義務の範囲に係る当事者間の合意（事例1）、中途解約条項や原状回復義務を加重する特約、中途解約の合意（事例2）など、判断の前提となるべき賃貸人・賃借人間の合意の内容を特定するために、賃貸借契約書等の合意書面に加えて、人証として、原告（賃借人）、被告（賃貸人）及び旧賃貸人Ｄ（事例2の場合）のほか、不動産業者などの賃貸借契約に係る仲介人を採用することもありうる。
　また、事例1においては、修繕が必要であるか、必要であるとしてどのような修繕内容か（つまり雨漏りと思われる現象の原因）を特定するため、建築士等専門家の知識が必要になることが多い。そのような場合は、当事者双方が専門家による私的鑑定書を書証として提出したり、裁判所が鑑定人を選任して鑑定

を実施したりすることによって立証資料を補ったりすることが多い。また、裁判所が専門委員を選任して、争点整理段階・証拠調べ段階を通じて専門的な知見に基づく説明を聴きながら審理を進めるケースもみられるところである。

5　主張立証活動の留意点

(1)　建物の修繕

　賃借人が原告として建物の修繕を請求する場合、まず、要修繕状態の存在を主張立証する必要がある。事例1の雨漏りの場合は、雨漏りしている状態（箇所の特定、雨漏り状況等）を訴状段階で具体的に主張するとともに、その状態をわかりやすく証拠化する必要がある。証拠化方法としては、雨漏りしている状態を写真に撮影して、その状況等について図面や指示説明を用いた写真撮影報告書を作成することが考えられる。また、状況によっては、ビデオ撮影をして、そのデータを準文書として提出することも有用であろう。雨漏りの状況が深刻であるなどの理由から、直接裁判官にその状況を確認してもらうほうが適当であると思われるケースでは、検証の申立てをすることも考えられるが、時間や手間などを考えると、そこまでの立証活動をするのはレアなケースであると思われる。

　次に、雨漏りを原因とした損害賠償を請求している場合は、その損害の存在と範囲について、詳しく主張立証する必要がある。たとえば、雨漏りにより家具が使用不能になった場合は、その家具の再調達価格等を請求することになるし、家具を修理した場合にはその修理代金が損害額となる。さらに、雨漏りが激しく建物自体を使用することが不能になった場合は、引越費用、引越先の礼金、仲介手数料等も損害となりうる。損害の範囲やその額を主張・立証するに際しては、依頼者からその損害状況を聴き出し、領収書等の立証資料を取得したうえで、適正な損害額を算定して、漏れなく請求することが肝要である。

　他方、被告側は、まず、雨漏りの事実が実際に存在するのか否かを確認する必要がある。その確認方法は、原告から提出された写真撮影報告書などを検討する方法もあるが、やはり現地で直接確認することが重要であることから、原告代理人に対して、直接現地での確認をしたい旨申し入れて、現地に赴き、自ら雨漏りの状況やそれによる原告の被害状況などを直接確認し、必要があれば、

その状況について写真等を用いて証拠化しておくべきである。また、雨漏りの原因が建物の瑕疵にあるのか、それとも、第三者の故意過失（たとえば、マンションで上の階の住人が床を水浸しにしたなど）に起因していないかなど、雨漏りの原因について被告の責任ではない事情が存在しないかを調査して、適切な認否、主張を展開する必要がある。また、雨漏りの原因が不明で、損害額が巨額となっている重大な事件では、その原因について、建築士等の専門家に依頼して私的な鑑定をしてもらうことも有用であろう。また、修繕に関して、賃貸借契約書に特別の規定をしていないかについて確認して、修繕義務を減免する規定がある場合は、契約書などを書証として提出するとともに、その特約の有効性を主張することになる。

(2) 敷金の返還

　敷金の返還を求める訴えを提起する場合は、まず、敷金返還請求の根拠となっている賃貸借契約書及び敷金を賃貸人に支払った証拠となる領収書等を書証として、訴状に添付する必要がある。また、敷金返還請求は明渡しが先履行となるので、明渡しの事実を証明できる明渡確認書などの書証も準備する必要がある。原状回復が未了であるから、明渡しは認められないと被告から反論される場合も多いので、原状回復を完了している証拠も訴え提起段階で準備していることも重要である。賃貸人が原状回復の完了を認めて明渡確認書などを交付してくれている場合には問題がないが、原状回復の完了を争い、鍵は受領してその受領書は渡すが、明渡確認書の交付を拒否したり、原状回復義務が未了であるから、それが完了するまでは賃料相当損害金が発生するなどの主張をしてくることも予想される。その場合は、鍵を渡す際に、建物内部を十分に写真撮影やビデオ撮影して、原状回復義務はすべて履行済みであった事実について客観的に証拠化しておくことが肝要である。

　また、原状回復義務を加重している条項がある場合、原告としては、当該条項について、消費者契約法10条違反、信義則に反して無効、条項の限定解釈などの主張を展開する必要がある。

　他方、被告としては、敷金が契約どおり支払われているか、賃貸借契約書のなかに、敷金の償却（敷引）規定、原状回復義務を加重している規定など賃貸人に有利な規定がないかを確認して、その点について、主張立証する必要がある。また、敷金に充当できる原告の債務不履行に基づく損害金等（未払賃料、

原状回復義務の不履行など）はないかを確認することも重要である。原状回復義務に関しても、その範囲や実際の原状回復状況が争点となるのが通常であることから、物件の引渡しを受けた直後の状況について、写真等で撮影して証拠化するとともに、賃貸人側で原状回復をした場合には、どのような原状回復工事をし、その工事に要した費用がいくらかなどを示す見積書や領収書などを書証として提出して、それらの費用を敷金に充当した旨の主張をすることになる。

6 事実認定のポイント

(1) 相談事例1（建物の修繕）について

　雨漏りと思われる現象の特定方法の詳細については本書において説明するものではないが、事例1では台風の際に屋根が損傷してその時点から雨漏りが生じるようになったというのであるから、屋根の損傷状況を客観的に示す書証（通常、写真撮影報告書等）と雨漏りの状況を客観的に示す書証（これも同様に写真撮影報告書等）によって比較的容易に認定できるだろう。もっとも、これを被告（賃貸人）側において争ってきた場合は、屋根の損傷と雨漏りとの因果関係の有無を判断するため、さらに専門家による知見をなんらかのかたちで補う必要が生じることもありうる。

　なお、前提となる修繕義務の範囲に係る当事者間の合意が争点となっているケースでは、そのような合意が記載された賃貸借契約書等の合意書面が提出され、その成立の真正が認められれば、合意も認定することができることが多いだろう（そして、賃貸借契約書等の成立の真正が争われることはそうは多くないと思われる）。一方、そのような合意が口頭で交わされたものにすぎない場合は、当事者の供述の信用性をさまざまな補助事実によって検討していくことになるが、通常は、合意が賃貸借契約書等の書面に記載されていないこと自体が重視され、合意の存在を立証することは難しいと思われる。しかも、事例1では雨漏りが発生している場合であり、これを賃借人の負担で修繕させるような内容の合意は通常考えられない（仮にあったとしても、その有効性が問われよう）。

(2) 相談事例2（敷金返還）について

　事例2のうち、未払賃料の有無については、前章（第5章）において述べた

とおりである（前記第 5 章 6(1)）。次に、原状回復義務については、まず原状についてはＤが乙建物部分に入居する前の状態を示す写真等が、退去時の状況についてはやはり写真が書証として提出されれば比較的容易に認定することができる。また、原状回復費用については通常見積書等の書証によってこれも比較的容易に認定することができよう。

原状回復義務の範囲について、賃貸人・賃借人間の合意（特約）が主張されている場合、当該合意の有無を上記(1)に述べたと同様の方法で判断したうえで、仮に合意した事実が認められる場合であっても、前記 3 のとおり、合意の内容によってはその有効性が問題となったり、限定解釈が必要となったりすることもありうるため、裁判所のほうで適切に判断することが肝要である。

なお、合意解約が主張されている場合、当該合意の有無はやはり上記(1)に述べたと同様の方法で判断することになる。中途解約条項が定められている多くの賃貸借契約の場合には、当該条項による規律を変えてまで賃貸人が合意解約を了承することは通常想定し難いため、合意書面がなければ立証することは困難な場合が多いであろう。

7 予想される抗弁以下の攻撃防御の展開

(1) 建物の修繕義務

賃貸人に対する修繕義務（民法 606 条 1 項）の規定は任意規定であることから、契約で賃貸人の修繕義務を減免する特約を規定することが可能であり、実務上も賃貸人の修繕義務を免除している規定や逆に賃借人が修繕義務を負うとされているケースなどもある。このような規定がある場合は、被告の抗弁として、修繕義務に関する特約の存在を主張することになる。ただし、大修繕も含めて賃借人にその義務を負わせて、賃貸人の修繕義務を全く免除するような内容の特約は、信義則や消費者契約法 10 条違反等の可能性があるので、原告は、免除特約の抗弁に対して、信義則等の再抗弁を主張することになろう。

修繕義務に関する特約については、その規定の解釈をめぐり、多くの紛争が発生しているが（最判昭 29・6・25 民集 8 巻 6 号 1224 頁、最判昭 43・1・25 判時 513 号 33 頁等）、特約の具体的な内容だけでなく、契約締結の経緯、契約締結の際の説明内容、建物の使用目的、建物の種類、賃料額、修繕をしなければな

らなくなった経緯、修繕に要する費用等の諸事情を総合考慮して、特約の趣旨内容が具体的に判断されるものと思われる。したがって、修繕義務は賃借人が負担するとの条項となっていても、賃借人としては、上記諸事情を検討したうえで、雨漏り等の大修繕の場合は含まれないとの限定解釈や信義則違反等の主張をして、賃貸人の修繕義務を根拠付ける具体的な主張を展開する必要がある。

その他、修繕が不可能であること、修繕が必要となったことが賃借人の責めに帰すべき事由によることなども賃貸人の抗弁となるとされている。

〈改正法の関係〉

民法606条1項に但書が追加され、賃借人の責めに帰すべき事由によってその修繕が必要となったときには、賃貸人に修繕義務がないと明記された。

(2) 敷金返還請求

賃借人からの敷金返還請求に対しては、原状回復義務不履行の債務が存在するとの抗弁が考えられる。この点について、賃借人の未履行の義務の債務は敷金から当然に控除されるものであることから、相殺等の意思表示を要しないとされている（最判平14・3・28民集56巻3号689頁、改正法622条の2第1項で同趣旨の規定が新設された）。この抗弁に対して、賃借人は原状回復義務を履行したという再抗弁を出すことになる。なお、賃料及び賃料相当損害金の債務については、賃借人が敷金全額の返還請求を求めるには、既発生の賃料及び損害金を全額支払った事実の主張立証が必要となることから、実務でよく主張される賃貸人からの未払賃料を敷金に充当する旨の主張は、正確には抗弁ではなく、敷金返還請求の請求原因に対する否認であることは前記2(2)イで述べたとおりである。

また、敷金の一定額又は一定割合を控除した残額を返還するという特約（いわゆる敷引特約、償却特約）がある場合は、賃貸人は当該特約を抗弁として主張することになる。この特約について、判例は、賃借人が明確に認識したうえで契約を締結している場合には、その額が賃料額等に照らし高額に過ぎるなどの事情がないかぎり、消費者契約法10条により無効であるとはいえないとし、敷引金の額が月額賃料の2倍弱ないし3.5倍程度の事案では高額に過ぎるとはいえず、当該特約は有効であるとした（最判平23・3・24民集65巻2号903頁、最判平23・7・12集民237号215頁）。賃借人としては、敷引特約の抗弁に対して、上記最高裁を参考にして、高額に過ぎると思われる場合には、消費者契約法

10条や信義則により無効であるとの再抗弁を主張することを検討する必要がある。

8　紛争解決方法（和解・判決）の選択及び紛争解決の留意点

　賃貸借をめぐる紛争は典型的な紛争類型であり、不動産賃貸借においては不動産仲介業者が間に入ることが多く、賃貸借契約書がしっかりと存在し、契約内容も問題がないケースが多いことは前章（前記第5章8）において述べたとおりである。したがって、本章の事例1及び2の、修繕義務の範囲や原状回復義務の範囲等、契約内容が問題となるケースは比較的多くはないだろう。
　もっとも、事例1では、修繕を要する箇所の特定という、容易ではない事実認定が必要なため、紛争の長期化を避けるため、裁判所・当事者双方積極的に努力する必要がある。
　事例1の雨漏りと思われる現象の原因の特定は容易でないことが多いため、前記4のとおり、さまざまな手段によって専門家の知見を裁判に取り入れて事実認定をしていくことになる。もっとも、双方が提出した私的鑑定書が正反対の結論を採っていることもあるため、そうした場合に一般経験則から事実認定をすることは難しい。したがって、当事者双方の私的鑑定書を作成する費用・時間を省いたうえで、当事者双方が費用を出し合って（つまり双方から申請してもらって）裁判所の鑑定を行い、その内容に従って紛争を解決することについて、審理の比較的初期の段階で当事者双方の事実上のコンセンサスを得たうえで審理を進め、鑑定の実施前、実施後などに適時和解を試みることで、早期解決を図るなどの工夫が考えられる。
　また、この種事案では、賃料・敷金・原状回復・明渡しなど、紛争解決において念頭に置くべき要素が多いぶん、逆にこういった要素を柔軟に差し引きしながら紛争の解決を目指すことも可能な紛争類型でもあるといえ、前記3で述べた当事者双方のさまざまな状況やニーズを適切に把握した双方代理人と裁判所との間で、当事者双方にとってWin-Winとなるべき解決策を模索しながら、適正迅速な紛争解決を目指すことが肝要である。

9　おわりに：賃貸借契約をめぐる紛争
　　（賃借人側の立場から）

　建物賃貸借の賃借人にとっても、建物賃貸借契約書の内容が最も重要である。契約書自体は賃貸人側が作成して、賃借人がその内容を確認して契約を締結するのが一般的である。その契約書に基づき、契約締結の際、賃借人に対して契約条項等の説明がなされることが通常であり、不動産仲介業者が入っている場合は、宅地建物取引主任者による重要事項の説明と、重要事項説明書の交付が義務付けられている（宅地建物取引業法35条）。しかし、賃借人はそのような契約内容の説明を十分に聴かず、また、契約書の条項もあまり確認しないで契約書に署名してしまうことも多い。賃貸借契約をめぐるトラブルを回避するには、まずは契約締結の際に契約書や重要事項説明書の内容を十分に確認して、疑問のある内容については遠慮なく賃貸人や仲介業者に対して質問や修正を求めていくことが肝要である。賃貸借契約はある程度期間が長い継続的な契約関係であり、相互の信頼関係がその基礎にあることから、なんらかの問題が発生した場合には直ちに賃貸人や仲介業者に連絡を入れ、誤解や不信感などが発生することを極力防止して、賃貸人及び賃借人の双方が信頼関係を維持する努力をすることがトラブルを回避するためには重要である。また、雨漏り等のトラブルが発生した場合でも、早期に現状を説明して、任意に適切な対応をしてもらうようにていねいにお願いするなど、迅速で真摯な対応をすることも訴訟等に発展することを防止する方法として有用である。他方、賃貸人側も、賃貸物件が賃借人の日常生活や営業活動にとってきわめて重要なもの、並びに、その使用の対価として賃料を長期間継続的に支払ってくれていることなどを十分に考慮して、問題解決に向けた迅速で誠意ある対応をとることがトラブルを長期化させないための肝であると考えられる。このことは訴訟に移行した後に和解の話し合いをする場合でも同様である。

第7章
使用貸借契約をめぐる紛争

吉川 泉
山﨑 雄一郎

1　はじめに

　使用貸借契約は、友人間の書籍や CD の貸し借りに見られるように、身の回りで最も身近に行われる法律行為であると思われる。そのうちの多くは紛争に発展するようなこともなく終了するが、貸し借りの目的物が不動産等の高価なものであるような場合には、ときに裁判上の紛争に発展することがある。
　そのような場合でも、使用貸借契約は、情義に基づいて明確な契約意識をもたない当事者間で行われることがほとんどであるため、合意内容について契約書等の書面が作成されず、その内容を明らかにできる客観的証拠がない場合が多い。
　また、使用貸借契約は、無償で物を他人に貸す行為を内容とするものであることから、その他人との間に親戚関係、男女関係、親しい友人関係等の関係があることが通常であり、紛争に発展する場合には、そのような人間関係のこじれが背景にあることが多い。
　使用貸借契約の貸主としては、情義に基づいて無償で物を貸しているのであるから、返してもらいたいときには返すのが当然であるという考えになりがちであるが、紛争解決に関与する法律家としては、同契約の終了原因の存否を踏まえて、貸主による返還請求が認められる要件が具備されているか否かを意識して臨む必要がある。

2 事例

　最初に、使用貸借契約をめぐる紛争において典型的な事例を取り上げ、相談者の主張から構成できる権利及びその存在を基礎付けるために必要な事実（主要事実）について考える。

(1) 相談事例1

> 　私（A）は、田舎から上京してきた友人のBから、新たに借りられる建物が見つかるまで甲建物部分を使わせてほしいといわれ、Bに対し、平成25年4月1日、同建物部分を無償で貸しました。Bは、その後3箇月が経過したのに甲建物部分から退去しません。Bに対し、甲建物部分の明渡しを求めたいと思います。

　ア　事例1の場合、相談者であるAは、Bに対し、無償で貸し渡した甲建物部分の明渡しを求めているのであるから、使用貸借契約の終了に基づく目的物返還請求権を主張するものと考えられる。もとより、Aが甲建物部分の所有者である場合には、所有権に基づく請求も考えられるが、Aは、Bに対して甲建物部分を貸し渡した事実を自認しているから、使用貸借終了に基づく請求を行うのが合理的である。
　イ　要件事実（主要事実）
　(ア)　AがBに対して使用貸借契約の終了に基づく目的物返還請求権を行使するためには、使用貸借契約の成立と同契約の終了原因事実を主張する必要がある。
　(イ)　使用貸借契約の成立
　使用貸借契約は、「当事者の一方が無償で使用及び収益をした後に返還をすることを約して相手方からある物を受け取ることによって、その効力を生ずる」要物契約であるから（民法593条）、Aは、同契約を締結した事実として、Bとの間で、甲建物部分を無償で貸し渡した事実を主張することになる。なお、同契約の本質的要素として、「返還時期の合意」を主張する必要があるか否かについては、第2章2(1)イ記載のとおり争いがある（以下、必要があるとする見解

を「必要説」、必要がないとする見解を「不要説」という）。
　(ｳ)　契約の終了原因事実
　民法は、使用貸借契約の終了原因として、契約で定めた返還時期の到来（民法597条1項）、返還時期を定めなかったときは契約に定めた目的の終了（同条2項本文）又は目的達成に足る期間の経過（同条2項但書）、返還時期並びに使用及び収益の目的を定めなかったときは貸主の返還請求（同条3項）、用法義務違反ないしは無断転貸による解除（同法594条3項）、借主の死亡（同法599条）を規定している。なお、必要説に立てば、請求原因において返還時期の合意が顕れることになるから、同時期の到来が終了原因となる（返還時期を具体的に定めなかったときは、貸主が返還を求めたときに返還時期が到来する合意をしたことになると解される）。一方で、不要説では、貸主の返還請求（民法597条3項）に対し、返還時期の合意が借主の抗弁と位置付けられることになる。
　そこで、事例1において、いずれの終了原因事実を主張するかを検討する。民法が前記のとおり返還時期や使用目的に関する合意の有無を区別して契約終了原因を規定していることから、まずは、使用貸借契約締結の目的、契約当事者の合理的な意思を踏まえ、同契約において、返還時期の合意や使用目的の合意があるといえるか否かを分析しなければならない。すなわち、目的物の貸借が、期間を特定することのできない短期間の貸借を予定する場合であるのか、相当の長期間の貸借を前提とする場合であるのかを区別し、前者の場合には返還時期や使用目的を具体的には定めないのが通常と考えられるのに対し、後者の場合には、貸借後にいつでも目的物の返還を求めることは想定されていないから、なんらかの返還時期の合意ないしは使用目的の合意がされることが通常であり、このことを前提に終了原因事実を検討することになると思われる。
　そして、事例1の場合には、使用貸借契約の締結に至る経緯等に関するAの言い分からすると、短期間の貸借を予定して返還時期や使用目的を具体的には定めなかったものと理解できるので、Aは、請求原因事実として、返還請求によって契約が終了したものと構成し（必要説では返還請求による返還時期の到来、不要説では民法597条3項の請求）、使用貸借契約の成立と甲建物部分の返還請求の事実を主張することになると思われる。これに対してBは、新たな居住建物に入居したときに返還する旨の合意、又は新たな居住建物に居住するまでの一時的な居住として使用する目的の合意を抗弁として主張することが考えられる。いずれの場合も、Aは、Bの抗弁事実を否認する一方で、同事実

を前提に、返還時期の到来、又は目的を達成するのに足りる相当の期間の経過を別個の契約終了原因（請求原因）と構成して返還請求を基礎づけることになろう。

(エ) 改正法

改正法は、使用貸借契約を要物契約ではなく、諾成契約として規定する（改正法593条）。もっとも、貸主が、同契約の終了に基づいて目的物の返還を求める場合には、同契約に基づいて目的物を引き渡した事実が必要であることには変わりがない。

なお、改正法は、民法の「返還を請求することができる」、「返還しなければならない」との規定文言を、「契約を解除することができる」、「使用貸借は終了する」と改めて終了原因事実を特定しているから、訴訟等における当事者の主張においても、これらの規定文言に従って、解除の意思表示などの契約の終了原因事実を特定して主張することが必要である。

(2) 相談事例2

> 私（C）は、親戚のDが近所の大学に入学することになったというので、平成20年4月1日、乙建物部分を無償で貸すことにしました。その際、Dは、光熱費の負担もあるからといって、毎月5万円を渡してくれています。平成28年1月に入って、私の子（E）が仕事の関係で乙建物部分を使用する必要があるというので、Dに対して同年7月末日をもって退去してほしいと伝えました。ところが、Dは大学をすでに卒業しているのに、これには応じられないと言っています。Dに対し、乙建物部分の明渡しを求めたいと思います。

ア　訴訟物

事例2の場合、相談者Cは、Dに対し、使用貸借契約終了に基づく目的物返還請求権を行使することになる。

イ　要件事実（主要事実）

事例2では、Cの言い分によれば、Cは、Dから近所の大学に通うために、乙建物部分を貸してほしいと頼まれて無償で貸し渡すことにしたものと理解できる。そうすると、CDの合理的意思として、乙建物部分を使用貸借後にいつ

でも返還請求ができるものとして使用貸借契約を締結することはおよそ想定されない事案である。したがって、Cは、Dに対する前記アの請求を基礎付けるために、Dが大学を卒業するまでの間、乙建物を無償で貸与する合意がされたことを前提に、CとDとの間の使用貸借契約の成立（返還時期をDが大学を卒業したときとする旨の合意）と返還時期の到来（Dの大学卒業）を主張することが考えられる。

　これに対して、Dは、大学を卒業してから3年以上が経過するまでの間、Cから乙建物部分の明渡しを求められなかった事実を踏まえて、前記返還時期の合意の事実を否認することが予想される。もっとも、Dは、Cが主張する返還時期の合意を否認しただけでは、Cによる返還請求を拒むことはできないから（Cは、返還時期や使用貸借の目的が合意されていないことを前提に返還請求によって使用貸借契約は終了した旨を主張することができる）、別の返還時期の合意又は使用目的の合意を積極的に主張しなければならない。そして、この場合、Dは、大学を卒業した頃、Cとの間で、あらためて返還時期や使用目的の合意がされた事実を主張し、あるいは新たな使用貸借契約を黙示に締結した事実を主張することも考えられようが、Dが乙建物部分を無償で借り受けた理由がCの言い分のとおりであるとすれば、Dは、大学卒業後も乙建物部分を長期間にわたって使用する必要が生じ、Cがそのことを認識しながら、その必要がなくなるまでの間、Dの乙建物部分の使用を認めていた事実などを具体的に主張立証する必要があると考えられる。

　なお、事例2において、Cは、Dが毎月5万円をCに支払っている事実を認めているので、Dにおいて、Cとの間の契約が賃貸借契約であるとして、Cによる使用貸借契約の締結の事実を否認すると主張してくることが考えられる。この場合、DがCに対して支払っていた月額5万円が、乙建物部分の使用の対価といえるかが争点となるが、Cは、この支払いを乙建物部分の光熱費等の実費又は民法595条1項の必要費であると主張して、前記対価性を否定する主張をすることになろう。

(3) 相談事例3

> 私（F）は、娘（G）の配偶者であるHに対し、平成10年3月7日、Hが家族と生活する建物を建てたいというので丙土地を無償で使用すること

> を認めました。Ｈは、同年10月1日、丙土地上に丁建物を建築し、同建物でＧと一緒に生活を始めました。ところが、平成27年6月22日、ＧはＨと離婚して丁建物を出ていってしまいました。丁建物にはＨだけが居住しています。ＧがＨと離婚して丁建物を退去した以上、私はＨに対し、丁建物を収去して丙土地を明け渡してもらいたいと思います。

　ア　訴訟物

　事例3の場合も、相談者Ｆは、Ｈに対し、使用貸借契約終了に基づく目的物返還請求権を行使することになる。この場合も、Ｆが丙土地を所有していれば、丙土地の所有権に基づいて建物収去土地明渡しを求めることも考えられるが、Ｆは、Ｈに対して丙土地を無償で貸し渡した事実を認めており、Ｈが丙土地上に丁建物を建築して同土地を占有している事実関係を前提とすれば、そのような構成は合理的ではない。

　イ　要件事実（主要事実）

　事例3では、Ｆの言い分によれば、娘Ｇの夫であるＨから、家族で生活するための建物を建てるために丙土地を貸してほしいと頼まれて無償で貸し渡すことにしたものと理解できる。そうすると、ＦＨの合理的意思として、丙土地を使用貸借後にいつでも返還請求ができるものとして同契約を締結することはおよそ想定されない事案であるというべきである。したがって、Ｆは、Ｈに対する前記アの請求を基礎付けるために、ＨがＧとの婚姻生活を営むための建物の敷地として使用する目的で、丙土地を無償で貸与する旨の合意がされたことを前提に、ＦとＨとの間の使用貸借契約の成立（ＨＧ夫婦が生活するための建物の敷地として使用する目的の合意）と目的の達成を終了原因事実として主張することが考えられる（なお、Ｆが「使用及び収益の目的」の合意内容として、建物所有目的を主張することも考えられるが、これでは、丙土地上にはいまだ丁建物が存在していることから目的達成を基礎付けることはできず、また、同建物の建築から17年ほどしか経過していないことからすると、目的達成に足る相当期間が経過した事実を基礎付けることも難しいと思われる〔建物所有目的の使用貸借契約の目的達成相当期間について、最判平11・2・25集民191号391頁、最判昭59・11・22集民143号177頁参照〕）。これに対し、Ｈは、Ｆが主張する使用目的の定めを否認して、単なる建物所有目的の使用貸借である旨を主張することが考えられる。

なお、事例3において、FがHに対して使用貸借契約の終了を求める動機としては、同契約締結当時には想定されていなかった事実（HGの離婚とGの丁建物退去）が生じたことが原因であるから、同契約当時、このような事実が発生した場合には丙土地を返還する旨の黙示の合意がされていた事実やHとの信頼関係破壊による解除を終了原因と主張することも考えられる。そのような主張を構成する場合には、その旨の黙示の合意を基礎付ける間接事実や信頼関係破壊を基礎付ける評価根拠事実（たとえば、Hが娘Gの夫であり、Fは、夫婦が生活する建物の敷地とするために丙建物を無償で貸与することにしたこと、Hは丁建物を建築後、同建物においてGら家族で生活するようになったこと、その後、HはGと離婚し、Gは丁建物を退去したこと、離婚の原因がHの有責行為にあったことなどの事実）の主張を検討することになる。なお、HがGと婚姻生活を営むための建物の敷地として利用することが、丙土地の使用貸借の目的ないしは条件であるとの合意が認め難い事案において、離婚の原因がGにあると認められる場合にまで前記信頼関係破壊による解除が認められるかについては考え方が分かれると思われる。事例3の場合、Fとしては、HがGの夫であること、夫婦の居住建物の敷地として利用するということであったから丙土地を無償で貸すことにした事実は重要であると思われる。一方で、HGの離婚がGの有責行為を原因とするものであること、使用貸借契約の終了が認められることによってHに生ずる不利益や損害の程度及び内容、同契約の終了が認められなくても、Fには特段の不利益を生じない事情などが、信頼関係破壊の評価障害事実としてHから主張されることになるであろうから、これらの主張事実のうち、認定できる事実関係を総合して、FH間の信頼関係破壊が認められるか否かを検討することになる。

3 弁護士が受任に際して検討すべき事項

(1) 受任に際して意識すべき使用貸借契約の特徴

使用貸借契約に関する紛争を受任するに当たっては、契約に関する他の多くの法律相談と同様に、事情聴取とともに、関係する書面の存在を確認することとなる。しかし、使用貸借においては、契約書等の合意を直接に証する書面が作成されていることはまれである。しかも、両当事者が、前述の要件事実を構

成する要素である、目的物、返還時期並びに使用及び収益の目的の有無を明確に定めていないことも少なくない。両当事者の社会生活上の関係、目的物の性質、用途などの客観的事実を前提に、社会通念上、どのような合理的意思で、貸借に至ったのかを推認していくことになる。

　財産的価値のあるものを無償で貸与するという行為は、経済活動のなかにあっては、例外的な事象である。依頼者と借主との間に経済的な合理性を超えた個人的な情義が背景にあるはずであるという視点で、依頼者に発問することが、事案解明にとって有効である。貸主には何故に無償で貸すことになったのか、借主には何故に無償で借りたまま、貸主から返還を求められても返還を拒んでいるのか、詳しい背景事情を聴取することが肝要である。そして、これらの事実を推認させる事情を立証していく手段を検討するにあたって、その合意を直接に証することのできる書証がないことを前提にする必要がある。そのため、依頼者からは、周辺的な事情も聴取し、関連する資料を収集しながら、一つ一つ、要件事実に該当する事実を確定していく必要がある。

(2)　依頼者が貸主である場合
　ア　相談事例1を受任する際の検討事項
　事例1では、Aは、Bに対して、新たに借りられる建物が見つかるまでの短期間、あえて期間を定めることなく、甲建物部分を無償で貸し渡す意図であったと考えられる。そうであれば、Aが返還を求めたい場合にはいつでも返還を求められるはずである。

　弁護士が、Aから、本件契約締結に至る事情や、貸借中の経緯を聴取する過程で、この意図どおりの契約内容であることを覆されそうな事情が見あたらなければ、契約の成立と返還請求（前述の必要説の場合は、これらに加えて返還時期の定めをしなかったこと）を主張立証できれば足り、請求原因事実としては、これで必要十分といえる。

　新たに借りる建物が見つかるまでの仮住まいが動機とされてはいるが、Aは、契約の目的とまでは、考えていない模様である。たとえば、田舎から上京してきた友人Bが、甲建物部分を借りたいと申し入れてきたことが記載されている手紙があれば、そこから、双方が一時的な貸借を想定していたかどうかを推認する資料になりうる。友人Bが上京してきた際に、一定の定期収入を得られる就職先が決まっていると聴いていたかは、B自身が比較的早期に他の建物

に移転し、賃料等を支払って独立した生活を営めるか否かに影響のある事実であり、確認しておくべき事項といえる。

イ　相談事例2を受任する際の検討事項

この事例では、依頼者Cは、契約当初、親戚Dの大学通学期間中に貸すことを想定していたと考えられる。一般的な四年制大学への通学であれば、大学卒業時である平成24年3月（遅くとも同月31日）を返還時期とする合意をしたことになる。このことを前提として考えれば、使用貸借契約は、すでに終了していると考えることができる。したがって、本件を弁護士として受任し、Dに対し明渡しを請求するに際して、まずは、当初の合意に基づく期限の経過を理由とすることが考えられる。

ただし、Dは、平成28年1月時点で乙建物部分の使用を継続し、これをCは認識していることにも留意が必要である。最初に発送する明渡請求の通知に記載することは必ずしも要しないが、Dが使用継続している経緯については、あらかじめCから事情聴取しておくことが望ましい。この背景事情として、CとDとの間で期限又は目的を新たな明示又は黙示の合意をしたり、Cが自ら使用するなど返還を求める必要が生じるまで明渡しを猶予したり、単に請求をしないままにしていたり、といったことが考えられる。

このような合意内容が明確なかたちで書面化されていることは少ないと思われるが、少なくとも、CとDの間で、これをうかがわせるやりとりがされていないか調査することが必要になる。使用貸借を申し入れられた際に手紙等の郵便物を受領していれば、そのなかに、関連する記述がないかを探してみる。PC、携帯電話、モバイル端末等でやりとりするメールや「LINE」などのSNSの通信ツールには履歴が残っている場合もあり、もし、存在するのであれば、これをプリントして証拠化しておくことを勧めるべきである。

一定の金銭の授受がある場合には、借主が、使用貸借契約ではなく、賃貸借契約であると主張する可能性もあるから、賃貸借契約との区別も意識する必要がある。賃貸借契約の性質は、有償双務契約であるから、使用貸借との区別は、目的物の使用及び収益と賃料とが均衡した対価関係にあるかどうかにかかってくる。借主が貸主に対して、目的物の不動産にかかる固定資産税や水道光熱費等の実費を負担したり、お礼の趣旨で、一定の額を支払ったりすることがある。その額の多寡により、対価性が認定される余地がある場合には、法的構成としてどちらを選択すべきかという観点での検討も不可欠である。均衡した対価な

のか、それより低額な実費負担等の趣旨で授受された金銭なのかは、容易には判別できないこともある。それゆえ、金銭の授受がなされている場合には、依頼者には、賃貸借契約とみられてしまう場合がありうることを理解してもらったうえで、周辺の賃料相場や、過去に賃貸していたことがあれば、その賃料、固定資産税額、水道光熱費の額など、これらに関係のある金額を依頼者に確認したり、弁護士も自ら調査したりすることが必要となる。

　本件では、Cは、Dとは親戚でもあり、無償で貸す、すなわち対価を要求しない意思を明確に持っていて、他方、Dが5万円を渡す趣旨には光熱費の負担が含まれており、対価として支払っている意図もない。これらの事情に鑑みると、少なくとも、CがDに返還請求をしようとする段階においては、賃貸借契約を意識する必要はないといえる。

　ウ　相談事例3を受任する際の検討事項

　この事例では、Fが所有する丙土地をHに貸し渡しHはGを含む家族と生活をする建物として丁建物を建てている。したがって、無償での貸借とはいえ、Fが請求しさえすれば、直ちに建物を収去して明渡しを求められる合意をしていたとは考えがたく、期間の設定か目的合意をしていると考えるのが合理的である。そうすると、期間の満了か目的の達成がなされたといえなければ直ちに明渡しを求めることはできないから、FとHを取り巻く事情から、合意した期間の特定又は目的の内容を推認することになる。

　事例3によるとFは、娘Gと婿Hとが家族で住むということが前提で、Hが建てようとする建物の敷地として使用する目的で合意し、平成10年3月7日に無償で貸し渡したと考えられる。同年10月1日にT建物を建てて、約17年経過した平成27年6月22日に離婚し、Gが出ていってしまったことは、登記事項証明書と戸籍謄本、住民票写しで容易に確認することができる。そうすると、GとHがもはや家族で居住していない以上、目的が達成され、又は、GとHが離婚したときは返還する旨の黙示に合意した返還時期が到来しているとして、返還請求権が生じていると考えることができる。

　これに対しては、Hから後述のような反論がなされることが考えられるが、弁護士として最初に発送する明渡請求の通知書に、先回りして、記載すべきではない。

　ただし、Fからの事情聴取をするに当たっては、この点が、今後の争点となっていく可能性が高いことから、Fが知っているかぎりの関連する周辺事実を

あらかじめ聴いておくことが望ましい。

(3) 依頼者が借主である場合

ア　相談事例1を受任する際の検討事項

弁護士がBから相談を受けた場合、BがAから借りてから3箇月を経過している現状について、BがAに対して反論できる言い分を持ち合わせているのかどうかが聴取りの出発点となろう。Aの主張するように家が見つかるまでの短期間を想定して期間を定めずに借りたという経緯がまちがいないか、又は、当初の合意内容がこれと異なるか、若しくは事後的に異なる合意を行ったかを確認することになる。

具体的には、Bが、友人であるAに甲建物部分を借りたいと申し出をしたときの事情に始まり、実際に引渡を受けて借りるまでにどのようなやりとりがされ、BがAに申し入れた内容が、Aにどの程度、甲建物を貸しておくことを想定させるものであったかがポイントになる。

B自身は、新たに居住できる建物が借りられるまでにどのくらいの時間を要すると想定していたか、Bの居住用物件の探し方、探す地域、予算などの条件がどのようになっていて、客観的にみて、合理的なものであったか、これらの事情についてAが理解していたかは、AとBとの間の当初の合意内容を推認させる手がかりとなる。

以上の事情を総合判断して、BがAとの間で、新たに借りられる建物が見つかるまでの間の住居とする目的についての合意があったと主張する余地があれば、これを抗弁として主張することが考えられる。

その場合には、Aからの再反論として、使用及び収益をするのに足りる相当期間の経過（民法597条2項但書）として「新たに借りられる建物を見つけるには、3箇月あれば足りる」という事実を主張立証することが想定される。

イ　相談事例2

Dが、Cから大学通学期間中の貸借を受けることを合意していたのが事実であるとすれば、Dが、大学卒業後の現在でも居住し続けている理由に関し、Cに対して反駁できる事情をもっているのかを聴き取ることが受任の出発点となる。Dの現在の職業等も、重要な情報である。たとえば、大学院へ進学したとか、安定収入を得られる職業に就くことができなかったとか、収入を得られる職業に就いたが社宅を利用できなかったなどの事情について、Cに伝えて、一

定の期間あるいは当面の間、継続使用の承諾を得ていたことが考えられる。Ｃの明渡請求は、Ｃの子Ｅの使用の必要性が生じたことが契機となっているようであるが、Ｄが、Ｃとの間で、別の期限の設定又は目的についての新たな合意を行ったといえるか、その確たる証拠が存在するかを検討する必要があろう。

　また、本事例では、ＤがＣに対して、月々５万円支払っていることから、使用貸借契約の成立を否認して、その理由として、賃貸借契約であったと主張したいとの意向をもっていることも考えられる。この場合には、水道光熱費その他のＤの生活経費をＣが負担していることの有無と額、周辺の賃料相場などを聴き取ったり、弁護士自ら調査したりして、ＤがＣに支払っている５万円が、乙建物部分の使用の対価としての性質を持っているといえるのかどうかを検討する必要がある。

ウ　相談事例3

　Ｈは、丁建物を自己の費用で建て、約17年間居住している。Ｆは、丙土地を無償で使用することを認めた目的が、娘Ｇと婿Ｈとが家族で住むための丁建物の敷地として使用することにあり、又は、ＨとＧが離婚した場合には返還する旨の黙示の合意があり、Ｇが離婚して退去した以上、目的は達成済みである、返還時期が到来したと主張してくることが考えられる。これに対して、Ｈは、このような目的の定めや返還期限の黙示の合意があったことを否認し、たとえば、使用貸借の目的について、もう少し広汎に、建物所有目的であると主張することも考えられる。ただし、後述のとおり、目的は一般的抽象的なものでは足りず、契約当時の当事者間で取り決められたはずの個別具体的なものでなければならないと解されており、たとえば、Ｆの意思も汲んだ、相当長期にわたって存立しうる堅固な仕様の建物であるといった合意を主張する必要がある。その立証責任はＨ側にある。弁護士としてＦの通知書に対する反論を作成するにあたり、これらの事実を記載することができるか、聴取すべきであろう。また、婚姻関係破綻の原因が、専らＧ側にあったり、Ｆもなんらかの要因を生じさせたりしていることもありえ、その場合には、Ｆからの請求に対して、信義則違反を主張できる場合もありうる。

　建物所有の個別具体的な目的が合意されていたことが主張できる場合に、これに対し、Ｆは、信頼関係破壊を主張し、ＧとＨとの婚姻関係破綻の原因をＨ側に求めてくる可能性があり、これに対する反論も検討する必要がある。また、婚姻破綻の原因がＧにある場合や、Ｆが関与していたことも考えられる。

事情聴取を進めていく上では、これらの点にも配慮が必要である。

たとえば、FとHの一方又は両方が、期間又は目的に言及した通信内容の有無、GとHの婚姻関係の開始から離婚に至るまでの経過、GとHが自宅を新築することになった経緯（たとえば、子どもの誕生など）、他の候補地の有無、丙土地の従前の利用状況、Fがその所有地を敷地として提供することを決めた経緯、丁建物の価格、ローンの支払期間と支払状況などが考えられる。

4 争点整理手続のあり方

(1) 訴訟物が何かについて共通認識を形成する

争点整理手続においては、原告が選択した訴訟物が紛争の全体像に照らして適切なものであるかを検討する必要がある。

実際の訴訟においては、原告が、使用貸借契約終了に基づく目的物返還請求権を訴訟物と選択して訴訟を提起している場合において、被告が同契約の締結を否認したうえで、目的物の占有が賃借権に基づくものである旨を主張し、あるいは自己が目的物の所有権を有することを主張して争うこともある。このような場合、原告において、前者では、予備的に賃貸借契約終了に基づく目的物返還請求権を訴訟物として追加するか否か、後者では、使用貸借契約の終了を理由とする目的物返還請求に替えて、自己が目的物の所有権を有することを前提に、所有権に基づく返還請求権としての目的物引渡請求権を訴訟物とするのかを明らかにしてもらい、その後の争点整理手続を進める必要がある。裁判所としても、可能な範囲で、紛争の実態に照らし、紛争解決にとって適切な訴訟物を指摘して、原告に対応を検討してもらうことが望ましい場合もあると思われる。

(2) 要件事実が何かについて共通認識を形成する

使用貸借契約終了に基づく目的物返還請求権を訴訟物とする請求では、原告が同契約の終了原因として何を選択しているのかを特定して整理し、早期の段階で争点を確定することが望まれる。とくに、この種の紛争では、契約書が作成される事案は少ないから、同契約において、返還時期の合意や使用目的の合意が具体的にされているか否かが争点となる事案も多い。裁判所としても、紛

争の全体像（とくに、原告が目的物を無償で貸し渡すことを決意した動機、目的物の性質・内容、ある程度長期間の使用が予定されていたかどうか、など）に照らして、このような合意がされたと認めるのが相当な事案であるかを見極めながら、当事者の認識を踏まえて、終了原因や争点事実を確定していくことが必要である。

なお、事例2において説明したとおり、原告が使用貸借契約の終了原因として、使用目的の合意と目的達成の事実を選択して主張する事案で、被告がこの使用目的の合意の事実を否認して争ったとしても、それだけでは原告が別に主張するであろう単純な返還請求（597条3項）の主張に対する有効な抗弁を主張したことにはならないから、裁判所としては、被告に対し、返還時期の合意の有無、又は原告の主張する使用目的の合意とは異なる内容の使用目的の合意を主張するのか否かを釈明して主張を整理することになる。

また、被告が、目的物について有益費の支出をしていると主張する事案では、裁判所は、被告が留置権の抗弁を主張するのか否かを釈明することになる（法的観点指摘義務）。なお、留置権の主張ができる場合であっても、留置している期間の賃料相当額の支払義務を免れるものではないことについては注意が必要である（大判昭10・5・13民集14巻876頁）。被告が留置権を行使して争っている間に、被告が有していた有益費償還請求権が相殺により消滅したうえに、被告に多額の賃料相当額の支払義務が発生してしまうリスクもある。

使用貸借契約の終了原因として信頼関係破壊の有無や目的達成に足る相当期間が問題となる場合には、この主張を基礎付ける評価根拠事実が要件事実となるから、当事者の主張のなかから、どの事実が要件事実となるのかを具体的に特定して整理し、当事者との間で共通認識を得るようにしなければならない。この際、被告が主張する評価障害事実は、評価根拠事実と両立する事実でなければならない。

(3) 争点（証明の対象）の確定

使用貸借契約が紛争となる事案は、そのほとんどが口頭での合意によるもので、契約書が作成されていない。このため、とくに、同契約の当事者の一方又は双方が死亡して相続が開始している事案では、どのような理由で使用貸借契約が締結されたのかといった契約締結の経緯や契約内容といった契約当時の事情が不明となっている場合が多い。そもそも、使用目的についての当事者の認識が異なっているだけでなく、被告が目的物を使用している原因が、使用貸借

契約であったのか贈与等の所有権移転を伴う契約に基づくものであったのかについても争いとなる場合がある。

　いずれにしても、争点整理手続においては、紛争の全体像を踏まえて、使用貸借契約の存否、返還時期の合意の存否、使用目的の合意の有無及び内容、目的達成に足る相当期間、といった争点を確定し、裁判所と当事者との間で共通の認識を得ることが大切である。

　もとより、当事者の主張をみれば争点となる事実であっても、書証等の証拠から容易に結論が見通せるものについては争点から落とし、真に訴訟の結論を左右する争点事実に絞り込んでいく作業を行うことが前提であり、とくに、信頼関係破壊の有無等を判断する場合の評価根拠事実、評価障害事実、黙示の合意を基礎付ける事実などについては、慎重に争点事実の内容を確定していくことが必要である。

(4)　立証計画

　上記(3)までの作業で争点が確定したら、当事者の意見を確認したうえで、どの範囲で人証調べを行う必要があるかを検討することになる。

　使用貸借契約をめぐる紛争では、契約書が作成されていないことが多いので、直接証拠としては契約当事者の供述が中心となることが多いと思われる。したがって、契約前後に交わされた当事者間の手紙やメール、契約前後の当事者の言動などに関する証拠の提出を踏まえて、供述の信用性を念頭に尋問を実施することになる。なお、契約当事者の一方又は双方が死亡して相続が開始しているようなケースでは、間接証拠を慎重に検討しなければならず、難しい判断を迫られることになる。使用貸借契約の締結に至る経緯、目的物の性質及び内容、目的物の使用の態様、使用期間の長短、目的物の使用に関する契約当事者の関わりの状況等の事情について、できるだけ間接証拠を提出してもらったうえで、本人尋問や証人尋問の必要性等を検討することが必要である。

5　主張立証活動の留意点

(1)　原告側の留意点

　使用貸借契約の終了に基づく目的物返還請求訴訟を提起する原告は、その請

求を基礎付ける事実だけでなく、争点、すなわち、被告の言い分と対立することが予想される事実を的確に指摘したうえで、その判断に必要となる重要な間接事実を示すべきである。要件事実に該当する事実のみならず、原告側の視点から、不用意な不利益陳述とならない範囲で紛争の背景も含めた全体像をできるだけわかりやすく裁判所に提示して、訴訟手続のできるだけ早い段階で事案全体の把握が可能となるのが両当事者にも、裁判所にとっても望ましい。

　原被告間の合意書の有無や、手紙、電子メール等の通信記録に存在する使用貸借の目的物、貸借期間、使用及び収益の目的や目的に従った使用及び収益に要する合理的期間に関する記載、訴訟提起前の交渉経過は、裁判所が円滑な訴訟進行を図る上で有用な情報である。

　使用貸借契約が当事者間の個人的な情誼を基盤としていることから、当事者間において、その目的物の利用が無償であるという認識はあっても、明確な契約意識をもってなされていることは少ない。そのことゆえに、多くの場合、使用貸借関係を開始するにあたり、契約を締結するために明確な合意文書を取り交わすこともない。他の多くの契約類型に関する紛争においては、契約書、すなわち契約成立にかかる処分証書や、これに準じるような証明力の強い証拠、すなわち、物や金員の授受に関する受領書、領収書などが立証の出発点になるのに対し、使用貸借契約の終了に基づく目的物返還請求の場面では、このような証明力の強い書証が存在することはほとんどないといっても過言ではない。

　「返還期限の合意」、「使用及び収益の目的」は、要件の性質としては評価を伴わないものではあるが、これを直接に証する書証がない場合には、これらの事実を合理的に推認させる間接事実の主張とそれを裏付ける証拠資料を積み上げることによって立証しなければならない。一つの間接事実から、要件事実に該当する事実を論理必然的に推認できることはまれであり、複数の間接事実の存在を総合的にみて推認されることになる。

　借主は、どのような具体的な必要性があって、当該目的物を借りることとなったのか、貸主とはどのような特殊な人的関係が存在し、無償で当該目的物の借受けを申し入れることのできる状態であったのか、貸主は、何故に、他の者に有償で貸すことのできる目的物を当該借主に無償で貸すことを許容したのか、といった点に関する事実を主張立証することが求められる。

　以上のとおり、その紛争における争点を見極め、争点に関する事実関係及び証拠関係を十分に調査し、証拠を収集したうえで、貸主である原告の主張事実

を立証する見通しを持って訴訟における方針を検討することになる。

(2) 被告側の留意点

これに対し、被告は、借り受けている物件の使用及び収益を、原告の負担の下に継続させることが不合理とはいえず、特別な個人的情義が維持されているという基本的な立場から、使用貸借契約の終了事由の存在を争うことになる。

既述のとおり、原告の主張する返還期限や目的を否認するだけでは、貸主である原告がいつでも返還請求できることになってしまうので、原告の主張とは異なる返還時期や目的の定めについて、申入れをして、了承を得ていることを主張立証することになる。

原告の主張と異なる返還時期や目的の定めについて、主張立証している場合であっても、原告により信頼関係の破壊又は喪失が主張されている場合には、具体的な評価障害事実の主張立証を積み上げて、この評価を覆すことになる。

また、原告の返還請求が、信義則に反する旨の主張をしようとする場合には、それを基礎付ける具体的な評価根拠事実の主張立証も必要である。

(3) 物件の特定上の注意

使用貸借契約においては、契約書を作成していないことが多いことから対象物件を特定する情報が意識されていないことがある点には、一応、留意しておくべきである。不動産であって、登記されている場合には、登記事項証明書（登記簿謄本）により確認することができるが、当該登記に関する資料と使用貸借している物件の同一性に疑義がある場合には、現地調査も行う必要があろう。また、一般財団法人民事法務協会が提供している登記情報提供サービスを利用すると、インターネット接続環境があれば、住居表示から地番を検索することが可能である（事前登録が必要）。

もし、登記されていない物件であったとすれば、土地であれば測量図、建物であれば建築図面などで使用及び収益している物件を特定しなければならない。それすらもなかったり、登記されている物件でも、一個の物件ではなく、その部分であったりする場合には、使用貸借している部分を特定する図面を改めて作成する必要がある。

比較的、構造や形状が簡易である場合には、依頼者又は弁護士において、現地での計測を行って作成することができようが、複雑であったり、規模の大き

な物件であったりする場合には、建築業者等の助力を得て図面を作成することも検討しなければならない。

6　事実認定のポイント

　使用貸借契約において、返還時期や使用目的が争われた場合、契約書が存在していれば、契約書の記載に基づいて判断されることになろうが、使用貸借契約では契約書を作成しないことも多い。直接証拠がない場合、貸主が、借主に対して無償で目的物を貸し渡すことになった動機が重要となる。その意味では、借主が、どのような使途・目的で、目的物を貸してほしいと貸主に説明をしたのかがポイントである。借主の内心や借主側の事情だけで目的を認定することは「合意」であることから困難であり、借主が、貸主に対し、どのような事情があって目的物を無償で借り受けたいと伝えていたのかを認定する必要があろう。事案によっては貸主側から進んで使用貸借を実行することもある。この場合には、借主が貸主の親族（扶養家族）や貸主が以前に世話になった人といった特別な関係であることが多いと思われる。この場合は、貸主の動機がどのようなものであったのかが、目的合意の内容を認定する上ではポイントとなろう。
　事例1においては、Bが主張する「新たに居住する建物が見つかるまでの住まいとする目的」の定めが認められるかどうか争われる可能性がある。契約締結前後の当事者の言動から、そのような目的の達成までAが返還請求を求められないことが当事者間で合意されていた（Aも了承していた）といえるのかどうかを考えて事実認定をすることになると思われる。Bの主張する上記目的の定めが認められる場合には、相当期間の経過が問題になるが、新たに借りられる建物を見つけるのに3箇月あれば足りるかどうかというのは、証拠に基づいて認定する事実というよりは、経験則によって判断する事項であるといえる。使用貸借契約締結時にBが借りられる建物が見つけられなかった理由が、Bが敷金を支払う貯金を有していなかったからなのか、Bが骨折していて物件を内覧して回ることができない状態であったからなのか、上京することが急に決まったためなのかなど、その事情によっても相当期間は異なりうるが、新たに居住する建物を見つけるのに相当な期間については、一般的な経験則により判断可能と思われる。これに対し、経験則によって判断される事項が、ある専門

分野に属する人間でなければ知りえない経験則である場合には、相当な期間が〇か月であると記載した文献を証拠提出したり、事案に関係する専門業者で第三者的な立場にある者がいれば当該業者の陳述書や供述を聴いたり、業界団体に調査嘱託をして認定することもある。文献については、業界の統計のようなものであれば別であるが、著者の私見であると解される場合には、それだけを根拠に裁判官が相当期間は〇か月であると認定することは難しいように思われる（もっとも、そのように考える著者がいるということは、経験則を判断する上での一応の考慮要素にはなろう）。なお、相当期間の判断には、Bが、この3箇月の間、新たな物件を借りるための努力をしていたのか、努力せずに3箇月を無為に過ごしていたのか、なども事情として考慮されることがある。

事例2においては、Dが大学を卒業してから3年以上、明渡しを求めていないことから、Dが大学を卒業するまでという期限の定めがあったことを争ってくる可能性がある。使用貸借契約の締結がDの大学入学が決まった頃であったこと、乙建物とDの大学が近所であること、Dが乙建物に居住する以前に居住していた住所がDの大学から遠いことなどの事実関係が認められる場合には、平成20年4月1日当初の使用貸借契約は、Dの大学通学を目的としていたものであると認定されることになろう。ただし、大学卒業から3年以上明渡しを求められていないことから、この点について借主側の主張がある場合には、新たな合意がなされたからなのか、Cが自ら使用する必要がない間は明渡しを猶予していたというにすぎないのかを慎重に判断する必要がある。

事例3については、GとHの生活する住まいの敷地として使用するという目的の定めであったのか、単なる建物所有目的の定めであったのかが争われる可能性がある。使用貸借契約においては、貸主側が主張する返還時期や使用目的が認められない場合には、返還時期及び使用目的に定めがなかったことになり、貸主側はいつでも返還を請求できることになるので（民法597条3項）、借主側が主張する返還時期と使用目的が認められるかどうかを判断する必要がある。HがGの夫という関係になければ、土地の上に無償で建物を所有させるという合意をすることは通常考えられないので、要件事実のところで記載したFの主張のいずれかを認めて明渡しを認めるのが通常であると思われる。なお、丙土地上にある丁建物は夫婦共有財産であろうから、離婚に伴う財産分与も念頭に置きながら結論を出すことになると思われる。

7　予想される抗弁以下の攻撃防御の展開

(1)　新たな期限又は目的の合意

　事例1においては、Bは、新たに借りられる建物が見つかるまでの間の住居とする目的であったことを抗弁として主張することが考えられる。これに対して、Aは、本件では、貸し渡してから3箇月経過したという事実があるので、「使用及び収益をするのに足りる相当期間の経過」に該当する事実として、新たに借りられる建物を見つけるには3箇月あれば足りるという事実を主張することができる。

　事例2においては、CD間で大学を卒業する時期とは別の返還時期の合意をしたこと又は新たに貸借の目的を合意したことを主張することができる。

　事例3においては、Hは、建物所有目的のように、F側が主張しすでに達成したと主張するとみられる目的よりも広く、かつ、まだ達成されていない目的を主張することが考えられる。ただし、使用及び収益の目的は、たとえば、「居住の目的」、「土地上の建物を所有する目的」といった一般的抽象的なものでは足りず、契約成立当時における当事者の意思から推測されるより個別的具体的なものをいうと解すべきと考えられている（幾代通＝広中俊雄編『新版注釈民法15：債権6（増補版）』〔有斐閣、1996年〕119頁〔山中康雄〕、仲江利政「不動産使用貸借に関する若干の問題」判タ304号〔1974年〕69頁、高島良一『判例借地・借家法（上）』〔判例タイムズ社、1962年〕164頁、西村宏一＝倉田卓次編『平成11年度主要民事判例解説』民法34〔契約②〕〔判例タイムズ社、2000年〕86頁〔岡本岳〕）。

(2)　信頼関係破壊又は喪失の評価障害事実

　事例3においては、建物所有について、個別具体的な目的を主張立証することが考えられ、これに対するFの主張としてHの信頼関係の破壊又は喪失等の評価根拠事実を主張立証することができる。これに対して、Hは、評価障害事実を主張立証することができる。

(3)　信義則

　Hの建物所有についての具体的な目的の主張立証ができない場合であっても、Fの請求に対して婚姻破綻の原因が専らGやF側にあって、解除の主張をす

ることが信義則に反するといえるばあいであればその評価根拠事実を主張立証することが可能である。

8　紛争解決の留意点

　使用貸借契約の場合は、当事者が、もともと、無償で高価な不動産を使用収益させるほどに良好な人的関係であったという場合が多く、紛争にはなっているものの、相手方を困らせたくはないということも多い。被告が出ていくための資金を貯めるのに必要な期間明渡しを猶予するとか、明渡しがどうしても難しい場合で、原告側の不動産使用のニーズに代替性がある場合は、一定期間を定めるなどして、原告側が他の物件を借りるために必要な費用を勘案した賃料を支払う賃貸借契約に切り換えるなど、柔軟に、現実的な解決策を考えて話合いで解決することが、双方にとって望ましい解決であることが多い。双方当事者代理人及び裁判官が、現実的で、かつ、双方が受け入れられる解決策を考え出すことができるかどうかが紛争解決のポイントになる。もっとも、人的関係のこじれ具合によっては、全くの他人以上に相手方に対する嫌悪感が根強いこともありうるので、そのような場合には、双方当事者代理人及び裁判官が意を尽くしても、稀に判決による解決をせざるをえない場合もありうる。
　とくに、事例3においては、丁建物の存在があるため、丙土地返還後、建物は誰が使用するのか、Hが丁建物建設のために借りた住宅ローンが残っている場合は当該ローンを誰が負担するのかなども合わせて考える必要があり、実質的に離婚に伴う財産分与と合わせて解決方法を考える必要がある。

9　おわりに：使用貸借紛争の予防のために

　使用貸借契約にかかわる紛争は、各事例にもあるように、知人関係あるいは婚姻関係の破綻などをきっかけとした親族関係において発生する。これまでにも触れてきたとおり、当事者間において、その目的物の利用が無償であるという認識はあっても、明確な契約意識をもってなされていることは少なくそのために、多くの場合、使用貸借関係を開始するにあたり、契約を締結するために

明確な合意文書を取り交わすこともなく、契約の内容がきわめて曖昧で、事後的に当事者間の意識の食い違いを生じやすく、また、第三者が契約内容を客観的に判定することが困難であり、裁判官のみならず、弁護士にとっても事案の把握に難渋する紛争類型の一つである。

　紛争が発生する可能性を少しでも軽減するには、契約内容を書面等で記録化し、事後的に検証できるようにすることが肝要である。現代の通信手段の発達により、電子メールやSNSの通信手段は、口頭でのやりとりと同等又はそれ以上に手軽で便利な機能を備えており、契約書という体裁で証跡を残しにくい使用貸借関係も、お互いの思惑を、そのような通信手段を利用して残しておくことにより、紛争を未然に防いだり、紛争解決の糸口としたりすることが可能といえる。

第8章
請負契約をめぐる紛争

藤澤 裕介
鈴木 道夫

1 はじめに

　請負とは仕事の完成に対し報酬を支払う契約であり、仕事の完成は労務によって作り出される結果である。建物の建築や修理など仕事が物について行われる場合と楽曲や絵画の制作など仕事が役務を目的とする場合があり、現代社会においては、各種の請負契約が満ち溢れている。

　従前は、請負人が特殊な技術・技能の専門家であることが多いこともあって、注文者が法的に争うことが必ずしも多くはなかったという指摘があるが、近年は、国民の権利意識の高まりを受け、専門家の責任を追及する紛争が増加する傾向にある。また、コンピュータのシステム開発など提供役務の一層の複雑化、多様化を受け、請負契約をめぐる紛争には、当事者間の合意内容を確定していくこと自体に困難を伴う事案が生じている。

　そして、請負契約紛争の典型である建築関係訴訟については、仕事の目的物に瑕疵がある場合（仕事の目的物が種類又は品質に関して契約の内容に適合しないとき）の瑕疵担保責任の追及をはじめとして、抗弁が中心的な問題となる事案が少なくない。

　本章では、請負契約をめぐる紛争のなかでも、典型的な事例を想定し、その解決に必要な主張立証上の基本事項や事実認定における考え方を提示したうえで、紛争解決に必要なポイントを明らかにし、そのために法律家が理解しておかなければならない事柄について説明することとしたい。

　なお、請負契約をめぐる規律に関し、平成29年法律第44号による改正後の

民法（改正法）についても、必要に応じて触れておく。

2　事例

　最初に、請負契約をめぐる紛争において典型的な事例を取り上げ、相談者の主張から構成できる権利及びその存在を基礎付けるために必要な主要事実について考える。併せて、請負契約に関連する改正法について、概観しておく。

(1)　相談事例1（請負の成否）

> 　私（A）は、Bに対し、平成27年9月12日、B社が開発した機械100台の組立てを、期間を同年10月1日から同月末日まで、報酬を1日について10万円との約定で引き受けました。実際には、組立作業が難航し、100台の組立てが完了するのに同年11月20日までの期間（延べ作業日数35日）を要しました。そこで、私は、B社に対して350万円の支払いを求めたところ、B社は10月の作業実日数21日分である210万円の支払いしかしませんでした。私は、B社に対し、残額140万円の支払いを求めたいと思います。

　ア　事例1の場合、Aは、B社を相手に、請負契約に基づく代金（報酬）支払請求を行うことになる。ただし、機械組立契約（準委任契約）に基づく報酬金請求を行うことも考えられる。

　イ　請負代金（報酬）支払請求

　請負契約は、「当事者の一方がある仕事を完成することを約し、相手方がその仕事の結果に対してその報酬を支払うことを約することによって、その効力を生ずる」（民法632条）契約であるから、請負契約締結を主張するための本質的な事実は、①請負人が注文者から仕事完成を請け負った事実と、②報酬（代金）額の定めがあることである。

　ここで、②報酬額の定めは、具体的な確定額である必要はない。実際にかかった費用に応じて報酬の増減を認める概算額として定めることもあり、その場合、報酬の算定基準が定められていればよい。報酬額について全く定められて

いない場合でも、慣行や解釈準則から合理的な額を定める（我妻 V_3・646頁）。

一方、報酬の支払時期に関し、仕事の目的物の引渡しを要する場合は、仕事の完成後目的物の引渡しと同時でなければ報酬を請求できず（民法633条本文）、また、仕事の目的物の引渡しを要しない場合は、仕事の完成後でなければ報酬を請求できない（同条但書、624条1項）から、請負人は、上記①及び②の事実に加え、③請負人が仕事を完成した事実も請求原因事実として主張する必要がある。仕事の完成の事実が請求原因として必要であることについては、報酬債権の発生時期に関する契約成立時説、仕事完成時説のいずれの立場からも、同様の結論となる（山本Ⅳ-1・649頁）。

事例1の場合、Aとしては、当事者間で合意した報酬（代金）が350万円であり、そのうち210万円は弁済を受けているので、訴訟においてAが求める請求金額は140万円となるが、これは一部請求である。210万円の弁済事実は抗弁事由であるから、請求原因に記載する必要はなく、既払事実を前提とする場合、「よって書き」の記載において「内金140万円」と明示すれば足りる。

なお、仕事の完成に要する期間の定めは、請負報酬請求の請求原因事実とはならない。事例1において、B社は、Aに対し、10月の作業実日数21日分である210万円しか支払わなかった。これは、仕事完成までの期間として10月1日から同月末日までと定めたことに基づく措置であると考えられるが、後に検討する。

ウ　機械組立契約に基づく報酬金請求権

事例1でAとB社との契約における報酬（代金）の定めが、1日につき10万円とあり、1台につき〇円という約定ではないこと、B社が開発した機械の組立作業が単純な組立作業ではなく、作業遂行が難航した複雑な内容であったことなどから、本件の契約について、請負ではなく、準委任であったと考える余地がある。

Aの立場からすると、B社による自社開発の機械の組立てをはじめて依頼された場合、組立てが可能である保証がなく、既存のノウハウもないから、結果債務を約定することはなく、事務処理の委任をされたものと構成するものである。

準委任契約に基づく報酬金請求権の発生原因事実については、第9章（委任契約をめぐる紛争）で詳述するが、民法643条、648条、656条から、①事務の処理を委託する合意をしたこと、②事務処理の対価として報酬を支払う合意を

したこと、③受任者が事務処理を完了したことを請求原因事実として主張することになる。

(2) 相談事例2（附帯請求）

> 私が代表者を務めるC社は、Dから、平成27年4月1日、D所有である甲土地上に、乙建物の建築を、代金2100万円で請け負いました。C社は、同年11月10日に乙建物を完成させ、Dに対して、同年12月15日に引渡し及び移転登記手続をしようとしましたが、Dはこれに応じないばかりか代金の支払いをしません。C社としては、Dに対し、請負代金及び遅延損害金の支払いを求めたいと思います。

ア 事例2の場合、C社は、Dを相手に、請負契約に基づく代金（報酬）支払請求及び代金支払債務の履行遅滞による損害賠償請求を行うことになる。

イ 請負代金（報酬）支払請求

事例1のイの場合と同様である。

C社としては、①請負人が注文者から仕事完成を請け負った事実、②報酬額の定めがあること、及び、③請負人が仕事を完成した事実を主張する必要がある。

ウ 附帯請求——遅延損害金

民法633条本文は、報酬の支払いについて仕事の目的物の引渡しと同時にしなければならないと定め、注文者の報酬支払義務と請負人の目的物引渡義務とが同時履行の関係に立つとしている。そのため、履行遅滞に基づく損害賠償請求権が発生するには、同時履行の抗弁権自体の存在効果を消滅させ、注文者が報酬支払いをしないことが違法であるといえることが必要である。すなわち、同時履行の抗弁権が付着する債権に関する附帯請求の発生を基礎付ける請求原因事実として、債権者が反対債務に関し履行の提供をしたことを主張しなければならない。ただし、請負人による履行の提供として、仕事の目的物の「引渡し」を要するか、「引渡しの提供」で足りるかについては、見解が分かれている。

引渡しを要するとの見解が有力であるように思われるが、売買契約において代金の利息は目的物の引渡しの日以降に生じると規定する民法575条2項が請負契約にも準用されるか（同法559条）が問題になる。その際、同法575条2

項の利息の性質が遅延利息であるか、法定利息であるか、そして、請負契約と売買契約の性質なども検討することになる。

　エ　請負建築物の所有権

　事例2のような他人の土地上に建築する建物の建築請負においては、完成した建物の所有権が請負人、注文者のいずれに帰属するかが問題になる。この点、判例は、特約のないかぎり材料の供給者を基準として決めるべきであるとする。物権法理を原則として適用するとの考え方に基づくもので、請負人帰属説という（大判大3・12・26民録20輯1208頁ほか）。請負人帰属説によれば、事例2において、完成した乙建物の所有権は、C社に帰属することとなり、C社からDに対する引渡しによって、乙建物の所有権が移転すると考える。これに対し、材料供給者にかかわりなく、請負契約の趣旨に従い、原則として注文者が建物所有権を原始的に取得するとする注文者帰属説があり、現在はむしろ多数説であるといわれる（平野裕之『民法総合5：契約法（第3版）』〔信山社、2007年〕566頁）。当事者意思の推定や請負人に敷地の利用権がないことなどを根拠とする。注文者帰属説によれば、事例2において、完成した乙建物の所有権は、C社からの引渡しを待たずに、Dに原始的に帰属すると考える。

　なお、事例2では、C社が乙建物の保存登記をしているようである。請負人帰属説からは、報酬確保のための当然の措置とみるが、注文者帰属説からは、不実の登記とみる余地がある。

(3) 相談事例3（瑕疵事例）

> 　私（E）は、F社に対し、平成25年9月1日、丙ビルの建築を、代金3500万円で請け負わせました。F社は、平成26年9月30日までに丙ビルを完成させ、私に引き渡しました。私は、請負代金3500万円をF社に支払って丙ビルの引渡しを受け、これを事務所として使用したりテナントに賃貸したりするようになりました。ところが、平成28年3月に入って、丙ビルの南側地盤が沈下して南側に傾くようになりました。また、丙ビルの北側の壁に多数のクラックが入り、雨水が浸入していることが明らかになりました。私としては、F社に対し、修繕及び生じた損害の賠償を求めたいと思います。

ア　事例3の場合、Eは、F社を相手に、請負契約に基づく瑕疵修補請求及び瑕疵修補請求とともにする損害賠償請求を行うことになる。

　瑕疵修補請求の訴えにおいて認容判決が確定した場合における強制執行は、代替執行による（民法414条2項本文、民事執行法171条1項）が、これを実現させるためには補修工事の内容が特定されていなければならない。

　イ　請負契約に基づく瑕疵修補請求

　仕事の目的物に瑕疵があるときは、注文者は、請負人に対し、相当の期間を定めて、その瑕疵の修補を請求することができる（民法634条1項本文）。民法634条は不完全履行の特則を定めたものと解されるので、瑕疵修補請求は、仕事の目的物が完成した後に仕事の目的物に瑕疵があると主張する場面に限って行使できる（松本克美ほか編『専門訴訟講座2：建築訴訟（第2版）』〔民事法研究会、2013年〕317頁）。また、瑕疵修補請求権（同条1項本文）と瑕疵修補に代わる損害賠償請求権（同条2項前段）は、選択債権であり、相手方に対し選択権の意思表示が必要である（民法407条1項）。そのため、請負契約に基づく瑕疵修補請求の発生原因事実は、①請負契約が成立した事実、②請負人が仕事を完成した事実、③仕事の目的物に瑕疵があること、及び、④瑕疵修補請求を選択するとの意思表示である。

　そして、上記③仕事の目的物に瑕疵があることとは、仕事の目的物が種類又は品質に関して契約の内容に適合しないときをいう（主観説。最判平15・10・10集民211号13頁参照。なお、主観的瑕疵と客観的瑕疵を二律背反的に捉える必要はなく、契約当事者の合意、契約の趣旨に照らし、通常又は特別に予定されていた品質・性能を欠く場合をいうと分析し、従前の判例をこの考え方に沿って説明する見解もある）。そのため、瑕疵があることを主張するためには、⑦当事者の合意内容（あるべき状態）、及び、④合意違反の施工をしたこと（現状）を明らかにする必要がある。

　⑦当事者の合意内容（あるべき状態）とは、当事者の約定、建築法規、メーカーの仕様書などから明らかにするが、約定については、契約書だけでなく、図面、仕上表、特記仕様書、見積書、打合せ議事録等から具体的に主張することになる。建築法規やメーカー仕様書に沿って施工することは、明示的に合意していない場合でも、黙示のうちに合意したものと考える。なお、双方が違法を承知で合意した場合については、別段の考慮が必要である（最判平23・12・16集民238号297頁参照）。

④合意違反の施工（現状）は、あるべき状態を意識して、注文者が問題視している施工状態（欠陥・不具合）を明らかにする。事例3にある不同沈下や雨漏りについて主張する場合、建物や床の傾きの程度、クラックの位置、数、大きさを明らかにするだけではなく、その原因まで明らかにしなければ、あるべき状態が記載されていることにはならないので、注意を要する。

以上の点については、やや専門的な事項にわたるが、後に検討する。

ウ　瑕疵修補請求とともにする損害賠償請求

注文者は、瑕疵の修補とともに、損害賠償の請求をすることができる（民法634条2項本文）。請負契約に基づく瑕疵修補請求とともにする損害賠償請求権の発生原因事実は、①請負契約が成立した事実、②請負人が仕事を完成した事実、③仕事の目的物に瑕疵があることのほか、④瑕疵修補をしても償えない損害の発生及びその数額である。

上記①ないし③については、**イ**の瑕疵修補請求で述べたところと同様である。上記④については、たとえば、床の傾きや室内への雨水浸入を理由に入居中のテナントが退去したため、賃料収入相当額の損害を被ったことなどが考えられる。

(4)　契約不適合の場合の請負人の責任に関する改正の概要

債権法改正は、売買と請負に関する担保責任の規律を変容させた。主な改正点としては、①売主が、いわゆる瑕疵担保責任を負わなくなり、かわりに契約不適合による債務不履行責任を負うこととなったこと、②仕事の完成を請け負った者の注文者に対する契約責任が、売主の責任と同様の契約不適合による債務不履行責任とされたことなどが挙げられる。

ア　売買における契約不適合による債務不履行責任

「隠れた瑕疵」の文言（民法570条）が削除され、売買契約により引き渡された目的物が、「種類、品質又は数量に関して契約の内容に適合しないものであるとき」には、買主は売主に対し、目的物の修補や代替物の引渡し、不足分の引渡しによる履行の追完を請求できることとなった（改正法562条）。また、買主は一定の要件を満たせば、その不適合の程度に応じて代金減額請求もできる（改正法563条）。これらの場合、買主がその不適合を知った時から1年以内にその旨を売主に通知しないと、これを理由に履行の追完の請求や代金の減額の請求、損害賠償の請求、契約の解除ができなくなる（改正法566条）。

イ　請負における契約不適合による債務不履行責任

　請負人が仕事を完成しない債務不履行がある場合において、その法的処理は、債務不履行の一般原則に服する（改正法564条）。一般原則とは、履行請求や履行強制に関する改正法412条の2や414条、損害賠償に関する改正法415条、そして契約の解除に関する改正法541条、542条などである。そして、請負人の行った仕事が契約内容に不適合であった場合には、従来の瑕疵担保責任の適用ではなく（民法634条、635条は削除）、売買における契約不適合に関する一般規定（改正法562条以下）が準用されることとなった（改正法559条）。

(ｱ)　追完請求権（改正法562条の準用）

　修補請求権、工事のやり直しの請求権などが、追完請求権の例である。

　追完請求権の限界（追完不能）は、履行不能に関する改正法412条の2第1項が規律する。瑕疵が重要でなく、かつ、修補に過分の費用を要する場合には修補請求をすることができない旨を規定していた現行634条1項但書は削除されることになったが、この場合（契約不適合が重要でなく、かつ、修補に過分の費用を要する場合）は改正法412条の2第1項にいう「不能」に当たると解されることになる（潮見佳男『民法（全）』〔有斐閣、2017年〕452頁）。

(ｲ)　報酬減額請求権（改正法563条の準用）

　追完が可能である場合において、注文者が請負人に対し相当の期間を定めて契約不適合の追完を催告し、その期間内に追完がされないときは、注文者は、その不適合の程度に応じて報酬の減額の請求をすることができる（改正法563条1項）。なお、価格判定に専門的な鑑定判断を要することがあるなど、どのように報酬が減額されるかについては、現実的には種々の問題を抱え込むといわれる（山野目章夫『新しい債権法を読みとく』〔商事法務、2017年〕191頁）。

(ｳ)　損害賠償請求権・解除権（改正法564条の準用）

　注文者は、契約不適合を理由として、改正法415条以下により、請負人に対して損害賠償を請求することができる。追完とともにする損害賠償や追完に代わる損害賠償が認められる。追完に代わる損害賠償請求をするには、原則として、まず追完請求をしなければならないと思われるが（同条2項参照）、損害賠償の性質をどう考えるかにもよる。従来、瑕疵修補請求が可能であっても、直ちに修補に代わる損害賠償請求をすることを認める根拠となっていた現行634条2項前段は削除されることになった。

　注文者は、改正法541条以下の要件を充たすことにより、請負契約を解除す

ることができる。仕事の目的物が建物その他土地の工作物である場合でも、契約不適合を理由とする解除は制限されないこととなった（民法635条但書の削除）。

(エ) 仕事の目的物が契約の内容に適合しない場合の注文者の権利の期間制限

注文者が、契約不適合を理由として、履行の追完の請求や報酬の減額の請求、損害賠償の請求及び契約の解除をする場合には、その不適合を知った時から1年以内にその旨を請負人に通知する必要がある（改正法637条1項。失権効）。

ウ　相談事例3の場合の検討

債権法改正を前提として検討した場合、EがF社を相手に、請負契約に基づく履行の追完の請求及び履行の追完の請求とともにする損害賠償請求を行うことになる（改正法559条、562条1項、564条、415条）。

履行の追完の請求の請求原因事実としては、仕事が完成していない場合に行使できることとなるから、「②請負人が仕事を完成した事実」は不要となるだろう。また、追完に代わる損害賠償請求権を行使するには、まず追完請求権を行使しなければならないから（改正法415条2項）、両者は選択債権とならず、「④瑕疵修補請求を選択するとの意思表示」は不要となるだろう。

その結果、①請負契約が成立した事実、③仕事の目的物に契約不適合があることの2点は請求原因事実となる。なお、「注文者がその不適合を知ったこと」及び「不適合を知った時から1年経過したこと」は抗弁となり、「(1年経過前に)通知したこと」は再抗弁になると考えられるが（改正法637条1項）、「注文者がその不適合を知った時から1年以内にその旨を請負人に通知したこと」を請求原因事実とする考えもありうるだろう。

また、(3)イで述べた瑕疵の意義に関する主観説の立場からは、瑕疵と契約不適合を同義とみて差し支えないであろう。

3　弁護士が受任に際して検討すべき事項

(1)　相談事例1（請負の成否）

ア　弁護士自らの責任で訴訟物を選択すること

事例1では、選択しうる訴訟物が複数考えられる。このような場合、当該紛争解決のために最も適切な訴訟物を弁護士自らの責任で選択しなければならない（民事訴訟法246条）。初動の段階で安易に誤った訴訟物を選択すると、本来

勝訴できる事案を弁護士の行為で敗訴させてしまうことが起こりうる。

　訴訟物の選択に当たり重要なことは、相手方の反論を予想しながら、要件事実論による分析を行い、主張立証の見通しを緻密に立てることであるが、その際、事実関係に最も適合する法律構成は何かを探求する姿勢が肝要である。陥りがちな過ちは、法律構成の有利さだけを追求し、その結果選択した法律構成が当該事実関係とは乖離してしまうことである。

　イ　法律構成を選択する際の視点

　事例1では、請負と委任の構成が考えられる。請負は、仕事の完成を目的とするものであり、労務それ自体は問題とされないが、成果に必要な労務は請負人の裁量の下に実現されて、仕事の完成に関する危険も請負人が負担する。他方、委任（準委任）は、労務それ自体の給付を目的とするものであるが、労務供給者たる受任者は、自己の裁量で所定の事務を処理するという意味での独立性を保有している。すなわち、請負と委任は、労務提供者の独立性という点では共通し（この点で雇用との区別がある）、労務の成果である仕事の完成についての危険負担は、請負にのみ認められる。

　したがって、当事者の合意が、労務の提供の委託を主たる目的としているか、事務処理の過程よりもその結果を重視しているのかについてしっかりと見極めることがまずは肝要である。契約関係は、合意事項として明確にされた内容とそこから推測される当事者の意思によって確定されるべきものであるという原点を念頭に置きながら、請求原因事実を戦略的に固めることになる。

　事例1につき、請負代金（報酬）請求と構成する場合、及び機械組立契約（準委任）に基づく報酬金請求と構成する場合の各要件事実は、2(1)のとおりであるが、いずれの場合でも、「期間を10月末日まで、報酬を1日につき10万円」と約定したことの意味を法的に整理することが必要である。仮に請負構成を前提に、期間の約定を本質的なものと捉え、報酬の約定との関連性を密接なものとすれば、Aの依頼の趣旨には必ずしも合致しない、契約時に総額を確定した定額請負という構成もありうることになる。他方、期間の約定を拘束力のない「目途」として捉え、報酬との関連性を否定すれば単価請負の一種として作業終了後に実際の作業日数に1日当たりの単価を乗じて請負報酬を確定する合意として主張することになる。いずれにしても、初動の際の合意内容の確定が重要となる。

(2) 相談事例2（附帯請求）

　ア　弁護士として見極めるべきこと

　請負人が注文者に対して請負報酬の支払いを請求する場合、請求原因として、請負契約の締結と同契約において合意された仕事を完成した事実を主張立証しなければならない。また、併せて遅延賠償の支払いを求める場合には、請負契約締結の事実の主張によって、目的物の引渡しを要することが自ずと明らかとなるので、存在効果説からは、仕事の目的物の引渡し（の提供）についても併せて主張すべきことになる。

　したがって、弁護士としては、当該事例において、「完成」、「引渡し」の事実を主張立証できるかを見極めることが必要となる。

　イ　「完成」の主張立証

　「完成」の有無については、いわゆる予定工程終了説に基づき、注文者からの瑕疵や不具合の指摘にかかわらず、予定された工程を終了したか否かを基準に判断される。まずは「工程表」に基づき予定されていた工程を認定し（多くの建設工事では工程表は工事の進捗に応じて修正されるので注意が必要である）、それと現実の結果とを比較して工程終了につき判断することになる。ただし、工程終了の認定は、請負人の主観的判断では足りない。客観的にみて全工程を終えたと評価できる程度に工事が行われていることが必要である。

　裁判例でも、最終工程まで形式的に終わっていれば単純に完成と判断しているのではなく、建物として使用に耐えうる程度に達しているかなど、仕事の内容や程度も勘案して判断されている点に注意が必要である（たとえば、東京地判平3・6・14判タ775号178頁は、最終の工程が終了していることに加えて、建物として使用しうる程度に達し、独立の不動産として登記能力を備え、現実にもすでに保存登記され、注文者もすでに引渡しを受けてこれに入居して使用しているのであるから、契約の重要部分は社会通念上約旨に従って履行されているとして、完成を認定している）。

　ウ　「引渡し」の主張立証

　「引渡し」の有無については、工事目的物の支配権が請負人から注文者に移転しているかどうかを認定することになるが、実務上、「引渡証」の授受によって行われることが多い。もちろん、引渡証の交付は引渡しの要件ではなく、引渡しさえ行えば、引渡証の交付を受けることは必ずしも要しない。若干の手直しや駄目まわりを残して引き渡されるケースも少なくなく、引渡しの有無を

めぐり双方の意見が異なることも多い。その場合には、鍵の引渡し、注文者による使用又は使用のための準備行為の開始などの諸事情を総合して判断されることになる。

　事例2では、乙建物の建築工事請負契約の成立とその完成は前提にしてよいケースであるから、遅延損害金の支払を併せて求めるため、引渡し又はその提供の継続をどのように準備して訴訟を提起するかにつきあらかじめ検討する必要がある。

(3)　相談事例3（瑕疵事例）
　ア　瑕疵修補を求める際の留意点
　瑕疵修補請求を受任する際には、補修工事の内容を特定することが出発点になるが、これが必ずしも容易ではない。将来の執行可能性を十分に検討したうえで、訴状の「請求の趣旨」を特定すべきことはいうまでもないところであり、将来的に代替執行が可能となるように補修工事の内容を特定することにまずは腐心することになる。なお、実務的には、将来の執行を視野に入れた場合の実効性、注文者と請負人の信頼関係の喪失等の問題から、修補自体は他の業者にさせることにしたうえで、請負人に対し、他の業者への請負報酬を損害として、瑕疵修補に代わる損害賠償を請求するという選択をすることも多いであろう。なお、2(4)イ(ウ)のとおり、改正債権法施行後は、追完に代わる損害賠償請求を行う場合、原則として、まず追完請求をしなければならないこととなるから、注意を要する（改正法415条2項）。

　瑕疵の修補とは、工事目的物が本来備えているべき内容の不足を補い、欠陥を除去することであり、それは必ずしも当初の工事のやり直しを意味するものではない。たとえば、ある部位の構造耐力が備わっていないという瑕疵が問題となっている場合を想定すると、必ずしも該当箇所を再施工する必要はなく、構造耐力の欠陥を補う補強工事を行えば足りるのであり、必ずしも方法は一つではない（同じ効果の複数の方法がある場合には費用の少ない方法が選択されるべきである）。その意味で、修補の方法は、本来は、協議によって決めるのが妥当であり、請負人が瑕疵を認めている場合には、請負人から、修補の方法を具体的に提案することになろうが、瑕疵自体が争点になり、請負人からそのような協力を求めることができない案件では、注文者自ら、最低限、代替執行が可能な程度に、修補の方法を具体的に特定することが必要となる。

イ　瑕疵主張を行うための準備

アの準備のためにも、瑕疵の有無及び内容を事前に詳細に分析することは必須である。主観的瑕疵概念をもって瑕疵を捉える以上、①契約において定められている仕事の内容を確定し、②これとの比較において実際の仕事が不完全であることを主張立証することになる。しかし、請負契約においては、何が仕事の内容として定められていたのかが不明確な場合も多く、明示の合意に違反するといえない場合でも、黙示の合意又は合理的に意思解釈された合意内容に違反するとはいえないかをさらに考察する必要がある。

弁護士としては、以上の観点から、仕様書、設計図書等が表示行為を組成する最も重要な要素となるので、この点を詳細に分析し、そのほか報酬額、工期、法令制限、建築の際の諸条件（耐久性、安全性、意匠などの注文者の希望する諸条件）など、仕様の合意に影響を及ぼす要素を子細に検討して、主観説の前提となる仕事の内容を確定することになる。

また、実際の仕事の分析も容易ではなく、その際には、現象と原因を分けて考察することが必要である。事例3では、建物の傾き、壁のクラック、雨漏りが現象として指摘されているが、その原因は、施工の瑕疵にあるとは即断できないので、当該原因につき専門的分析が不可欠となる。

瑕疵修補請求とともにする損害賠償請求に当たっては、損害の確定とその立証方法を検討すべきことは当然であるが、請求が認められる損害には、瑕疵があったために出捐した費用のほか、瑕疵によって失った利益にも及ぶ。

4　争点整理手続のあり方

建築関係訴訟、ソフトウェア開発関係訴訟など請負契約紛争は、一見すると専門性が高い訴訟ではあるが、あくまで通常の民事訴訟の一類型であって、事件の対象が専門性を有するというにすぎないから、通常の民事訴訟におけると同様、裁判所が、当事者の主張や提出証拠から速やかに紛争の全体像を把握し、不要な主張や否認をあらかじめ排除するなどして真の争点を確定し、その争点について集中証拠調べを実施し判決すること、あるいは、その判断の見通しを立てて判決以外のかたちによる解決案を提示することを目的として争点整理手続に臨むべきことが重要である。

以下、事例1ないし3について、相談者が原告となり、相手方を被告として提起した訴えが係属したことを前提として、争点整理手続のあり方を検討する。

(1) 相談事例1（請負の成否）について
ア 請負契約に基づく代金（報酬）請求の場合

事例1では、原告Aが、被告B社に対し、請負契約に基づき、請負代金（報酬）請求をしたのに対し、被告B社は、同被告が契約上負う債務の履行は完了したと主張することが予想される。

その場合、被告B社は、報酬を1日について10万円と定めたのは、平成27年10月1日から同月末日までの期間に限定したもので、同年11月以降の作業分の報酬に関する合意はないと主張することが考えられる。報酬額の定めに関する原告の主張を否認するものである。その場合、報酬額の定めに関する合意の趣旨が争点となる。具体的には完成期限を同年10月末日と合意した趣旨、報酬を1日につき10万円と合意した趣旨が問題となるだろう。

なお、完成期限を同年10月末日と合意した趣旨に関する双方の主張からは、原告Aの仕事の完成が遅れ、同年11月20日となったことにより、被告B社が取引機会の逸失等の損害を被ったとして、履行遅滞に基づく損害賠償請求を行うという展開も考えられる。しかし、裁判所が、被告B社に対し相殺予定の主張の有無を早期に確認することは、いたずらに争点を拡大させる結果になるおそれもあるから、慎重に対応すべきであろう。

イ 機械組立契約に基づく報酬金請求の場合

事例1では、原告Aにおいて、機械組立事務を委託された準委任契約に基づく報酬金請求と構成することが考えられる。本件の契約が準委任契約と認められれば、事務処理の対価として1日当たり10万円の報酬合意に基づき報酬が発生することになる。しかし、被告B社としては、100台の機械組立てという仕事の完成（結果）を合意した請負契約であると主張するだろう。そのため、本件の契約の性質が請負であるか、準委任であるかが争点となる。

依頼された事務が組立作業を内容とする以上、請負契約であるとの理解が一般的であると思われるので、主として原告Aの立場から、準委任契約であると解すべき事情を主張立証することになるだろう。機械の種類、特殊性や組立て作業の困難性などから、事務の性質を明らかにする必要がある。

なお、近時、ソフトウェアのシステム開発については、とくに要件定義等の

作成に関して、事務の性質に着目し、従来請負契約として取り交わされていた契約を準委任契約とすることが推奨されている（電子情報技術産業協会ソリューションサービス事業委員会『ソフトウェア開発モデル契約の解説』〔商事法務、2008年〕28頁以下）。

(2) 相談事例2（附帯請求）について

事例2では、附帯請求の請求原因事実に関しては、双方の立場から、法律論が展開されることが予想されるが、特段争点整理に困難を伴うことはない。

しかし、被告Dは、原告C社が乙建物の引渡し及び移転登記手続をしようとした際、これを拒んでいるので、その理由によっては、請負契約に基づく代金（報酬）請求について、その後争点整理が必要となる。すなわち、被告Dが、乙建物の建築施工の過程で、その工事に問題があるとの考えから引渡しを拒絶したとすれば、原告C社の工事には瑕疵があるから乙建物は完成していないなどと主張することが考えられる。

建築請負工事が完成したかどうかについては、いわゆる予定工程終了説から、予定された最後の工程まで一応終了している場合には完成したものと認めることになる（東京高判昭36・12・20高民14巻10号730頁参照）。弁護士代理人も含め、瑕疵があるから未完成と考えて完成を否認する主張が散見されるが、裁判所としては、予定工程終了説からは完成と認めざるをえないことを説明する。被告D社としては、完成否認の主張について、瑕疵の点を争う場合には、瑕疵修補請求その他の抗弁の主張に切り替える必要があるだろう。

(3) 相談事例3（瑕疵事例）について

事例3では、裁判所による積極的な争点整理が必要となる。

ア 請求の趣旨の特定

まず、請求の趣旨について、2(3)アで述べたとおり、修補工事の内容が特定されていなければ、強制執行（代替執行）ができないこととなる。「瑕疵を修補する」という記載にとどまる場合には、修補工事の方法を特定する必要がある。事例3で問題となっている地盤の不同沈下による傾きの修補や雨漏りの補修工事は、施工不良な壁紙の貼り直しの場合などと異なり、当該瑕疵の原因が明らかにならないかぎり、修補工事の方法も定まらないから、その修補方法の特定はかなり困難な部類に属する。適宜、図面や仕様書などを添付して特定しても

らうことになるだろう。

イ 合意違反の施工の主張

(ア) 次に、請求原因事実の主張においても、同様に、合意違反の施工であることを主張するためには、その原因まで明らかにしなければ、あるべき状態が記載されていることにはならないので、注意を要する。

(イ) 事例3では、原告Eは、「丙ビルの南側地盤が沈下して南側に傾くようになった」と主張するので、地盤が沈下した原因としては、たとえば、①丙ビルの地盤は軟弱地盤であるから、地盤改良工事を施工すべきであったのにこれが施工されなかった、②地盤調査の結果からは地盤改良工事として鋼管杭工法を実施すべきであったのに、表層改良工法にとどまった、③鋼管杭工法自体に施工不良があったなどと主張することが考えられる。①の地盤改良工事の不施工については、本来的には、設計上の瑕疵（不完全履行）の問題であるから、被告F社が建築施工だけでなく、丙ビルの設計も担当している場合に限られる。そして、地盤が軟弱であるかどうかなどについての主張立証を促すことになる。②の地盤改良工事の工法選択についても、やはり設計上の瑕疵の指摘であると考えられる。地盤調査結果の評価について、地形や各種試験の結果などをもとにした主張立証を促すことになる。③の地盤改良工事の施工不良の場合は、施工業者である被告F社の工事に瑕疵があるかどうかが問題となり、施工状況についての主張立証を促すことになろう（小久保孝雄＝徳岡由美子編著『リーガル・プログレッシブ・シリーズ14：建築訴訟』〔青林書院、2015年〕113頁以下〔齋藤毅〕）。

(ウ) また、雨漏りの原因を特定することも容易ではない。事例3では、「北側の壁に多数のクラックが入り、雨水が浸入していることが明らかになりました」とあり、これが雨漏りの原因調査の結果、外壁面からの浸水を原因とする漏水であると特定され、浸水箇所から建物内部の漏水箇所までの経路が明らかになっているという趣旨であれば、これに応じた修補の方法の特定にさほどの困難は伴わない。しかし、住宅を取り巻く水は、気象条件、建設工事時における水、地中に含まれる水分、建物各部位（屋根、外壁、外部開口部等）からの浸入、透過（透湿）、使用上の不注意による漏水などがあり、適正な対策・養生を誤るとじつにさまざまな不具合現象を起こす（第二東京弁護士会消費者問題対策委員会ほか編『改訂 欠陥住宅紛争解決のための建築知識』〔ぎょうせい、2011年〕163頁〔平林智徳〕）。そのため、原告Eが主張する雨漏りの原因の当否について、建築業者である被告F社からの反論が予想される。これが争点となるだろう。

(4) 瑕疵主張に関する争点整理

瑕疵が多数主張される場合には、瑕疵一覧表を利用して争点整理を行う。

瑕疵一覧表の作成は、どの部分の瑕疵か、その補修方法は何かが明らかになるため、当事者がどのような点をとらえて瑕疵と主張しているのかが明確になるという利点がある。瑕疵一覧表のひな形、記載例や記載上の注意点については、東京地方裁判所のウェブサイトにある民事第22部（調停・借地非訟・建築部）からの情報を参照されたい。

(5) 付調停・専門委員の活用

専門訴訟である建築関係訴訟の審理の特徴は、建築に関する専門的知見を効率的に獲得するための方策の選択にあるといえる。法律専門家にとって、中立で識見の高い建築の専門家から、審理に必要な場面で専門的な知見の提供を受けることは重要である。専門的知見の獲得方法としては、付調停、専門委員関与、鑑定実施が考えられる。専門家が当該事案に関する意見を述べることができる点で、調停及び鑑定は有用性が高いが、専門家調停委員の指摘やこれを踏まえた協議により争点整理が進むこともあるので、調停手続と弁論準備手続とを並進させることがとくに有効である。鑑定と異なり、調停委員の意見はそれ自体証拠方法ではないが、調停不成立となった場合、長期間かけて調停手続で得られた成果を訴訟手続でも有効に利用できることが重要であるため、調停不成立時には専門家調停委員の意見書を作成してこれを不成立調書に添付することが多い。そして、当事者は、この不成立調書を書証として提出し、自己に不利な意見が述べられた部分については反論を加えるなどして、調停不成立後の訴訟に調停の成果を生かすことができる。

(6) 債権法改正の影響について

争点整理手続のあり方に関する基本的な考えが、債権法改正によって大きな影響を受けることはないだろう。具体的な審理モデルのあり方については、今後の解釈理論の発展と事例の蓄積に委ねることとなるが、たとえば、従来、注文者が仕事の目的物に欠陥があると主張する場合に重要な論点となっていた「仕事の完成の有無」については、仕事の完成の前後を問わず債務不履行責任に一元化されたことにより、今後はその重要性は低くなるように思われる。一方、契約不適合を理由とする報酬減額請求が新設され、注文者の争い方は多様化す

るが、少なくとも、契約不適合を理由とする報酬の減額分と契約不適合を理由とする追完に代わる損害賠償額（修補費用相当額）とが大きく異なるようには思われない。このように、現在実務の到達点を生かす解決は今後も十分可能であろう。

5 主張立証活動の留意点

(1) 請負契約の内容の確定
ア 契約関係書類の把握
　請負報酬を請求する場合はもちろんのこと、注文者から瑕疵担保責任を追及する場合においても、請負契約の内容を特定することが請負関係訴訟の出発点である。多くの建設工事請負契約においては、工事請負契約書に必要事項を記入し、当事者が署名若しくは記名捺印し、これに工事請負契約約款、設計図書、仕様書等を一体として袋綴じにして製本し契印する。しかし、このような書類が整備されていない請負契約もあり、もとより、請負契約は、不要式諾成契約であるから、これらの書類が整っていない場合でも、契約の成立は妨げられない。

イ 契約当事者の確定
　請負契約の内容の確定に当たっては、まず、当事者を確定する必要がある。契約当事者の確定は、請負契約固有の問題ではないが、請負においては、報酬支払義務を負う注文者が誰であるかが争われることも多い。この場合、契約関係書類の記載が重要な要素となるが、その他、契約交渉時の状況、発注の動機と目的、契約時における請負報酬負担予定者、仕事の目的物の受領者と使用者、公租公課の負担者、及びローンの支払義務者等の事情を総合的に判断して、当事者を確定することになる。

ウ 合意内容の確定
　次に合意内容を特定することになるが、工事請負契約を例にとれば、工事場所、工期、引渡時期、請負報酬額（定額請負、単価請負、概算請負の区別）、請負報酬の支払方法等の主要な項目に配慮しながら、合意内容を確定することになる。
　なお、建築工事における仕事の合意に関しては、後述のとおり、追加・変更

工事の合意が問題となることがある（「追加・変更工事」の類型には、①新規追加工事、②減工事、③変更工事がある。減工事と未施工は、工事中止の合意の有無で区別される。減工事は、請負報酬請求に対する抗弁で、請負人が主張する場合には先行自白である）。追加・変更工事を主張する場合には、実務上、本工事内容、追加・変更工事の内容と理由、それによる請負報酬の増減につき、証拠を引用しながら、「追加・変更工事一覧表」を作成して当初より争点整理手続に協力する準備が有用である。

(2) 完成・引渡しの問題

　請負契約においては、すでに述べたとおり、完成の有無、引渡しの有無が争われることが多く、その場合には、仕事の完成、引渡しに係る具体的事実を主張立証しなければならない。

　完成の有無は、請負人の債務不履行責任と瑕疵担保責任とを分ける基準となる。また、注文者は、仕事が未完成の場合には、請負契約を解除することができる。ただし、工事請負契約につき、工事全体が未完成の間に注文者が請負人の債務不履行を理由に契約を解除する場合において、工事内容が可分であり、当事者が既施工部分の給付に関し利益を有するときは、特段の事情のないかぎり、既施工部分の解除はできず、未施工部分について契約の一部解除ができるにすぎない（最判昭56・2・17集民132号129頁）。

　なお、2(4)イのとおり、改正債権法施行後は、仕事の完成の前後を問わず、契約不適合を理由とする債務不履行責任が問題になることとなった（改正法附則34条1項により、施行日以後に締結された請負契約に改正法が適用される）。また、前掲最判昭56・2・17の判例法理は、改正法634条において明文化され、注文者の責めに帰することができない事由によって仕事を完成することができなくなったとき（同条1号）、及び請負が仕事の完成前に解除されたとき（同条2号）において、請負人がすでにした仕事の結果のうち可分な部分の給付によって注文者が利益を受けるときは、その割合の限度で請負人が報酬請求できることとなった。注文者の帰責事由により仕事を完成できなくなった場合についても、現在の判例法理（最判昭52・2・22民集31巻1号79頁。後記7(1)ウ参照）・多数説と同様、改正法536条2項によって規律されることになる。

(3) 瑕疵の認定の問題

　瑕疵担保責任を追及する場合には、単に瑕疵があると主張するだけでは足りず、現状（現象と原因）とあるべき状態を比較することではじめて瑕疵の主張が意味をもつ。瑕疵担保責任の主張立証にあたっては、現状を証拠（報告書・写真）に基づき主張し、これとの比較において、あるべき状態を根拠（約定違反型であれば、約定の内容を示す仕様書、図面等の証拠、法令違反型であれば、建築基準法等の法令上の根拠）を示して主張することになる。主張する瑕疵が多い場合には、瑕疵一覧表をもって争点整理することが行われており、その場合には、現状、あるべき状態とともに、瑕疵に対応する補修方法、補修費用等を並列させて争点を明確にすることが行われている。

(4) 建設請負工事における証拠リスト

　契約の成立、完成、引渡し、瑕疵を立証する証拠については、もちろん事例ごとに異なるが、一般的な証拠リストを挙げれば次のとおりである。事例に応じて証拠の検討に漏れがないかを検証することが必要である。

　申請関係では、確認済証（建築確認制度は、事前に設計内容の建築基準関係法令との適合性を確認するためのものである。実際に建築確認申請図面どおりに建築されているかどうかとは別問題である）、検査済証（完了検査制度は、建物の建築主への引渡しと使用開始前に、建築物が設計図書の内容どおりのものであるかどうかを確認するための最終検査である）のチェックが必要である。

　契約関係では、入札関係書類、見積書、契約書（約款、工事費内訳書、図面添付）、請求書、領収書、追加工事見積書、追加工事請求書、設計図、仕様書、工程表等のチェックが最低限必要である。

　工事が進行する過程で提出される書類としては、設計打合議事録、工事打合議事録、施工図、工事工程写真、修正工程表、工事完了届、引渡証、工事日報、監理報告書、設計監理完了届等がある。

　さらに、瑕疵の立証活動として、瑕疵一覧表を作成すべきことは、4(4)のとおりであるが、現象に係る立証として、瑕疵特定図や写真撮影報告書等を提出することが多い。

6　事実認定のポイント

　建築関係訴訟においては、すべての合意の前提として、建築生産のシステムないしプロセスがあることを忘れてはならない。建物を建築してその目的とする用途に供するためには、おおざっぱにみても、建築計画（施主）→設計（建築士）→建築確認（指定確認検査機関）→施工（建設業者）・工事監理（建築士）→完成・引渡しの一連のプロセスの後、建売業者が個人に販売するなどの過程がある。設計・監理と施工を別業者が担当する分離型やすべて一社で担当する一括型もある。設計は、意匠設計・設備設計・構造設計に分かれるし、段階としては、基本設計から実施設計に進む。施工は、仮設工事、基礎工事、木工事、鉄骨工事、鉄筋コンクリート工事、内装工事、電気工事、左官工事その他多くの種類の工事があり、この多数の工程が組み合わさって製作される。しかも、わが国の建築業界は多重的な下請け構造をとっている。施主から全体の施工を請け負う元請は、平素からの取引先である下請業者、孫請業者を使って仕事を完成させる。

　このように、建築生産自体が複雑なプロセスを経るものであるうえ、そのシステムに複数の者が関与するので、建物に不具合・欠陥があり、また、建築工事により第三者に損害を与えた場合の責任の帰属については、とくに慎重な考慮が必要である。4(3)で述べたとおり、一見典型的な瑕疵であると思われる不同沈下や雨漏りについても、その発生原因の究明は難題であることが多い。裁判所が事実認定を行うに当たっては、そういった難しさがあることをまずよく理解して臨む姿勢が重要であろう。契約書、設計図書、見積書、写真、仕様書等の多数の証拠を丹念に検討し、当事者双方に躊躇なく説明を求めていくことが第一歩である。

　建築関係訴訟で事実認定が困難な場面として、追加・変更工事の認定がある。追加・変更工事は、工事の進捗に応じ臨機応変にされる場合が多く、その場合、本工事契約と異なり、契約内容を証する書面が作成されない場合が多いため（書面化を義務付ける建設業法19条2項は訓示規定と解されている）、後日、合意の有無、内容が争われることが多い。追加・変更工事の合意の存在を争う場合としては、①無断で施工されたものであり発注していない、②本工事の内容である、③本工事の手直し工事である、④サービス工事であり無償である、⑤請負人の帰責

事由により生じた工事である、⑥請負人が当初から予測しえた工事であるなどと主張することが考えられる。合意内容の認定であるから、他の契約類型における事実認定と同様、裁判所が、設計図書、見積書、竣工図等や関係人の供述などから地道に認定していくことが基本である。ただ、こうした争いを解決する上では、たとえば、追加・変更工事として主張されている工事が、その工事の性質上、当然に本工事の範囲に含まれるといえるかどうかなど、建築取引及び工事に特有の知識経験について、建築専門家が有する専門的知見を獲得することが事実認定に役立つことが多い（齋藤繁道編著『最新裁判実務体系6：建築訴訟』〔青林書院、2017年〕364頁以下［本村洋平］）。

7　予想される抗弁以下の攻撃防御の展開

請負代金（報酬）請求訴訟と瑕疵修補請求訴訟に分けて、一般論を含め、主要な抗弁以下の攻撃防御を以下に整理しておきたい。

(1)　請負代金（報酬）請求訴訟における抗弁以下の攻撃防御方法

事例1では、争点整理手続のあり方で述べたとおり、Aがいずれの法律構成を採る場合であっても、Aの請求原因事実をBが否認し、Aが主張する合意内容が認められるかどうかが主たる争点となるので、以下に述べる点が問題となる可能性は少ない（なお、B社が損害賠償債権を自働債権とする相殺の抗弁を主張する可能性があることについては、4(1)アのとおりである）。

事例2では、下記ウの同時履行の抗弁のほか、Dが引渡しと移転登記に応じない理由によっては、下記エの瑕疵担保責任に基づく抗弁が主張される可能性がある。

ア　公序良俗違反又は取締法規違反の抗弁

請負契約も法律行為の一般的要件（内容の確定性、実現可能性、適法性、社会的妥当性）を備える必要がある。その関連で、建築基準法等の法令の規定に適合しない建物の建築を目的とする請負契約は公序良俗に反し無効とされることがある（最判平23・12・16集民238号297頁参照）。

イ　後払特約の抗弁

報酬の全部又は一部を仕事完成後一定期間経過後に支払う旨の約定がされた

場合には、この後払いの特約が抗弁となる。これに対し、請負人は、約定で定められた一定期間が経過したことを再抗弁として主張することになる。

ウ　目的物引渡しとの同時履行の抗弁

　仕事の目的物を引き渡すことを要する請負契約においては、仕事の目的物の引渡しと請負報酬の支払いは同時履行の関係に立つ（大判大5・11・27民録22輯2120頁参照）。したがって、注文者は、抗弁（権利抗弁）として、請負人が工事目的物を引き渡すまで請負報酬の支払いには応じられない旨の権利主張をすることができる。請負人が引渡債務を履行したのではなく、訴え提起前に履行の提供をしたにすぎない場合には、その提供が継続されないかぎり、注文者は同時履行の抗弁権を失わないとする見解に立てば、訴え提起前の履行の提供だけでは、同時履行の抗弁権を消滅させることはできず、履行提供の事実だけでは再抗弁とはならない。2(2)ウのとおり、請負報酬とともに遅延賠償を求める場合には、目的物の引渡し（の提供）を請求原因事実として主張することが必要である。なお、請負契約において仕事が完成しない間に注文者の責に帰すべき事由によりその完成が不能となった場合には、請負人は、自己の残債務を免れるが、民法536条2項により、注文者に請負報酬を請求することができ、ただ、自己の債務を免れたことにより得た利益を注文者に償還しなければならない（最判昭52・2・22民集31巻1号79頁参照）。したがって、そのような状況にある場合、注文者は、利益償還請求権に基づく相殺の抗弁を主張することになる。

エ　請負人の瑕疵担保責任に基づく抗弁（同時履行・相殺）

　請負関係訴訟では、工事に瑕疵があることを理由に抗弁が提出されることが多い。しかし、瑕疵があると主張するだけでは訴訟上の抗弁としては足りない。民法634条1項に規定する瑕疵修補請求権と同条2項に規定する瑕疵修補に代わる損害賠償請求権は、選択債権の関係にあるから、いずれかを選択したうえで請求権の内容を具体的に明らかにすることが必要である（なお、2(4)イのとおり、債権法改正により現行634条2項は削除され、追完に代わる損害賠償は改正法415条2項によって規律される）。瑕疵修補請求権を選択した場合、明文の規定がないので、瑕疵修補請求権が請負報酬請求権と同時履行の関係にあるかが問題となるが、肯定する見解が有力である。なお、同時履行を認めて引換給付判決をする場合、執行実務上、その実現の困難性を指摘する見解も多い。

　瑕疵が重要ではないのにその修補に過分の費用を要する場合、注文者は、瑕

疵修補を請求することはできず、損害賠償を請求しうるにとどまる（民法634条1項但書）。したがって、請負人は、瑕疵が重要ではないこと、瑕疵の修補に過分の費用を要することを再抗弁として主張することができる（なお、2(4)イのとおり、債権法改正により現行634条1項但書は削除され、追完請求権の限界は、履行不能に関する改正法412条の2によって規律される）。

　瑕疵修補に代わる損害賠償請求権を選択した場合にも、瑕疵修補請求を選択した場合と同様に、同時履行の抗弁（民法634条2項、533条）を主張することができる。同時履行の抗弁については、瑕疵の修補に代わる損害賠償請求額に見合う範囲でのみ支払いを拒むことができるのではなく、報酬債権全額の支払いを拒否することができる（最判平9・2・14民集51巻2号337頁参照）。ただし、瑕疵の程度、交渉態度等に鑑み全額の支払いの拒否が信義則に反すると認められるときはこの限りではない。

　また、注文者は、相殺の抗弁を主張し、上記損害賠償請求権を自働債権として請負人の報酬支払請求権と対当額で相殺することができる。この場合、注文者は、相殺後の残債務について、相殺の意思表示をした日の翌日から履行遅滞の責任を負うので（最判平9・7・15民集51巻6号2581頁参照）、注意を要する。

(2) 瑕疵担保責任を追及する訴訟の抗弁以下の攻撃防御方法

　事例3は、瑕疵修補請求とそれとともにする損害賠償請求であるから、以下の点をめぐり攻撃防御が展開される可能性がある。

　ア　民法634条1項但書に基づく抗弁

　瑕疵が重要なものではなく、瑕疵の修補に過分な費用を要するときは、瑕疵修補請求はできず、損害賠償のみが認められることは、(1)エのとおりである。したがって、瑕疵修補請求の請求原因に対しては、請負人は、この点を抗弁として主張することができる。瑕疵の重要性の判断は契約の目的と瑕疵の内容により個別に判断せざるをえないが、構造耐力上主要な部分に瑕疵があり、建物の安全性や耐久性に影響を与える場合には重要な瑕疵と判断される場合が多いであろう。

　イ　民法636条に基づく抗弁・再抗弁

　請負人は、①仕事の目的物の瑕疵が注文者の供した材料の性質、又は、②注文者の与えた指示によって生じたことを抗弁として主張して担保責任を免れることができる。なお、注文者が単に仕様についての要望を述べ、これを受け入

れて目的物が製作されたというだけでは「指図」には該当しない。

これに対し、注文者は、当該材料が不適当であることを請負人が知っていたこと、又は、請負人が注文者の与えた指示が不適当であることを知っていたことを再抗弁として主張することができる。請負人が当該材料又は指示が不適当であることを注文者に告げた場合には、このことを再々抗弁として主張して担保責任を免れることができる。

　ウ　除斥期間

瑕疵担保責任は、担保期間の満了により消滅する。この期間は、時効期間ではなく、除斥期間である（最判昭51・3・4民集30巻2号48頁参照）。したがって、中断はなく、期間が経過すれば責任は絶対的に消滅する。なお、除斥期間が経過した瑕疵修補に代わる損害賠償請求権を自働債権、請負人の報酬請求権を受働債権とする相殺は、民法508条の類推適用によりこれを肯定するのが判例である（最判昭51・3・4民集30巻2号48頁参照）。

瑕疵担保責任を追及する権利は、いったん行使すれば、それに関する具体的な請求権は発生し、その請求権は、時効により消滅するまで存続する。請求権の行使方法は、訴訟による必要はなく、裁判外で権利行使すれば足りる（大判昭5・2・5裁判例4巻民32頁参照）。問題は何をもって権利行使ありとするかという点である。瑕疵修補請求である以上、瑕疵を特定したうえで、修補を求めるのか損害賠償を求めるかを明示し、かつ、その通知が請負人に到達していることが必要である、瑕疵の特定が不十分か、又は、趣旨が必ずしも不明で善処を求めるという程度では十分ではないので注意を要する。

瑕疵担保期間は、民法637条の1年の定め（引渡しから1年又は引渡しを要しない場合には仕事終了時から1年）に対して、土地工作物の特例が定められており、ふつう建物や地盤の瑕疵については引渡しから5年、石造、土造、煉瓦造、金属造の工作物については10年と定められている（民法638条1項）。しかし、この規定は、当事者の合意により、10年を限度として変更することができ（民法639条）、また、全く責任を負わないという特約も有効である（民法640条）。そこで、工事請負契約約款では、この民法に定められた瑕疵担保期間を修正している。たとえば、民間（旧四会）連合協定工事請負契約約款（平成28年3月改正版）では、木造の建物は引渡しから1年、石造、金属造、コンクリート造及びこれらに類する建物、その他土地の工作物若しくは地盤の施工に基づく瑕疵については引渡しから2年と定められている。また、当該請負契約につき住

宅の品質確保の促進等に関する法律の適用がある場合、住宅のうち構造耐力上主要な部分又は雨水の浸入を防止する部分についての一定の瑕疵があるときの瑕疵担保期間は、引渡しのときから10年とされている。このように、瑕疵担保期間は、個別の請負契約で修正されているので、問題となっている瑕疵に関する瑕疵担保期間を正確に把握する必要がある。

事例3の建物の引渡しは、平成26年9月30日ごろであるから、当該契約の瑕疵担保期間の定めによって、除斥期間経過の抗弁が主張される可能性がある。

以上の期間制限については、債権法改正により、2(4)イ(エ)のとおり、注文者がその契約不適合を知った時から1年以内にその旨を請負人に通知しないときは、注文者は、その不適合を理由として、履行の追完の請求や報酬の減額の請求、損害賠償の請求及び契約の解除をすることができないこととなった（改正法637条1項。失権効）。ただし、請負人において引渡し時又は仕事の終了時に、仕事の目的物の契約不適合について悪意又は重過失があるときは、期間制限の規定は適用されない（同条2項）。併せて、上記の土地工作物の場合の特則（現行638条）は削除され、期間制限の規律は、民法上、仕事の目的物にかかわらず一律になったので、注意を要する。

8　紛争解決方法（和解・判決）の選択及び紛争解決の留意点

　請負契約をめぐる紛争は、契約当事者が争われ、損害賠償の具体的な内容が争点とならないことが明らかな事案を除けば、損害賠償請求権が抗弁として主張される事案が少なくない。こうした紛争について、裁判所が的確に争点整理を行うことができないときは、解決まで長時間を要することになる危険性が高い。そのため、まず、請求原因が認められないことが明らかなとき、他の抗弁（清算合意など）が認められることが明らかなとき、除斥期間や消滅時効の経過が明らかなときなどには、損害賠償に関する主張の対立があっても、その解明が紛争の解決に役立つことはないので、注意する必要がある。それ以外の瑕疵修補に代わる、あるいはこれとともにする損害賠償請求権の成否が問題になる事案では、経験豊富な一級建築士等の専門的知見を活用することが紛争解決に有用なことが多いので、法的判断の視点を踏まえながら、できるだけ早期に調

停委員あるいは専門委員の専門的知見を導入し、質の高い争点整理を行うように心がけるべきである。

　裁判所に係属する建築事件の対象物件は、建築の性質上多種多様であり、同種物件でも千差万別であるが、建築紛争は、建築対象物件を通じて人と人との関係で生じるものでもある。建築事件では、その紛争の元となった建築・改築等や建物購入自体は慶事であり、そのために当事者相互に信頼し合っていたはずである点で、他の民事事件とはやや異なる側面を有している。また、多くの場合その対象物件である建築物が残されている。こうした点を踏まえると、裁判手続では、本質的には当事者の利益が公正に調整され、当事者とともに建築物が生かされる方向での円満な解決が望まれる。とくに、瑕疵をめぐる建築事件では、その補修が急がれる場合があるので、補修方法を含めた柔軟な解決が望まれることが多く、そうした配慮が必要な場合があることを銘記すべきである。

9　おわりに

　請負をめぐる法律関係が問題となる場合には、まずは、合意の認定に細心の注意を払うべきである。典型的な請負契約と考えられている建設工事に係る契約についても、請負人の独立性の確保や契約の目的との関係で性質の異なるものが混在しており、画一的にその法的性質が確定するわけではない。ソフトウェアのシステム開発について、従来請負契約として取り交わされた契約を準委任とすることが推奨されていることは本文中に指摘したとおりであり、設計契約の分野では、同一の類型の契約について、請負とする見解と準委任とする見解が対立している。したがって、この分野では、虚心坦懐に合意の内容を探求するという姿勢がまずは肝要である。そのうえで、請負契約の範疇で議論する場合には、民法が「仕事の目的物に瑕疵がある」という事態を認め、瑕疵の存在と完成の概念を両立させていることから、当該事案において完成の有無を客観的に把握する必要がある。客観的に完成が明らかな事案において、債務不履行責任を執拗に主張して、争点整理を混乱させるようなことがあってはならない。瑕疵については、それが事実要件か規範的要件か争いがあるが、いずれにしても、瑕疵担保責任を主張する側で、現象と原因に分けて現状を緻密に分析

し、主観的瑕疵概念を前提にしたあるべき状態の立証に意を注ぐことが必要であるから、この点を証拠に基づき事前に把握しておくことが訴訟を有利に導く鍵となる。

第9章
委任契約をめぐる紛争

藤澤 裕介
鈴木 道夫

1　はじめに

　委任とは法律行為をすることを相手方に委託する契約である。法律行為でない事務を委託する準委任とともに、一定の事務の処理を委託することを本質とする契約である。いずれも通常は知能的労務を目的とするもので、社会生活において広範にかつ重要な役割を果たしている。
　訴訟委任など法律事務の処理を依頼者が弁護士に委任する場合のほか、診療治療の求めがあった場合の患者と医師との診療契約（準委任契約。医師法19条1項）などからわかるとおり、受任者（弁護士や医師）の意思と能力によって裁量する余地が必要である。これが雇用との相違点である。
　仕事の完成という一定の結果を実現させることを内容とする結果債務を目的とする請負と異なり、委任は、事務処理上の裁量を有する受任者が善良な管理者としての注意義務を果たしたかどうかという手段債務を目的とする点に特徴がある。こうした手段債務の不履行を理由として損害賠償請求を行う事案も散見されるが、これは困難な訴訟類型に属する。医療過誤や弁護過誤はその代表的な事案であるが、設計者に対する設計瑕疵の指摘、そして、ITベンダーに対するシステム開発契約上の債務不履行をいう事案など広がりを見せている。
　本章では、委任契約をめぐる紛争のなかでも、典型的な事例を想定し、その解決に必要な主張立証上の基本事項や事実認定における考え方を提示したうえで、紛争解決に必要なポイントを明らかにし、そのために法律家が理解しておかなければならない事柄について説明することとしたい。

2　事例

　最初に、委任契約をめぐる紛争において典型的な事例を取り上げ、相談者の主張から構成できる権利及びその存在を基礎付けるために必要な主要事実について考える。

(1)　相談事例1（学習塾の月謝）

> 　私（A）は学習塾を経営しています。平成27年5月1日、Bとの間で、Bの子Cの教室入会の申込みを受け、同日から、月謝を5教科で月10万円として入会を認めました。ところが、Bは、同年10月分以降の月謝の支払いをしません。結局、Bは、同年12月分までの月謝の合計30万円を滞納したまま、同月末日をもって教室を退会しました。Bに対して滞納した月謝の支払いを求めたいと思います。

　ア　事例1の場合、Aは、Bを相手に、準委任契約に係る委任事務処理報酬特約に基づく報酬請求を行うことになる。
　イ　委任事務処理報酬特約に基づく報酬請求
　委任契約は、「当事者の一方が法律行為をすることを相手方に委託し、相手方がこれを承諾することによって、その効力を生ずる」（民法643条）こと、法律行為でない事務の委託（準委任）についても同様であること（同法656条）から、準委任契約の成立については、①一定の事務の処理を委託する内容の合意をしたことが請求原因事実となる。
　次に、民法648条1項は、「委任者は、特約がなければ、委任者に対して報酬を請求することができない」とし、原則として無償である委任契約について、その例外として、当事者間に報酬特約がある場合には報酬請求権が発生すると定めるから、②報酬支払合意の存在が必要である。そして、同条2項本文は、「受任者は、報酬を受けるべき場合には、委任事務を履行した後でなければ、これを請求することができない」と定め、期間によって報酬を定めたときは、その期間を経過した後に請求することができるとする（同条2項但書、624条2項）から、③委任事務処理を完了したこと又は事務処理期間が経過したことを

主張すべきである。

　ウ　学習塾に関する規制

　学習塾に関する契約は、事業者が用意した場所において、学力の教授を目的として授業等の役務を提供する内容の準委任契約である。学習塾は、「入学試験に備えるため又は学校教育の補習のための学校教育法第1条に規定する学校の児童、生徒又は学生を対象とした学力の教授」として、特定商取引法が適用される政令指定役務の一つとされており、事例1のAB間の契約も特定継続的役務提供に係る取引に当たりうる（同法施行令12条別表第4項）。

　同法による規制の対象となる特定継続的役務提供については、特定継続的役務提供契約の締結に当たり、契約概要書面、契約書面の交付が義務付けられるなどの規制がある（同法42条以下）。

　エ　報酬の定め方

　特定商取引法は、学習塾の特定継続的役務の提供期間について「2箇月」と規定し、この期間を超える期間にわたり提供されるものを同法の適用される特定継続的役務提供と規定する（同法施行令11条1項）。

　事例1では、月10万円の「月謝」制であり、特定継続的役務の提供期間は1箇月にとどまる。月謝制は、契約期間の定めがなく、いつでも自由に解約できることを前提に、翌月分の対価を月末までに支払う形態である。消費者を月謝の範囲でのみ拘束し、1箇月ごとに更新する短期契約の繰り返しとみられるから、特定商取引法はこれを適用対象としていない。

　オ　Cが10月1日以降は塾を受講していなかった場合

　事例1において、Cが10月1日以降は塾を受講していなかった場合、③事務処理期間の経過として、平成27年12月末日の経過を主張すれば、10月分から12月分までの月謝を請求できるかという問題を考えてみる。

　月謝制の場合に特定商取引法の適用除外とされている趣旨は**エ**のとおりである。受講していない期間についての月謝を請求できるとすれば、その実態は月謝ではなく、2箇月を超える期間の契約であるか、解約事由が制限されているものと解されることになる。その場合、請求原因事実として、④同法42条所定の書面（契約概要書面及び契約書面）を交付したこと、を主張する必要がある。

(2) 相談事例2（委任事務の中途終了）

> 私が代表者を務めるD社は、平成25年9月1日、甲地区の開発を企画しているE社から、甲地区の地権者からの土地の取得交渉を、報酬3000万円で依頼されました。D社は、この業務を行い、平成28年2月までに、甲地区の約70％となる土地の所有権を取得し、取得費用合計2億円、接待費を含む経費800万円を支出しています。ところが、E社は、常々甲地区全体の買収が短期間のうちにできないことに不満を漏らしており、同年7月1日、D社に地権者からの土地取得交渉はとりあえず中止するように主張してきました。D社は、E社に対し、委任報酬3000万円、土地取得費用2億円及び経費800万円の支払いを求めたいと思います。

ア　事例2の場合、D社は、E社を相手に、委任報酬3000万円の支払いを求めるため、委任事務処理報酬特約に基づく報酬請求を行うとともに、土地取得費用2億円及び経費800万円の支払いを求めるため、委任契約に基づく立替費用償還請求及び事務処理費用償還請求を行うことになる。

イ　委任事務処理報酬特約に基づく報酬請求（条件成就構成）

委任報酬3000万円の請求方法として、委任契約に係る委任事務処理報酬特約に基づく報酬請求を行うことが考えられる。

(1)イのとおり、委任報酬の請求原因事実は、①一定の事務の処理を委託する内容の合意をしたこと、②報酬支払合意の存在及び③委任事務処理を完了したことである。しかし、事例2において、D社はE社から受任した業務の約70％を遂行した時点でE社がD社に地権者からの土地取得交渉はとりあえず中止するように主張してきたため、その余の業務は遂行できなかったとある。そこで、D社としては、③委任事務処理を完了したことを条件成就の主張であるとしたうえ、これに代えて、条件成就とみなされたことを主張立証することが考えられる。

民法130条は、「条件が成就することによって不利益を受ける当事者が故意にその条件の成就を妨げたときは、相手方は、その条件が成就したものとみなすことができる」と定め、その条件が成就したものとみなす権利は一種の形成権であると解されている。本条に基づき、請求原因事実として、③の事実に代えて、㋐②の報酬支払合意が停止条件付きであったこと、㋑当事者が故意に㋐

の条件成就を妨げたこと、⑦条件成就とみなす旨の意思表示を主張する必要がある。

事例2に即していえば、㋐②の報酬支払合意において、D社が①の委任事務処理を完了することが停止条件とされたこと、㋑D社が①の委任事務を遂行中、E社が一方的にD社に対し地権者からの土地取得交渉を中止するように主張してきたこと、㋒㋑の中止要請がなければ、①の委任事務処理を完了できた蓋然性が高かったことを基礎付ける事実、㋓その後、D社がE社に対し条件成就とみなす旨の意思表示をしたことを主張すべきであろう。なお、本条が条件成就を故意に妨げた者に対する制裁を定めたものであることを理由に、㋒の要件を不要とする考えもある。

　ウ　中途終了の場合の報酬請求

イの構成によらない場合、D社としては、E社に対し委任事務の既履行割合である約70％に相当する2100万円の報酬請求を行うことが考えられるので、一応検討しておく。

民法648条3項は、「委任が受任者の責めに帰することができない事由によって履行の中途で終了したときは、受任者は、すでにした履行の割合に応じて報酬を請求することができる」と定めているから、(1)イのとおり、請求原因事実として、①一定の事務の処理を委託する内容の合意をしたこと、②報酬支払合意の存在を主張するほか、③′として、㋐委任契約の履行完了以外の終了事由、㋑上記㋐が受任者の責めに帰することのできない事由によることを基礎付ける事実、㋒受任者が①の契約終了に先立って処理した委任事務の内容とそれが全体に占める割合の各事実を主張する必要がある。

この方法では、中途終了の原因は問わないぶん主張立証が容易となるが、当然ながら、約定報酬3000万円全額を請求することはできない。

　エ　委任契約に基づく立替費用償還請求及び事務処理費用償還請求

土地取得費用2億円及び経費800万円の請求方法を検討する。

民法650条1項は「受任者は、委任事務を処理するのに必要と認められる費用を支出したときは、委任者に対し、その費用及び支出の日以後におけるその利息の償還を請求することができる」と定めている。立替費用償還請求及び事務処理費用償還請求の請求原因事実は、①事務処理委託合意のほかに、②受任者が委任事務処理に必要と認めて費用を支出したこと及びその数額である。

併せて、利息請求を行うことが考えられるから、請求原因事実として、③上

記②の費用を支出した日を主張すべきであろう。

　オ　E社がD社との契約を解除した場合

　(ア)　事例2について、E社がD社に対する中止要請に続いて、D社との契約を解除した場合、委任報酬3000万円を請求する方法として、イのほかに、D社としては、E社による中途解約により約定報酬金相当額の損害を被ったとして、委任契約解除に基づく損害賠償請求を行うことが考えられる。

　(イ)　委任契約解除に基づく損害賠償請求

　民法651条2項は、「当事者の一方が相手方に不利な時期に委任の解除をしたときは、その当事者の一方は、相手方の損害を賠償しなければならない」と定めているから、①事務処理委託合意、②報酬支払合意に加え、③委任者が①の委任契約を任意解除したこと、④③の任意解除が委任者に不利な時期に行われたこと、⑤不利な時期に任意解除されたことにより受任者が被った損害を主張することになるだろう。ただし、受任者の損害については、得べかりし報酬相当額であるとする見解もあるが、解除のため報酬が得られなくなることは上記の損害に含まれないとするのが通説である（東京地判昭30・5・17下民6巻5号984頁参照）。この考え方からは、受任者が①の委任契約が継続することを予定し他の収入を得る機会を逸したことによる損害などを主張することになるだろう。

　なお、民法651条による任意解除は無償委任の場合に限定されるとする考え方によれば、同条2項の適用はないことになるから、民法541条に基づき債務不履行解除を主張することになるだろう。

(3)　相談事例3（弁護士報酬）

> 　私（F）は弁護士として、平成27年10月1日、Gから、GのHに対する800万円の損害賠償請求訴訟を委任されました。GがHの自転車に後方から激突されて重大な傷害を負ったことを理由とする訴訟です。結局、この訴訟は、GのHに対する請求が500万円の範囲で認容されて終了しました。ところが、Gは、Hに資力がないため損害賠償金の支払いを受けられないとして、私に対する弁護士料を支払ってくれません。私は、Gを相手に弁護士報酬の支払いを求めたいと思います。

ア 事例3の場合、Fは、Gを相手に、委任契約に係る委任事務処理報酬特約に基づく報酬請求を行うことになる。

イ (1)イのとおり、委任契約に係る委任事務処理報酬特約に基づく報酬請求の請求原因事実は、①一定の事務の処理を委託する内容の合意をしたこと、②報酬支払合意の存在、③委任事務処理を完了したこと又は事務処理期間が経過したことが必要である（民法643条、648条1項、2項）。

②報酬支払合意について、事例3では、受任者Fは、弁護士として依頼者である委任者Gから訴訟委任をされたものである。事務処理が受任者の自由裁量に委ねられ、どの程度事務処理に時間・手数がかかるか確定しえない場合には、報酬の額につき報酬算定の基準が定められる場合も多い。弁護士報酬には、㋐法律相談料、㋑書面による鑑定料、㋒着手金、㋓報酬金、㋔手数料、㋕顧問料、㋖日当などがある。事例3からは、報酬の種類や金額が明らかでないが、受任した訴訟が終了していることからすると、㋓報酬金を求める趣旨であろう。

なお、弁護士法22条は弁護士に会則を守る義務を定め、日本弁護士連合会は、弁護士の報酬に関する規程（平成16年2月26日会規第68号）5条2項において、「弁護士は、法律事務を受任したときは、弁護士の報酬に関する事項を含む委任契約書を作成しなければならない」と定め、委任契約書を作成する義務を明文化している（弁護士職務基本規程30条でも委任契約書の作成義務が規定されている）。この作成義務違反は懲戒事由となりうるものの（弁護士法56条）、上記契約が要式契約としての性質を有するとまでは解されないから、上記①、②の合意が書面で行われたことは請求原因事実ではないと考えられる（東京地判平25・7・18判タ1410号332頁参照）。

3　弁護士が受任に際して検討すべき事項

(1)　委任契約の内容に照らした法規制を考慮に入れること

委任契約によって委任者が受任者に処理を委託する「事務」の種類に制限はない。財産の売却、購入・管理、会社その他団体の事業の執行、民事訴訟や刑事弁護、診療・医療行為、登記手続、講演・講義など、その射程は多岐にわたる。多岐にわたる事務を「処理」するとは、当該契約の趣旨に従って最も合理

的に処置することを意味する。その過程で受任者が給付する労務は、事務の処理という目的に包摂され、受任者には、信任関係に基づき、一定の範囲で裁量が与えられる。そして、裁量を許容することによる受任者の事務の適正さは、信任関係に基づく善管注意義務によって担保される。以上が委任における基本構造である。

しかし、委任事務の多様性に伴い、重要な委任契約の類型が増大するなか、事務の適正さを善管注意義務だけで担保するのは十分ではない。委任事務が業務として行われる場合には「業法」で一定の規制を加え、事例1にあるとおり、委任する側の立場に配慮し、特定の商取引について必要な範囲で規制を及ぼすことも多い。受任に際しては、そうした法規制に汲まなく目を配ることが必要である。

(2) 民法の規律の修正に注意すること

委任契約における委任者と受任者の地位や事務処理の内容によって、民法における委任契約の規律が一定の範囲で修正されていることがあるので、注意が必要である。事例3にあるような弁護士・依頼者間の契約の性質は一般に委任ないし準委任契約と解されているが、弁護士の専門性や職務の公共的な側面（弁護士法1条1項）から、たとえば、依頼者の請求がなくとも、受任事務の遂行状況につき適時に適切な報告と説明を行う義務があり（民法645条参照）、無報酬の原則は適用されず（民法648条参照）、委任の解除の自由にも一定の制約がある（民法651条1項参照）。また、事例2に類似する不動産仲介契約をめぐる法律関係において、仲介業者が委託の趣旨に従って適当と思われる取引の相手方を紹介したとしても、委託者側に応諾する義務はなく、その相手方との取引を拒絶することができるし、委託者は解除の自由を有するから、仲介契約が解除されたとしても、仲介業者は、原則として報酬や損害賠償を請求することができない（民法648条3項の準用はない）。このように、当該委任契約の趣旨を勘案しながら、民法の原則とその修正に配慮する必要がある。

(3) 明示の報酬特約がない場合の取扱い

委任は原則として無償であるから、委任契約に基づき報酬を請求する場合には、原則として報酬特約の存在が必要である（民法648条）。一方、商人がその営業の範囲内において他人のためにある行為をしたときは相当の報酬を請求す

ることができる（商法512条）。その場合、報酬特約の主張に代えて、受任者が商人であること、成立した委任契約の履行が受任者の営業の範囲内であることを主張する。不動産仲介に伴う報酬請求の事例では、報酬特約がなくとも、商法512条に基づき相当の報酬を請求することがある。このような事例では、報酬請求権の有無とともに、相当報酬額が争点となることが多い（国土交通省告示の報酬限度額〔宅地建物取引業法46条〕を請求した場合でも、その満額が認められることは少なく、一定割合を乗じたものが相当報酬と認定されることが多い）。

　他方、黙示の報酬特約や慣習による報酬請求権を認定できるケースもある。受任に際しては、その点の検討も必要となる。判例は、「弁護士の報酬額につき当事者間に別段の定めがなかった場合において裁判所がその額を認定するには」、事件の難易、訴額及び労力の程度だけからこれに応ずる額を定めるべきではなく、当事者間の諸般の状況を審査し、当事者の意思を推定して相当報酬額を定めるべきであるとしている（最判昭37・2・1民集16巻2号157頁）。

(4) 委任契約における委託内容の特定に留意すること

　委任契約をめぐる紛争は、受任者が行う事務処理をめぐり、委任契約の基礎にある信頼関係が崩れたことに端を発することが多い。究極には、受任者の事務処理内容が契約で求めていた水準に適合するのかをめぐって争われることになる。したがって、弁護士が受任するに際しては、契約で求められていた委託内容を具体的に特定し、それと受任者の活動内容とを照合させながら考察することが重要となる。たとえば、事例2では、甲地区の開発が委任契約の前提となっているところ、どのような開発計画を意図していたのか、被告E社が想定していた開発との関係で、甲地区の土地のなかで優先順位はあったのか（あるいは、甲地区の土地をすべて取得することが被告E社の意図する開発にとって必須であったのか）、開発のための前提条件にはどのようなものがあったのか（たとえば、いつまでに土地取得を完了しなければ開発が無意味になるなどの要素はあったのか）などの詳細を聴取し、委託内容である「甲地区の地権者からの土地の取得交渉」に附帯しているさまざまな要素を特定したうえで、このうちどの要素が委託内容として本質的要素になるのかを見極める作業が不可欠となる。

(5) 委任契約における受任者の義務に留意すること

　委任契約における受任者の本質的義務が善管注意義務（民法644条）である

ことは、(1)のとおりである。委任契約をめぐる紛争では、当該事案における善管注意義務の内容自体が争われることも多い。一般的には、受任者の地位・職業に照らして一般に期待される水準の注意義務であり、当事者間の知識・能力の格差、委任者の受任者に対する期待の程度などに応じて判断される。たとえば、事例 3 では受任者は弁護士である。弁護士は、国家資格を付与された専門家であるから、当然ながらその専門性を前提にした高度の注意義務を負う。弁護士は、専門家としての信頼を基礎に付与された裁量権を適切に行使して、依頼者の利益を最大化すべき義務を負う。その結果、弁護士の注意義務は、直接的な受任範囲にとどまらず、受任事項と密接に関連する事項に及ぶ（これを忠実義務として、善管注意義務と区別して論じる見解もある）。

また、委任事務の処理に際し通常なすべき付随的義務として、民法は、報告義務（民法 645 条）、受取物・果実引渡義務（民法 646 条 1 項）、取得権利の移転義務（民法 646 条 2 項）等を規定する。たとえば、報告義務に関連し、契約上明文化されている範囲を超えて、報告義務を広く認める判例があることに注意を要するところである（たとえば、フランチャイズ契約に関する最判平 20・7・4 判時 2028 号 32 頁）。

以上を前提に、受任に当たっては、当該委任契約から導かれる受任者の法的義務の内容とその範囲を正確に把握することも必要になってくる。事例 3 では、依頼者が弁護士料を支払わない理由として、「資力がないため損害賠償金を支払わないこと」が挙げられているが、このような類型の事例では、依頼者が弁護士料を支払わない背景に義務違反が隠れている可能性がありうる。弁護過誤訴訟の裁判例においてこれまでに蓄積されてきた弁護士の具体的義務（①適切な助言・主張立証をすべき義務、②説明・報告義務、③依頼者の権利を保全・確保すべき義務、④審判を受ける機会を保護すべき義務、⑤依頼者の上訴の機会を保護すべき義務）とこれらの義務に対応する弁護士職務基本規程の条文を参照しながら、義務違反を問われる余地がないかをあらかじめ検討しておくことも有用である。

4　争点整理手続のあり方

以下、事例 1 ないし 3 について、相談者が原告となり、相手方を被告として

提起した訴えが係属したことを前提として、争点整理手続のあり方を検討する。

(1) 相談事例1（学習塾の月謝）について

事例1では、原告Aが、被告Bに対し、準委任契約に係る委任事務処理報酬特約に基づく報酬請求をした。教室を退会する12月まで被告Bの子Cが通塾していた場合には、抗弁となる被告Bの言い分は考えにくい。しかし、Cが10月1日以降は受講していなかった場合には、2(1)オのとおり、10月分から12月分までの月謝を請求できるかどうかが問題となり、その場合、原告Aにおいて、特定商取引法42条所定の書面（契約概要書面及び契約書面）を交付したことを主張する必要がある。そのため、裁判所は、原告Aに対し、第1回期日前の段階で、AB間の入塾に関する契約書等を書証として提出するよう促しておくべきであろう（民事訴訟規則55条2項参照）。

(2) 相談事例2（委任事務の中途終了）について

ア　委任事務処理報酬特約に基づく報酬請求

事例2では、原告D社が、被告E社に対し、委任契約に係る委任事務処理報酬特約に基づく報酬請求（条件成就構成の場合）をしたのに対し、被告E社は、甲地区の土地全体の買収が短期間のうちにできなかったなどを理由に、原告D社に地権者からの土地取得交渉はとりあえず中止するように主張しているから、「被告E社からの中止要請がなくとも、原告D社が委任事務処理を完了できる状況にはなかったこと」（否認）を主張することが予想される。

その場合、少なくとも、原告D社と被告E社との間の委任契約の趣旨・目的、原告D社による委任事務の履行状況及び履行完了の蓋然性が問題になる。具体的には、甲地区の地権者からの土地の取得交渉に期限があったか、開発デベロッパーである被告E社が甲地区を開発する趣旨・目的、原告D社による地権者との交渉経過や見通しなどが争点となるだろう。ただし、契約の目的が契約書中に表示されているとは限らないし、表示された内容をそのまま認定できるとも限らない。裁判所としては、契約書の提出を求めて、その意味内容を吟味していくことが必要であることはもちろんであるが、当事者双方に対し、プロジェクト全体の経緯やその背景事実を広く主張するよう促し、できるだけ早期に紛争の全体像を摑んだうえで、真の争点を確定していく必要がある。

イ　立替費用償還請求及び事務処理費用償還請求

(ア)　事例2において、原告D社が、被告E社に土地取得費用2億円の立替費用償還請求をしたのに対し、被告E社は、土地取得費用が高額すぎることや接待費等を含む経費のうちに不要なものがあったと主張するほか（否認）、原告D社に善管注意義務違反があったこと、受取物引渡請求権と同時に履行されるべきであることを主張すること（抗弁）が考えられる。

受任者が委任事務を処理する際に善良な管理者の注意をもって必要と判断して支出した費用であれば、後日の結果からみて、必要でなかった費用も含まれるとされる（我妻V_3・682頁）。そのため、受任者が善管注意義務を尽くしたかどうか、すなわち、当該費用が必要であるとした判断が相当であったかが問題になる。たとえ購入価格が時価より高額であったとしても、それ自体が問題となるわけではない。

一方、受任者である原告D社が取得済みの土地については、委任契約終了時点で被告E社に引き渡さなければならない（民法646条1項）。この被告E社の受取物引渡請求権と原告D社の委任事務処理報酬請求権とが同時履行の関係に立つかについては議論があったが、改正後の民法648条の2及び634条は、委任事務の履行により得られる成果の引渡しと委任事務処理報酬の支払いとが同時履行の関係に立つことを明らかにし、中途終了の場合も同様とされている。そのため、被告E社からは、同時履行の抗弁が主張されることになるだろう。

(イ)　原告D社が、被告E社に経費800万円の事務処理費用償還請求をしたのに対し、被告E社としては、その内訳となる接待費等の必要な費用はあらかじめ報酬に算入して含まれていると主張することが考えられる。

民法650条1項の「費用」とは、受任者が委任事務処理の犠牲に供した財産上の価格のあるものをいうが、有償委任の場合、報酬のなかにある程度の費用が含まれているとみるべき場合が多い。こうした観点から、D社E社間の契約中の費用に関する合意内容が争われることになるだろう。なお、宅地建物取引業者の場合、宅地建物取引業法による報酬額の制限があり（46条）、これを超えた費用は請求できない。原告D社が受任した委任事務が宅地の売買の代理行為であるとすれば（2条）、この点の考慮も必要となるだろう。

ウ　被告E社が原告D社との契約を解除した場合

事例2において、被告E社が原告D社との契約を解除した場合、原告D社が、

被告 E 社に対し、委任契約解除に基づく損害賠償請求をするのに対し、被告 E 社としては、原告 D 社に約定報酬相当の損害があったことを否認するほか、解除がやむをえない事由に基づくものであること、その時点で解除することについてやむをえない事由があったこと（抗弁）を主張することが予想される。

民法 651 条 1 項は、「委任は、各当事者がいつでもその解除をすることができる」と定めるが、事務処理が委任者のためだけでなく、受任者の利益も目的とするときは、委任者は同条により委任を解除することができないとするのが判例である（大判大 9・4・24 民録 26 輯 562 頁参照）。ただし、委任は当事者間の対人的信用関係を基礎とする契約であることから、事務処理が受任者の利益を目的とするときでも、受任者が著しく不誠実な行動に出た等やむをえない事由があるときは、委任者において同条により委任を解除することができる（最判昭 40・12・17 集民 81 号 561 頁参照）。また、やむをえない事由がなくても、委任者が解除権自体を放棄したものとは解されない事情があるときは、委任契約を解除することができる（最判昭 56・1・19 民集 35 巻 1 号 1 頁）。そうすると、事例 2（被告 E 社による解除があった場合）においても、上記やむをえない事由があって、被告 E 社からの解除が許されるといえるかどうかという点や解除権自体を放棄したものとは解されない事情の有無が問題とはなりうるものの、上記判例の流れを踏まえると、任意解除の是非については、主要な争点とはならないだろうと予想される。

そして、委任者からの任意解除が認められる場合に関し、民法 651 条 2 項は、「当事者の一方が相手方に不利な時期に委任の解除をしたときは、その当事者の一方は、相手方の損害を賠償しなければならない。ただし、やむをえない事由があったときは、この限りでない」と定める。事務処理自体との関連において相手方に不利な時期をいうから、受任者についていえば、受任者が委任が継続することを予定して他の収入を得る機会を逸したときなどがこれに当たる。その場合には解除により相手方に生じた損害を賠償する責任がある。しかし、同項本文の要件を満たす場合でも、その時点で解除することについてやむをえない事由があったときは、解除者は損害賠償責任を負わない（同項但書）。そうすると、事例 2 においては、原告 D 社が委任終了により報酬残額を得られなくなることのみをもって、原告 D 社に不利な時期といえるか、同社が得べかりし残額報酬が同条 2 項の損害に当たるかどうかがまず問題となるだろう。次いで、平成 25 年 7 月 1 日時点で被告 E 社が解除したことについてやむをえ

ない事由があったかどうかが問題となる。

　解除の許否に関し被告E社による解除にやむをえない事由があったといえるかどうか及び損害賠償責任の存否に関しその時点で被告E社が解除したことについてやむをえない事由があったといえるかどうかの判断基礎となる事実は、相当程度重なり合う。また、これは条件成就構成の場合の被告E社による中止要請が条件成就を妨げたかどうか、中止要請がなければ委任事務処理を完了できた蓋然性が高かったかどうかの判断基礎となる事実とも重なり合う。

　そこで、裁判所は、損害賠償構成であっても、**ア**のとおり、当事者双方に対し、プロジェクト全体の経緯やその背景事実を広く主張するよう促し、できるだけ早期に紛争の全体像を掴んだうえで、真の争点を確定していく必要があるというべきである。

(3) 相談事例3（弁護士報酬）について

　事例3では、原告Fが被告Gに対し委任契約に基づく委任事務処理報酬特約に基づく報酬請求を行うのに対し、被告Gが、原告Fに対し、いまだHから損害賠償金の支払いを受けていないことを理由として、原告Fの委任事務処理が完了していないこと、委任事務の履行により得られる成果と同時に履行されるべきであることを主張することが予想される。

　委任事務の履行完了が、受任した訴訟の終了をいうのか、訴訟後の債権回収までを要するかについては、弁護士の報酬に関する事項を含む委任契約書がある場合には、受任範囲、報酬の算定方法、支払時期等の約定内容によって判断することとなる。これがない場合、委任事務処理報酬特約の存否も争いとなりうるが、弁護士が報酬の点に触れないで事件の依頼を受けた場合でも、報酬支払いに関し、当事者間に暗黙の合意があったと解されるから、争点とはしないだろう。報酬の算出基準について、当事者の明示の意思表示がないときは問題となるが、事件の難易、訴訟価額、事件に費やした労力の程度ばかりでなく、依頼者との平素からの関係、所属弁護士会の報酬規程等その他諸般の状況を調べ、当事者の意思を推測して決定すべきである（最判昭37・2・1民集16巻2号157頁参照）。裁判所としては、当事者双方から、こうした間接事実の主張立証がされるよう促すことになる。

　また、(2)イ(ア)のとおり、改正後の民法648条の2は、委任事務の履行により得られる成果の引渡しと委任事務処理報酬の支払いとが同時履行の関係に立つ

ことを定める。事例3では、被告Gから同時履行の抗弁が主張されたとしても、訴訟委任の成果は引渡しを要するものではないから、直ちに同条が適用される場面ではないように思われるが、併せて同条の「成果」の意義についても争点となることが考えられる。

5 主張立証活動の留意点

(1) 相談事例1（学習塾の月謝）について

事例1では、4(1)のとおり、特定商取引法42条所定の書面を交付したことを立証する必要がある場面が想定されるので、当初から、入塾に関する契約書等を書証として準備する必要がある。この準備が可能で、被告Bの子Cが12月まで通塾していた場合には、被告Bが争うのは基本的に困難であろう。

問題は、Cが10月以降は通塾していない場合である。契約書等を準備できる場合には、請求原因を概ね立証できると想定されるが、通塾していない3箇月分の月謝は支払いを拒否していることが当然に予想される。3箇月分を拒否する被告側の法的構成を考えながら、Cが10月以降通塾しなかった理由、12月をもって退会として取り扱った背景などを、当事者間のやりとりを含む関係証拠とともに把握しておくことが必要になってくる。

(2) 相談事例2（委任事務の中途終了）について

ア　初動における法律構成の選択の重要性

事例2における主張立証活動において最初に留意すべき点は、法的構成の選択である。初動における法的構成の選択の重要性は、本書でも随所で触れられているが、事例2では、報酬請求権の構成でいくのか、損害賠償請求権の構成を採るのか、また、いずれの場合でも、どのような理論構成を採用するのかについて、将来の展開を想定して戦略性をもって検討することが重要になってくる。

イ　報酬請求権の構成を採る場合の展開

報酬請求権の構成を採る場合、委任事務の履行を完了したこと（期間によって報酬を定めたときはその期間が経過したこと）が要件事実となる。しかし、報酬をめぐって紛争になる場合、事例2のように委任事務の一部を履行したにと

どまり履行を完了していないケースも多い。委任事務遂行中に不動産仲介業者を排除して直接契約を成立させてしまい、仲介業者が自らの仲介による契約の成立という事実を主張できないケースなども、「委任事務の履行の完了」を主張できない典型例である。このような場合には、2(2)イのとおり、民法130条の条件成就の妨害という構成で、条件成就により不利益を受ける者が条件成就を妨害したこと、それが故意にされたこと、妨害が信義則に反すること、妨害がなければ条件が成就したであろう相当の蓋然性（ただし、この要件の必要性については議論がある）、条件成就とみなす意思表示をそれぞれ主張立証することで、委任事務の履行の完了に代えることができる（最判昭45・10・22民集24巻11号1599頁参照）。

これに対し、委任者側は、委任契約の任意解除（民法651条1項）ができるから、これを抗弁として主張することが可能になる。この任意解除（遡及効のない告知）に関する判例法理は、4(2)ウのとおり、①当該委任契約が受任者の利益を目的とするときは基本的に解除が認められないこと（前掲大判大9・4・24民録26輯562頁。なお、「受任者の利益」は、委任事務処理と直接関係のある利益をいう）、②受任者の利益を目的とする場合でも、やむをえない事由がある場合には解除ができること（前掲最判昭40・12・17集民81号561頁、最判昭43・9・20判時536号51頁）、③受任者の利益を目的とする場合で、やむをえない事由がなくても、委任者が解除権自体を放棄したものとは解されない事情がある場合には解除ができること（最判昭56・1・19民集35巻1号1頁）の順に整理されてきている。結局、判例の到達点としては、③の「解除権自体を放棄したものとは解されない事情」を広く認めることと相俟って、ほぼ民法651条の文言に忠実な解釈に戻っているので、事案によっては、抗弁で、委任契約の任意解除が主張された場合には、この抗弁を排することが難しいという場面を想定しておかなければならないことになる。

　ウ　損害賠償請求権の構成を採る場合の展開

次に、委任契約の解除を前提に、損害賠償請求の構成で報酬相当額の支払いを求めていくという法的構成を検討する。2(2)オのとおり、民法651条2項に基づき、不利な時期における解除による損害賠償請求として構成すると、被告E社による中途解除が原告D社にとって不利な時期であることを主張立証することがまずは必要となる。不利な時期とは、あくまでも事務処理との関連において相手方に不利な時期をいい、事務処理完了を条件として報酬を与える特

約のある委任契約を中途解約する場合、それだけで不利な時期の解約とはならない。この点に配慮して構成を考える必要がある。また、本条にいう損害は、解約の時期が不当であることによる損害であり、他方、報酬は解約の時期にかかわらず解約されれば当然に失われるべきものであると考えると、報酬額が当然に損害とはならない。時期が不当であったことから生じる損害であることに焦点を当てた損害論の構成も必要となってくる。そのうえで、被告Ｅ社は、民法651条2項但書に基づき、「やむを得ない事由」を抗弁として主張してくるので、この点に対する備えも必要となってくる。

　このように要件事実から分析してみると、民法651条2項の適用に関しては、①不利な時期、②解約時期が不当なことによる損害、③やむをえない事由がそれぞれ問題となるが、これらは結局、被告Ｅ社による解除に正当性があるかに集約される。したがって、原告Ｄ社からみると、4(2)のとおり、プロジェクト全体の経緯や背景を主張したうえで、時系列に従い被告Ｅ社からの指示や被告Ｅ社への報告を詳細に主張し、委任完了の蓋然性に関連させて当該時期による解除が不当であることを主張立証していくことになる。そして、このことは、条件成就妨害の故意や条件成就の蓋然性の主張立証についてもほぼ重なることになる。

　なお、中途から不動産仲介業者を排除して契約を成立させた場合の報酬請求権の帰趨という典型論点につき、仲介契約を解除しない場合の構成は、民法130条説が実務上定着しているといえる。他方、仲介契約が解除された場合の法律構成としては、①民法130条説（この説には、解除の自由を認めながら、他方で解除自体を条件成就妨害行為とする点に問題があるとの指摘がある）、②商法512条説（同条は報酬特約がなくても報酬を請求できる根拠を提供するにとどまるから、契約が解除された場合になぜ根拠となるかにつき問題があるとの指摘がある）、③民法651条2項説（条文に忠実な構成で理論上の問題はないが、不利な時期ややむをえない事由に関する主張立証上の問題点は前記のとおりである）、④民法641条準用説（仲介契約の請負的性質に着目して、同条を準用して、得べかりし報酬相当額につき損害賠償できるという理論構成である。この説では、当然ながら、解除がなければ契約が成立したこと、すなわち、解除と損害との因果関係を主張立証することになる）、⑤相当因果関係説（仲介活動と契約成立との間の相当因果関係があるときは、自らの仲介により契約が成立したものとして、仲介活動の寄与度に応じて報酬を請求できるという考え方）などが主張されている。

(3) 相談事例3（弁護士報酬）について
　ア　事件の終了の意味に関する説明
　事例3においては、4(3)のとおり、委任事務の履行完了の意味が、受任した訴訟の終了であるのか、訴訟後の債権回収まで要するのかが問題となることが想定される。受任者である弁護士としては、事件の終了とは訴訟の終了であり、現実に判決で命じられたとおりの金銭回収という目的が実現するかどうかは、別の「事件」である民事執行の問題であって、執行の目的が実現していないとしても成功報酬を請求できると考えているはずである。弁護士は、相手方の支払能力までも担保できるものではないというのが実質的理由であり、事件の個数としても、民事保全、訴訟（審級代理）及び民事執行は、それぞれが一つの事件を構成し、事件の終了とは訴訟の終了を意味するというのが形式的理由である。

　しかし、依頼者からすれば、勝訴判決を取得することが依頼の目的ではなく、その先にある実際の金銭の回収や代金の支払いこそが、成功報酬にいう成功であり、依頼目的の達成であると考えるのが自然の感情であろう。訴訟委任契約書において、報酬金の支払時期を「事件の処理が終了したとき」と記載されることも多いが、これだけでは依頼者にとって必ずしも意味が明確とはいえない。

　弁護士職務基本規程は、弁護士報酬につき、「弁護士は、経済的利益、事案の難易、時間及び労力その他の事情に照らして、適正かつ妥当な弁護士報酬を提示しなければならない」（24条）、「弁護士は、事件を受任するに当たり、依頼者から得た情報に基づき、事件の見通し、処理の方法並びに弁護士報酬及び費用について、適切な説明をしなければならない」（29条1項）、「弁護士は、事件を受任するに当たり、弁護士報酬に関する事項を含む委任契約書を作成しなければならない」（30条1項本文）と規定する。そして、通常は「事件の処理が終了した」ことの意味が訴訟の終了にあることを説明しているはずである。そこで、原告Fとしては、事件の終了の意味について事前の説明義務を尽くしていることが主張立証活動の最初のポイントとなるであろう。

　イ　経済的利益に関する説明
　依頼者が支払いをしない理由が、報酬算定の前提となる「経済的利益」をめぐる認識の相違という場合もありうる。弁護士報酬は、経済的利益に一定割合を乗じて計算されることが多い。たとえば、交通事故のケースで、事前に保険会社が一定の金額の支払いを提示していたが、被害者がそれを不満として弁護

士に訴訟を委任した場合や自賠責保険の適用がある場合に、報酬算定の前提となる実質的な経済的利益をどのように考えるかで、弁護士と依頼者の認識の相違が出る場合もある。この場合、経済的利益に関する説明義務を尽くしているかどうかがポイントとなるだろう。

6　事実認定のポイント

(1)　条件成就の蓋然性の存否が争点の場合

　条件成就の蓋然性の認定については、不動産仲介において、契約の締結やその仲介を委託した後に、委任者が委任契約を解除して、受任者が探してきた相手と直接契約を締結したときに、受任者は所定の報酬を請求できるかが問題となった事案が参考になる。判例は、受任者の仲介斡旋活動と時期を接しているのみならず、その売買価額においても、受任者の仲介活動によりあとわずかの差を残すのみで間もなく合意に達すべき状態であったところ、受任者が委任者と相談した価額を上回る価額で成立したという事実経過を踏まえ、民法130条により条件が成就したものとみなして報酬請求を認めた（前掲最判昭45・10・22民集24巻11号1599頁）。これを踏まえると、事例2において、条件成就の蓋然性があったと認めるには、原告D社による残り30％の土地の取得交渉について、相当具体的な成約の見通しが立っていたという事実が必要だろう。

(2)　弁護士報酬の算出基準が争点の場合

　4(3)のとおり、弁護士報酬の算出基準については、事件の難易、訴訟価額、その他諸般の状況を調べ、当事者の意思を推測して決定すべきである。しかし、これは容易ではない。たとえば、受任範囲が訴訟であった場合でも、被告欠席で終了する事件と裁判期日を重ねて対席判決となる事件とではおのずと報酬も異なるように思われるが、対席判決となった事件における弁護士の訴訟活動は一様でないから、報酬算定の基準となりうる事実も多岐にわたる。
　事例3では、訴訟終了後、委任者が相手方から債権回収できない事態が生じている。報酬金の算定に関し、判決における請求認容額をもって委任者が受けた経済的利益と評価できるかについては、訴訟委任前の交渉経過やFG間の相談状況だけでなく、訴訟中の和解経過（相手方Hとの交渉経過、Hの経済状況だ

けでなく、FG間の打合せ経過等も関係しうる）などの間接事実も踏まえて認定する必要があるだろう。

7　予想される抗弁以下の攻撃防御の展開

(1)　相談事例1（学習塾の月謝）

　事例1において、通塾していない3箇月分の月謝の支払いを拒否するための被告Bの法的構成としては、黙示の意思表示を前提にした民法651条による任意解除を主張すること（抗弁）が考えられる。黙示の意思表示の要件事実に関し、主要事実説によれば、黙示の意思表示を基礎付ける具体的事実が要件事実となる（これに対し、個々の具体的事実を総合して推認される意思表示が別個に存在し、この意思表示を主要事実と考える場合には、個々の具体的事実は間接事実となる）。本件では、Cが通塾していないという事実とそれに関連する事実を主張して、黙示による解除の意思表示を基礎付けることになるが、単に通塾をやめたというだけで解除の意思表示を基礎付けることは難しい。本件では、10月以降の月謝が支払われていないという事情があるところ、10月から通塾していない背景について、原告Aと被告Bないしその子Cとの間でなんらかのやりとりがされているはずであるから、これらの関連事実を併せて主張することにより、黙示の意思表示を基礎付けていくことになるだろう。

(2)　相談事例2（委任事務の中途終了）

　事例2で約定報酬全額を請求する構成として、報酬請求権の構成と損害賠償請求権の構成があること、前者の構成では、解除の抗弁が提出されることが想定されること（解除権の根拠として、任意解除を検討したが、原告D社の善管注意義務違反を理由とする債務不履行解除を被告E社が主張することもありうる）、後者の構成の代表例として民法651条2項による構成を採用した場合、不利な時期、解約時期が不当なことによる損害の内容、やむをえない事由の有無がそれぞれ主張立証上の課題となることは、5(2)ウのとおりである。また、立替費用償還請求及び事務処理費用償還請求については、4(2)イのとおり、結果的に不必要であった費用でも受任者が相当の注意をもって判断して必要と判断した費用を含むので、抗弁としては、当該費用の支出が相当でないこと、及び当該費用支

出について過失があることの評価根拠事実を主張する必要がある。

(3) 相談事例3（弁護士報酬）

事例3は、事件の処理が終了したときの解釈、経済的利益の有無など請求原因事実の有無をめぐる争いが想定され、抗弁以下の攻撃防御方法の展開は基本的に想定されないが、4(3)のとおり、善管注意義務違反に基づく損害賠償請求権を被告Gは反対債権として主張できるようなケースでは、相殺の抗弁が争点となることもありうるだろう。

8 紛争解決方法（和解・判決）の選択及び紛争解決の留意点

(1) 中途解約の場合の報酬請求をめぐる紛争の解決

民法130条により条件成就とみなされた場合、約定報酬の全額を請求できることになるように思われるが、同条の適用を認めたうえで、同条の趣旨や信義則の法理などから、寄与度など諸般の事情を考慮して相当の範囲に制限する裁判例がみられる（大阪地判昭55・12・18判タ470号152頁、東京地判昭56・6・29判時1022号74頁参照）。衡平の観念に基づくものと考えられるが、紛争解決方法として参考になる。そして、こうした方法による場合、当事者双方の事情を踏まえた和解の選択が合理的というべきであろう。

また、損害賠償構成によった場合でも、結局、既履行割合に相当する報酬金を超える損害が認められる場合は限定的であるから、その解決基準は中途終了の場合の報酬請求（民法648条3項）の場合と接近する。

こうしてみると、事例2では、上記いずれの構成をとった場合でも、解決金額に大きな差が生じるものとは考えにくいように思われる。

(2) 弁護士報酬の場合

6(2)のとおり、弁護士報酬の算出基準の認定は、具体的な根拠をもとに積算していくことに困難を伴うから、最終的には、訴訟に現れた間接事実を踏まえて、裁判所が裁量的に判断することにならざるをえない。裁判所としては、こうした判断について、いきなり判決中で結論を示すのではなく、まずは和解を

勧試したうえで、双方が指摘する間接事実に対する評価を交えて心証開示を行いながら、和解による解決の可能性を模索すべきであろう。

　事例3でも、訴訟前にFG間の紛議調停を経ていることが考えられるから、訴訟段階での和解による解決は容易ではないが、裁判所が開示する心証を踏まえ、当事者と十分な意見交換をすることは紛争解決を目指す上で有益であろう。

9　おわりに

　最後に、今回の債権法改正において、本章で検討した委任に関する主要な論点である「受任者の報酬請求」と「任意解除と損害賠償」がどのように整理されたかについて、簡単に触れておきたい。
　まず、委任は、事務処理の労務に対し報酬を支払う従来の「履行割合型」と事務により得られる成果に対し報酬を支払う請負に類似する「成果完成型」に区別され、報酬の支払時期に関する規定が整理された（改正後の民法648条2項、648条の2第1項）。履行割合型では、①委任者の責めに帰することができない事由によって委任事務の履行ができなくなったとき、②委任が履行の中途で終了したときを区別したうえで、いずれについても、割合的報酬請求ができるとされた（同法648条3項。なお、「委任者の責めに帰することができない事由」は、報酬の一部請求をする場合には、要件事実とはならないと解される。換言すれば、その余の要件が認められれば、一部につき報酬請求権は発生する。この表記は、委任者の責めに帰すべき事由により事務処理ができない場合には、同法536条2項の趣旨に従って報酬全額の請求を認めることを規定上排除しないことを明らかにするものと考えられる）。また、成果完成型では、請負に関する改正後の民法634条が準用され、成果の可分な部分から委任者が利益を受ける割合に応じた報酬請求が肯定されている（同法648条の2第2項）。したがって、今後は、委任における報酬合意が、履行割合型なのか成果完成型なのかを確定したうえで、上記の要件に従って報酬請求を組み立てていくことになる。
　また、委任は各当事者がいつでも解除をすることができるという任意解除に関する原則論については、現行法の規律が維持された（改正後の民法651条1項）。そして、改正後の民法651条2項は、やむをえない事由があった場合を除き、不利な時期に解除したとき、及び委任が受任者の利益（専ら報酬を得ることに

よるものを除く）をも目的とする委任を解除したときは、相手方に損害を賠償しなければならない旨明記された。このように、解除の是非をめぐり、判例法理として整理した「受任者の利益」、「やむをえない事由」、「解除権放棄の有無」が明文化されることはなく、解除自体は原則として無条件に認められる方向に整理され、それに伴う調整は損害賠償に委ねられることになった。

第10章
所有権侵害をめぐる紛争

佐々木 健二
植松 祐二

1 はじめに

本章では、民事裁判実務における典型的な紛争の一つである所有権侵害をめぐる紛争について、その解決に必要な主張立証上の基本事項や事実認定における考え方を提示したうえで、紛争解決に必要なポイントを明らかにし、そのために法律家が理解しておかなければならない事柄について説明するとともに、紛争解決の留意点についても説明することとしたい。

2 事例

事例1では不動産の所有権侵害をめぐる典型的な事例を、事例2では通路通行妨害をめぐる事例をそれぞれ取り上げ、依頼者の主張から構成できる権利及びその存在を基礎付けるために必要な事実(主要事実)について考える。

(1) 相談事例1

> 私(A)は、平成10年1月11日に父(Z)所有の甲土地を相続に基づいて取得しました。ところが、平成27年6月1日以降、Bが甲土地上に乙建物を建てて不法に甲土地を占有しています。Bに対して、乙建物を収去して甲土地の明渡しを求めるとともに損害賠償を請求したいと思います。

ア　事例1では、Aは、Bを相手に、所有権に基づく返還請求権としての甲土地の明渡請求と甲土地の所有権侵害の不法行為に基づく損害賠償請求を行うことになる。

　イ　所有権に基づく返還請求権としての不動産明渡請求訴訟

　所有権に基づく物権的請求権については、通説は、占有訴権における占有回収の訴え（民法200条）、占有保持の訴え（同法198条）及び占有保全の訴え（同法199条）に対応して、①他人の占有によって物権が侵害されている場合の返還請求権、②他人の占有以外の方法によって物権が侵害されている場合の妨害排除請求権、③物権侵害のおそれがある場合の妨害予防請求権の3類型に分類している（新問研54頁）。

　本件では、Aは、「父（Z）所有の甲土地を相続に基づいて取得しました」、「Bが甲土地上に乙建物を建てて不法に甲土地を占有しています」と、Bの占有により甲土地の所有権が侵害されていると述べているので、Aは、Bを相手方として、所有権に基づく返還請求権としての甲土地の明渡請求をすることになる。

　そして、所有権に基づく返還請求権を発生させるための実体法上の要件については、①請求者がその不動産を所有していること、②相手方がその不動産を占有していることであり、請求者であるAは、これらの事実を主張立証する必要がある。なお、相手方が占有権原を有しないことは明渡請求権の発生要件ではなく、相手方が占有権原を有することが発生障害要件と解される（最判昭35・3・1民集14巻3号327頁）（新問研58頁、類型別47頁）。

　上記①について、請求者が現在（口頭弁論終結時）において不動産を所有していることが必要であり、その要件事実は請求者の所有権取得原因となる具体的事実であるが、現在若しくは過去の一時点における請求者又はその前主等の所有について権利自白が成立する場合には、請求者は、請求者又はその前主等の所有権取得原因となる具体的事実を主張立証する必要がなく、権利自白が成立した以降について請求者以外の者の所有権取得原因事実が立証されないかぎり、請求者の所有権が現在も存続しているものと扱われる（新問研59頁、類型別47頁）。本件で、AB間で、Aが甲土地を現在所有していること自体に争いがないのであれば、Aは、Aが父Zから相続により甲土地を取得した事実を主張立証する必要はない。他方、Aが現在甲土地を所有していることに争いがある場合、たとえば、Bが本件土地をAから売買により取得したと主張する場合であっても、AB間の売買が行われた時点でのAの所有（もと所有）に

については当事者間に争いがないと考えられるから、Ａはその時点での甲土地の所有を主張すれば足りる。

　上記②について、相手方による妨害状態として、相手方が現在（口頭弁論終結時）においてその不動産を占有していることを主張立証しなければならない（現占有説）。相手方が土地上に建物を所有して占有しているとして建物収去土地明渡しを請求する場合には、建物収去の主文を導くため、占有についての争いの有無にかかわらず、相手方が土地上に建物を所有して土地を占有していることを主張しなければならない（類型別59頁）。

　　ウ　所有権侵害の不法行為に基づく損害賠償請求
　所有権に基づき不動産の明渡しを請求する場合には、附帯請求として所有権侵害の不法行為に基づく損害賠償請求権に基づき、不動産の使用収益を妨げられたことによる損害金（賃料相当損害金）を請求するのが通常である（類型別52頁）。

(2)　相談事例2

> 　私（Ｃ）は、丙土地を所有し、同土地上に丁建物を建てて住宅として使用しています。私は、これまで長い期間、丙土地から公道に出るために、Ｄが所有する戊土地上の通路部分（以下「本件通路部分」という）を通って出ていました。ところが、なにが問題であったかはわかりませんが、平成28年4月1日になって、Ｄが通路部分にフェンスを設置して私が通行できないようにしてしまいました。Ｄに対してフェンスの撤去を求めたいと思います。また、今後、通路部分にフェンス等を設置してはならないことを認めてもらいたいと思います。

　　ア　事例2では、Ｃは、戊土地の所有者であるＤに対し、物権又は債権に基づき、Ｃの本件通路部分の通行を妨害しているフェンスの撤去を求め、今後そのような妨害を行わないことを求めることとなる。
　本章では、長年にわたり本件通路部分を通行してきたとする本件事例に即して、物権として囲繞地通行権（民法210条）及び通行地役権を取り上げ、債権として賃借権を取り上げる。
　なお、実務上は、妨害工作物の撤去や通行を妨害しないことを求める請求と

併せて、本件通路部分の通行権を有することの確認請求も併せてされることが多く見受けられる。

　イ　囲繞地通行権（民法210条）

　囲繞地通行権とは、他の土地に囲まれて公路に通じない土地（袋地）の所有者が、公道に至るため、その土地を囲んでいる他の土地（囲繞地）を通行することができる権利である（民法210条1項。同条2項に規定する準袋地の場合も同様である）。囲繞地通行権は、隣接する不動産の利用の調整を目的とする相隣関係の一つであり、袋地・準袋地の効用を全うさせるため、社会経済的見地から、囲繞地に対し法律上当然に発生する通行権である。囲繞地通行権の発生要件である袋地は、ある土地が他人の土地に囲まれて公路に全く通じていない場合（絶対的袋地）がこれに該当するほか、公路に通じる通路はあるが、囲まれている土地の利用には不十分な場合（相対的袋地）もこれに該当する（通説判例は、土地の形状、面積及び用途等を考慮して、その土地に相応しい利用をするためにはその通路が不十分である場合には、なお囲繞地通行権を認めるのが相当であると解している〔『最高裁判所判例解説　民事編　平成18年度（上）』（法曹会）357頁〕）。そして、囲繞地通行権は物権であるから、これを主張する者が袋地を所有し、その相手方が囲繞地を所有している必要がある。

　もっとも、囲繞地通行権はその性質上囲繞地の所有者に不利益を与えるものであるから、その通行が認められる場所及び方法は、囲繞地通行権を有する者のために必要にして、かつ、囲繞地のために損害が最も少ないものでなければならず（民法211条1項）、通行権の認められるべき範囲（通路の場所、通路の幅等）は、通行を認める必要性、周辺の土地の状況、通行が認められることにより囲繞地所有者が被る不利益等を総合考慮して具体的に判断されることとなる。本件では、Cは、同人が所有する丙土地が袋地であること及びDが所有する戊土地が囲繞地であること（絶対的袋地又は相対的袋地の成否）、囲繞地通行権の内容として、Dが所有する戊土地上の本件通路部分が丙土地からの通行にとって適切な場所、方法であることを主張立証することとなる。

　ウ　通行地役権

　通行地役権は、他人の土地を通行することを内容とする物権である。通行地役権は原則として当事者間の設定行為により発生する権利であり、要役地が袋地であるかどうかにはかかわらない。

　本件で、CとDとの間に、本件通路部分を対象とする地役権設定契約があ

る場合には、Cはその事実を主張立証することができる。通行地役権は物権契約であることから、通行地役権の発生原因事実としては、①CD間で本件通路部分を目的とする通行地役権設定の合意がされたこと、②Cが①の時点で要役地（本件では丙土地）を所有していたこと、③Dが①の時点で承役地（本件では戊土地）を所有していたことを主張立証することとなる。上記①の合意には、明示によるもののほか、黙示による合意も含まれる。黙示による合意を主張する場合の主要事実をどのように考えるかについては、黙示の合意を推認させる具体的事実を主要事実とする考え方（主要事実説）と、推認される意思表示自体が主要事実とする考え方（間接事実説）がある（要件事実(1) 42頁）。いずれの見解にしても、早期に争点を明確化させるという観点からすれば、黙示の意思表示の成立を推認させる具体的事実については、訴状あるいは訴訟手続の早期に提出する準備書面に整理して主張するのが相当であろう。

　上記契約が存しないか、その存在の立証が困難と考えられる場合であっても、長年にわたり利用してきたという本件事案では、通行地役権の時効取得（民法283条、163条）を主張立証することも考えられる。民法283条は、地役権は、継続的に行使され、かつ、外形上認識することができるものにかぎり、時効により取得することができると定めている。この点、判例は、上記「継続」の要件は、要役地の所有者によって承役地の土地の上に通路が開設されたものであることを要すると解している（最判昭30・12・26民集9巻14号2097頁）。既存の通路を通行するだけでは断続的な利用にすぎないものであり、非継続的または外形上認識できない場合に時効取得を認めると、所有者が非継続的な利用を好意で黙認しているときや、利用されていることを知らないで過ごしているときに時効取得が成立し、所有権が制限されてしまうことになるのは妥当ではないからである。したがって、本件では、Cが要役地を、Dが承役地を所有していることに加え、Cが本件通路部分を自ら開設したこと、時効取得の要件（民法163条、162条）を満たすことを主張立証することとなる。この時効取得の要件は、長期取得時効の場合には自己のためにする意思をもって、平穏、公然に20年間を行使したこと、短期取得時効の場合には自己のためにする意思をもって、平穏、公然に10年間行使し、権利行使開始の時に善意かつ無過失であること（上記同条）であり、いずれも取得時効を援用する意思表示が必要である（不確定効果説・停止条件説。最判昭61・3・17民集40巻2号420頁）。もっとも、上記平穏、公然及び善意は、これが推定されるとの規定（暫定真実。民

法205条、186条1項）があり、20年間ないし10年間の行使については、行使の継続が推定されるとの規定（民法205条、186条2項）があることから、Cとしては、長期取得時効の場合には、行使を開始した事実（本件通路部分の通行を開始したこと）及び20年間が経過した際にも行使していた事実と時効援用の意思表示を、短期取得時効の場合には、行使を開始した事実（本件通路部分の通行を開始したこと）及び10年間が経過した際にも行使していた事実と時効援用の意思表示に加えて、行使を開始した時における無過失の事実を主張立証すれば足りる。

エ 賃借権

本件で、CとDとの間に、本件通路部分を対象とする賃貸借契約がある場合には、Cはその事実を主張立証することができる。この合意に明示のもののほか黙示のものも考えられること、黙示の合意の場合について主張立証すべき事実については通行地役権の場合と同様である。

上記契約が存しないか、存することの立証が困難と考えられる場合であっても、長年にわたり利用してきたとの本件事案に即して、賃借権の時効取得（民法601条、163条）を主張立証することが考えられる。判例は、一般論として、土地の継続的な用益という外形的事実が存在し、かつ、それが賃借の意思に基づくことが客観的に表現されているときは、賃借権の時効取得が可能であると解している（最判昭43・10・8民集22巻10号2145頁）。本件で、たとえば、CとDとの間に土地に関する賃貸借契約があり、同契約に基づき賃料を支払っているが、本件通路部分が賃貸借の対象に含まれるか否か争いがあり、賃貸借の対象に含まれるとは認められない場合や、その立証が困難である場合などには、本件通路部分の賃借権の時効取得を主張立証することが考えられよう。

3 弁護士が受任に際して検討すべき事項

(1) 相談事例1について

ア 依頼者が土地所有者（A）である場合

(ｱ) Aの請求は、Aが甲土地を所有していることが前提となっているから、相談を受けた弁護士としては、Aが甲土地の不動産を所有していることを明らかにする書類を確認する必要がある。通常は登記事項証明書によって確認す

ることができるので、甲土地の登記事項証明書を持参させるなどして確認をする。その結果、甲土地の所有権が相続を原因としてAに移転したとの登記がされている場合には、甲土地はAの所有であるとの前提で検討することでよかろう。他方、甲土地がAの名義となっていない場合で、ZからAへの相続登記が未了というのであれば、相続関係を明らかにする書類（戸籍謄本、遺産分割協議書）を確認する必要がある。

　また、収去を求める乙建物は、Bが所有していることが前提となるから、この点を登記事項証明書等の書類で確認する必要がある。これらの書類を確認することで、Bがする主張をある程度予測することも可能である。たとえば、乙建物が居宅として新築された建物であり、その建築のために金融機関から借入れをし、抵当権設定登記までされている場合には、金融機関の審査との関係で、乙建物を建築する段階でBが甲土地の権原（所有権、借地権）を有していなかったとは考えにくく、Bからは、自身が正当な権原を有しているとの主張、たとえば、B自身が甲土地の所有者であるとか、甲土地を利用する権原を有しているとの主張がされるであろうと予測することができる。

　そして、弁護士への相談に至るまでには両者間でやりとりがあるのが通常であろうから、弁護士としては、登記事項証明書の内容の確認のほか、AからBとのやりとりを聴取して、Bから予想される反論がどのようなものか聴取する必要がある。AB間で売買契約や賃貸借契約等の契約を証する書面が存するのであれば、AB間の争いがその契約の成立自体の争いであるのか、契約の成立自体は争いがないがその終了（契約の解除など）の成否や有効無効（虚偽表示など）をめぐる争いであるのか、さらに踏み込んで聴取する必要があろう。

　(イ)　以上のような点を検討したうえで、甲土地の所有権の帰属の争いとなると考えられる場合、甲土地の占有権原の存否の争いとなると考えられる場合に分けてさらに検討する。

　(i)　甲土地の所有権の帰属の争いとなると考えられる場合
　Bが甲土地の所有権を取得したと主張する場合、BがA又Zが甲土地をもともと所有していたことまで争うことは考え難く、Bからは、Aが甲土地の所有権を喪失し、甲土地がBの所有となったと主張されることが考えられる。

　こうした所有権喪失原因としては、まず、AB間の売買による所有権喪失が考えられる。この場合、Aとしては売買契約が存在しないと主張するかもしれないし、また、売買契約が存する場合であっても、同契約の終了事由がある

（解除など）、又は同契約の発生障害事由がある（虚偽表示無効など）と主張することも考えられる。弁護士としては、依頼者が、なぜBには甲土地の所有権がないと考えているかを聴取し、具体的には依頼者から登記事項証明書上所有者が誰とされているか（A又はZであるか、Bであるか）、売買契約書があるか、売買契約書に定めた代金の支払いがされているか、契約の終了事由（解除）や無効原因（虚偽表示など）を主張しうる事情があるかなどの点について踏み込んで事情を聴取し、必要な証拠を収集、分析したうえ、Bからの所有権喪失の主張（抗弁）を積極否認して排斥することができそうであるか、再抗弁としてAが終了事由又は発生障害事由を主張立証することができそうであるかを検討する必要がある。

　また、AB間（又はZB間）には売買契約書がない場合（売買契約自体がないか、あることがうかがわれるが客観的な証拠が存しない場合）であっても、Bが長年甲土地を占有した事実が存する場合には、Bから時効取得の主張がされることも考えられる。弁護士としては、Bがどの程度の期間甲土地を占有しているかを聴取して、Bから長期取得時効（20年間）の主張と短期取得時効（10年間）の主張のいずれが主張されそうであるかを予測し、予測した取得時効の主張に対して再抗弁の事実（上記期間のある時点での不占有〔類型別69頁〕、短期取得時効についての無過失の評価障害事実）が主張立証できそうであるか否かを検討する必要があろう。

　(ⅱ)　甲土地の占有権原の存否の争いとなると考えられる場合

　占有権原としてまず考えられるのは、AB間の賃貸借契約による賃借権である。この場合、Aとしては賃貸借契約が存在しないと主張するかもしれないし、また、賃貸借契約が存する場合であっても、同契約の終了事由（債務不履行解除や、特約に定めた終了原因）や無効原因（虚偽表示など）が存すると主張することも考えられる。弁護士としては、依頼者が、なぜBには甲土地の賃借権がないと考えているかを聴取し、具体的にはAB間に甲土地の賃貸借契約書が存するか、賃料は支払われているか、賃料不払期間はどの程度であるか、特約に定めた終了原因の発生原因事実が生じているか、解除の意思表示はされているかなどの点について、依頼者から踏み込んで事情を聴取し、必要な証拠を収集、分析したうえ、Bからの占有権原の主張（抗弁）を積極否認して排斥することができそうであるか、再抗弁として終了事由又は発生障害事由を主張立証することができそうであるかを検討する必要がある。この点について、賃貸借

契約が継続的な信頼関係を基礎に置く契約であることからすると、たとえば賃料不払いの債務不履行事由があり、解除の意思表示がされた事実は確認できたとしても、相手方から解除の主張が信義則に反するとの主張がされる場合も十分に考えられる。弁護士としては、こうした点にも留意して、依頼者から事情を聴取し、必要な裏付けの存否を検討することになろう。なお、不動産の所有者が賃貸人でもある場合には、所有権に基づく返還請求権としての明渡請求権と賃貸借契約の終了に基づく目的物返還請求権としての明渡請求権のいずれを訴訟物にすることも可能であるが、所有権の帰属にも、賃貸借契約の存在についてもいずれも争いがないと考えられる場合には、端的に賃貸借契約の終了に基づく目的物返還請求権としての明渡請求権と構成することが相当であろう。

次に、占有権原としては、使用貸借の主張がされることも考えられる。AないしZとBに親族関係等の関係がある場合には、そうした人間関係を背景として使用貸借契約が締結されることがある。この場合、必ずしもその存在を証する書面が作成されるとは限らないから、争点としては、使用貸借契約の存否も、終了事由の存否も、いずれも考えられるところである。弁護士としては、依頼者から、相手方との人間関係はどのようなものか、依頼者が使用貸借契約の存在を否定しているのか否か、相手方はなぜ使用貸借契約が存すると主張しているのか、依頼者はなぜ使用貸借契約が終了したと考えているのかを聴取し、これらのことの裏付けとなる証拠が存するかを検討する必要があろう。なお、使用貸借契約をめぐる紛争については、本書第7章で取り上げることとする。

(ウ) 争点・紛争解決方法の検討

上記(ア)、(イ)を踏まえると、争点となりそうなのは、A（又はZ）とBとの間の契約（売買契約、賃貸借契約等）が存するか否か、存するとしてその終了、発生障害事由が認められるか否か、Bに取得時効が認められるか否か（取得時効の成立、障害事由の存否）ということになりそうである。相談を受けた弁護士としては裁判外で相手方との調整を試みることも必要であろうが、相手方としても現に土地上に建物を建築していることから、依頼者からの相談に沿った和解を実現することは実際には難しいであろう。

そうすると、裁判所の手続による紛争解決方法を検討することとなるが、弁護士としては、依頼者からの聴取内容や立証の見込みの程度、依頼者と相手方との人間関係（親族関係の有無など）を勘案し、民事訴訟手続による解決、調停手続による解決（建物収去土地明渡調停〔民事調停〕、親族間紛争調停〔家事調停〕

など）などのなかから、その事案に相応しい紛争解決手続を検討する。なお、Bが乙建物を他者に譲渡するおそれがあるようなときは、建物収去土地明渡請求権を保全するための建物の処分禁止の仮処分（民事保全法55条）等の保全手続をとることも検討する必要がある。

　イ　依頼者が建物所有者（B）である場合（争点・紛争解決方法の検討）

　建物所有者としては、自身に建物の敷地となる土地についての正当な権原があると考えているのが通常であろうし、その権原は依頼者が主張立証すべき抗弁事由となるから、弁護士としては、依頼者がいかなる権利を有していると考えているかを聴取し、その裏付けがあるか検討することとなる。また、相手方から予想される主張に対しても、その対応を検討する必要がある。

　依頼者が建物所有者（B）である場合の事情聴取や調査分析の視点は、おおむね依頼者が土地所有者（A）である場合と同様で、すなわち、建物所有者である依頼者が売買によって甲土地の所有権を取得したと考えているのであれば、登記事項証明書上所有者が誰とされているか、売買契約書が存するか、売買代金を支払っているか、仮に売買契約書が存しないか、登記事項証明書の所有者がBになっていないなど、Bが所有者であることが明確になっていないという事情があればそれはなぜかなどの点について、また、長年甲土地を占有していたことを理由として甲土地の所有権を取得したと考えているのであれば、いつから占有を開始したのか、占有は継続されているのか、期間中に不占有の時期はないか、占有開始時に甲土地の所有者についてどのように認識していたか（無過失の評価根拠事実、評価障害事実）などの点を依頼者から聴取し、これらのことの裏付けとなる証拠を検討する必要があろう。また、Bが甲土地の賃借権を主張しているのであれば、賃貸借契約書の存否、賃貸借契約書がない場合には契約の成立を裏付ける間接事実はどのようなものがあり、他方でなぜ賃貸借契約書が作成されていないのか、賃料支払状況はどうか、解除の意思表示がされているかなどの点を調査検討する必要がある。Bが甲土地の使用借権を主張している場合には、相手方との人間関係はどのようなものか、依頼者はなぜ使用貸借契約が存すると考えているのか、相手方がなぜ使用貸借契約が終了したと考えているのかを聴取し、これらのことの裏付けとなる証拠が存するかを検討する必要があろう。

　そして、分析検討の結果、依頼者の主張の裏付けが強いものではない（抗弁の成否）か、相手方Aの反論（再抗弁）が成り立つ可能性が高い事案だという

のであれば、Aと徹底的に争うことは、Bにとって適切な解決を図る余地をかえって少なくし、得策ではないこともある。そのような場合には、主張すべき点は主張するが、並行して和解解決の道も探るという柔軟な姿勢で臨む必要があり、その旨を依頼者に説明しておくべきであろう。

(2) **相談事例2について**
ア 依頼者が通行妨害をされた者（C）である場合
(ア) 依頼者から事情を聴取し、本件通路部分についてどのような法的権利があると構成することができそうか検討する必要がある。その前提として、相談を受けた弁護士としては、依頼者から、本件通路部分を利用するに至った経緯、利用していた期間、利用するについて対価の支払いの有無、利用が妨げられるに至った近時の事情などを聴取するとともに、相手方とのこれまでの接触状況から予想される反論を把握する必要がある。また、弁護士としては、丙土地と戊土地の位置関係、本件通路部分の位置及び形状は、法的主張を検討するうえで重要である（たとえば、袋地に当たらないことが関係する土地の形状や位置関係に照らして明らかであれば、囲繞地通行権を主張するわけにはいかないであろう）から、現地に赴いて確認することが必要であろう。そして、囲繞地通行権及び通行地役権の場合は、係争地を当事者が所有していることが前提となるから、所有関係を確認することが必要である。

(イ) 以上のような点を検討したうえで、利用権原の発生原因に着目し、当事者間の合意による利用権原（通行地役権、賃借権）の場合、合意によらない利用権原（囲繞地通行権、時効取得〔通行地役権、賃借権〕）の場合に分けてさらに検討する。

(i) 当事者間の合意（通行地役権、賃借権）による利用権原
当事者間の合意を証する書類（契約書、確認書）が存するか否かを確認し、これが存する場合には、書類が存するにもかかわらず、相手方が依頼者の利用権原を否定しているのはなぜか（利用権原の終了事由の主張の存否等）を聴取して紛争の実情を把握する必要がある。

他方、そうした書類は存在しないが、依頼者が、相手方との合意があったと主張している場合には、合意があったと立証できそうなのか、その依頼者の言い分、本件通路部分の開設者、利用料の支払状況等をさらに聴取するなどして、通行地役権や賃借権といった法的権利まで認められるのか、慎重に検討すべき

であろう。依頼者としては長年にわたり異議なく本件通路部分を利用していることをもって、少なくとも黙示の通行地役権設定合意があったと考えたいところであるが、隣人関係による好意から通行を容認している事案も少なくないと思われ、上記事実のみをもっては、上記の好意通行の場合との区別が困難であるから、上記利用状況に加えてなにか付加する事情がないか検討する必要があろう（黙示の通行地役権につき、こうした付加的事情が必要であることを示すものとして、東京高判昭 49・1・23 東高民時報 25 巻 1 号 7 頁）。

(ii) 合意によらない利用権原（囲繞地通行権、時効取得〔通行地役権、賃借権〕）

囲繞地通行権については、丙土地が袋地（絶対的袋地又は相対的袋地）といえそうか、袋地といえそうな場合には囲繞地通行権の具体的内容（通行権の認められるべき通路の場所、通路の幅等）がどのようなもので、本件通路部分がこれに当たるかを、現地を見分したり、必要な地図等の図面を参照して土地の形状を確認し、さらには依頼者からの事情聴取を通じて検討する必要がある。

また、通行地役権の時効取得については、これを主張する者が通路を開設することが要件となっているから、依頼者であるＣが本件通路部分を開設した事実が存するか、開設工事を行った際の契約書や代金支払いを証する領収証等が残されていないか確認する必要がある。時効取得に必要な期間があるか、短期取得時効の主張となる場合には権利行使の開始の際、すなわち、本件通路部分の通行を開始した際に通行地役権が存在すると信じたことについて過失がなかったといえるかなどの点も、事情を聴取してその裏付けとなる証拠の存否を検討する必要がある。

さらに、賃借権の時効取得については、本件通路部分の賃借権を時効取得したと認める状況にあるのかを把握し、検討する必要がある。時効取得の期間等の点の検討の視点は、おおむね通行地役権の場合と同様である。

(ウ) 争点・紛争解決方法の検討

隣人間の紛争であり、今後も隣人としての社会生活上の関係が継続することからすると、できるかぎり和解等で穏やかに解決することが望ましく、弁護士としては、任意交渉により解決が図れるのであればその途を探る必要があろう。もっとも、隣人間の紛争であるがゆえに、厳しい感情の対立があることは実務上しばしば見受けられるところであり、そうした場合には、法的解決の途も検討せざるをえない。依頼者の本件通路部分の利用を正当視しうる法的権利としては上記(イ)に検討したようなものが考えられるが、訴訟になってからの相手方

の応答も完全には把握できる状況にはないので、代理人としては、さまざまな法的権利成立の可能性を念頭に置いて、裏付けとなる証拠の収集に努める必要があろう。

　また、この事例では、生活に使用していた本件通路部分の利用が突然妨げられているのであるから、その解決に急を要する事態となっていることは十分に考えられ、早期に仮の地位を定める仮処分の申立てをすることも検討する必要があろう。仮処分手続では、相手方に対する審尋（民事保全法23条4項）が行われることから、その際に相手方の言い分を把握することができる。審尋の際に相手方との和解による解決を図る機会も生じるものと思われるし、その時点では全面解決までは至らないとしても、暫定的な解決（たとえば、本案についての判断があるまでの間、本件通路部分の通行を認め、フェンスを撤去してもらうなど）により、依頼者について生ずる当面の不都合を回避することも視野に入れる必要があろう。

　イ　依頼者が本件通路部分の通行を妨げた者（D）である場合（争点・紛争解決方法の検討）

　依頼者から相談を受ける時期としては、さまざまな場合が考えられる。任意交渉を求められたことを契機とする場合もあろうが、相手方に代理人がついて訴えが提起された場合、仮処分申立てがされた場合というのもあろう。とくに、仮処分手続の審尋期日が指定されたとして相談された場合には、同手続が暫定的、緊急的な手続であることからして、弁護士としても依頼者から迅速に事情を聴取し、必要な証拠書類を収集し、相手方の主張と証拠を分析して期日における対応をしなければならない。

　相手方は本件通路部分の利用権原の主張をするのであるから、相談を受けた弁護士としては、依頼者が相手方の主張につきどの部分を争うのか、相手方主張に対する反論はどのようなものとなるのかを、その裏付けとなる証拠の存否とともに検討する必要があろう。

　フェンスを設置した依頼者は、本件通路部分を塞ぐのは当然だと考えているかもしれないが、それが自力救済を正当化するものであれば、弁護士としては法的手続で解決を図る必要があることを説明する必要があろう。また、依頼者は訴えを提起されたり、仮処分手続の申立てがされたことに当惑し、気持ちが害されたと感じる者もいると思われるが、弁護士としては裁判上の手続についても説明し、理解を得ることも必要であろう。

4 争点整理手続のあり方

(1) 争点の確定

これまで検討したように、事例1では、甲土地についての現在又は過去における原告の所有と、乙建物についての被告の所有に争いがあることは考えにくく、争点は、甲土地の所有権喪失の有無（売買契約の存否や時効取得の可否。これらに対する再抗弁の存否）や、占有権原の有無（賃貸借、使用貸借等の存否。これに対する再抗弁の存否）ということになろう。また、事例2では、争点は、Cに本件通路部分を利用する物権又は債権が認められるか否か（当事者間の合意に基づく利用権原の存否〔通行地役権、賃借権〕、合意によらない利用権原の存否〔囲繞地通行権、時効取得（通行地役権、賃借権）〕）ということになろう。

裁判所は、当事者の主張を合理的に解釈して速やかに争点を確定し、争点事実の判断に必要な間接事実、争点の判断に関連する証拠（間接証拠を含む）が提出されているか否かを精査したうえで、必要な釈明を行って、主体的かつ積極的に争点整理を行うこととなる。いずれの事案も、争点に対する判断をするうえで土地利用に関する客観的な状況を把握することが必要であるから、これらの状況がわかる証拠は早期に提出させる必要があろう。

そして、当事者からされた主張で、法律上ないし事実上の問題がある主張が存するときは、裁判所はその旨指摘をし、主張の再検討を求めることも必要であろう。たとえば、複数の法的主張が考えられる事例2の事案では、争点整理手続のなかで、証拠関係に照らして認められる可能性が低いものも出てくるように思われる。裁判所は、暫定的な心証に基づき問題性を指摘し、他の主張立証に重点を置くことを促すことが必要であろう。

(2) 証拠（人証）の採否

事例1及び事例2とも、書証により相当程度は認定できるものと思われるが、事実認定上、人証が重要な証拠となる場合には必要な人証を採用する。たとえば、事例1において、売買契約の存否が争われているが売買契約書は存しないようなとき、事例2において、黙示の通行地役権設定契約の成否が問題となっている事例で、成立を推認させる事実の存否が大きく食い違うようなときは、当事者の認識を確認する必要があろう。

5 主張立証活動の留意点

(1) 相談事例1の場合

ア 事例1の場合、前記4(1)で述べたように、甲土地についての現在又は過去における原告の所有や、乙建物についての被告の所有が争点となることは考え難いため、原告の代理人弁護士の主張立証活動の中心も自ずと甲土地の所有権喪失の有無や占有権原の有無の点になる。

もっとも、不動産に関する訴訟においては、相手方が争う、争わないに関わらず、係争になっている不動産に関する登記事項証明書を証拠として提出するのが一般的である。なお、原告としては、民事訴訟規則55条により、不動産に関する事件（不動産上の物権に関する権利等、不動産に関する権利を目的とする事件）については、訴状の添付書類として登記事項証明書を提出することが必要とされているが、添付書類として登記事項証明書を提出した場合でも、別途書証としても提出することとなる。

また、不動産に関する事件では、争点によっては、係争不動産の現状、周囲の状況等が訴訟の帰趨を決するうえで重要な意味を有する場合もあることから、弁護士としては必ず現地に一度は足を運んで写真やDVDを撮影すべきであり、撮影したものについて、証拠として提出することが望ましい場合も多いであろう。

そして、事例1において、争点が甲土地の売買による所有権喪失の有無である場合、争点は、売買契約の有無、売買契約の終了事由（解除等）の有無や発生障害事由（虚偽表示等）の有無となるため、原告側の弁護士としても、売買契約書、代金支払の有無等を確認して、売買契約が存しないことを根拠付ける資料があればこれを収集し、また、売買契約が存するとしてもその終了事由や発生障害事由を根拠付ける資料を収集し、証拠として提出することとなる。発生障害事由のうち虚偽表示については、そのことを明確に根拠付ける書面が存在しない場合も多く、そのような場合には、所有権を移転することとなった経緯や対価の支払いの有無、所有権の移転によって原告、被告それぞれが受ける利益等のさまざまな間接事実を集めて主張するとともに、それらを根拠付ける証拠を提出する必要がある。なお、売買契約書が作成され、売買代金として被告から原告に支払われた金銭がある場合には実際に売買契約が有効に成立して

いることを裏付けているから、それでも実際には通謀によりされた契約であることを裏付ける事情がなければ、虚偽表示の再抗弁を主張立証することは難しいであろう。

　他方、原告・被告間の甲土地の売買契約が存在せず、被告による甲土地の時効取得が争点となっている場合には、そもそも、前記2(2)ウで述べたのと同様に、民法186条2項により、被告が前後両時点における占有の事実を立証できれば、占有はその間継続したものと推定されるため、原告側の弁護士としては、その間の占有継続の不存在（その期間のある時点での不占有）を主張立証することによってこの推定を覆す必要がある（類型別69頁）。そこで、弁護士としては、被告が甲土地をどのように利用していたかについて甲土地の近隣住民などに事情を聴き、占有不継続の事実が存在しないかを調査するとともに、それらの事実を根拠付ける資料を集め、証拠として提出することが必要となろう。仮に、被告が短期取得時効を主張する場合には、無過失の評価障害事実について具体的に主張立証する必要がある。

　また、争点が甲土地の占有権原の有無である場合も、原告側の弁護士として気をつけるべき点は上記の売買契約の成否、終了事由や発生障害事由について述べたところとおおむね同様である。

　イ　他方、被告側の弁護士としては、甲土地の売買による所有権喪失の有無が争点であれば、売買契約書や売買代金の支払といった売買契約が存する証拠を提出し、また、原告主張の終了事由や発生障害事由の不存在を推認させる間接事実を拾い集めて主張立証を行うこととなろう。また、甲土地の時効取得を主張立証するのであれば、起算点及び時効期間経過時の甲土地占有の事実、短期取得時効を主張するのであれば、これに加えて占有開始時の無過失の評価根拠事実について積極的に主張立証するとともに、再抗弁事由（占有不継続、無過失の評価障害事由）の不存在を推認させる間接事実を拾い集めて主張立証を行うこととなろう。

(2)　相談事例2について

　ア　原告側の弁護士としては、事例2のような事案にあっては、まずは、丙土地及び戊土地の所有権を根拠付ける資料として登記事項証明書を提出するとともに、それらの土地の位置関係がわかる図面を提出する必要がある。たとえば、不動産登記法14条1項で定めるいわゆる「14条地図」があればそれを提

出することが望ましいが、この「14条地図」は現状、法務局への備付率があまり高くないため、「14条地図に準ずる図面」（不動産登記法14条4項）として、いわゆる「公図」を法務局で入手して提出することとなる。ただし、公図は必ずしも現況を正確に反映しているとは限らない点で注意が必要であり、そのような場合には、さらに、本件通路部分の位置や形状がわかる資料として現地の状況を写真撮影して提出することが必要である。とくに、被告によって通行を妨害される前の状況と妨害された後の状況を対比できるとよりよいものと思われる。

また、本件のような事案では、これらの書証からだけでは裁判官が現地の状況を把握しにくいような場合もあるため、検証期日や進行協議期日を設けてもらい、裁判官に現地を直接確認してもらうことが有効なことが多いものと思われる。

そのうえで、当事者間の合意に基づく利用権原の有無が争点となっている場合には、原告・被告間で利用権原について合意をした証拠（たとえば、通行地役権設定契約書、賃貸借契約書等）を提出することとなる。また、これらの証拠が存在しない場合には、そのような合意がなされた経緯、対価の有無、使用期間、被告による異議の有無等の事情について調査を行い、合意の存在を根拠付ける資料を提出することが必要となる。ただし、このようなケースでは、そもそも、立証に役立つ書証があまり存在しておらず、人証で立証するしかない場合も多いため、原告にとって合意の存在を証明することは非常にハードルが高いものとなる。とくに、前記3(2)ア(イ)(i)で述べたように、原告による通行が被告の好意によるものではなく、黙示の通行権設定合意に基づくものであることを主張するためには、そのことを根拠付ける付加的な事情が必要であることから、かかる事情を根拠付ける証拠の提出も必要となる。

他方、合意によらない利用権原の有無が争点となっている場合のうち、囲繞地通行権の成否（袋地該当性）及び範囲（通路の場所、通路の幅等）が争点となる場合には、丙土地と戊土地の位置関係だけでなく、丙土地と戊土地の沿革、袋地を生ずるに至った経緯、現在及び将来の利用状況、各土地の地形的な状況、周囲の状況等を勘案して、相隣地利用者の利害得失等に関する具体的な事情を主張立証することが必要となる。

また、合意によらない利用権原として、通行地役権の時効取得が争点となっている場合には、3(2)ア(イ)(ii)で述べたように、原告が本件通路部分を開設した

ことを根拠付ける資料として、原告が開設工事を行った際の工事業者との間の請負工事契約書や図面、工事代金を支払った領収書等を証拠として提出することが必要となる。そのうえで、前後両時点における本件通路部分使用の事実を根拠付ける資料を提出できれば、その間の自己のためにする意思に基づく通行地役権の行使が継続していたものと推定され、通行地役権の時効取得が認められることとなる（なお、短期取得時効を主張するのであれば、使用開始時点で通行地役権が存在しなかったことについて無過失で知らなかったことの評価根拠事実に関する証拠も提出することが必要となる）。賃借権の時効取得の有無が争点となっている場合については、(1)と同様である。

　イ　他方、被告側の弁護士としては、当事者間の合意による利用権原の有無が争点となっている場合で、原告から通行地役権設定契約や賃貸借契約に関する証拠が提出された場合には、それらの契約の終了事由（解除等）や発生障害事由（虚偽表示等）に関する証拠を提出することが必要なのは(1)アと同様である。また、原告から合意に関する書証が提出されなかった場合は、基本的には原告による通行は好意通行にすぎず、法的な義務ではないとして、被告がそのような原告による通行を認めるに至った経緯等について主張立証することとなる。

　合意によらない利用権原の有無が争点となっている場合のうち、囲繞地通行権の成否（袋地該当性）及び範囲（通路の場所、通路の幅等）が争点となる場合には、アで挙げた事情について、被告にとって有利なものを主張立証する必要がある。

6　事実認定のポイント

(1)　甲土地の所有権喪失の有無が争点の場合（相談事例1）

　原告と被告との間で売買契約自体の存否に争いがある場合には、直接証拠である売買契約書が存するか、これが存しないときは、売買代金支払の事実を証する原告作成の領収書などの間接証拠が存するかなどを検討し、売買契約の存否を認定する。売買契約書が存し、その成立に争いがない場合には、処分証書であるから、特段の事情がないかぎり、売買契約は成立していると認定できる。また、売買契約の終了事由の有無（解除など）が争点となる場合には、終了事由の有無については、当事者の主張に即し、主張された終了事由の存在が証拠

上裏付けられているか否かを認定することになろう。売買契約の発生障害事由（虚偽表示など）の場合には、①原告又はその父（売主）において甲土地を売却する必要があったか否か、②売買代金が被告から支払われているか否か、③架空の売買契約を締結する動機、必要性があるか否か、④売買契約の際に行われた当事者間のやりとりなどの事実を証拠により認定したうえ、これらの認定事実から虚偽表示の事実が認定できるか否かを判断することになろう。

　また、被告の時効取得による所有権喪失が争点となる場合には、取得時効の要件事実（抗弁）及びこれに対する再抗弁についての認否の結果、争いがある事実を証拠により認定する必要がある。たとえば、占有開始時における被告の占有の事実（抗弁事実）について争いがあるのであれば、その当時の占有状況を証拠に基づき事実認定することになろう。

(2) 甲土地の占有権原の有無が争点の場合（相談事例1）

　原告と被告の間の賃貸借契約自体の存否に争いがある場合には、賃貸借契約書の存否、賃料支払いの有無等を検討して賃貸借契約の存否を認定する。賃貸借契約書が処分証書であり、その成立に争いがなければ特段の事情がないかぎり賃貸借契約の存在を認定することができることは、売買契約の場合と同様である。また、賃貸借契約の存在を前提としながら、同契約の終了事由の有無（解除など）や、同契約の発生障害事由の有無（虚偽表示など）が争点となる場合には、当事者の主張に即してその存否を判断することになる。この点、賃貸借契約が当事者間の信頼関係を基礎に置く契約であることからして、解除に当たっての信頼関係破壊の有無が問題となる場合があり、そうした場合は、信頼関係破壊の有無の基礎となる事実（評価根拠事実、評価障害事実）を認定して、信頼関係破壊の有無を判断する必要がある。

　また、原告と被告との間で使用貸借契約があると主張される場合には、実務上は、その存否及び終了原因が争われることがよくみられる。使用貸借契約の存否については、原告（及びその父）と被告の人間関係、被告が本件土地を使用するに至った経緯、本件土地の使用目的、使用期間の定めの有無等を証拠により事実認定し、使用貸借が認められるか否かを判断することになるであろうし、その終了原因については、民法597条に定めた終了事由（信頼関係破壊を理由とする民法597条2項但書類推適用の場合も含む。類推適用については最判昭42・11・24民集21巻9号2460頁）に即して、その存否を認定することになろう。

(3) 当事者間の合意（通行地役権、賃借権）による利用権原の有無が争点の場合（相談事例2）

　当事者間の合意を証する書類（契約書、確認書）が存する場合で、その成立に争いがない場合には、その書面は性質上処分証書であるから、特段の事情がないかぎり、利用権原設定の合意（通行地役権、賃借権）があったと認定することができよう。もちろん、合意がなかったとする被告の主張を検討し、裁判所の判断に影響を及ぼすか否か検討する必要がある。

　他方、当事者間に合意を証する書類が存しない場合には、明示の口頭合意ないしは黙示の合意が認定できるか否かが問題となる。その認定に当たっては、本件通路部分の開設者が誰であるか、どのくらいの期間原告が本件通路を通行しているのか、利用料を支払っているか、被告から本件通路部分の利用に異議を述べられたことがあるかなど、本件通路部分の開設や利用に関する事実を多角的に検討、認定し、被告が好意により原告の通行を認めていたというのではなく、付加事情があることにより、原告と被告との間に通行地役権ないし賃借権の設定合意があったと認めるに足るものであるかを認定することになろう。

(4) 合意によらない利用権原——囲繞地通行権、時効取得（通行地役権、賃借権）（相談事例2）

　囲繞地通行権の場合は、丙土地が袋地（絶対的袋地、相対的袋地）と認められるか否か、袋地と認められる場合に、認められる通行権の範囲（通路の場所、通路の幅等）と本件通路部分の関係性（本件通路部分を利用されることが被告に最も損害が少ないものであるか）を認定する。具体的には、丙土地と戊土地の位置関係、丙土地と戊土地の沿革、袋地を生ずるに至った経緯、現在及び将来の利用状況、各土地の地形的な状況、周囲の状況等を勘案して、相隣地利用者の利害得失等に関する具体的な事情の主張立証を踏まえ、認定することとなる。

　通行地役権の時効取得の場合は、原告が本件通路部分を開設したことが要件となるから、この点に争いがあれば、開設工事を行った際の契約書や代金支払いを証する領収証等の客観的証拠や、工事の際の状況についての当事者の供述から、上記開設の事実が認められるか否か認定することになる。

　賃借権の時効取得の場合は、土地の継続的な用益という外形的事実が存在し、かつ、それが賃借の意思に基づくことが客観的に表現されていることが必要となるから、これらの点に争いがあれば、土地の利用状況、対価の支払いの有無

等を、これを客観的に証する書証や当事者の供述から認定し、時効取得が認められるか否かを認定することになる。

7　予想される抗弁以下の防御方法の展開

　事例1では、抗弁としては所有権喪失の抗弁（売買、時効取得）や占有権原の抗弁（賃貸借、使用貸借）が考えられ、所有権喪失の抗弁に対する再抗弁としては売買契約の効力の消滅ないし障害事由（解除、虚偽表示等。短期取得時効が主張された場合には、無過失の評価障害事実の再抗弁も考えられる）が、占有権原の抗弁に対してはその終了事由の再抗弁が考えられる。これらの点については、2ないし6を参照されたい。
　事例2は、主に請求原因レベルでの争いとなると考えられるが、合意に基づく利用権原（通行地役権設定契約や賃貸借契約）の場合には、その抗弁として終了原因事実（解除等）や発生障害事実（虚偽表示等）が主張立証される可能性もある。

8　紛争解決方法（和解・判決）の選択
　　及び紛争解決の留意点

　不動産の所有権侵害をめぐる紛争は一定程度存する。そうした紛争は、法的には所有権の帰属自体の争い、占有権原ないし利用権原の存否やその終了をめぐる争いとなって現れることが多いが、その背景には親族間や隣人間といった人間関係をめぐるトラブルが内在していることも多く、紛争状態が続くことによりトラブルがより先鋭化し、人間関係の修復が難しくなることが懸念される。
　また、判決による解決では、一方当事者が生活の拠点を失ったり、生活上重要な土地利用が妨げられる結果となり、あるいはその逆に完全な土地所有権の実現が妨げられる結果となるなどの社会生活上重大な影響を及ぼす事態が生ずることも考えられる。
　もとより、法的権利の存否をめぐり当事者が主張立証を尽くし、裁判所が適切な審理、判断をすることが重要であることはいうまでもないが、上記のよう

な人間関係や社会生活上の影響にも配慮し、判決による解決のみを目指すだけではなく、適時適切に心証を開示するなどして和解を勧試し、できるかぎり人間関係ないし社会生活上の不都合を取り除き、当事者に落ち着きのよい和解解決を目指すことも必要であろう。

9　おわりに

　本件は、近隣紛争の類型であるが、このような近隣紛争の特徴として、それまで関係が良好であった隣人が、紛争となった途端、想像もできないほど攻撃的になり、通常の紛争当事者間以上に関係が悪化し、その結果、紛争解決までに非常に長い時間を要するということが挙げられる。

　このような紛争類型において重要なことは、たとえ良好な関係にある近隣住人との間であったとしても、なにかしら法的な効力を有する合意をする場合には、必ず契約書等の書面を作成するということである。それにより、後日の紛争を防ぐことが可能となる。現時点で良好な関係にあることから、将来的に紛争が生ずることなどないと安易に考え、契約書を作成する必要もないと考えがちであるが、後日の紛争に備えて必ず作成すべきである。逆にいえば、これらの契約書等の作成がされない場合には、合意の存在を主張立証することが難しくなるので注意が必要である。

　また、不動産の使用形態等が問題となることが多いことから、紛争が発生する前の段階から、念のため、不動産の使用状況等を写真やDVDに撮影しておき、万が一紛争が生じた場合の証拠とすることができるように準備をしておくことも検討に値するものといえよう。

　いずれにしても、平時からの準備が後日紛争が生じた場合に有効であるということを肝に銘じておくべきであろう。

【参考文献】
　文中に掲げたもののほか、小磯武男編著『補訂版　近隣訴訟の実務』（新日本法規出版、2008年）第7章「公道に至るための他の土地の通行権（囲繞地通行権）に関する訴訟」及び第8章「通行地役権に関する訴訟」。

第11章
不動産登記をめぐる紛争

関根 規夫
鈴木 雅之

1　はじめに

　不動産登記をめぐる紛争は、民事紛争のなかでも主要な紛争類型である。不動産物権変動の公示方法である登記については不動産登記法が規定しており、不動産登記手続については、登記所における専門的な登記制度に沿うことが求められる。不動産登記を扱う訴訟ではその点に注意しなければならない。本章の検討に先立ち、登記請求訴訟における請求の趣旨の記載に関して、基本的な注意事項をあらかじめ確認しておきたい。
　まず、登記請求訴訟は公法上の意思表示を求める給付訴訟であるところ、登記をするのは登記所における事務を取り扱っている登記官であり（不動産登記法9条）、登記請求訴訟における被告は、登記申請という意思表示をする義務を負うにすぎない。したがって、請求の趣旨において、「登記をせよ」とする記載は誤りであり、「登記手続をせよ」と記載することになる（新問研86頁、起案の手引14頁）。
　次に、登記原因の記載については、移転登記手続を命ずる主文の場合と異なり、抹消登記手続を命ずる主文では登記原因を示さないのが通例である（新問研87頁、起案の手引14頁）。登記をすべき相手方の記載について、移転登記手続を命じる場合には、移転登記すべき相手方としては必ずしも原告に限らず、第三者であることもあるので、移転登記を受ける主体を明示する必要があるが、抹消登記手続を命ずる場合には、抹消登記の相手方が明らかであることから、「原告に対し」を記載する必要がない（新問研87頁、起案の手引15頁）。

なお、請求の趣旨に関連するが、付随的申立てについては、求める登記請求につき仮執行宣言の申立てはできないとされることに注意したい（起案の手引29頁。後記3(2)参照）。

2　事例

最初に、不動産登記をめぐる紛争において、典型的な問題を含んでいる事例を取り上げ、相談者の主張から構成できる権利（訴訟物）及び主要事実（請求原因事実）について検討する。

(1)　相談事例1

> 私（A）は、平成12年8月1日、甲土地の所有者であるB（代理人C）から、同土地を代金3000万円で買い受け、同日、Cに対して代金全額を払いました。その後、平成13年7月1日に甲土地上に乙建物を建築して店舗として使用しています。ところが、最近になって、Cに依頼していた甲土地の移転登記手続が未了であることがわかりました。Bに対して、甲土地の所有権移転登記を求めたいと思います。

ア　事例1の場合、Aは、甲土地の所有名義人であるBに対して、甲土地を買い受けており、Aが所有者となっているとして、B名義の登記の移転を求めている。

前提として、登記請求権について検討する。判例により認められている登記請求権は、一般に、物権的登記請求権（現在の実体的な物権関係と登記が一致していない場合に、これを一致させるために、物権それ自体の効力として発生する登記請求権）、債権的登記請求権（当事者の契約によって認められる登記請求権）及び物権変動的登記請求権（実質的に物権変動があったのに登記がこれに伴っていない場合に、物権変動と登記を一致させるために認められる登記請求権）の3類型に整理されるところ（30講391頁、392頁）、事例1では、債権的登記請求権及び物権的登記請求権を訴訟物とすることが考えられる。

イ　債権的登記請求権が訴訟物として選択された場合

　不動産売買契約を締結した場合、売主においては、買主に不動産の所有権を取得させるだけでなく、その対抗要件を備えさせる義務も負担することになる。そこで、買主たるAにおいて、AB間の売買契約に基づき、売主たるBに対し、所有権移転登記手続を請求することができる。そして、この場合の訴訟物は債権的登記請求権を選択するものとして、その具体的内容は、AのBに対する売買契約に基づく所有権移転登記請求権となる（訴訟物の個数は1個）。

　この場合の主要事実（請求原因事実）は、登記に関する当事者間の債権債務関係の発生を基礎付ける事実であり、本事例では、買主Aと売主B代理人Cとの間の売買契約の締結を主張する。これにより、売買契約の効果として買主Aは、売主Bに対し所有権移転登記請求権を取得することになる。具体的な請求原因は、①AC間の甲土地売買契約の締結、②CがBのためにすることを示したこと（顕名）、③BがCに上記契約締結について、同契約に先立って代理権を授与したこととなる。売買契約締結時にBが目的物を所有していたことや、B名義登記の存在は請求原因とはならない。

　ウ　ところで、売主たるBに甲土地の所有権があった場合には、Aは売買契約締結と同時にその所有権を取得することになるから、Aにおいて、債権的登記請求権のほかに、所有権に基づく物権的登記請求権も認められることになる。両請求権の関係であるが、物権的登記請求権の発生原因は、債権的登記請求権の発生原因事実を包含していると考えられるので、一般的には債権的登記請求権が訴訟物として選択されることが多いと思われる（藤原弘道＝松山恒昭編『民事要件事実講座4：民法Ⅱ』〔青林書院、2007年〕98頁）。

　しかしながら、事例1において移転登記を求める時期が、AB間の売買契約締結後10年以上経過しているとすれば（明記されていないが、他の2件の事例の相談時点を考えると検討すべきである）、債権的登記請求権で構成した場合には、Bから債権的登記請求権について消滅時効の抗弁が主張される可能性が高い。したがって、このような事案では、Aとしては債権的登記請求権の構成ではなく、物権的登記請求権の構成による主張を選択することになろう。

　エ　物権的登記請求権が訴訟物として選択された場合

　Aにおいて甲土地の所有権に基づいて登記請求を行う場合、事例1では、現在の実体的な物権関係と登記との不一致の除去を求めていることから、訴訟物としては、物権的登記請求権を選択することになり、その具体的内容は、A

のBに対する所有権に基づく妨害排除請求権としての所有権移転登記請求権となる（訴訟物の個数は1個）。

物権的登記請求権の一般的な請求原因としては、①対象不動産の原告現所有、②被告名義の現登記の存在をそれぞれ主張することになる。本件事例では、Aの所有権の取得原因として、2通りの構成が考えられるであろう。

(ｱ) 請求原因構成その1

まず、「原告現所有」としては、本件事例では、Aが代理人Cとの間で売買契約を締結した時点において甲土地所有者がBであったことに争いはないと考えられるから、①上記時点での甲土地B所有、②AとB代理人Cとの間の甲土地売買契約の締結（上記ｲ参照）を主張する。

次に、「被告名義の現登記の存在」としては、Aの所有権に対する妨害として、甲土地にB名義の所有権移転登記が存在することを主張する。妨害状態を明らかにするためには、登記の記載内容について登記目録を利用して具体的に主張することが多い。

なお、登記の推定力については、登記は事実上の推定力を有するにすぎないと解されるので（最判昭34・1・8民集13巻1号1頁、最判昭38・10・15民集17巻11号1497頁）、請求原因としては上記整理で足りる。また、口頭弁論終結時における登記の存在が請求原因事実であるから（新問研91頁）、登記を喪失したことは、抗弁ではなく否認となることに注意したい。

(ｲ) 請求原因構成その2

Aは、平成13年7月1日に甲土地上に乙建物を建築して店舗として使用していることから、遅くとも上記同日から甲土地を占有しているといえる。本件請求時点が、上記より10年経過後であれば、請求原因構成その1に加えて選択的に、あるいはこれに代えて、10年の短期取得時効による構成を主張することも考えられる。

この場合に「原告現所有」としてAが主張すべきことは、①平成13年7月1日時点での甲土地占有、②平成23年7月1日経過時の甲土地占有、③占有開始時（平成13年7月1日時点）における無過失の評価根拠事実（売買契約を締結し、同日に代金を全額支払っていること、B代理人Cに登記手続を依頼していたこと、甲土地購入後、乙建物を建築して店舗として使用開始したことなど）、④時効援用の意思表示である（新問研99頁以下）。

「被告名義の現登記の存在」としては、上記(ｱ)と同様である。

ところで、時効による所有権取得は原始取得であるが、登記は移転登記によるのが登記実務である。そして、登記原因の日付は時効完成の日ではなく、時効の起算日である占有開始時とされることに注意すべきである（類型別68頁）。

(2) 相談事例2

> 私（D）は、丙土地を所有しています。先日、丙土地の登記を確認したところ、平成27年10月1日売買を原因として、同月5日付けで私から息子のE名義に所有権移転登記がされ、同年11月10日付けで、Eを債務者とするFの抵当権設定登記がされていることが判明しました。私は、丙土地をEに売却した事実はありませんので、E名義の所有権移転登記及びF名義の抵当権設定登記の抹消を求めたいと思います。

ア　事例2の場合、Dは、自己が所有していた丙土地を息子のEに売却した事実はないとして、Dによる丙土地の所有を前提とした主張をしており、これによれば、丙土地の所有権に基づいて、E名義の所有権移転登記の抹消を求めるほか、Eを債務者として丙土地に設定されたF名義の抵当権設定登記の抹消も求めることになる。この場合に注意しなければならないことは、勝訴判決を得た場合における抵当権設定登記の抹消に関する登記申請手続には特有の方法があるので、それを考慮した合理的構成を採用することが望ましいこと（後記イ参照）、E名義の所有権移転登記の抹消手続に代わり、真正な登記名義の回復を原因としてEからDへの所有権移転登記手続を求める方法もあることである（詳細については、後記3(4)参照）。

Dの主張する登記請求権は、いずれも物権的登記請求権であると考えられる。本件事例においては、物権変動的登記請求権に基づいてE名義の所有権移転登記の抹消登記手続を求めることも考えられるが、物権変動的登記請求権の請求原因事実には物権的登記請求権の請求原因事実が含まれているので、Dとしては、物権的登記請求権を訴訟物とするのが通常である（物権変動的登記請求権の補充的性質の表れと考えられる〔藤原＝松山・前掲68頁〕）。なお、Dの立場において、DE間には所有権移転原因が存在しないので、本件事例では、債権的登記請求権は発生しない。

イ　E及びFに対する請求権の組み合わせ

　㋐　DにおいてEに対する訴訟物を、所有権に基づく妨害排除請求権としての所有権移転登記抹消登記請求権とした場合

　Fに対しては、上記の抹消について承諾の意思表示を求める訴訟を提起することになるのが通例である（類型別78頁）。この場合のFに対する請求権は、所有権に基づく妨害排除請求権としての承諾請求権となる（この請求権の組合せを便宜上「A型」と称する）。

　なお、Eに対して上記所有権移転登記抹消登記請求権を訴訟物として選択した場合に、Fに対して、抵当権設定登記の抹消を請求する方法もあるとされる（後記3(4)参照）（この請求権の組合せを便宜上「B型」と称する）。

　㋑　DにおいてEに対する訴訟物を、所有権に基づく妨害排除請求権としての所有権移転登記請求権として、抹消に代わる移転登記手続を求める場合

　Fに対しては、所有権に基づく妨害排除請求権としての抵当権設定登記抹消登記請求権を訴訟物とすることになる（この請求権の組合せを便宜上「C型」と称する）。

　ウ　A型の場合の請求原因の検討

　㋐　Eに対する請求

　①丙土地の原告所有、②被告E名義の所有権移転登記の存在をそれぞれ主張することになる。

　「原告現所有」については、Eも、平成27年10月1日時点でのDによる丙土地所有まで争うことはないはずであり、Dにおいて過去の一定時点、すなわちEとの間で売買契約を締結した同日時点において丙土地を所有していたことを認めたうえで、Eと売買契約を締結したことによって、その時点でDは所有権を喪失した等の主張をすると考えられる。そこで、同日当時のDの丙土地所有について権利自白が成立すると考えられるので、Dによる平成27年10月1日当時の丙土地所有を主張する。「被告名義の現登記の存在」については、前記(1)エ㋐参照。

　㋑　Fに対する請求

　Eに対する抹消登記請求権の発生原因事実として、①丙土地の原告所有、②被告E名義の所有権移転登記の存在を主張し、これに加えて、Fが登記上の利害関係を有する第三者に該当する事実として、③被告F名義の抵当権設定登記の存在、④　③の抵当権設定登記は、Eが丙土地の所有名義人となってい

るときにされたことを主張することになる（類型別74頁）。
　　エ　C型の場合の請求原因の検討
　　㋐　Eに対する請求
　登記の抹消に代えて真正な登記名義の回復を原因とする移転登記を求める場合も、請求原因は前記(2)ウ㋐と同様である。
　　㋑　Fに対する請求
　①丙土地の原告所有、②被告F名義の抵当権設定登記の存在をそれぞれ主張する。
　なお、抹消を求めるF名義の抵当権設定登記については、登記原因、債務者、債権額、利息・損害金の定めなどの表示内容を具体的に記載する必要がある（不動産登記法59条、83条1項、88条）が、登記目録を利用するのが通常である。

(3)　相談事例3

> 　私（G）はHの弟です。Hが平成25年6月ころから病に倒れたため、Hの所有する丁建物に住み込んで同人の看病をしていました。そうしたところ、Hは、平成27年1月1日、私に対し、自分が死んだときは丁建物と敷地である戊土地を私に贈与すると言いました。私は、「わかったが、必ず良くなるからそんなことは言わなくてもよい」と答えていました。Hは、同年10月7日に死亡しました。すると、Hの離婚した妻との間の子I（Hの相続人はI以外にはいないようです）が相続を主張してきました。私は、Iに対し、死因贈与を原因として、丁建物と戊土地の所有権移転登記を求めたいと思います。

　　ア　事例3の場合、Gは、H所有の丁建物及びその敷地である戊土地を、Hから死因贈与を受けたとして、Hの相続人であるIに対し、丁建物及び戊土地の所有権移転登記を求めている。
　これに対して、IはHの相続人であるとして、対象物件を相続した旨主張している。その関係で、本件事例においては、丁建物及び戊土地について、H死亡時までHの所有であったことは当事者間に争いはないことになる。
　そうすると、Gは、Hの相続人であるIに対して、Hとの間の死因贈与契約（贈与者の死亡によって効力が発生する諾成不要式の契約）に基づいて、HからG

への丁建物及び戊土地の所有権移転登記請求を行うものと構成できる（債権的登記請求権）。

　イ　そこで、債権的登記請求権を訴訟物として選択した場合について検討する。

　訴訟物の具体的内容は、GのIに対する死因贈与契約に基づく所有権移転登記請求権となる（訴訟物の個数は、対象不動産ごとに契約を締結したと構成すれば2個となるが、対象不動産が建物とその敷地であるので包括して一つの契約を締結したと構成できれば1個となる）。

　請求原因事実としては、①GとHとの間の丁建物及び戊土地に関する死因贈与契約の締結、②Hの死亡、③IがHの相続人（子）であることを主張することになる。死因贈与契約の効力発生のためには②が必要であり、被告となるIに対して契約に基づくH名義の登記移転義務が帰属することを示すために③が必要となる。ほかに相続人がいても、IがHの権利義務を承継することに変わりはないので、請求原因事実としては以上で足りる（いわゆる非のみ説。30講485頁、486頁）。

　ところで、仮にI以外にHの子がいれば承継の割合が一部分に制限されるところ、そのことが法的に意味をもつ場合には抗弁となる。しかし、本件事例においては、Hの共同相続人らが相続によって承継するのは所有権移転登記義務という不可分債務であり、登記義務者の共同相続人らに対する契約上の義務履行としての移転登記請求は固有必要的共同訴訟とならないから（最判昭36・12・15民集15巻11号2865頁、最判昭44・4・17民集23巻4号785頁）、ほかに相続人がいることは抗弁とはならないことになる。

　ウ　なお、Gにおいて、Iに対し、丁建物の所有権に基づき、死因贈与を原因として所有権移転登記請求を、戊土地の所有権に基づき、死因贈与を原因として所有権移転登記請求をそれぞれ行うと構成することもできる（物権的登記請求権・訴訟物の個数2個）が、前記(1)ウにおいて説明したとおり、迂遠な構成であろう。

3　弁護士が受任に際して検討すべき事項

(1) 登記手続を命ずる判決について

　不動産登記法は、権利に関する登記の申請につき、法令に特段の定めがある場合を除き、登記権利者及び登記義務者が共同して申請しなければならないと定める（共同申請の原則。不動産登記法60条）。登記義務者が登記申請に協力しない場合、登記権利者は、かかる共同申請を行うのが困難となるが、そのような場合であっても、登記権利者は、登記義務者に対して登記手続を命ずる確定判決を取得すれば、単独で登記申請ができるようになる（不動産登記法63条1項）。

　登記手続を命ずる判決は、意思表示を目的とする給付判決である。意思表示を目的とする債務は不代替的作為義務であり、その性質上直接強制が不可能である。間接強制によることは理論的には可能であるが、そもそも、意思表示を目的とする債権は、債務者に現実に意思表示をさせなくとも、意思表示がなされた場合と同様の法律効果を発生させることさえできれば、その目的が達せられる。そこで、法は、間接強制によって債務者に意思表示をさせるという迂遠な方法を採らず、意思表示を命ずる判決が確定すれば、意思表示があったものと擬制し、特段の執行手続を要しないものとした（民事執行法174条1項本文）。登記手続を命ずる判決についても、その判決が確定すれば、登記義務者（通常は被告）が登記申請の意思表示をしたものと擬制されてその判決の執行が完了することになる。

　このように、確定した登記手続を命ずる判決は、登記義務者が登記申請手続の意思表示をしたものと擬制するものにすぎず、判決の確定により自動的に判決内容どおりの登記がなされるわけではない。判決の内容を実現するためには、登記権利者（通常は原告）において、別途登記申請を（単独で）行う必要があり、登記官の審査を受けなくてはならないのである。

(2) 不動産登記をめぐる紛争の特長と受任に当たっての注意点

　不動産登記をめぐる紛争の解決を依頼された弁護士が事件を受任し業務を行うに当たっては、その紛争が「登記」に関するものであるとともに、「不動産」に関する紛争であるという特長を踏まえ、以下のような点に注意すべきである。

　①前述したように、不動産登記は登記権利者と登記義務者の共同申請が原則

であり、例外として登記権利者による単独申請が認められるのは、民事執行法174条1項本文に掲げられた、意思表示を命ずる確定判決、和解調書等の債務名義がある場合に限られる。したがって、たとえば、事例1の場合、弁護士が、依頼者A（登記権利者）の代理人として、相手方B（登記義務者）と訴訟外で交渉し、結果、Bとの間で、「Bは、甲土地の所有権がAにあることを確認する。Bは、Aに対し、甲土地の所有権移転登記手続をする」旨を内容とする合意書を取り交わしたとしても、当該合意書のみをもってAが単独で登記申請することはできず、結局、Bに登記申請書類（委任状、印鑑登録証明書等）を用意してもらう必要がある。Aの代理人弁護士としては、上記合意書をBとの間で取り交わすのと同時に、Bから登記申請書類を受領しておくべきであろう。

②訴訟や調停の場で、当事者間の紛争が解決したとしても、判決主文あるいは和解条項、調停条項中に、登記義務者に登記手続を命ずる文言がなければ、その判決あるいは和解調書等は、「意思表示をすべきことを債務者に命ずる判決」等にあたらないから、やはり、当該判決等をもって依頼者が単独で登記申請することはできないことになる。たとえば、ある土地について相続登記が経由されている場合に、相続人間で遺産分割の調停が成立し、ある相続人が当該土地を単独で取得すると定められたときであっても、調停条項中に、他の相続人から当該相続人に対し移転登記手続をする旨の定めがなければ、当該調停調書は、「意思表示をすべきことを債務者に命ずる債務名義」にあたらず、当該相続人が当該土地の移転登記を得るためには、原則どおり、相続人全員の共同申請が必要になるのである（なお、当該土地について相続登記が経由されていない場合、すなわち被相続人名義のままであった場合は、相続に基づく権利の移転の登記として、遺産の取得者である相続人が単独で登記申請できる〔不動産登記法63条2項〕）。

③登記手続を命ずる判決は、あくまで登記義務者の意思表示を擬制するものにすぎず、登記官に対し登記をするよう命ずるものではない。したがって、判決の内容となる登記を実現するには、原告による登記申請が別途必要になり、この申請に基づき、申請された内容で登記をすべきか否かについては、登記に関し独立した権限をもつ登記官（不動産登記法9条参照）が、法令及び登記先例に従い、審査・判断する。したがって、たとえ登記手続を命ずる債務名義があっても、原告の準備した登記申請書類に不備がある場合や、債務名義に記載された登記の内容が、登記実務上、登記不可能なものであると判断された場合には、当該登記申請が却下されることになる。したがって、不動産登記をめぐ

る紛争を受任した弁護士は、依頼者の求める登記内容が現実に実現可能であることを、あらかじめ確認しておくことが不可欠であり、また、登記申請の際に具体的に必要とされる書類及びその入手可能性を検討しておく必要がある。また、登記の可否や登記申請の必要書類を確認する業務は、登記手続の専門家である司法書士に依頼して行うことも多いが、重要な案件では、できるかぎり、当該不動産の所在地を管轄する登記所（不動産登記法6条参照）の登記官に、弁護士自身が直接確認すべきである。

④不動産に関する紛争は、時効の問題など、紛争の原因が相当過去にあることも多く、事実の調査や立証が非常に困難な場合も多い。また、関係者の死亡により複数の相続人が当事者となる場合や、後順位の登記名義人がいる場合など、紛争の相手方となる当事者が多数にわたり、事案の一回的かつ全体的な解決に困難を生じる場合もめずらしくない。弁護士は、不動産に関する紛争におけるかかる特性に配慮しつつ、依頼者の納得の得られる内容で、最適な解決方法を模索していく必要がある。

⑤登記手続を命ずる判決には、仮執行宣言を付すことはできないとするのが判例であり（大判明45・4・12民録18輯377頁、大決昭10・9・27民集14巻1650頁）、多数説であるとされる（滝澤孝臣編著『最新裁判実務大系5：不動産登記訴訟』〔青林書院、2016年〕96頁）。したがって、登記手続請求訴訟を提起する場合、訴状の請求の趣旨に仮執行宣言を求める旨記載することは誤りということになるので、注意が必要である。

⑥不動産登記に関する紛争の相談を受けた弁護士は、当然、依頼者が持参した登記事項証明書により、当該不動産の登記の現況を確認する必要がある。依頼者が登記事項証明書を保有していない場合や、保有している登記事項証明書の発行が古い場合には、最新の登記事項証明書を速やかに入手すべきである。また、いったん登記の現況を確認したとしても、その後、登記名義人が替わったり、抵当権設定登記が経由されたりするなど、訴訟の被告とすべき相手方が追加・変更される場合もありうるから、当事者恒定のため、当該不動産に対する処分禁止の仮処分（民事保全法23条、53条、58条）の要否も検討すべきである。

(3) 相談事例1の場合

事例1は、依頼者Aが、売主Bの代理人Cとの間で土地の売買契約を締結し、Cに対し代金を全額支払い、以降、長期間当該土地を占有していたが、最近に

なって、土地の登記名義がいまだBの名義のままとなっていることが判明したため、Bに対し、自らへの移転登記を求めたいという事案である。

相談を受けた弁護士は、まず、依頼者Aから、AB間（あるいはAとB代理人Cとの間）で締結された売買契約書の提示を受け、また、現在の登記事項証明書を入手し、それらの内容を精査することで、Aの言い分と上記客観的資料に矛盾がないか確認する。また、Aに、Bとの交渉経過等について事情聴取し、BがAの請求を争っているのか、争っているとしてその理由は何かについて確認する。AがまだBと交渉をしていない場合や、Bの争う理由が不明である場合であっても、いきなり訴訟を提起するのではなく、Aの代理人としてBに連絡をとり、移転登記についての交渉を行うことで、早期に解決が図れる場合も多いだろう。

訴訟外での交渉による解決が困難となった場合、訴訟の提起を検討することになる。この場合、AがBに対し、所有権移転登記を求める場合の訴訟物としては、前述したように、債権的登記請求権（前記2(1)イの構成）と物権的登記請求権（2(1)エ(ア)及び(イ)の構成）が考えられるところ、いずれを訴訟物とするかにより、訴訟においてAが主張立証すべき要件事実は異なりうるし、Bの反論（請求原因の認否や抗弁事実の主張）の内容も異なることになるから、各構成による主張立証の難易度や、被告の反論が認められる可能性等を総合的に考慮し、依頼者と相談のうえ、慎重に決定する必要がある。

(4) 相談事例2の場合

事例2は、依頼者Dの所有する丙土地の登記名義が、Dの知らないうちに、売買を理由にDの息子Eに移転され、さらにEのためにF名義の抵当権設定登記がなされていたという事案である。

この事例において、依頼者Dの目的は、第一に、現在Eの名義になっている丙土地の所有権登記名義をDの名義に回復すること、第二に、Fを債権者とする抵当権設定登記を抹消することである。この目的を達成するためのEF両名に対する登記請求の構成としては、理論的に次の三つの組み合わせ（以下、便宜上、A型、B型、C型という。前記2(2)イ以下参照）が考えられる。

①A型　Eに対し　E名義の所有権移転登記の抹消登記手続請求
　　　　Fに対し　上記の抹消登記についての承諾請求
②B型　Eに対し　E名義の所有権移転登記の抹消登記手続請求

第11章　不動産登記をめぐる紛争

　　　　Fに対し　Fを債権者とする抵当権設定登記の抹消登記手続請求
③C型　Eに対し　真正な登記名義回復のための所有権移転登記手続請求
　　　　Fに対し　Fを債権者とする抵当権設定登記の抹消登記手続請求

　上記A型（抹消＋承諾）の構成は、事案の実態に即し、利害関係ある第三者がある場合の登記の抹消について特別の規定（不動産登記法68条）を設けている不動産登記法の趣旨にも合致するともいえる。また、両被告に対する勝訴判決による登記は、1個の申請手続としてE名義の所有権移転登記の抹消登記申請によって行うことができ、簡明であるといわれる（類型別78頁）。ただし、Fに対する承諾請求が認められなければ、Eに対する勝訴判決を得ても、登記手続上これを実現することができない（この点はB型と同じ）。なお、ここにいう承諾請求は、「Eへの所有権移転登記の抹消登記」についての承諾であり、「Fの抵当権設定登記の抹消登記」についての承諾ではないので、誤解のないようにしたい。

　上記B型（抹消＋抹消）の構成は、A型と同様、事案の実態に即しているといえるが、利害関係ある第三者がある場合の登記の抹消に関して不動産登記法68条が予定するところと異なる方法である。この構成によった場合、勝訴判決による登記は、原告が、まずEに対する確定判決を代位原因を証する情報（不動産登記令7条1項3号）としてEに代位してFの抵当権設定登記の抹消を申請し（不動産登記法59条7号）、次にEの所有権移転登記の抹消を申請するという2個の申請手続が必要となる。この点を「煩雑」な方法（幾代通＝浦野雄幸編『新編不動産登記法4（判例・先例コンメンタール）』〔三省堂、1999年〕233頁）と評価し、A型が通常の方法と思われるという意見がある（類型別78頁）。しかし、実際には、代位申請によるFの抵当権設定登記とEの所有権移転登記の各抹消申請は2件を一緒に申請して連番で受付してもらうのが一般であるから、Fの抵当権設定登記の抹消申請情報一式を用意する手間が増える程度で、さほど手続が煩雑になるものではないと思われる。Fに対する抹消請求が認められなければ、Eに対する勝訴判決を得ても、登記手続上これを実現することができないという点はA型と同じである。

　上記C型（移転＋抹消）の構成は、Eに対する真正な登記名義回復を原因とする所有権移転登記請求が認められれば、Fに対する抹消請求が認められなくとも、Fの抵当権の負担付きながら目的不動産の所有名義を回復できるという点で、A型・B型と比して利点があり、Eに対する勝訴は見込めるが、Fに対

しては、民法94条2項類推適用などの法理により敗訴の危険が高いと予想されるような場合には、有効な構成であるといえる。ただ、所有権移転登記という形式をとる関係上、A型・B型に比して、登録免許税額が高額となるというデメリットがある。

　上記のいずれの構成をとるにせよ、本件の事例では、DE間の丙土地の売買契約の成否が最大の争点となることが当然に予想される。後述するとおり、訴訟において売買契約締結の事実を主張立証する責任を負うのはE（及びF）ではあるが、仮にDの実印が押捺された売買契約書が提出されれば、いわゆる二段の推定（最判昭39・5・12民集18巻4号597頁、民事訴訟法228条4項）により、DE間の丙土地の売買契約成立の事実が認定されてしまう可能性がある。そして、現にE名義への所有権移転登記がなされている以上、少なくとも、同登記申請に当たりDの実印、印鑑登録証明書及び丙土地の登記済証（ないし登記識別情報）が使用されたことはほぼ確実であり、また（おそらくはEの偽造により）売主D名義の売買契約書が作成されている可能性も高い。

　そこで、Dから相談を受けた弁護士は、Dに対し、実印、印鑑登録カード、登記済証等の所在を確認させるとともに、EがDの実印等を使用して売買契約書や登記申請書を偽造できた可能性があるのか、またEがそのような行為（売買契約書等を偽造して丙土地の所有権移転登記を得た行為）をした理由を確認する必要がある。また、登記所に赴いて上記移転登記の登記申請書及びその添付書面を閲覧し、その写しを入手（ただし、謄写はできないので写真撮影をすることになる）しておくべきであろう。もちろん、可能であれば、Eから直接事情を聴取すべきである。

　Eへの所有権移転登記の登記申請書を閲覧して、同申請が司法書士によりなされていたことが判明することもありうる。司法書士には、登記申請代理業務を行うに当たり登記義務者及び登記権利者の登記意思の確認（本人確認も含む）を行う義務があるから（日本司法書士会連合会「依頼者等の本人確認等に関する規程基準」参照）、当該司法書士は、登記義務者であるDの本人確認及び登記意思の確認をなんらかの方法により行っているはずである。したがって、弁護士は、当該司法書士から、Eへの所有権移転登記申請代理業務を行った際の詳細な事情（とくにDの本人確認及び登記意思の確認をどのような方法により行ったかについて）を聴取すべきである。

　また、上記の事情聴取・調査の過程において、E名義の所有権移転登記とい

う外観が存在することについて、Ｄにおいてなんらかの関与があったといわざるをえないような事実（たとえば、ＤとＥが通謀して丙土地の売買契約を仮装した、Ｅ名義の所有権移転登記がなされていることを知りながらＤが長期間これを放置していた、Ｄ自身の債務を担保するため丙土地に抵当権を設定することをＥに委任し実印と印鑑登録証明書等を預けていたところＥがこれを利用して勝手に自己名義の移転登記をした、など）が判明することもある。この場合、訴訟において、Ｆから、Ｆが民法94条2項の「第三者」に該当し、あるいは、民法94条2項（及び民法110条）の類推適用により、「ＤはＦに対し、丙土地の所有権が移転していないことを対抗できない」といった主張が出される可能性もあるから、弁護士としては、かかるＦの主張を否定することができるかという観点から、慎重に検討する必要がある。

(5) 相談事例3の場合
ア 死因贈与と登記

死因贈与は、当事者（贈与者と受贈者）の合意により成立する契約であり、贈与者の死亡によって効力を生ずる。死因贈与契約も、贈与契約の一種であるが、その性質に反しないかぎり、遺贈に関する民法の規定が準用される（民法554条）。

死因贈与において、贈与者が死亡した場合、贈与対象物件の所有権は、贈与者から受贈者へ直接移転するのであって、いったん相続人に所有権が移転するというわけではない。死因贈与を原因とする所有権移転登記の登記義務者はあくまで贈与者（被相続人）であり、相続人はその登記義務を一般承継した者ということになる。

事例3の場合、丁建物と戊土地について、ＧとＩとの共同申請により死因贈与に基づく所有権移転登記がなされる場合、Ｉの相続による所有権移転を経由することなく、直接、亡ＨからＧへの所有権移転の登記がされることになる。したがって、Ｇは、Ｈの相続人Ｉに対し、「ＨからＧへの所有権移転登記手続」を求めるべきであって、「ＩからＧへの所有権移転登記」を求めるものではないという点に注意が必要である。

なお、事例3では、Ｈの相続人はＩのみなので、Ｇが丁土地等の所有権移転登記手続を求めるべき相手方はＩ一人でよいということになるが、ここでは、相続人が複数いる場合についても触れておく。

この点、登記義務者に相続が生じ、その相続人が複数いるときでも、登記権利者が登記義務者の承継人（相続人ら）に対し移転登記手続を求める訴訟は必要的共同訴訟ではないとするのが判例（最判昭44・4・17民集23巻4号785頁）である。したがって、原告は、相続人のうち一部の者のみを被告として訴訟を提起することも理論上は可能である。しかし、登記申請手続においては、登記義務者の相続人全員が、登記義務の承継人として申請する必要があり、たとえ遺産分割等によっても、かかる登記義務を相続人の一部の者のみに負わせることはできないと考えられている。そうすると、原告が、相続人の一部のみを被告として訴訟を提起し、勝訴判決を得たとしても、当該判決が確定することによって登記手続の意思表示をしたものとみなされるのはその一部の相続人についてのみであるから、当該確定判決をもって、原告が移転登記を単独申請することはできない。原告は、別途、他の相続人全員に対する勝訴判決を得るか、他の相続人全員から任意の協力を得ないかぎり、上記登記申請はできないことになるのである。

　したがって、登記義務者が死亡し、その相続人が多数にのぼる場合であっても、訴訟を提起する以上、当初から相続人全員を共同被告とするのが合理的である。ただ、この場合でも、相続人全員が被相続人の登記義務を争うとは限らないから、弁護士としては、訴訟提起前に、連絡のつく範囲で相続人らに登記への協力を求め、可能であれば、登記義務を争わない相続人からだけでも登記申請書類（委任状、印鑑登録証明書等）を入手しておきたい。

　イ　事情聴取・調査すべき事項

　GのIに対する請求内容は、前述したとおり、1個の死因贈与契約に基づく（丁建物と戊土地の）所有権移転登記請求とみるのが合理的である。そして、その場合、Gの請求の請求原因事実は、前記2(3)イで述べたとおり、①GH間の死因贈与契約の締結、②Hの死亡、③IがHの相続であることとなる。

　したがって、Gから依頼を受けた弁護士は、GH間の死因贈与契約の締結（及びその他請求原因事実）が立証可能かどうか検討し、次に、請求原因事実が立証可能であるとしても、Iからなんらかの反論（抗弁）が主張される可能性がないか、反論が主張された場合にGから再反論（再抗弁）が可能かという点を検討することになり、Gに対する事情聴取や立証資料の検討はかかる観点から行う必要がある。また、Hの相続人が誰であるかは、戸籍謄本、除籍謄本等の取り寄せにより客観的に調査・確定すべきである。

本事例で、弁護士がGに最初に確認すべきは、Hからの死因贈与が書面によりなされたかどうかであろう。書面によらない贈与は、履行が終わるまではいつでも撤回でき（民法550条）、これは死因贈与についても同様で、書面によらない死因贈与は、履行の終了に至るまでは贈与者の相続人が取り消すことができると考えられるから（東京高判平3・6・27判タ773号241頁も同旨）、Hの死因贈与が書面によりなされたといえない場合には、Iから、（H生前の）Hによる撤回、あるいは（H死後の）Iによる撤回が主張される可能性がある。

　なお、書面による贈与といえるか否かについて、判例は、「贈与の意思表示自体が書面によってされたこと、又は、書面が贈与の直接当事者間において作成され、これに贈与その他の類似の文言が記載されていることは、必ずしも必要でなく、当事者の関与又は了解のもとに作成された書面において贈与のあったことを確実に看取しうる程度の記載がされていれば足りるものと解すべき」であるとする（最判昭53・11・30民集32巻8号1601頁）。

　GH間の死因贈与契約が、書面によらない死因贈与である場合、弁護士は、死因贈与契約締結の事実の立証可能性について慎重に検討する必要がある。契約書といった有効な書証がなく、一方当事者のHがすでに死亡しているという状況で、仮にIが上記死因贈与契約締結の事実を争ってきた場合には、これを立証することは容易ではない。弁護士としては、Gに対し、たとえば、GH間で死因贈与契約の合意がなされた際に同席していた人物はいないか、事後的であっても、死因贈与契約についてHから話を聞いていた人物がいないか、「書面による贈与」とはいえないとしても、GあるいはHが、メモ、日記等に上記死因贈与契約の存在を推認しうる記載をしたものがないか、上記死因贈与契約の存在を前提とした行為をGあるいはHが行っていないか、といった事情を詳細に確認する必要があろう。

4　争点整理手続のあり方

(1)　債権的登記請求権に基づく登記請求訴訟の場合

ア　この場合、原告において債権発生原因となる合意について具体的に特定して主張することがまず必要である。そのうえで、債権発生原因となる合意内容に関する主張を裏付ける契約書等の重要書証の提出とその記載内容の確認が

早い段階で行われることになる。その記載内容が登記関係の書証と矛盾していたり、整合性に疑問がうかがえる場合には、裁判所から、原告に対して、そのようになっていることの説得的合理的理由の説明が求められることになろう。原告としては、当該書証の提出前にあらかじめその内容は検討できているはずであるから、裁判所からそうした指示がなされるであろうこと（期日前になされることもある）を予測し、事前に準備しておく姿勢が必要である。一方、被告としては、請求原因に対する認否について、否認すべきは真に争うべき部分に絞ってする姿勢が求められる。

イ　被告が債権発生原因となる合意の存在を争う場合には（当該合意を裏付ける的確な書証が存在しない場合にはそのようになることが少なくない）、原告において、いかなる証拠で立証するのか、その方針を早い段階から明らかにすることが求められる。仮に、当事者及び関係者の供述による立証に依拠せざるをえないとすれば、その立証には相当な労力を要する場合が少なくないであろう。

また、当該合意の存在を複数の間接事実の推認により立証する場合には、いかなる間接事実が、いかなる経験則によって主要事実の推認につながるのか、個別具体的に明らかにしていく必要がある。原告の主張が不明確であれば、弁論準備手続期日等で、裁判所と当事者の間で口頭での議論を通じて確認すべきである。期日で共通認識として確認できた内容を口頭確認にとどめずに書面化すべきか、いかなるかたちでどの程度書面化するか（期日調書における記載、当該期日終了後に次回期日に向けて当事者が作成提出する準備書面における記載等）については、事案によることになろう。

なお、事例1において、原告はCを代理人とする構成で主張しているが、被告の言い分によっては、使者として構成すべき場合もあると思われる。この点は、請求原因構成に関わる内容であるから、早期に確認すべきであろう。

(2)　物権的登記請求権に基づく登記請求訴訟の場合

ア　この場合の請求原因事実は、①原告が当該不動産を所有していること、②被告名義の登記が存在していることとなるが、争点となるのは、ほとんどが①の原告現所有である。②の被告名義の現登記の存在については、訴状提出時に原告から全部事項証明書が提出されることで争いのない事実となる場合が多い。

そこでまず、①の要件に関連して、登記を求める対象不動産について、権利

自白の成立時点を確認する作業が必要となる（この点は不動産明渡訴訟と同様である）。この作業をおろそかにして、紛争事案の個別事情に深入りすると審理が枝葉に取り込まれて迷走することになりかねないので注意すべきである。一般に、複数の争点が存在する訴訟では、争点整理期日において、それらの争点を（扱いの軽重はともかく）同時並行的に検討していかなければならない場合が多いが、そうした場合でも、前記争点を優先的に確認していく姿勢が必要である。権利自白の成立時点を確認できれば、その類型に応じて、争点整理を行うことになる（類型については、類型別 66 頁、47 頁参照）。

　被告において、原告による現在所有を争わない類型は、抗弁以下の主張整理が重要となる。

　過去のある時点での権利自白の成立が認められ、当該時点から原告による所有に至るまでの所有権の移転経過の主張を要する類型は、原告所有に至るまでの所有権移転経過について、原告が主張立証責任を負うので、原告にその旨具体的に主張してもらう。その主張する移転経過は契約等に基づく場合が多いであろうから、裏付けとなる基本書証の早期提出が求められるのは、上記(1)の債権的登記請求権に基づく場合と同様である。

　イ　時効主張による原始取得の類型の場合（事例１参照）は、原告が主張する占有開始時点及び占有期間経過時点における占有に関する被告の認否をまず確認する。短期取得時効の場合の無過失の評価根拠事実に関しては、各評価根拠事実ごとの被告の認否の確認に加え、その裏付けとなる具体的書証、それが乏しい場合や補充を要する場合の陳述書等の内容を慎重に吟味することになる。時効援用の意思表示は、通常裁判所にとって顕著な事実と整理されよう。

　ところで、相続事案（登記名義人が被相続人である場合）においては、相続関係を明らかにする書証が当事者から提出されれば相続関係につき争いはないとされる場合がほとんどであるから、その方向での主張整理がなされるべきである。

5 主張立証活動の留意点

(1) 相談事例1の場合

ア 訴訟物の選択

事例1の事案の場合、原告（A）と被告（B）は売買契約の当事者であるから、通常であれば、買主の売主に対する請求として、債権的登記請求権を訴訟物とする請求（前記2(1)イの構成）をするのが、原告の意思にも合致し、事案の実態にも即していると考えられる。しかし、本件の場合、債権的登記請求権の構成によると、被告から消滅時効の抗弁が提出されることが当然に予想され、かかる抗弁に対しては有効な反論も考えにくい。そこで、原告としては、登記請求権の消滅時効の主張が成り立ちえない、物権的登記請求権（前記2(1)エ(ア)の構成）を訴訟物とする請求（以下「物権的登記請求権構成①」という）を選択することになると思われる。この構成による場合、請求原因事実として、債権的登記請求権の請求原因事実（①AC間の甲土地売買契約の締結、②CがBのためにすることを示したこと〔顕名〕、③BがCに上記契約締結に先立って代理権を授与したこと。前記2(1)イ参照）に加え、④売買契約時点で被告Bが甲土地を所有していたこと及び⑤（口頭弁論終結時における）被告B名義の登記の存在を主張立証しなければならないが、④、⑤の事実は、いずれも、被告が争う可能性はまずないと思われるし、立証も比較的容易であるから、債権的登記請求権を訴訟物とする場合と比較し、この構成によるデメリットはとくにないといえよう。

上記債権的登記請求権及び物権的登記請求権のいずれを選択するにしても、原告は、被告（代理人C）との間の売買契約の成立を主張立証する必要があるところ、その立証に失敗した場合や、売買契約の無効・取消し、解除等の抗弁が被告から提出される場合に備え、取得時効の完成により所有権者となったとして被告に対して移転登記手続を求めるという請求（前記2(1)エ(イ)の構成。以下「物権的登記請求権構成②」という）も考えられる。

イ 物権的登記請求権構成①について

予想される争点としては、①AC間の売買契約締結の事実と、②Cに対するBの先立つ代理権授与の二つが考えられるが、①については、AC間で取り交わした売買契約書を書証として提出することで、比較的容易に立証可能であ

ると思われる。これに対し、②について被告がCに対する代理権授与の事実を否認した場合は、これが本件の中心争点となるだろう。

　代理権授与の事実の立証手段として有効なものとしては、代理人とされるCの証言や、Cが所持していた被告名義の委任状、実印、印鑑登録証明書などが考えられる。ただ、Cが、自分が無権代理行為をした事実を隠すため、「代理権を授与された」と虚偽の証言をすることも考えられるし、反対に、被告に迷惑をかけたくないとして、真実は被告から代理権を授与されていたのにもかかわらず「勝手に被告の名前を使った（無権代理行為をした）」という証言をする可能性もある。また、そもそも、10年以上も前の事案の関係者であるCを証人として出頭させること自体困難あるいは不可能な場合もあろう。原告としては、代理権授与の事実の立証手段としてCの証言のみに頼るのは危険があるといわざるをえない。したがって、原告としては、代理権授与を推認しうる間接事実を、できるかぎり豊富に主張立証するべきである。具体的には、被告が売買契約を締結する意思を有していたことを推認させる事実や、被告に売買契約を締結する動機があったことを推認させる事実を主張立証し、さらに、被告と代理人とされるCとの間に信頼関係があったこと、被告本人ではなくCを代理人として売買契約を締結する合理的な理由や必要性があったこと、などの事実により、被告がCに代理権を授与していたという事実を立証することになる。

　なお、不動産の売買契約においては、所有権の移転時期を売買代金支払日と定めることも多い。そのような場合であっても、原告は、請求原因事実として所有権移転時期についての定めを主張する必要はなく、被告から所有権移転時期についての特約があることが抗弁として提出された場合に、原告が再抗弁として売買代金を支払った事実を主張立証するということになる。しかし、原告は訴状提出と同時に売買契約書を重要な書証として提出することになり、売買契約書に上記の特約が記載されていれば、被告から抗弁が提出されることは当然に予想されるものである。また、原告が契約締結日に売買代金全額を支払ったという事実は、上記のように所有権移転時期についての特約に対する再抗弁事実となるだけでなく、代金を受領したCに代理権があったことを推認させる間接事実として、あるいは後述する短期取得時効における占有開始時の原告の無過失を基礎付ける事実として重要な意味を持つといえる。したがって、被告から上記の抗弁が提出されるかどうかにかかわらず、原告としては、代金支

払いの事実を積極的に主張立証するべきであろう。

　ウ　物権的登記請求権構成②について

　原告は、請求原因として、原告が甲土地を所有していること及び被告名義の登記の存在を主張立証することになる。前者について、原告は所有権の時効取得を主張するのであるから、その要件事実は、①平成13年7月1日時点での甲土地占有、②平成23年7月1日経過時の甲土地占有、③占有開始時（平成13年7月1日時点）における無過失の評価根拠事実、④時効援用の意思表示ということになる。

　乙建物の登記事項証明書等の書証により、上記①の立証は比較的容易であろう。原告が、現在まで乙建物を店舗として使用しているという事実からすれば、上記②の立証もとくに困難はないと思われる。③の要件については、被告の代理人であるCとの間で売買契約を締結し、同日に代金を全額支払っていること、Cに登記手続を依頼していたこと、甲土地購入後、乙建物を建築して店舗として使用開始したことなど、原告が甲土地について自己に所有権があると信ずるにつき過失がないことを基礎付ける事実を主張立証していくことになる。

(2)　相談事例2の場合

　事例2の場合、原告が主張立証すべき請求原因事実は、訴訟物につき前記3(4)で記載したいずれの構成によったとしても、被告ら（E・F）において争われる可能性は低く、立証も容易であると思われる。したがって、本件の争点は、抗弁以下の攻撃防御方法の成否となる。

　なお、抗弁以下の成否が争点となることが当然に予想される場合、原告代理人の弁護士としては、訴状に請求原因事実のみを記載するのではなく、予想される抗弁、すなわちDE間の売買契約の成立という事実（所有権喪失の抗弁）につき、積極的な反論を記載すべきである。訴状に、単に、原告所有、被告名義の登記の存在という請求原因事実のみを記載したとしても、紛争の実体は裁判所に理解してもらえないし、本件では、訴状とともに提出する丙土地の登記事項証明書に、DE間の売買契約の存在が現れているのであるから、この点につきなんら触れないのは不自然といわざるをえない。また、原告代理人は、訴訟提起前に、本件の中心の争点が上記売買契約の存否にあることは認識しており、その点について十分な事前調査をしているはずであるから、具体的な反論を記載することも可能であるはずである（訴状段階で反論が具体的に主張できな

いようであれば、そもそも訴訟の提起自体に無理があるということもできる）。

　被告らが、DE間の売買契約の成立を主張して原告の請求を争う場合、被告Eから、売買契約書が書証として提出されることになると思われるが、Eから提出がない場合でも、原告は登記申請記録閲覧の結果取得した売買契約書の写しを提出すべきである。ただし、この場合、売買契約書の売主D名義の署名はEによる偽造である旨を付記し、偽造書面として証拠提出することになる。そのうえで、原告は、Eが原告の実印等を使用して売買契約書や登記申請書を偽造できた可能性があること、Eがそのような行為をした理由（金銭に窮し、Fから借入れを行う必要があったことなど）、売買代金が原告に支払われた事実がないこと等の事実（これらの事実を推認させる間接事実も含む）を詳細に主張立証する必要がある。

　被告Eが、売買契約が虚偽であること（たとえばEが、Dの実印や丙土地の権利証を盗取し、売買契約書を偽造して所有権移転登記をしたこと）を自認する場合は、結局Eは請求原因事実をすべて認め、自らは抗弁を主張しないということになるので、Eに対する関係では原告が積極的な主張立証活動を行う必要はなくなるが、被告Fとの関係では依然争点は残る。また、Fから、DE間の売買契約が通謀虚偽表示であり、自らは善意の第三者であるとの主張（登記保持権原の予備的抗弁ないし再々抗弁となる。後記7(2)ウ参照）がなされ、あるいは、E名義の所有権移転登記という外観の作出について原告に帰責性があるとして、善意の第三者であるFは民法94条2項の類推適用（あるいは同条と民法110条の併用）により保護されるべきであるとの主張がされる可能性もある。したがって、原告としては、被告Eの対応如何にかかわらず、売買契約が虚偽であり、E名義の所有権移転登記という不実の登記がなされたことにつき原告がなんら関与していないということを積極的に主張立証するべきである（もちろん、売買契約が虚偽であることをEが自認するのであれば、その事実は原告にとって有利な事実となるが、Eが原告に迎合して虚偽の事実を述べていると判断される可能性は否定できない）。

　なお、真実の権利者自身が不実登記の外観作出に関与してはいるが、他人の背信的行為によって権利者の意図したものとは異なる外観が作り出された場合、権利者の意図しない外観が他人の背信的行為によって作り出された点が、本人が与えた権限を逸脱して代理行為がなされた場合と類似していることから、かかる外観を信頼した「善意無過失の」第三者は、民法94条2項と110条の法

意により保護されるとするのが判例（最判昭43・10・17民集22巻10号2188頁）である。したがって、たとえば、D自身の債務を担保するため丙土地に抵当権を設定することをEに委任し実印と印鑑登録証明書等を預けていたところEがこれを利用して勝手に自己名義の移転登記をしたという事実関係が認められるような場合には、原告は、善意の第三者であるとのFの主張に対し、Fの悪意または有過失を基礎付ける事実として、E名義の所有権移転登記がなされてからFに対する抵当権設定登記がなされるまでに1箇月あまりしか経過していないこと、Eが原告の息子であり権限を濫用した可能性があることに思い至らず、原告に対する事実確認等なんらの調査もしていないこと等の事実を主張立証することになる。

　Eへの所有権移転登記手続の申請について代理人として司法書士が関与した事実があるときは、同司法書士を証人として申請し、登記申請代理業務の依頼を誰から受任したか、登記権利者（E）及び登記義務者（D）の本人確認及び登記意思の確認をいかなる方法により行ったか、原告と直接面談したことはあるか、なかったとすればそれはなぜか、といった尋問をすることで、売買契約及び所有権移転登記手続に原告が関与していないという事実を立証することも検討すべきである。また、当該司法書士が、司法書士法人に在籍する者である場合には、同司法書士法人に対する調査嘱託（民事訴訟法186条）を申し立て、当該司法書士法人に上記質問事項について回答を求めることも考えられる（当該司法書士が個人で業務を行っている場合には調査嘱託の対象とはならないため申立てはできない）。

(3) 相談事例3の場合
ア　死因贈与契約書等の書面がある場合

　死因贈与契約書が存在する場合は、原告は当然当該契約書を書証として提出することになる。また、原告は「書面による」死因贈与契約の成立を主張することになる。この点、死因贈与契約に基づく対象物件の所有権移転登記請求権を訴訟物とする訴訟において、論理的には、贈与が書面によることは請求原因事実ではなく、贈与者側から贈与の撤回の抗弁が提出された場合に、はじめて再抗弁事実として主張が必要になるのであるが、あらかじめ贈与が書面によるものであることを主張しておくことで、被告からの（書面によらない贈与の）撤回の抗弁の提出をあらかじめ封じることになり、争点の不要な拡散を防ぐこ

とができるし、そもそも、当該書面は、贈与契約の締結という請求原因事実を立証する最も重要な書証であるといえる。したがって、原告は、訴状段階で書面による死因贈与契約の成立を主張すべきである。

なお、書面のある死因贈与契約であっても、贈与者は、遺贈と同様（「遺言者は、いつでも、遺言の方式に従って、その遺言の全部又は一部を撤回することができる」民法1022条）、いつでも贈与を取り消す（撤回する）ことができるとするのが判例（最判昭47・5・25民集26巻4号805頁）である。ただし、負担の履行期が贈与者の生前と定められた負担付死因贈与（民法553条）の受贈者が、生前に負担の全部又はこれに類する程度の履行をした場合には、特段の事情のないかぎり、民法1022条・1023条は準用されず、死因贈与の自由な撤回は認められないとされる（最判昭57・4・30民集36巻4号763頁）。これらの判例によれば、被告は、書面のある死因贈与契約をHが撤回した事実を抗弁として主張することができることになり、原告は、本件死因贈与契約が負担付贈与であり、Hの撤回の意思表示より前に原告が定められた負担の全部又はこれに類する程度の履行をしたことを再抗弁として主張立証できる。本事例において想定しうる具体的な事実は、後記イで検討する。

イ　死因贈与契約書等の書面がない場合

3(5)イでも述べたとおり、GH間の死因贈与契約が、書面によらない死因贈与である場合、原告が死因贈与契約締結の事実を立証することは容易ではない。Hあるいは原告が贈与について記したメモや日記等の書類があれば書証として提出すべきであるし、死因贈与についてGHが合意した平成27年1月1日に、その場に同席した人物がいればその者を証人とすることも考えるべきである。また、かかる書証や人証によることができない場合であっても、原告とHとの関係、原告がHを看護するにいたった経緯、原告がHを看護していた状況・程度（看護に費用がかかっていたとすればその額）、丁建物・戊土地の使用状況、Hの財産の状況（丁建物・戊土地以外にも遺産があるか。あるとしてどの程度の価値のものか）など、Hが原告に死因贈与をする意思があったことを推認させるさまざまな間接事実を主張立証することで、死因贈与契約の成立を立証すべく最大限の立証活動を行う必要がある。

（口頭による）死因贈与契約の成立が立証できたとしても、被告からは、Hが生前贈与契約を撤回する旨の意思表示をしたことあるいはHを相続した被告が撤回の意思表示をしたことが抗弁として提出される可能性がある。この場合、

原告としては、①撤回の意思表示に先立って贈与契約の債務の一部または全部の履行が終了したこと、あるいは、②贈与契約が負担付贈与であって、Hまたは被告の撤回の意思表示より前に原告が定められた負担の全部又はこれに類する程度の履行をしたことを再抗弁として主張立証しなければならない。

　上記①の再抗弁に関し、原告は、Hの生前から、Hの看病のため丁建物に住み込んでいた（当然Hの了解がある）ということであり、Hの死亡により、原告が丁建物（及びその敷地である戊土地）を独立して占有するに至ったといえるところ、原告としては、Hの死亡により、原告がHから丁建物及び戊土地の引渡し（簡易の引渡しとなる）を受けた、すなわち贈与契約の債務の履行を受けたと主張することが考えられる。ただし、病気のため入院中の内縁の夫が、内縁の妻に対し、それまで二人が同居していた土地家屋を贈与するとともに、当該土地家屋の買受に関する契約書と実印を妻に交付したという事例で、妻に対する簡易の引渡しによる家屋の占有移転が行われた以上、贈与の履行は完了し、贈与契約は取り消すことができないとした判例（最判昭39・5・26民集18巻4号667頁）との比較において、実印や契約書の交付といった、占有権の譲渡の意思表示（民法182条2項）というべきHの具体的言動がない本件事例において、H死亡によりHの相続人ではないGに丁建物の占有が移転したと評価することは困難と思われる。

　また、本事例では必ずしも明らかでないが、たとえば仮にHが原告に、Hが死亡するまでHの看病をすることを依頼し、その見返りとしてH死亡時には丁建物等を原告に贈与するという意思表示をしたという場合も考えられる。このような事実関係を前提とすれば、本件の死因贈与は負担付贈与であったと評価されることになろう。そこで、原告は、贈与契約締結にいたる経緯、贈与についてのHの動機（これまで看病してくれたことについての感謝があること）、Hの具体的発言内容、死因贈与契約締結時まで及び契約締結後に原告が行ってきたHの看病の内容や支出した費用、原告以外にHの看病を行った人物がいないことなどを具体的に立証することにより、本件が負担付贈与であること及び原告が負担の全部又はこれに類する程度の履行をしたことを立証できる可能性もある。

6　事実認定のポイント

(1)　相談事例1について
ア　売買契約の成立が争点の場合
(ア)　重要基本書証が存在する場合
　被告（売主B）の意思に基づいて作成された売買契約書が存在する場合は、直接証拠である類型的信用文書が存在することになるので、特段の事情がないかぎり、原告被告間の売買契約の存在が認定されよう。売主代理人Cの意思に基づき作成された売買契約書が存在する場合（売主による代理権授与が認められることを前提とする）にも同様となる。なお、書証に関する二段の推定、事実認定の構造等に関する基礎的な理解については、司法研修所編『事例で考える民事事実認定』（法曹会、2014年）（11-51頁）を参照されたい。
　売買契約書が存在しない場合でも、土地譲渡に関する覚書やメモ、代金相当額の領収証（ときには、受領した金員が不動産売買の代金の趣旨である旨の手書き記載のある領収証の場合もある）、原告（買主）がCに依頼したとされる登記手続に関する関係資料等の書証によって、売買契約の存在が容易に認定される場合もある。
(イ)　重要基本書証が存在しない場合
　売買目的物が不動産（土地）であること、代金額が3000万円と高額であること、店舗建物を建築して営業使用する目的での土地購入であったと推測されることなどからすれば、本件事例において、売買契約書等の書面が作成されずに土地取引がなされることは通常考え難い。
　そのような場合、原告には、関係者の特別な人間関係等から、基本書証が作成されていなくても不自然不合理ではないといえる事情の存在に加えて、売買の合意の存在を積極的に推認させる間接事実の主張、それらについての裏付け証拠の提出が求められよう。一方、被告には、売買合意の存在につき消極方向の間接事実を主張してもらうほか、その裏付け証拠の提出が求められる場合もあろう（もちろん、裁判所において、原告による上記事情や積極方向間接事実についての主張立証が困難であろうとの合理的な見通しがあれば、被告に対して、上記のような主張立証活動が求められる場合は少なくなろう）。
　また、乙建物の建築に関する資料において、敷地となる甲土地の売買をうか

がわせるものが含まれている場合もあろう。

　イ　Ｃに対する代理権の授与が争点の場合

　被告（売主Ｂ）作成による委任状が存在する場合には、特段の事情がないかぎり、代理権授与が認定される。

　加えて、Ｃを作成名義とする領収証、Ｃ名義の口座に原告が代金額を振り込んだことを示す通帳の記載、ＢがＣ登記手続をＣに依頼していたことをうかがわせる書類等によっても、Ｂによる代理権の授与が推認できよう。その際、ＢＣ間の従前の取引関係や人間関係等に関する事情も、その内容によっては、代理権授与を肯定する方向の間接事実として意味をもつこともある。

　ウ　取得時効について

　(ｱ)　占有開始時点の認定

　本問における原告（買主Ａ）による甲土地の占有開始時点は、乙建物の登記事項証明書（建物新築時点が明記されている）によって、容易に認定できよう。

　なお、一般に、登記事項証明書の記載を利用できないような事案では、撮影時点が明らかな現地写真（ときには、対象不動産が背景に入って撮影された人物のスナップ写真等が利用できる場合もある）、対象不動産が含まれている航空写真等が有力な書証となる場合もある。

　(ｲ)　無過失の認定

　短期取得時効の要件事実とされる無過失（民法162条2項）は規範的要件であると解されており、無過失についての規範的評価を根拠付ける具体的事実が主要事実であると考える立場（主要事実説）においては、無過失の評価根拠事実を原告が主張立証し、被告において無過失の評価障害事実を主張立証することになる。まずは、評価根拠事実によって当該規範的評価が成立することが前提となり、確定された評価根拠事実によれば当該評価の成立を肯定できる場合に、この評価を前提として、評価障害事実の存否について判断し、これらの確定された事実に基づいて当該評価の成否を判断することになる（規範的評価の総合判断）（規範的要件に関する一般的注意事項と判断手法については、30講89頁以下参照）。

(2)　相談事例2について

　本件事例について、事実認定上の争点として請求原因レベルで検討されるべき問題はほとんど想定されない（前記5(2)参照）。

なお、問題となる登記の申請に司法書士が関与している事案について述べる。抵当権設定契約に係る基本書類、登記申請書類等の作成に際して、司法書士の立場から、どのような説明を当事者にしたのか、当事者による上記各書類記載の具体的状況はどうであったのか、司法書士同席の場で同時に行われることもある売買代金や貸金等の交付状況等について、専門職種の立場から有意な供述等が得られることは少なくない。ただし、一方当事者が不動産業者等であった場合、その者と当該司法書士との間に特別な利害関係がないとはいえない事案もあるので、相応の注意も必要である。

(3) 相談事例3について

事例3では、原告GとHとの間で平成27年1月1日に死因贈与契約が締結されたと認められるかが、事実認定の主要なポイントとなる。

本件の死因贈与契約は、おそらく口頭合意であると構成されることになろう（問題文からは、処分証書の存在は想定し難い）。その場合、その内容を記したH作成の日記やメモ（本問では、遺言書の作成はないものと考えられる）、同趣旨の原告作成のメモや日記類、死因贈与を認める趣旨のHの発言を聞いた第三者が存在すれば、その供述等を書証とせざるをえない。そして、①住み込み看病を開始するまでの兄弟関係（ほかに兄弟がいれば、その者らを含めた関係）、②離婚した妻やIとHとの交流状況（病に倒れるまでのHと同人らとの交流の状況、病に倒れてからの見舞いの状況等）等について確認し、それらから契約の存在を積極的に推認する事実、消極的に推認する事実等の必要な事実主張を当事者にしてもらい、上記証拠等によって、死因贈与契約の成立が認定できるか検討することになろう。

ところで、本件事例を離れて一般的に検討すると、民法550条の「書面」該当性については緩やかに解されているとされる（柚木馨＝高木多喜男編『新版注釈民法14：債権5』〔有斐閣、1993年〕42頁、中田裕康『契約法』〔有斐閣、2017年〕272頁）。当該「書面」にあたるかどうかは、その記載内容とともに、作成経過、作成目的、作成後の取扱いを検討し、書面によらざる贈与についての撤回権行使を規定する民法550条の趣旨（軽率な贈与の予防、贈与意思の明確化と紛争防止）に照らして判断されるべきものであるところ、贈与者が自分の日記に書いたとしてもそれでは足りないとされるが（中田・前掲273頁）、贈与の意思表示自体が書面によっていることを必要とせず、書面に贈与がされたことを確実に看取

しうる程度の記載があれば足りる（最判昭60・11・29民集39巻7号1719頁）とされる（前記3(5)イも参照）。そうすると、同条に該当する「書面」が存在するとしても、贈与契約の存在に関する事実認定を検討する場面では、当該書面をもってただちに贈与契約の処分証書を意味するものとすることはできない。なお、記載内容によっては、贈与契約の存在を認定するための報告文書としての意味をもつとされるものもあろう。

7　予想される抗弁以下の攻撃防御の展開

(1)　相談事例1について
ア　債権的登記請求権の場合

一般論としては、AとB代理人Cの間で締結した売買契約の無効、取消し、解除等が問題となり、その旨の抗弁が提出される場合がある。

ところで、被告が代理権の存在を争う場合に、原告において代理権の存在が立証できない場合に備えて、原告において表見代理に基づく請求原因構成の主張をする場合が考えられる。なお、本問の請求原因における代理権授与の主張についての被告の認否について付言すると、代理権を授与していないとするのは被告の否認でしかないのであり、これに加えて、代理権がないことをもって被告において無権代理の抗弁となるなどとする基本的理解の欠如をうかがわせる主張をしないように注意されたい。

イ　物権的登記請求権の場合

短期取得時効の主張の場合、被告が取得時効の成立を争うのであれば、無過失の評価障害事実を抗弁として主張するほか、強暴、隠避、占有の中断の主張、原告において所有の意思のないことの主張を被告側が具体的に行うことになる。

ウ　消滅時効の抗弁について

この主張は、債権的登記請求権に対する抗弁とはなりうるが、物権的登記請求権に対しては抗弁として機能せず、主張自体失当となる。所有権それ自体は消滅時効にかからないところ、物権的登記請求権も所有権の円滑な支配状態を回復すべき作用を有するものである以上、所有権と同様に消滅時効にはかからないと解されるためである。

エ　その他

ここで、抗弁主張に関する一般的注意を述べておきたい。

所有権喪失の抗弁とは、原告が所有権を喪失することで、原告の請求の根拠を失わせることになり、それで足りるのであって、このことは、たとえば、原告→A→被告と不動産所有権が移転したとされる場合に、A被告間の不動産売買契約が締結されたかどうかに影響されない（喪失した所有権が被告のもとに帰属するまでの経過を主張立証する必要はない）。

また、登記保持権原の抗弁は、原告の所有権が認められた場合に、被告が登記を保持することができる権原を有するとの主張であるから、そもそも自分が所有者であると被告が主張している事案においては、被告の主張を上記抗弁として構成するのは適当ではない。

(2)　相談事例2について
　ア　所有権喪失の抗弁

被告E（被告Fも同様である）としては、所有権喪失の抗弁として、平成27年10月1日時点において原告Dが丙土地を所有していたことを前提にして、同日付けのDE間の売買契約の締結を主張立証することが考えられる。

この抗弁に対して、Dは、再抗弁として、DE間の上記売買契約の無効、取消しのほか、上記売買契約が通謀虚偽表示により無効であること（民法94条1項）等を主張立証することが考えられる。

　イ　抵当権の登記保持権原の抗弁

被告Fにおいて主張するであろう登記保持権原の抗弁における要件事実は、以下のとおりである。

① EF間の被担保債権の発生原因事実
② EF間において①の債権担保のため丙土地に抵当権設定契約を締結
③ ②当時、Eが丙土地を所有していたこと
④ 抵当権設定登記が②の抵当権設定契約に基づいてされたこと（基づく登記）

なお、抵当権設定契約は直接物権の発生を目的とする物権契約であるから、一般に、②に加えて③が必要になることに注意したい。

　ウ　Fによる通謀虚偽表示の主張の位置付け

被告Fにおいて、DE間の売買が通謀虚偽表示であり、Fは善意の第三者である旨の主張がよくみられる（民法94条2項）。

この善意の第三者の主張の位置付けについては、再々抗弁とする説、売買の抗弁・通謀虚偽表示の再抗弁を前提とする予備的抗弁とする説の両説がある。後者の場合は、登記保持権原の抗弁となるので、
　① EF間の被担保債権の発生原因事実
　② EF間において①の債権担保のため丙土地に抵当権設定契約を締結
　③ Fが、②の際、DE間の売買契約が通謀虚偽表示であることを知らなかったこと
　④ その登記が②の抵当権設定契約に基づくこと
を主張することになる（類型別79-81頁）。
　エ　その他
　さらには、不実の登記の作出につき、真の権利者たるDがそのことを知りながら、これを明示又は黙示に承認していたとして、かかる不実の登記を信頼して取引関係に入った善意の第三者たるFは、民法94条2項類推適用（あるいは、同条と同法110条の併用）により保護されるべきとして、Fにおいて、民法94条2項類推適用（同）を主張する場合も、その主張の位置付けについては、上記ウと同様の問題がある。
　なお、これに加えて、信義則違反等の一般条項による抗弁主張がなされることも実務的に散見されるが、そうした主張の実質内容は、上記主張とほぼ同様である場合が多く、事案にもよるが、いたずらに争点を拡散させないように、独立した新たな主張としての必要性について裁判所主導で当事者と積極的に議論し、真に必要な主張に絞っていく必要がある。

(3)　相談事例3について

　ア　本件の死因贈与契約が書面によらざる死因贈与契約であれば、撤回自由となる（民法550条本文）。また、履行が終了した場合には、撤回できないところ（同条但書）、不動産についても目的物が引き渡されたときは、履行が終わっているとされる。
　ところで、当事者が死亡した場合には、取消権は、一般承継人である相続人に移転することになる。
　イ　そこで、Iは、抗弁として、Hが（その生前において）GH間の死因贈与契約を撤回する旨の意思表示をしたことを主張立証することができる。また、Hを相続した後、自らの立場でGH間の死因贈与契約を撤回する旨の意思表示

をしたことを主張立証することもできる。

　これに対して、Gは、再抗弁として、上記死因贈与契約撤回の意思表示に先立って、HはGに丁建物及び戊土地を引き渡したこと（履行の終了）を主張立証することができる。履行の終了については、贈与者が負担した債務の主要部分を履行することを意味するところ（中田・前掲273頁）、本件事例において、HがGに丁建物とその敷地の戊土地を一括して引き渡したと構成することは困難であろう。

　なお、本件事例では難しいと思われるが、一般的には、問題となる死因贈与契約が書面によってなされたものであるとの主張（書面による贈与）も再抗弁として位置付けられる。

　ウ　ところで、負担付死因贈与契約が締結された場合において、受贈者が贈与者の生前に負担を履行していた場合には、撤回がやむをえないと認められる特段の事情のないかぎり、死因贈与契約の撤回はできないことになる（最判昭57・4・30民集36巻4号763頁参照）。

　本件事例は、住み込みで約1年半に及び看病を続けた弟に対して、それまでの看病に感謝するとともに、その後も死ぬまで看病を継続してくれることを考慮した死因贈与契約であるから、死ぬまで看病を継続することを負担とする死因贈与契約と構成できよう。そうであれば、Gは、再抗弁として、本件死因贈与契約に上記負担が付いていること、その負担を履行したことを主張立証することができる。これに対し、Iにおいては、（あまり想定し難いところであるが）上記判例のいう撤回がやむをえないと認められる特段の事情を再々抗弁として主張立証できるということになろう。

8　紛争解決方法（和解・判決）の選択及び紛争解決の留意点

　登記請求訴訟の場合、言い渡された判決主文をもって、登記所に登記手続として受け付けてもらえなければならない関係で、仮に原告の求める請求の趣旨が定型的なものではない場合には、原告において、訴訟提起する際、そうした請求の趣旨で勝訴判決を得たとして、登記所が登記を受け付けてくれるのかをあらかじめ確認しておく姿勢が求められるし、裁判所においても、勝訴判決を

言い渡す際には（一部勝訴も含め）、あらかじめそのことを（原告を通じて）確認する慎重な姿勢が望まれる。

　抹消登記を求めて、多くの登記名義人がすでに死亡している場合に多くの相続人を被告として訴訟提起する場合、いきなり訴訟を提起し、訴訟費用を被告らの負担とするのではなく、事前に連絡のつく範囲で被告らとなる者に連絡等をしておき、場合によっては、訴訟費用負担は原告として請求する形式をとることで、被告らからの無用な争いを回避できることも少なくない。

　和解解決によって登記手続について被告の任意の協力を得られるようにしたほうが、登記手続がスムーズに進むことはいうまでもない。

9　おわりに

　民事紛争において、不動産登記請求訴訟はよくある紛争類型であるが、被告が欠席で終わる場合は比較的少ない。原告においては、登記官による登記手続に関わる関係から導かれる請求の趣旨に関する注意事項に留意し、事案に適した訴訟物の選択を行うことが求められる。きわめて当然のことであるが、請求原因段階での権利自白成立時点の確認は確実に行われるべきである。また、代理人の活動としては、提訴前の任意交渉段階においても、提訴後の予想される訴訟経過を見据えた対応が必要となろう。本章の記載を参考にして、主張立証の各段階での合理的・効率的な進め方を検討してほしい。

第12章
不法行為紛争(1)
契約締結上の過失を理由とする紛争

岡部 純子
木﨑 孝

1 はじめに

　契約締結上の過失を理由とする紛争は、契約交渉過程が複雑化、長期化している今日、実務においてしばしば目にする紛争類型であり、相当数の事例が集積されている。契約締結上の過失の有無は、多種多様な事情の総合評価により判断されており、同じような事例でも、わずかな事情の違いで結論を異にすることもみられる。そのようなことから、契約締結上の過失を理由とする紛争は、相当数の事例が集積された今日においても、審理や判断の見通しがつきにくい紛争類型といえるのではないだろうか。

　本章では、契約締結上の過失を理由とする紛争について、紛争解決の実務に役立つと思われる基本的事項や考え方を説明したい。

2 事例

　契約締結上の過失を理由とする紛争には多種多様なものがあると考えられるが、まず、比較的イメージしやすいと思われる事例を取り上げ、相談内容からどのような請求を構成することが考えられるか、当該請求を基礎付ける法律要件はなにかについて、基本的事項を説明する。

(1) 相談事例

> 私（A）は書籍の自費出版を請け負う仕事をしています。平成28年6月10日、Bから自費出版をお願いしたいとの申込みがあり、原稿を預かりました。また、Bは、出版する本の体裁やデザインについての希望を述べられたので、案を検討してみると伝えました。私は、原稿が1000頁を超える大作であったため、何度か電話やメールで希望をうかがいながら、従業員全員を総動員して内容を点検し、デザインについても専門業者に案を依頼しました。14日間でこれらの作業を終えて、自費出版の準備が整ったのでBに連絡をし、費用が500万円くらいになると告げたところ、Bは、自費出版にそんなに費用がかかるとは思わなかった、出版は諦めたいと言い出したのです。Bに対して、原稿チェックやデザイン案の作成に要した費用を請求したいと思います。

ア　請求の構成について

　まず、Aは、Bに対し、請負契約の締結を前提に、民法641条に基づき注文者の任意解除に伴う損害賠償を請求することが考えられる。Aは、Bから自費出版の依頼の申込みを受け、相当な費用、労力をかけて出版の準備を行ったにもかかわらず、Bが前言を翻して依頼をとりやめたと述べているのであるから、民法641条に基づく請求は、Aの理解に素直な構成であろう。なお、自費出版にはさまざまな形態があり、自費出版契約が業務委託等の性質を帯びる場合もあると考えられるが、その詳細に立ち入ることは本題に沿わないため、ここでは出版する本の制作を主な目的とする請負契約とする。

　次に、Aは、Bに対し、請負契約の締結に至っていないとしても、自費出版を依頼するものとAに期待させ、相当な費用、労力をかけて出版の準備を行わせたとして、契約締結上の過失により損害賠償を請求することが考えられる。契約締結上の過失は、相談事例のように、契約締結に向けて交渉が行われたが、契約が締結されなかった場合（交渉破棄型・交渉挫折型などといわれる）のほか、契約は締結されたが、原始的不能等により契約が無効等になった場合（無効型）、契約は有効に成立したが、締結過程における情報提供や説明等の不備が指摘される場合（不当勧誘型などといわれる）などにおいて、一方の他方に対する賠償責任を肯定する理論である。

AがBに対し民法641条に基づき損害賠償を請求することと契約締結上の過失に基づき損害賠償を請求することは、前者は請負契約が締結されたことを前提にし、後者は請負契約が締結されていないことを前提にしている点で、両立しない関係にある。Bに対して訴えを提起し、一つの訴訟手続で両者の請求について審判を求める場合には、併合態様を予備的併合としなければならない。単純併合とすると、同時に矛盾した主張をすることを避けられないからである（両請求の選択基準は3で説明している）。

　イ　民法641条に基づく請求の法律要件

　民法641条に基づく損害賠償請求の法律要件は、①請負契約の締結、②注文者が請負契約を解除したこと、③請負人が損害を被ったこととその額である。①の請負契約の締結とは、請負人がある仕事を完成し、注文者がその仕事の結果に対してその報酬を支払うことについての合意である（民法632条）。なお、このうち報酬支払合意については、契約時に定額を定める場合のみならず、契約時には一定の概算額のみを定め、後日実際にかかった費用に応じて報酬額の増減が認められる場合や、契約時に金額を明示せず、慣行や解釈により額を定める場合もあるとされている（山本Ⅳ-1・647頁）。

　相談事例においては、請負契約の締結が争われると見込まれるところ、この場合、Aは、上記合意の形成過程を具体的に明らかにすることを求められる。口頭等の意思表示により合意が形成されたのであれば、その日時、態様、具体的文言等を、黙示の意思表示により合意が形成されたのであれば、黙示の意思表示を基礎付ける具体的事実を明らかにしなければならない（30講100頁）。Aがこれらを具体的に明らかにしないために攻撃防御の対象が定まらず、論争が長引いている例をみることがあり、留意が必要と思われる。

　ウ　契約締結上の過失に基づく請求の法律要件

　(ｱ)　法律要件の前提として、契約締結上の過失による責任の法的性質について検討する。

　これについては、従来、契約責任か不法行為責任かが学説上議論されており、裁判実務における訴訟物の選択も、債務不履行に基づく損害賠償請求権とするもの、不法行為に基づく損害賠償請求権とするもの、債務不履行又は不法行為に基づく損害賠償請求権とするものが混在していた。

　裁判所は、法的性質について判断を示さず、当事者の選択に従って判断することが多いと思われるが、最判平23・4・22民集65巻3号1405頁は、「契約

の一方当事者が、当該契約の締結に先立ち、信義則上の説明義務に違反して、当該契約を締結するか否かに関する判断に影響を及ぼすべき情報を相手方に提供しなかった場合には、上記一方当事者は、相手方が当該契約を締結したことにより被った損害につき、不法行為による賠償責任を負うことがあるのは格別、当該契約上の債務の不履行による賠償責任を負うことはない」との判断を示している。この事案は、信用協同組合から勧誘を受けて同組合に対する出資をしたところ、同組合の経営が破綻して持分の払戻しを受けられなくなった者が、同組合に対し、上記の勧誘に当たり、同組合の経営破綻のおそれについて説明すべき義務に違反したなどと主張して、損害賠償を求めた事案であるが、主位的請求である不法行為に基づく損害賠償請求について消滅時効が援用されたために、予備的請求である債務不履行に基づく損害賠償請求の可否につき判断が示されたものである。

この判決の事案は、アで示した分類によれば、不当勧誘型に当たるが、判決要旨から明らかなようにその射程範囲は非常に限定されたものとなっており、同判決の調査官解説においても、契約締結上の過失といわれているもの一般についての責任の法的性質につき判断が示されたものではないとの解説がされている。同判決は、不当勧誘型のうちの一類型における責任の法的性質を判断したものであって、他の類型における責任について契約責任と捉える途を閉ざしたとまではいえない。ただし、同調査官解説は、この判断の前提とする考え方は、交渉挫折型の契約締結上の過失については、不法行為責任の問題であると捉える考え方に親和性があるとの指摘をしているから、他の類型においても、同判断の前提とする考え方を踏まえて、責任の法的性質を考える必要があろう。

(イ) 相談事例は、交渉挫折型の事案であり、請負契約が締結されていないことを前提に賠償を求めることになるから、不法行為責任と捉えるのが素直と考えられる。以下では、契約締結上の過失に基づく責任を不法行為責任と捉えて、その法律要件を検討することとする。

不法行為に基づく損害賠償請求の法律要件は、①権利侵害、② ①についての故意又は過失、③損害の発生とその数額、④ ①と③の因果関係である（類型別51頁）。

契約締結上の過失による責任が認められる根拠は、契約締結の準備段階に入った当事者が、相手方に対し、信義則上の注意義務を負うことに求められる（最判昭59・9・18集民142号311頁、最判平19・2・27集民223号343頁など）。し

がって、契約締結上の過失に基づく請求の場合、上記法律要件の①及び②は、Bが契約準備段階における信義則上の注意義務に違反したことをいうと捉えられる。

契約準備段階における信義則上の注意義務違反とは、諸事情を総合して導かれる規範的評価である。このような規範的評価については、規範的評価自体ではなく、規範的評価を根拠付ける具体的事実（評価根拠事実）が主要事実であると考えられている（新問研141頁、30講89頁）。したがって、Aは、Bに契約準備段階における信義則上の注意義務違反があることを根拠付ける具体的事実を明らかにする必要がある。

契約準備段階における信義則上の注意義務違反を根拠付けるには、どのような事情があればよいかについて、その基準を示すことは難しい。契約締結に向けての交渉の経緯（成熟性の程度）、当事者の言動、準備行為の程度とその必要性、契約締結に至らなかった理由、当事者の知識・経験の程度、業界の慣行などの多種多様な事情が、契約準備段階における信義則上の注意義務違反を根拠付けうるが、あくまでも事案ごとの総合判断であって、どのような事情があれば注意義務違反が根拠付けられるとも、どのような事情がなければ注意義務違反が根拠付けられないともいえないと考えられる。

契約準備段階における信義則上の注意義務違反を根拠付ける事実を抽出するに当たっては、過去の裁判例においてどのような点が考慮要素とされてきたかが参考になる（過去の裁判例の分析は、根本久＝金子直史「契約締結に際しての過失責任」山口和男編『現代民事裁判の課題7：損害賠償』〔新日本法規出版、1989年〕、島岡大雄「当事者の一方の過失により契約締結に至らなかった場合の損害賠償責任」判タ926号〔1997年〕42頁、加藤新太郎編『判例Check 契約締結上の過失（改訂版）』〔新日本法規出版、2012年〕など多数存在する）。もっとも、特定の裁判例に無理に引き付けるような抽出は避けるべきであり、裁判例を踏まえつつ、その事案の特殊性があらわれるように抽出することが肝要と思われる。

3　弁護士が受任に際して検討すべき事項

(1) はじめに（一般論）

弁護士として、依頼者から相談を受け、事件として受任するか否かを検討す

るに当たっては、最初に、利益相反など弁護士倫理上受任できない事由がないことを確認のうえ、まずは依頼者の話を虚心坦懐に聴くことから始まる。

　そして、依頼者によって語られる混沌とした事実を出発点とし、依頼者が所持している客観的証拠などにも照らし合わせながら整理して得られた一応の事実関係を前提に、考えうる法的構成を想定し、その要件事実を意識しながら、確認すべき事実や証拠の存否をチェックし、必要に応じ、関係者からも話を聴き（まずは相手方以外の関係者になろう）、また、弁護士自身でも事実関係の調査や証拠の収集を行って、依頼者の語る事実に明らかな誤りや矛盾がないかをチェックしつつ、想定した法律構成が成り立ちうるかを検討し、利害得失も考えながら選択する法律構成を絞り込み、請求が認められる可能性の程度についても一応の分析をし、依頼者に説明して理解を得て、正式に事件として受任するかどうかを決定する。

　そのうえで、可能な範囲で相手方の言い分も十分に聴き、依頼者から聴き取った事実経過との齟齬があれば、再度依頼者にも確認し、それまでに収集できている情報と照らし合わせて、依頼者の言い分に不合理な点はないかどうかを検討する。そして、依頼者の言い分に不合理な点はないと判断できれば、必要に応じて、依頼者の強い意思を示すために内容証明郵便での請求もするなどして任意の交渉を進め、それでも解決の見込みがなければ、法的手続（最終的には裁判）に至る。時折、依頼者からの聴取りだけを根拠に、相手方の責任を断定したような内容証明郵便をいきなり送付する代理人も見かけるが、あまり適切な対応とはいえないであろう。なお、相手方の言い分を聴く際に、最初から代理人弁護士がその身分を明らかにして対応するのか、あるいは、依頼者本人にその対応をさせるのかは、個々の事案ごとに十分に検討する必要があろう。早くから弁護士が対応すると、相手方も警戒して情報の入手が難しくなるということもあるので、それが懸念される場合には、依頼者を指導して、依頼者自身にメールや文書で相手方とやりとりをさせて情報を入手することも一つの有用な選択肢である。

　こうした初動活動を十分に行わないと、相手方への請求の法律構成や紛争解決手段の選択を誤り、事実や証拠の事前調査が不十分なまま安易な事案の見通しを依頼者に伝え、事案対応について致命的な誤りを招くことにつながる。処分権主義が支配する民事訴訟において、初動の誤りは、勝てるはずの事件を敗訴に導いてしまう原因にもなる。初動を誤った事案の挽回はきわめて困難であ

ることを強く意識したい。

(2) 請負契約成立の有無

　相談事例においてまず確認、検討すべきことは、AB間で、自費出版請負契約が成立しているかどうか、あるいは、自費出版請負契約までは成立していないものの、自費出版請負契約締結に向けた法的拘束力を有するなんらかの中間的合意（なんらかの契約）が成立しているかどうかであろう。

　契約に基づく請求が成り立ちうるのであれば、まずは、契約に基づく債務不履行責任を追及することを検討することになろう。賠償請求しうる損害の範囲も、債務不履行構成であれば履行利益の請求が可能であるが、不法行為構成であれば信頼利益の請求にとどまると考えるのが一般的であり、債務不履行構成を選択するほうが有利である。

　相談事例では、「本の体裁やデザインについてBから希望が述べられ、Aは案を検討してみると伝えた」、「何度か電話やメールで希望をうかがいながら作業を進めた」という程度の情報しかない。なんらかの合意が成立したといえるかどうかという点について、AB間の具体的なやりとりを詳しく確認するとともに、自費出版契約の流れや費用目安が書かれたカタログなどの書面交付の有無なども確認する必要があろう。そのうえで、なんらかの契約・合意の成立までは認められないとすれば、契約成立を前提としない主張、すなわち、契約締結上の過失の法理によって損害賠償請求が成り立ちうるかどうかの検討となる。

(3) 契約締結上の過失

　取引を開始し、契約締結準備段階に入った当事者は、一般市民間における関係と異なり、信義則の支配する緊密な関係に立つのであるから、相互に相手方の権利を侵害しない信義則上の義務を負う。契約締結上の過失責任とは、信義則に基づき両当事者に課されるこのような行為義務の有責な（故意・過失による）違反を理由とする責任である。

　契約締結上の過失責任が問われる局面はさまざまであるが、相談事例では、交渉破棄型（当事者の一方が契約交渉を打ち切り、それにより相手方への契約成立への期待を裏切り、相手方に無用の出捐をさせた場合）の一事例として成り立ちうるかを検討することになろう。

　契約締結上の過失の法律構成については、不法行為責任か契約責任（債務不

履行責任）かという議論はあるが、契約締結上の過失を認めた判例とされる最判昭59・9・18集民142号311頁、最判平19・2・27集民223号343頁などでも、法律構成が明示されているわけではない。

　どちらの法律構成を採用しても、損害賠償を求める側は故意過失又は帰責事由の存在を基礎付ける具体的事実を、相手方はその存在を妨げる具体的事実を主張立証することになるので、実際の訴訟での主張立証の難易度に特段の差異はないであろう。

　もっとも、前述のとおり、契約締結に先立つ信義則上の説明義務違反に関する最判平23・4・22民集65巻3号1405頁の調査官解説では、同最判が前提とする考え方は、本件のような交渉挫折型の契約締結上の過失については、不法行為責任の問題であるととらえる考え方に親和性があると論じられているし、また、不法行為構成のほうが弁護士費用の請求が認められやすく、遅延損害金の起算点が早いなどのメリットもあるので、本件のような交渉挫折型の契約締結上の過失については、不法行為責任であるとして主張立証を進めるのが自然ではないかと思われる。

　なお、契約締結上の過失に関しては、平成25年2月26日に公表された「民法（債権関係）の改正に関する中間試案」では立法上の手当が検討されていたが、最終的には立法上の手当は見送られた。

　いずれにしても、Aの代理人としては、Bとの間で請負契約の正式な締結にまでは至っていないものの、その正式な契約締結に向けて信義則の支配する密接な関係が成立していること、すなわち、契約交渉の成熟度が高まっていること、それに対応して、一方当事者が契約締結に至ることを信じて契約締結の準備に及ぶことが相当（あるいはやむをえない）といえること、を主張立証していくことになろう。

　契約交渉の成熟度が高まっていることを認定するうえで裁判例が取り上げている事情としては、①交渉が重ねられ、代金その他契約の主要な内容がほぼ合意されたこと、②契約書案が作成されたり、覚書等の書面が取り交わされたりしたこと、③内金、証拠金等の金銭が支払い済みであること、④契約調印や代金決済の日時が定められたこと、⑤契約成立を前提として行政庁やその他関係機関との折衝や必要な手続をしたこと、⑥並行して交渉していた別の者との契約を断らせたこと、などが挙げられる（長谷川浩二「契約締結上の過失」坂本慶一編『民事弁護と裁判実務3：動産取引』〔ぎょうせい、1997年〕118頁）。

本件では、「自費出版をお願いしたいとの申込みがあり、原稿を預かった」、「本の体裁やデザインについての希望を述べられたので、案を検討してみると伝えた」とされている事実関係について、具体的にどのようなやりとりがなされたか、費用についてどのような説明がなされたか（全く説明していないのか、概算的な見積もりなどを伝えているのか）などを確認することが重要である。従業員総出で1000枚を超える大作の内容のチェックをし、デザインについても外部の専門業者に依頼をかけ、期間として2週間程度かかる作業であることなどを説明しているかどうか、さらには、それらの作業は決して無料の見積もりではなく、正式な請負契約締結に至らなくても費用として発生することや、その金額の見込みなどを説明しているか、それらに関連する書面の交付がなされていないか、自費出版の一般的な取引慣行はどのようなものかなどがポイントとなろう。

4　争点整理手続のあり方

　契約締結上の過失を理由とする紛争について訴えが提起された場合、民事訴訟の争点整理手続がどのように進行することが望ましいかを考える。

(1)　評価根拠事実、評価障害事実の認定に向けた争点整理
　契約締結上の過失を理由として損害賠償を求めるとき、原告は、契約準備段階における信義則上の注意義務違反を根拠付ける事実（評価根拠事実）の主張・立証責任を負う。対する被告は、評価根拠事実の認否をし、否認する場合はその理由を明らかにする（民事訴訟規則79条3項）とともに、契約準備段階における信義則上の注意義務違反の評価を妨げる事実（評価障害事実）を主張・立証する。このとき、原被告の主張は、いかに準備に注力していたかといった主観的な側面に力点を置くものとなりがちなので、裁判所は、客観的な事実をできるかぎり日時・態様を特定して主張し、打合せ記録、業務日誌、メール等の書証を提出するよう促すとよいと思われる。
　争点整理手続においては、評価根拠事実と評価障害事実のうち争いのある事実と争いのない事実を分け、争いのある事実については、間接事実や書証の整理を行う。このような整理を行うことにより、①信用性の高い書証があったり、

推認力の強い間接事実に争いがなかったりして、特段の事情がないかぎり認定できると思われる事実、②否認の理由を裏付ける書証が提出されていることなどにより、特段の事情がないかぎり認定できないと思われる事実、③争点整理段階ではいずれとも決められない事実が振り分けられる。その振り分けについては、裁判所と両訴訟代理人との間で共通認識を形成できることも多いであろう。

(2) 規範的評価に向けた争点整理

　契約準備段階における信義則上の注意義務違反のような規範的評価が争われている事案については、評価根拠事実・評価障害事実について上記のような整理を行うだけでは、争点の全体像を明らかにしたとはいえない場合が多い。なぜならば、その事実の存否が規範的評価の判断にさほど影響しないのであれば、原被告にとって争う価値は乏しいのであって、規範的評価に対する評価根拠事実・評価障害事実の位置付けや重要度がわかって、はじめて何に重点を置いて争えばよいのかが明らかになるからである。

　ところが、評価根拠事実・評価障害事実として主張されている事実について、裁判所が、どのような評価をし、どの事実を重視しているのかは、訴訟代理人からみえにくいことであり、また、そもそも争点整理段階では、裁判所自身も考慮中であることが多いであろう。そのために、たとえば、訴訟代理人がある事実の存否を争うことに注力していたところ、思いがけず別の事実が決め手となって不利益な判断を受けるということが起こりうることになる。このような不意打ちを避け、原被告に攻撃防御を尽くさせるために、裁判所は、評価根拠事実・評価障害事実として主張されている事実がどのような意味で規範的評価を根拠付け、あるいは規範的評価を妨げるのかについて、両訴訟代理人と協議し、場合により暫定的心証を開示するなどして、可能なかぎり、規範的評価の分かれ目について共通認識を形成するよう図ることが望ましいと考えられる。

5　主張立証活動の留意点

(1) 契約成立を前提とする請求について

　相談事例において、契約書が存在しない場合は、契約書が存在する場合と比

べると、契約成立についての主張立証が困難になることは否めない。

しかし、訴訟の迅速な進行のためにも、訴状の段階から、口頭の意思表示により合意が形成されたというのであれば、その日時や文言を、黙示の意思表示により合意が形成されたのであれば、黙示の意思表示を基礎付ける事実の日時・態様等を明らかにしなければならない。

訴状において抽象的な主張にとどまる場合には、訴訟の進行が遅れるだけでなく、裁判所にも根拠に乏しい無理筋の主張ではないかという心証を初期段階で与えてしまい、挽回が難しくなる。

(2) 契約締結上の過失に基づく請求について

契約締結上の過失を根拠に請求する場合には、不法行為構成をとる場合でも債務不履行構成をとる場合でも、原告としては、①信義則が支配する契約締結準備段階に入ったこと（契約締結交渉の成熟度が高いこと）、②その契約交渉の成熟度に応じて、相手方の信頼を裏切ってはならない信義則上の注意義務（注意義務の内容は、個々の事案で、交渉の成熟度に応じて原告側で主張立証する必要があるが、相談事例でいうと、たとえば、費用のかかる準備行為に原告が着手する前に、その費用を支払うつもりはないこと、契約不成立になる可能性もあることなどを告げる義務）が発生しているのに、それに違反したこと（たとえば、被告が、正式な契約締結の意思が曖昧であるのに、それをあえて明らかにせず、原告が契約成立は確実、あるいは契約成立前の準備行為についての費用は支払われると信頼してもやむをえない事情があったこと、原告がそのような信頼を抱いているのを知りつつ被告がそれを放置したことなど）、③損害の発生及び額、④（②と③の）因果関係を主張、立証する必要がある。

②の過失あるいは注意義務違反は、規範的要件であり、原告はその評価根拠事実（原告・被告間でのやりとりなどの純粋な事実関係はもとより、自費出版という業界での慣行や経験則なども含む）を豊富に主張していくことが必要である。そして、被告からは、過失あるいは注意義務違反を否定する方向に働く評価障害事実が主張されることが必至なので、予想されるそれらの主張を潰す主張もできるだけ早い段階でしておくことが有効である。

なお、業界での慣行や経験則については、具体的な事実とは異なり、立証しなくても裁判官はわかっているはず、あるいは、そういうことまで細かく立証すると、裁判官の社会常識を低くみているような印象を与えるのではないかと

いうような思いから、結果として立証がおろそかになり、不利な心証を抱かれてしまう場合もないではない。業界での慣行や経験則についても、裁判官の心証をうまく探りつつ、必要に応じて、文献、インターネットの記事その他を証拠提出し、場合によっては、調査嘱託（民事訴訟法186条）、弁護士会照会（弁護士法23条の2）等を利用して、業界での慣行や経験則の証拠化を検討することも大切である。

(3) 契約成立を前提とする請求と契約締結上の過失に基づく請求の選択

相談事例のような、いわゆる契約締結上の過失が問題となりそうな事案では、原告が主位的請求として契約成立を前提とする損害賠償責任を追及し、予備的請求として契約不成立を前提に契約準備段階での信義則上の義務違反を理由とする損害賠償責任を追及するというパターンも多い。

この点、契約に基づく請求ができるのであればそのほうが確実であるから、まずは契約に基づく責任追及を考えるという姿勢は大切であり、本件でも、なんらかの契約が交わされているのであれば、契約責任を追及することになろう。しかし、事情聴取と証拠収集の結果、およそなんらかの契約が成立していると主張するのが無理筋と思われる場合は、このような主位的請求、予備的請求という法律構成を選択することは、代理人の資質について裁判官に疑問を抱かせるリスクもありうるので、十分な注意が必要であろう。

6 事実認定のポイント

(1) 契約準備段階における信義則上の注意義務違反の判断

契約準備段階における信義則上の注意義務違反の有無を判断するに当たっては、個々の評価根拠事実・評価障害事実のもつ意味を正しく捉える必要がある。その際、契約交渉は、前の出来事が後の出来事に作用しながら進んでいくものであるから、個々の評価根拠事実・評価障害事実をばらばらにみるのではなく、時系列表を作成するなどして時間軸に沿って並べ、相互に関連付けながら全体を眺めてみることが有用である。また、たとえば発注書が発行されるタイミングが業界により異なる場合があるように、業界や地域等に特有な慣行や経験則を踏まえないと、評価根拠事実・評価障害事実のもつ意味を正しく捉えられな

いことがある。当事者は、慣行や経験則を当然のことと考え、十分な説明をしないでいることがあるため、裁判所は、疑問な点を積極的に質問し、事実の評価を誤らないように努めるべきである。

契約準備段階における信義則上の注意義務違反は、事案ごとの総合評価であり、一般的に判断の基準を示すことは難しい。契約締結上の過失の一方には、自ら合意した契約には拘束されるが、合意するか否かは自己の責任において自由に判断することができ、自ら合意しないかぎりは拘束されないとの基本的な考え方があるものと思われる。その均衡を考慮しつつ、判断することになろう。

(2) 損害の算定

契約締結上の過失による損害賠償の範囲は、裁判例においては、信頼利益に限られている（最決平16・8・30民集58巻6号1763頁参照）。原告において期待していたとおりの契約が締結され、それが履行されていたならば、原告が得たであろう利益（逸失利益）は、賠償の範囲に含まれないと考えられている。また、契約交渉を始める以上、契約の締結を信じていてもいなくても支出が予定される費用、たとえば、契約交渉に赴くための交通費、契約交渉を始めるに当たって一般に準備される資料の作成費は、賠償の範囲に含まれないと考えられるが、信頼利益との区別が困難な場合もあろう。

契約締結上の過失により損害賠償を認める裁判例では、過失相殺がされている場合も多い。被告に契約準備段階における信義則上の注意義務違反が認められても、諸般の事情を考慮すれば、原告の側にも、契約交渉の挫折について一定の帰責性を認めうる場合、損害の拡大を回避することができたと認めうる場合、被告の説明を軽信した落ち度を認めうる場合などは、過失相殺により損害の額を相当な範囲に限ることが検討されるであろう。

7　予想される抗弁以下の攻撃防御の展開

(1) 契約成立を前提とする請求の場合

原告が契約成立を前提とする構成をとる場合、被告の対応としては、基本的には契約成立の否認であろう。

(2) 契約締結上の過失による請求の場合

　原告が契約締結上の過失の構成をとる場合は、不法行為構成であっても債務不履行構成であっても、被告の対応としては、契約交渉の成熟度は未熟で、相手方の信頼を裏切ってはならない信義則上の注意義務は発生していない、正式な契約に至らなかったのには正当な（あるいはやむをえない）理由があり、正式な契約締結に至るまでの準備段階での費用を支払う理由はないという方向性の主張であろう。

　それらは、細かく分析すれば、過失あるいは注意義務違反という規範的要件についての評価障害事実（抗弁）になるものもあれば、原告が主張する評価根拠事実の否認となるものもあろう。その主張事実が法律的にどういう意味をもつかを常に意識することは大切であるが、抗弁、否認の区別をことさら明確にして主張することは、かえってわかりにくい場合も多いと思われる。自らに有利と思われる事実の羅列ではなく、その事実からどのようなことが認められるのか（あるいは推認されるのか）を、適切な経験則も踏まえながら、説得的に論証することが大切である。

8　紛争解決方法（和解・判決）の選択及び紛争解決の留意点

　契約締結上の過失の事案は、和解による割合的な解決になじみやすいことが多いと思われる。被告に法的な注意義務違反まで認めることは困難でも、被告に落ち度がないとまではいえない事案、逆に、被告の注意義務違反を認めることができるが、原告の側にも落ち度があり、過失相殺を検討すべき事案は、和解による解決が受け入れられやすいであろう。

　また、付随して解決すべき問題の存在が和解の契機になることがある。たとえば、相談事例であれば、被告において、預けた原稿の返却を受け、原稿に書かれた内容について守秘義務を定めるよう希望することがありうる。さらに、今後の取引の可能性を考慮すれば、和解による解決が当事者にとって望ましい場合もあろう。

　裁判所は、事案や状況に応じて和解のメリットを示しつつ、紛争解決方法について両訴訟代理人と十分協議するよう努めるべきである。なお、契約締結上

の過失の事案においては、逸失利益を含めた賠償が請求されていたり、原告が費やした労力・費用の金銭評価が過大であったりして、原告の請求額と裁判所が認めるであろう賠償額との間に開きが生じている場合が多い。このような場合、裁判所から認めうる損害額の上限を示すことにより、当事者が和解を検討しやすくなることがある。

9　おわりに：紛争予防のために

　相談事例は、契約成立に至る過程での権利義務関係が問題となった事案であり、問題となった事態についての合意が不明確である（客観的に合意の有無や内容が認定しにくい）ために紛争につながっている。

　合意に至るまでのやりとりについては、口頭のみで済ますのではなく、きちんと記録し、書面やメールでのやりとりをしておくことが、紛争防止につながるし、いざ紛争となって訴訟に至った場合も、自らを助けることにつながる。

第13章
不法行為紛争(2)
調査・説明義務違反を理由とする紛争

吉川 泉
木﨑 孝

1 はじめに

　契約当事者は対等なものとして、各自が自己責任の下で契約を締結するものと扱われるのが原則である。しかし、社会が高度化・専門化した現代では、金融商品取引や建築請負契約といった専門知識がなければ適切な判断ができないような契約類型があり、また、不動産売買取引などにおいても、事業者である一方の当事者に情報が集中する一方で、他方当事者においては適切な契約判断をするために必要な情報を得られないという場合もある。こうした場合には、契約の一方当事者である専門事業者などに、他方当事者に対して、適切な契約判断ができるような情報を提供する義務を負わせることが相当であるという場合がある。

　こうした義務は、当該契約上の義務として認められることもあるが、契約において、そこまでの調査・説明義務があるとは認め難い場合においても（あるいは、契約締結前であるため、契約上の調査・説明義務があるとはいえない場合においても）、一定の事情に基づき、一方当事者が他方当事者に対し、特定の事項について調査・説明をすべき義務があるとされる場合がある（いわゆる信義則上の調査・説明義務。この義務の法的性質については、契約上の責任とする見解と不法行為責任とする見解に分かれているが、最判平23・4・22民集65巻3号1405頁は、契約締結前の説明義務違反に基づく損害賠償責任については不法行為責任であると判示した）。

2　事例

最初に、契約当事者の一方が他方に対して調査・説明義務を負うことが問題となる典型的な事例を取り上げ、相談者の主張から構成できる権利及びその存在を基礎付けるために必要な事実（主要事実）について考える。

(1)　相談事例1

> 私（A）は、住居を建てるための適当な土地を購入したいと思い、不動産仲介業者であるBに適当な物件がないかを聞いたところ、甲土地を紹介されて、この場所であればよいと思ってBの仲介でCから甲土地を代金4000万円で買い受けました。ところが、この土地には、相当量の廃棄物が埋まっていて撤去に500万円を要するほか、南側隣接地に15階建てのマンションの建設予定があることが判明しました。このような土地であることがわかっていれば、甲土地を買い受けることはありませんでしたし、仲介業者であるBはAが住居を建てるために適当な土地を探していたことを知っていたのですから、必要な調査をしてその結果を説明すべき義務があるというべきです。Bを相手に損害賠償を求めたいと思います。

ア　訴訟物

事例1では、Aは、Bに対し、信義則上の調査・説明義務違反を理由に不法行為に基づく損害賠償請求を行うことになる。

なお、Bは、Aとの間で、不動産仲介契約（準委任契約）を締結しているから、民法656条が準用する644条に基づく善管注意義務の一内容として調査・説明義務を負う場合がある。そして、少なくとも宅地建物取引業法35条に規定する重要事項の説明義務については善管注意義務の内容となり、また、不動産仲介契約において合意された調査・説明事項についても、これを履行することが契約上の義務ないしは前記善管注意義務の内容となると解される。もっとも、Aの言い分からは、廃棄物が埋設されているか否か、南側隣接地に高層マンション建設の計画の有無といった事情について、不動産仲介契約の際の合意によって調査・説明義務の対象となったことについて、これを認めうるような事

情は述べられておらず、かかる事情は同法35条に規定する重要事項に当たるともいえない。

　しかしながら、Aが日当たりのよい物件に絞って土地を探している旨をBに伝えていたなど、仲介対象物件に関し、購入動機、目的、希望を説明していたような事情が存在する場合には、その内容はAが物件を購入する際の重要な要素であるから、Bは、その動機や目的に反する結果を生じないようにすべき準委任契約上の善管注意義務又は信義則上の義務を負ったものと認められる余地がある。そのような場合には、善管注意義務（付随義務）の不履行を理由とする債務不履行に基づく損害賠償又は信義則上の義務違反を理由とする不法行為による損害賠償を主位的請求として構成することが考えられる。

　以下では、信義則上の調査・説明義務違反を理由とする不法行為に基づく損害賠償請求を行う場合を前提に説明することにする。

　イ　要件事実（主要事実）

　(ｱ)　前記アのとおり、Bは、Aの仲介対象物件購入の動機、目的に照らし、重要な情報を知っていたときは、Aに対し、その内容を説明する信義則上の義務（説明義務）を負い、それを知らない場合でも、Aから照会を受けたような場合には、可能な範囲で調査を行い、その結果をAに伝えることにより、同人に不測の損害を与えないようにする信義則上の義務（調査義務）を負うと解される。

　したがって、Aは、Bが仲介対象物件である甲土地に廃棄物が埋設されていることについて信義則上の調査・説明義務を負うことを基礎付ける評価根拠事実として、①Aは、Bとの間で不動産仲介契約を締結したこと、②Bは、Aが甲土地を買い受けるについて仲介したこと、③甲土地の売買契約当時、甲土地には相当量の廃棄物が埋設されていたこと、④Aは甲土地上に住居を建築する目的を有しており、相当量の廃棄物が埋設されているような土地を買い受ける意思を有していなかったこと、⑤Bは、④の事実を認識し、あるいは認識しえたこと、⑥甲土地の従前の使用状況や、その当時存在していた事情から、Bにおいて同土地には相当量の廃棄物が埋設されている可能性が現実的にあると認識し、あるいは認識しえたことを示す具体的なエピソードなどを主張立証することになる（なお、特別の事情がないかぎり、居住用の建物建設用地として相当量の廃棄物が埋設されている土地を買い受けようとする者はいないのが通常であるから、前記④のうち、Aが、相当量の廃棄物が埋設されているような土地を買い

受ける意思を有していなかった事実は特段の立証をしなくとも認められるであろう）。Bが甲土地の南側隣接地に高層マンションの建設が計画されているか否かについては、信義則上の調査・説明義務を負うことを基礎付ける評価根拠事実として、①甲土地の売買契約当時、甲土地の南側隣接地に15階建てのマンションの建設計画があったこと、②Bが、この予定を認識し、あるいは容易に認識できたこと、③Aは、住居を建てるための土地を探しており、南側の眺望が良好であることを重要な要素として買い受け土地を探していたこと、④Bが③の事情を認識し、あるいは認識しえたことを示す具体的なエピソードなどを主張立証することになる。

　一方で、本来対等であるべき契約当事者の一方に、他方に対する調査・説明義務を負わせる根拠は一方当事者の専門性や情報の偏りという点にあるから、甲土地に廃棄物が埋設されていることは現地を見れば容易に確認できた、甲土地の周辺にはすでに高層マンションが存在しており、甲土地の南側が広大な空き地で、周辺に「高層マンション建設反対」といった南側隣地にマンション建設計画があることを推測させる状況があったなど、非専門家であるAにおいても容易に情報を入手できたことを示す事情は、Bにおいて評価障害事実として主張立証することになろう。

　そのうえで、Aは、Bが、売買契約時点までに、前記調査・説明義務を履行しなかったこと（なお、調査義務については、Bが可能な範囲の特定の調査を行ってさえいれば、調査事項の調査ができたことが前提となる）、Aは、Bが調査・説明義務を履行していれば、甲土地の売買契約を締結しなかったこと、Bの義務不履行と相当因果関係を有する損害の発生及び数額を主張立証することが必要である。

　(イ)　前記(ア)の評価根拠事実から、Aは、BがAに対してどのような内容の調査・説明義務を負うのかについて特定して主張する必要がある。事例問題から調査・説明すべき内容を特定することは比較的容易であるが、依頼者の話から調査・説明すべき内容を特定することは必ずしも容易ではない。個々の評価根拠事実の立証可能性の高低、立証可能性のある評価根拠事実から当該調査・説明義務があるといいうるか否か、当該調査・説明義務を怠ったことと損害との間に相当因果関係があるといえるかどうかをそれぞれ見極めながら、主張すべき調査・説明義務の内容を特定する必要がある。その場合、Bが義務の対象となる事実を認識していたことを前提に説明義務違反を主張する場合もあるし、

同事実を知らなかった事実を前提として同事実の存否を調査する義務を怠った旨を主張する場合もある。Aは、いずれの義務違反を主張するのかを明確にしたうえで、これらを区別して評価根拠事実を主張することが争点を明確にするために大切である。

(ウ) なお、損害の主張としては、①Aが廃棄物の撤去費用500万円を支出したこと（又は、支出せざるをえないこと）、②①に代えて、廃棄物が埋設された土地上に建築された建物での生活を余儀なくされることによる精神的苦痛を慰謝するための慰謝料額、③甲土地の南側隣地に15階建てのマンションが建築された場合の同土地の評価額と代金4000万円との差額、④甲土地に建築した住居について、期待した南側の眺望、日照を得られないことによる精神的苦痛を慰謝するための慰謝料額、を損害として主張することが考えられる。

(エ) なお、事例1で、Aは、Bを相手に、調査・説明義務違反を理由とする損害賠償を請求するほか、甲土地の売主Cを相手に、売買契約の錯誤無効（動機の錯誤）や瑕疵担保責任に基づく解除権を行使して、代金4000万円の返還等を求めることが考えられる。

(2) 相談事例2

> 私（D）は、3年前に、証券会社Eの従業員Fから、5000万円の仕組債の購入を勧められました。その仕組債は、購入後、6箇月を経過するごとに、そのときの対米ドル円相場が1ドル100円以上であれば、200万円のクーポン（利息）がもらえるが、1ドル100円未満であればクーポンはもらえず、3回クーポンをもらうと、元本5000万円が償還され、購入後5年を経過するまでに3回クーポンをもらうことができなかった場合は、5000万円は償還されないという内容で、途中解約は原則としてすることができず、仮に合意解約する場合には、証券会社Eの計算による解約違約金を支払う必要があるというものです。購入から3年が経過しましたが、この間、1回目のクーポン判断基準時に200万円をもらうことができたのみで、その後、対米ドル円相場は上昇し続け、現在は1ドル80円になってしまいました。このままでは、老後の備えとして蓄えていた5000万円が、最初のクーポン200万円を残してなくなってしまいます。そこで、Eとの契約を合意解約することにしましたが、Eからは、解約違約金は3000万円で

あるとして、返還されたのは2000万円のみです。私が、この仕組債を購入するかどうか迷っているときに、Fに、対米ドル円相場は将来どのようになるのか聞いたところ、Fは、「長い目でみれば、100円以上で推移するのではないかと考えている」と言ったので、仕組債を購入すれば蓄えを増やすことができると思って購入したのに、話が違います。また、Fからは、解約違約金の算定方法についての説明はなく、解約違約金が3000万円という大金になるとは思っていませんでした。私は、建設会社を自営する夫の妻であり、高校生の息子が二人います。夫の会社の経理を手伝うことがあり、役員報酬ももらっていますが、難しい経済のことはわかりません。仕組債購入の際には、蓄えは8000万円ありましたが、そのうち5000万円を、仕組債購入に使ってしまいました。夫の建設会社の景気は悪く、息子たちの学費も支払わなければならないため、このままでは老後の生活が成り立たなくなる可能性があります。もし、Fが、解約違約金が3000万円になると話していれば、購入することはなかったと思います。E証券会社の従業員であるFのせいで正しい判断をすることができずに仕組債を購入してしまったので、E証券会社に損害を賠償してもらいたいと考えています。

ア 訴訟物

　Dは、事例2のような金融商品取引の勧誘についての証券会社Eの従業員Fの説明義務違反を理由として、Eに対して損害賠償を求める場合の請求権としては、不法行為による損害賠償請求権（民法715条の使用者責任）を訴訟物として構成することが考えられる。

　金融取引業者には、取引を勧誘するにあたって、取引の内容や顧客の知識経験に応じて、商品取引の仕組み、顧客に生じうるリスクといった、顧客が取引に伴う投資内容を理解して自己責任に基づいて投資判断をなしうるための情報を提供する信義則上の説明義務が認められる場合がある（なお、金融商品の販売等に関する法律3条は、金融商品の販売等に際し、金融商品の販売等を業として行う者に対し、顧客に説明すべき重要事項を規定しており、この義務に違反した場合について同法5条で損害賠償義務を規定している）。したがって、事例2では、前記説明義務が認められる場合であるとして、Dは、証券会社Eの従業員で

あるFの説明義務違反を理由に、同人に対する不法行為に基づく損害賠償請求を、また、Eを相手に、使用者責任（民法715条）に基づく損害賠償請求をすることが考えられる。

　なお、事例2のような金融商品取引の事例では、ほかに、適合性原則違反を理由とする損害賠償請求のほか（Dは、事例2のとおり、自分は建設会社を経営する夫の妻で、経済のことは詳しくなく、8000万円の蓄えのうち5000万円を支払った、と主張している）、錯誤無効や消費者契約法4条を理由とする請求などがされる場合もあるが、ここでは、説明義務違反による損害賠償請求について説明することにする。

　　イ　要件事実（主要事実）

　Dの言い分では、「私が、この仕組債を購入するかどうか迷っているときに、Fに、対米ドル円相場は将来のようになるのか聞いたところ、Fは、『長い目でみれば、100円以上で推移するのではないかと考えている』と言ったが話が違う」、「Fから解約違約金の算定方法についての説明はなく、解約違約金が3000万円という大金になるとは思っていませんでした」、「もし、Fが、解約違約金が3000万円になると話していれば、購入することはなかったと思います」と述べている。そこで、Dとしては、不確実な事項について断定的判断を提供し、又は確実であると誤認させるおそれのあることを告げないようにする義務があったのにこれに違反したこと、解約違約金の算定方法について説明すべき義務があったのに、これを説明しなかったことなど、Fの負っていた義務の内容を特定して、Fの説明義務違反を主張する必要がある。

　また、Eに対する使用者責任を基礎付けるため、FがEの従業員であり、Fは、Eの事業の執行としてDに対する金融商品取引について勧誘行為を行ったことを主張することになる。

　なお、Dは、Fの説明義務違反行為と相当因果関係を有する損害を主張する必要があるが、その場合の損害としては、解約違約金3000万円から得られたクーポン200万円を控除した2800万円を主張することになると思われる。もっとも、金融商品取引は、専門家の助言を受けつつも自己責任で行うべきものと考えられるので、EないしはFから過失相殺の主張がされる事案がほとんどであり、仮に説明義務違反を理由とする損害賠償請求が認容される場合であっても、購入を勧誘した側に詐欺が認められる場合でないかぎり、相当程度過失相殺される事案が多い。

3　弁護士が受任に際して検討すべき事項

(1)　相談事例1について
ア　不動産仲介業者の調査・説明義務の法的根拠
　不動産仲介業者Bに対する損害賠償請求を検討する前提として、不動産仲介業者の調査・説明義務の法的根拠を押さえる必要がある。
　不動産仲介契約は、不動産の売買、賃貸等の媒介という事実行為を委託し、仲介業者がこれを受託する契約であるから、その法的性質は、民法656条の準委任契約であると解するのが通説・判例（最判昭44・6・26民集23巻7号1264頁）である。したがって、買主Aと仲介契約をした宅地建物取引業者Bは、民法656条、644条により、買主Aに対し、仲介契約の本旨に従った善管注意義務を負い、この仲介契約に基づく善管注意義務の一内容として調査・説明義務も負うことになる。
　では、いかなる事項について調査・説明義務が認められるのであろうか。
　宅地建物取引業法35条で重要事項説明義務が課されている事項や、仲介の過程で具体的に調査・説明することが合意された事項については、当然ながら仲介契約に基づく善管注意義務の一内容としての調査・説明義務が認められる。
　しかし、宅地建物取引業者は、宅地建物取引業法によって、免許制とされており（3条）、取引の関係者に対し、信義を旨とし、誠実にその業務を行わなければならない（31条）ともされている。したがって、その専門性の高さにも鑑みて、同法35条で説明を義務付けられている重要事項以外の事項であっても、依頼者が売買契約を締結するかどうかを決定付けるような重要な事実を知りえた場合には、信義則上、これを委任者に説明、告知すべき義務があると考えられる。
　また、仲介対象物件に関し、買主となろうとする委任者から購入動機、目的を聞かされている場合には、それは購入する際の重要な要素であるから、仲介業者としては、その動機、目的に反する結果が生じないように注意を払うべき仲介契約上の義務があると考える余地も十分あり、仮に、契約上の義務までは認められなくても、信義則上の義務はあると考えられる。
　そのため、購入の動機、目的に照らして重要な情報をすでに知っているとき

はこれを説明すべき義務があり、それを知らない場合でも、買主となろうとする委任者から照会を受けたときは、可能な範囲での調査をして、当該情報を買主側に伝えることにより、買主に不測の損害を与えないようにすべき義務があるといえよう。委任者からとくに照会がない場合に、何をどこまで調査する義務があるかは、ケースバイケースであろう。売買当時、委任者の購入動機、目的に照らして、その対象不動産に瑕疵の存在を疑わせるような特段の事情のないかぎりは、瑕疵の存否を積極的に調査すべき義務を負うものではないと思われるが、委任者の購入動機・目的の内容やそれへのこだわりの程度、調査の難易度等によっては、明示的な照会がなくても、調査・説明すべき信義則上の義務が認められる場合はあろう。

以上のとおり、宅建業者の買主に対する調査・説明義務の範囲は必ずしも明確ではなく、個々の事案で仲介契約の本旨に従って考えていくほかないが、仲介契約に基づく善管注意義務の一内容としての調査・説明義務があると考えられる場合には債務不履行責任追及を、信義則上の義務にとどまると考えられる場合には不法行為責任追及を、それぞれ検討することになろう。

これらの債務不履行責任ないし不法行為責任の要件事実を考えてみた場合、債務不履行の要件である不完全履行を判断する具体的事実と不法行為の要件である権利侵害ないし違法性を判断する具体的事実とは、そのほとんどが重複すると思われるが、訴訟物が何であるかを常に意識することは大切である。

イ 調査・説明義務の存否の検討

事例１のような紛争を前提とした場合、埋設物の有無やマンション建設の予定についてのＢの説明義務を肯定する積極的要素としてＡが主張を検討すべき事実としては、以下のようなものが挙げられる（なお、参考事例として、日照関連では、東京地判昭49・1・25判タ307号246頁・判時746号52頁、東京地判平10・9・16判タ1038号226頁、東京地判平11・2・25判時1676号71頁、東京高判平11・9・8判タ1046号175頁・判時1710号110頁等があり、埋設物関連では、東京地判平15・5・16判時1849号59頁、大津地判平26・9・18判例集未登載などがある）。

①Ｂが、住宅建設の妨げとなり撤去に相当額の費用を要する埋設物の存在又は存在可能性、南側隣接地でのマンション建設予定又はその可能性を認識していたこと。

②埋設物の存否、南側隣接地でのマンション建設予定の存否は、Ａの意思

決定にとって重要なものであったこと（(i)一般的にそれらの事項は土地購入を決定するに際して、売買価格の決定にも影響する重要な要素であること。(ii)Aがこれらの事項について明示的にBに照会していたこと。(iii)明示的な照会ではないものの、Aがこれらの事項について関心を示していることをBが認識していたこと。(iv)Aが甲土地購入の動機・目的として日照や眺望の良好さを挙げていたこと、又はBが日照や眺望の良好さが将来にわたって確保されるであろうことをセールストークとしていたこと、等）。

そして、説明義務の前提としての調査義務を肯定する積極的要素となりうる事実としては、以下のようなものが挙げられる。

①BがAから、埋設物の存在可能性や南側隣接地の建設予定について照会を受けていた。

②上記照会に対して調査を約束した。

③上記照会事項についての情報は、Bが調査すれば収集できるものであった。

説明・調査義務の存在は、不法行為あるいは債務不履行の責任を問うに当たっての注意義務の内容として規範的な要件であり、上記の各考慮要素事項は、相互に補完し合い、重畳的に作用して調査・説明義務の存否が判断されるものなので、弁護士としては、豊富にていねいにピックアップしていくことが必要である。

そして、これらを立証する証拠が存在するかどうかも確認する必要がある。たとえば、チラシや広告、あるいは不動産売買契約書や重要説明事項書に、埋設物の存否や日照の良否が記載されていないか、仲介の申入れに当たってAからBになんらかの書面を差し入れていないか（そこに購入物件の希望として日照や眺望の点などが記載されていないか）というような観点から、Aにこれらを質問して、確認する必要がある。

ウ　その他の訴訟物や相手方（被告）の検討

事例1では、依頼者Aは、B（甲土地をAに紹介した不動産仲介業者）に対して損害賠償を請求したいと述べている。

しかし、事例1のような事案で考えうる法的請求の内容は、調査・説明義務違反を理由とする損害賠償請求に限られるわけではないし、考えうる法的請求の相手方も、仲介契約を締結したBに限られるわけではない。

すなわち、

①売主Cに対して

（ⅰ）　瑕疵担保責任による売買契約解除、損害賠償請求
　（ⅱ）　錯誤無効を根拠とする不当利得返還請求
　（ⅲ）　詐欺取消しを根拠とする不当利得返還請求
　（ⅳ）　公序良俗違反による無効を根拠とする原状回復請求
　②売主Ｃと仲介契約をしている不動産業者がいた場合、その業者に対して、調査・説明義務違反を理由とする損害賠償請求
なども一般論としては考えられる。なお、①(ⅰ)の瑕疵担保責任は、改正法では契約不適合責任となり、解除、損害賠償請求のほか、追完請求、代金減額請求なども明文で規定されている（改正法562条、563条）。また、①の(ⅱ)及び(ⅲ)の不当利得返還請求権は、改正法では、121条の２の新設により原状回復義務と構成される。

　②の売主Ｃ側の仲介業者は、契約関係にないＡに対して仲介契約上の義務を負うものではないが、直接の委託関係はなくても、業者の仲介に信頼して取引するに至った第三者に対して、信義誠実を旨とし、権利者の真偽につき格別に注意する等の業務上の一般的注意義務があるとするのが判例（最判昭36・5・26民集15巻5号1440頁）である。

　これら①あるいは②の請求が成り立つためには、それ相応の前提事実が認められることが必要であるが、法的には素人である依頼者が述べる希望内容に縛られることなく、ヒアリングで広く事実を聴き取り、依頼者のためになる法律構成を検討して提案していくという姿勢は、弁護士として大切である。

(2)　相談事例2について
ア　金融取引業者の調査・説明義務
　金融取引業者には、取引を勧誘するにあたって、取引の内容や顧客の知識経験に応じて、取引に伴う投資内容を十分に理解し自己責任において投資判断をなしうるための情報を提供する信義則上の説明義務があり、その前提として、顧客の関心や照会に応じて経済情勢等を調査する義務が認められる場合もあり、これらに違反した場合には不法行為による損害賠償責任が発生しうる。

　信義則上の調査・説明義務の範囲や調査・説明すべき程度については、個別具体的な事案に基づく判断といわざるをえず、明確な基準を定めることは困難である。説明義務違反が争われた裁判例を概観すると（調査義務まで争われた裁判例は少ないようである）、事例2のような仕組債の場合には、説明すべき範

囲としては、商品の具体的な仕組み、株価や為替の変動に伴い生じうるリスクが現実化した場合の内容や程度、発行体の信用リスク、途中解約できないことによる流動性リスクなどが挙げられている。説明の程度については、顧客の知識、経験、財産状況、当該取引をする目的等に応じて、当該顧客に理解されるために必要な程度でなければならないが、説明義務違反が肯定されている事案では、担当者の説明が表層的なものにとどまることや、利益のみを強調し、リスクの存在・内容について誤解を与えかねないものであったことなどがあげられている。

　イ　確認すべき事実関係

　本件のような相談を受けた弁護士としては、信義則上の調査・説明義務違反による不法行為に基づく損害賠償請求が成り立ちうるかの見通しをつけるため、①当該金融商品の商品特性と、②顧客の金融商品取引の知識、経験、投資意向、財産状態等を踏まえて、③顧客が当該金融商品の仕組みの重要な部分及びリスクについて理解するに足る説明がなされたかを検討する必要がある。

　そのためには、①については、説明用パンフレット等の当該金融商品の商品特性を把握できる書証を確認する必要がある。②については、依頼者からの聴取りと、それを確認するための客観的資料（金融取引の履歴、確定申告書控等）が基本となる。③についても、依頼者からの聴取りと、それを確認するための客観的資料（当該金融取引の説明に使われた説明書や商品パンフレット、締結された契約書、同意書など）が基本となる。

　また、法令のみならず、金融庁等の通達やガイドライン等のチェックも重要である。

　ウ　適合性の原則違反

　金融商品取引における不法行為責任を追及する場合には、説明義務違反以外に、適合性違反が請求原因として主張される場合も多い。

　適合性の原則とは、金融商品取引業者が、顧客に金融商品の販売、勧誘を行うに当たっては、顧客の知識、経験、財産の状況、金融商品取引契約を締結する目的に照らして不適当とみられる勧誘を行ってはならないというものである（金融商品取引法40条1号）。

　最判平17・7・14民集59巻6号1323頁は、「証券会社の担当者が、顧客の意向と実情に反して、明らかに過大な危険を伴う取引を積極的に勧誘するなど、適合性の原則から著しく逸脱した証券取引の勧誘をしてこれを行わせたときは、

当該行為は不法行為法上も違法となる」としたうえで、「顧客の適合性を判断するに当たっては、……具体的な商品特性を踏まえて、これとの相関関係において、顧客の投資経験、商品取引の知識、投資意向、財産状態等の諸要素を総合的に考慮する必要がある」としている。

いわば、投資経験・知識が乏しいなど、ある一定の利用者に対しては、どんなに説明を尽くしたとしも、一定の金融商品の販売・勧誘を行ってはならないという原則である。

説明義務違反とセットで主張されることも多い請求原因事実であり、主張すべき基礎事情は重複する点が多いが、いかに業者の説明が詳細なものであったとしても、顧客のレベルが一定以下と考えられる場合には、適合性の原則違反の主張も検討することになろう。

エ　訴訟以外の選択（ADR等）

金融商品取引に関する紛争を処理する場合、この分野では、ADRの制度も充実してきているので（一般社団法人全国銀行協会、特定非営利活動法人証券・金融商品あっせん相談センター〔FINMAC〕、弁護士会などが主催）、低廉な費用での早期解決という観点から、訴訟の前にこれらの制度の利用も検討し、依頼者に提案すべきであろう。

4　争点整理手続のあり方

(1)　**訴訟物が何かについて共通認識を形成する**

原告代理人は、訴訟物を決め、訴状のよって書きに明記する。とくに、調査・説明義務違反を理由とする紛争においては、債務不履行に基づく損害賠償、不法行為に基づく損害賠償、消費者契約法違反を理由とした取消しに基づく原状回復請求のいずれが訴訟物として選択されているのか不明な訴状が多いので、ここは要注意である。

裁判官は、訴状を見ても訴訟物がわからない場合は、訴状審査、第1回口頭弁論等早期の段階で、原告代理人に訴訟物を明示するよう促す。

訴訟物の特定は、原告代理人がすることであって、裁判官がすることではないが、当事者及び裁判官の間で、訴訟物が何かの認識を共通にすることは、裁判官が主導して行う。

委任契約上の善管注意義務違反の債務不履行に基づく損害賠償請求と信義則上の義務違反に基づく損害賠償請求とは、その義務を導く評価根拠事実が重複することが多いため、訴訟物がどちらかを明確にしないまま進んでいくこともあるが、被告代理人が債務不履行責任のつもりで応訴していたのに不法行為で判断された場合には被告にとって不意打ちとなる危険があること、不法行為が訴訟物の場合は、裁判所としては、契約関係にない当事者間のほかの事案においても通用しうる理由付けになっているかを検討するなど考慮すべき事柄が若干異なってくることもあるため、訴訟物は明確にしてもらいたいと考える。

(2)　訴訟物に応じた要件事実が何かについて共通認識を形成する
　原告代理人は、訴訟物に応じた要件事実を訴状に記載する。とくに、調査・説明義務違反を理由とする紛争においては、消費者契約法違反に触れていながら、消費者契約法上の取消要件について全く記載されていないものも散見される。訴訟物として選択したのであれば、要件事実を記載する必要がある。要件事実を記載する気がないのであれば、訴訟物として選択すべきではない。また、債務不履行に基づく損害賠償請求の要件事実（合意の内容、契約上の債務の内容等）と、不法行為に基づく損害賠償請求の要件事実（信義則上の義務を発生させる根拠となる事実等）の主張を明確に区別して主張する必要がある。事実のなかには、両方の訴訟物の要件事実を兼ねているものもあろうが、何が重なっていて、何がはみだしているのかについて、原告代理人、被告代理人、裁判官が共通認識を有していることが望ましい。

(3)　争点（証明の対象）の確定
　被告代理人は、答弁書又は被告第1準備書面に上記(2)の要件事実に対する認否を記載する。ここで、否認又は不知とされている事実が、争点（証明の対象）となる。なお、明らかに被告が知っているはずの事実について、不知との認否をする被告代理人もいるが、非現実的な認否は、裁判官に不誠実な印象を与え、被告側の主張全体に対する信用性を減殺させることもある。
　裁判官は、答弁書又は被告第1準備書面に認否が明記されていない場合、期日において、被告代理人に対し、口頭で認否を確認する。被告代理人が答えられないようであれば、次回期日までに書面に認否を記載してもらう。認否は、被告代理人がすることであって、裁判官がすることではないが、当事者及び裁

判官の間で、要件事実のうち争いのあるものとないものの認識を共通にすることは、裁判官が主導して行うことである。

　ここで、提出されている客観証拠や経験則上、明らかに認められるような事実について、被告が否認するような場合には、裁判官は、被告に対し、当該証拠についてどう考えるのか聞くなどするのが望ましいと考える。被告側で提出し忘れている証拠等があり、当該証拠と併せ考えれば認定が変わるということもありうるし、質問した結果、被告代理人が証拠を見落としていたことが判明し、積極的に争わないとの認否に変更される場合もある。たとえば、事例2において、契約締結前にE証券会社に提出された顧客アンケート（証拠）において資産8000万円、安全重視と記載されているのに、被告が、これらの事実を否認して、資産は1億円であった、投機重視であったなどと主張するような場合がこれに当たる。なお、争点整理手続は、結論を決めるために真に立証を尽くすべき争点を絞っていく手続なので、客観証拠や経験則上、明らかに認められる事実を否認することは、望ましいことではないし、被告の態度が不誠実であるとの印象を与え被告の主張全体に対する信用を減殺してしまうおそれがある。紛争の解決という点においても、被告代理人の対応が誠実さを欠くと、原告の感情をさらに悪化させ、弁護士が介入したことによってかえって紛争が激化するということもある。争点整理手続や和解がスムーズに進むかどうかは、双方の代理人（とくに被告代理人）が、すでに提出されている証拠や経験則から、争うに値する事項かどうかを見極める力量を有しているかどうかに大きく影響される。

(4) 争点について裁判官が判断するために必要なことは何かを考える

　上記(3)までの作業で争点が定まったら、裁判官及び各当事者代理人は裁判官がその争点を判断するためにさらに必要なことは何かについて考え、それぞれの意見を形成したうえで、期日に臨み、意見を出し合う。期日における意見交換によって、審理の進め方を決めることになる。

　意見交換をしたうえで、いかなる証拠を提出するかは、各当事者代理人が決めることになる。裁判官は、争点を判断するために必要と思われる証拠について、必要性を指摘しても当事者が証拠調べの申し出をしない場合には、そのような経緯を明らかにし、後に上級審において審理不尽と誤解されないよう、当事者の意見を調書に記載しておくことを検討する。

5　主張立証活動の留意点

(1)　調査・説明義務の特定とそれを導く根拠

　債務不履行構成で調査・説明義務違反に基づく損害賠償責任を追及する場合には、調査・説明義務の内容を、それが導かれる契約（合意）の内容とともに明確に特定して主張する必要がある。契約書などの客観的証拠から調査・説明義務を導くことができる場合は比較的主張立証は容易と思われるが、口頭の意思表示による合意からこれを導くのであれば、その日時や具体的文言を、黙示の意思表示による合意からこれを導くのであれば、黙示の意思表示を基礎付ける事実の日時・態様等を具体的に明らかにしなければならない。訴状において抽象的な主張にとどまる場合には、訴訟の進行が遅れるだけでなく、根拠に乏しい無理筋の主張ではないかという心証を裁判所に与えてしまう可能性もあり、挽回が難しくなる。

　次に、不法行為構成で調査・説明義務違反に基づく損害賠償責任を追及する場合には、信義則上の調査・説明義務の内容を、それを導く評価根拠事実とともに、明確に特定して主張しなければならない。合意を基礎とする債務不履行構成よりも主張が抽象的になりがちなので、注意が必要である。信義則上の調査・注意義務違反（過失）という規範的要件を主張立証する必要があるので、原告としては、その評価根拠事実を豊富に主張立証していくことが必要である。そして、被告からは、信義則上の調査・説明義務違反を否定する方向に働く評価障害事実が主張されることが必至なので、予想されるそれらの主張を潰す主張立証も、できるだけ早い段階でしておくことが有効である。

　具体的には、事例1を例に考えると、BがAに作成させたアンケートや物件条件に関する書面、Bが作成して交付した物件に関する説明書類、AB間で交わされ文書やメールの内容、Bの調査状況に関する書面などの証拠に基づき、埋設物や隣地の活用予定をBが知っていたこと、または知りうる状況にあったこと、AがBに対して、埋設物の有無や日照・景観の良好さを重視していることを伝えていたことなどをうかがわせる事実を主張立証していくことになる。

　また、事例2においては、仕組債は、有価証券取引のなかでも専門性が高く、取引の内容や仕組み自体を理解することも一般人には決して容易ではないため、

とくに説明しなくても裁判官はわかっているはずというような思い込みや、基本的な事柄まで説明すると裁判官の社会常識を低くみているような印象を与えるのではないかというような配慮はあまりせずに、まずは、取引の内容や仕組みについて、なるべく平易に理解しやすいかたちで説明することが、訴訟の円滑な進行に有益であろう。そして、説明用パンフレット等の当該金融商品の商品特性を把握できる書証をもとに、為替の変動というリスクが現実化した場合に発生する損害の程度、途中解約した場合に発生しうる損害の程度などから、当該仕組債の取引がリスクの高いものであることを明らかにしつつ、一方で、相談者Dの金融取引の知識や経験、投資意向、財産状態等を明らかにしたうえで、取引勧誘にあたって信義則上説明すべき具体的な内容を定立する。

(2) 調査・説明義務の違反

　原告は、調査・説明義務に違反したことを主張立証する必要があるが、客観的な証拠がないと、説明した、説明しなかったという水掛け論に終始しがちである。

　最終的には、当事者本人尋問や担当者の証人尋問を経ての信用性を踏まえた事実認定となるが、事例1でも事例2でも、業者側の担当者と依頼者との間で交わされた文書やメールのやりとり、業者から交付された資料やメモ、業者の日誌、業者とのやりとりを書き留めた依頼者のメモ、通話録音などがあれば、実際に説明された内容を推認あるいは認定する上で有力な証拠となる。訴訟の初期段階からこれらの証拠を提出することによって、争点整理を充実させ、証人尋問の範囲や内容を適切なものにすることが肝要である。

(3) 損害

　調査・説明義務違反と相当因果関係のある損害として検討すべきは、前述の「2　事例」の節に記載されたものとなろう。

　事例1では、原告が主張する内容の損害を立証する証拠としては、埋設物撤去工事費用の領収証、見積書、建設後の日照状況のシミュレーション書面などが考えられる。

　そして、事例2において、解約違約金3000万円から得られたクーポン200万円を控除した2800万円を損害として請求するという判断は、あまり異論はないであろう。しかし、事例1については、埋設廃棄物の撤去費用500万円に

ついてはあまり異論はないであろうが、廃棄物を撤去せずにその上の建物で生活する場合の精神的苦痛、南側に 15 階建てマンションが建設されることを前提とした甲土地の評価額と 4000 万円の差額、期待した南側の眺望・日照を得られないことによる精神的苦痛などについては、それをいくらと評価してもらえるかは、立証上のハードルがあろう。最終的には民事訴訟法 248 条による損害額認定はあるものの、原告代理人としては損害額の立証責任はあるので、これらの項目の損害を請求するかどうかは、鑑定等による立証等の費用対効果なども考えながら検討していくことになろう。

なお、不法行為構成で損害賠償請求をする際には、原告代理人としては、損害費目として弁護士費用（通常は請求額の 1 割）を忘れずに入れておくべきであろう。

6 事実認定のポイント

(1) 相談事例 1

事例 1 において事実認定の対象となるのは、評価根拠事実である。一つひとつの評価根拠事実の認定ポイントは、通常の訴訟における事実認定と異ならない。

調査・説明義務違反の事案の結論を導くにあたって、通常の訴訟と異なるポイントは、立証できた評価根拠事実と評価障害事実を並べてみて、このような事実があれば、原告が主張する内容の調査・説明があってしかるべき（なければ信義に悖る）といえるかどうかの判断をする点にあると思われる。双方代理人は、この点について説得力のある主張を展開するためには、評価根拠事実と評価障害事実のうち、立証に成功するであろう事実を適切に予想してそれらの事実から義務が認められるかどうかを主張する必要があるといえる。証拠上認定できない事実に基づいて説得力のある主張を展開しても、判決において判断に用いることはできない。裁判所としても、争点整理の段階で、明確に認められる評価根拠事実と評価障害事実、明確に認められない評価根拠事実と評価障害事実がある場合には、ある程度心証を開示したほうが地に足の着いた議論ができる可能性がある。

また、立証できた損害と、存在が認められた調査・説明義務の不履行との間

に相当因果関係があるかどうかも検討する必要がある。

(2) 相談事例2

事例2においても事例1と同様、立証できた評価根拠事実と評価障害事実のみを並べてみて、このような事実があれば、原告が主張する内容の調査・説明があってしかるべき（なければ信義に悖る）といえるかどうかの判断をする点がポイントとなる。

金融商品取引に関しては、いくつかの最高裁判例があるが（最判平17・7・14民集59巻6号1323頁、最判平25・3・7集民243号51頁・判時2185号64頁）、金融商品の内容や顧客の属性はさまざまであることから、これらの最高裁判決から、各事案の結論を導きうるという関係には必ずしもない（ただし、解約違約金の算定方法の説明義務については、最判平25・3・7において、「本取引のご契約後の中途解約は原則できません。やむを得ない事情により弊行の承諾を得て中途解釈をされる場合は、解約時の市場実勢を基準として弊行所定の方法により算出した金額を弊行にお支払い頂く可能性があります」と記載された提案書を交付した事案で、「それ以上に、清算金の具体的な算定方法について説明すべき義務があったとはいい難い」としており、今後、上記のような記載程度では説明が足りないという判断がされる可能性は低いということはいえる）。当該事案における勧誘の際の説明が、一般的な説明とどのように一致しており、どのように乖離しているかについて見当をつける際には、当該証券会社内部のマニュアルや、金融庁が出している監督指針等が参考になるものと思われる。ただし、当該証券会社のマニュアルについては、当該事案の担当者が、当該証券会社のマニュアルで調査・説明すべきとされている事項を調査・説明していない場合に過失がある方向で用いることは問題ないが、そのマニュアル自体が不適切である可能性があることから、マニュアルどおりに調査・説明をしていれば過失がないという方向で単純に用いることはできないことを念頭におく必要がある。また、金融庁の監督指針についても、当該事案に照らして妥当な結論を導く基準たりえているかを検証することなく判断の基準とすることはできない。

事例2においては、対米ドル円相場という比較的なじみやすい事項の変動により元本が償還されたりされなかったりする商品であり、対米ドル円相場に関して作成された勧誘当時の第三者作成の見解を偏りなく示しているかなどがポイントになると思われる。また、当時予想される悪いパターンで推移した場合

に失うことになる金銭をシミュレーションにより示すことなども金融商品の勧誘ではポイントになるが、事例2のように顧客の計算によっても比較的簡単にシミュレートできるような事案では、そのようなシミュレーションが示されたかどうかの重要性は相対的に低くなると思われる。Fが対米ドル円相場の将来予測について言及した点については、個人的な予測であることを示したか、これとは異なる見解の存在を示したかを考慮しながら説明義務違反になるか判断することになると思われる。

　事例2においては、損害の立証は容易であると思われるが、ここにおいても、Fが義務を履行しなかったことと損害の発生との間に相当因果関係が必要である。

7　予想される抗弁以下の攻撃防御の展開

　信義則上の調査・説明義務違反を理由とする不法行為に基づく損害賠償請求について予想される抗弁としては、調査・説明義務の存在を否定する方向に働く評価障害事実、過失相殺、消滅時効があげられよう。

(1)　調査・説明義務の存在を否定する方向に働く評価障害事実

　事例1でいえば、原告も埋設物の存在や15階建てマンションの建設計画を知りうる状況にあったこと（Aが、従前から近隣に居住し、対象土地上に工場などが立地していたこと知っていた、周辺にある程度の高さのマンションは建っており、一般人でも南側隣接地での15階建てマンションの建設の可能性を認識しえた、など）を、被告は抗弁として主張することになろう。

　また、事例2でいえば、原告の金融商品取引経験が豊富で、同様の商品の購入経験もあること、金融商品取引の知識が豊富であり、当該金融商品の仕組みやリスクも自ら会話のなかで述べていた、というような事情があれば、被告はそれらを抗弁として主張することになろう。

(2)　過失相殺

　事例2のような、金融商品取引被害の回復に関する訴訟においては、業者の勧誘が不法行為に当たるとされる場合であっても、投資者側にも自己責任の原

則があるので、金融商品の購入に当たり過失があったとして過失相殺が認められる事案が類型的に多い。被告となる金融機関からは、原告となる投資者の過失を基礎付ける評価根拠事実が抗弁として主張され、これに対し、原告となる投資者は、過失を否定する方向に働く評価障害事実を再抗弁として主張することになる。

　投資者側の過失を基礎付ける評価根拠事実としては、①投資者が商品の危険性を一定程度は認識し、または認識しえたこと、②投資者が、その経歴や能力に応じて担当者に商品の内容等を確認すべきであったのにこれをせず、安易な見通しをもち、あるいは、漫然と担当者の説明を信じて勧誘に従ったこと、③投資者が取引開始後、損害を拡大しないように取引を終了する可能性があったのにそれをせず、漫然と取引を継続したこと、④投資者の投資経験が豊富であること、⑤仮に説明義務違反ありとされるとしても、相応の説明はしていること、などが挙げられ、評価障害事実としては、これらの反対方向の事実が挙げられよう。

　一方、事例1のような事例では、土地の購入者側に過失が認められる事例は、類型的には少ないであろうが、たとえば、土地購入者Ａが、従前から近隣に居住し、対象土地上に工場などが立地していたこと知っており、相応の埋設物が埋まっていることを認識しえたというような事情がある場合、あるいは、周辺にある程度の高さのマンションは建っており、南側隣接地での15階建てマンションの建設の可能性も、一般人であっても予想しえたといえるような場合などには、問題にされうるかもしれない（もっとも、その場合は、説明義務が否定される可能性が高いであろう）。

(3)　消滅時効

　調査・説明義務違反による損害賠償請求を不法行為構成で請求する場合、不法行為債権の消滅時効は3年と短いので、消滅時効の抗弁が問題となる場合も多い。

8　紛争解決の留意点

　調査・説明義務違反が問題とされる事案の多くは、当事者の一方が専門家で

あり、他方が非専門家である場合である。弁護士や裁判官は、当該専門家業界における経験則を必ずしももち合わせていないことのほうが多いと思われる。当該専門家に課される公的な法令上の義務や一般的な指針、裁判例などを調べて当該専門家業界における経験則に見当をつけながら、当該事案における事実関係、当該取引による双方の利害得失などを踏まえ、当該事案において専門家である当事者に要求される具体的な調査・説明義務を考える必要がある。そして、このような事案の裁判例は、当該専門家の業界のその後の活動に影響を及ぼすことがあることも念頭におき、ある程度波及効を意識して紛争を解決する必要があるように思う。

9　おわりに

　事例はいずれも、知識や情報の面で優位な立場にある専門業者と一般市民の間の紛争である。
　明らかな詐欺まがいの事案は別であるが、そうでなければ、一般市民には不動産取引や金融商品取引をしない自由はあるし、取引をするのであれば自己責任というのが原則ではある。しかし、公平の見地から、自己責任で片付けることが不適切な事案もある。一方で、過度に消費者保護に傾斜して、経済活動を萎縮させるようなことになってもいけない。
　事例のような案件を取り扱う法律家としては、健全なバランス感覚をもって事案の処理に当たること、そして、業者の代理人の立場であれば、顧客の取引経験や知識を慎重に評価して、それに応じて十分な説明をし、説明した内容は記録に残すことなどを徹底させること、顧客側の代理人の立場であれば、取引一般に自己責任の原則があるのでわからない点は質問すること、わからないのであれば断るという強い意志をもつことなど、同じような紛争を繰り返すことがないように法教育を施すことも肝要である。

第14章
不法行為紛争(3)
人格権侵害・名誉毀損・セクハラ等を理由とする紛争

志田原 信三
黒松 百亜

1 はじめに

近時、個人の権利意識の高揚や法理の形成・発展等を背景として、名誉毀損、セクハラ及びパワハラ等をはじめ、人格権侵害を理由とする損害賠償請求訴訟が増加している。名誉毀損を理由とする損害賠償請求訴訟は、いわゆるマスメディア型と非マスメディア型に大別することができるところ、これらは紛争の様相を異にする面があり、裁判所としては、それぞれの類型に応じた的確な争点整理をすることが求められる。また、セクハラ及びパワハラを理由とする損害賠償請求訴訟においては、事実の有無や損害との間の因果関係が争われることが多く、事実認定に困難を来すことが少なくない。

本章では、名誉毀損、セクハラ及びパワハラ等をはじめとする人格権侵害をめぐる紛争について、主張立証上の基本事項や事実認定のポイント等を明らかにすることにより、これらの紛争を解決するうえで、法律家が理解しておくことを要する事項を説明することとする。

2 事例

はじめに、人格権侵害をめぐる紛争において典型的な事例を取り上げ、相談者の主張から構成しうる権利及びその存在を基礎付けるために必要な事実（主要事実）を検討する。

(1) 相談事例1（名誉毀損訴訟）

> 私（A）は、平成28年10月18日、娘Bの高校の進学説明会に行ったのですが、クラスの親が集まっているところで、娘のクラスメートCの親Dから、「あなたの娘は、人の悪口ばかり言うようだけど、どういう育て方をしたのだ。私の娘は本当に被害者だ。先生から厳しく指導していただきます。親が人間的に失格だからあんな子ができるんだ」などと大声で言われました。娘が人の悪口を言うはずはありません。私だけではなく娘の名誉も毀損していると思います。Dに対して相当な名誉回復処分と損害賠償を求めたいと思います。

ア　事例1の場合、Aは、自ら及びBの法定代理人の立場で、Dを被告として、不法行為に基づく損害賠償請求（民法709条、710条）及び名誉回復処分請求（同法723条）をすることとなる（親権の共同行使の原則〔同法818条3項〕から、Aの配偶者もBの法定代理人として訴訟に加わる必要がある）。

イ　損害賠償請求

不法行為に基づく損害賠償請求権を訴訟物とするものであるから、請求原因は、①名誉毀損行為、②故意又は過失、③損害の発生、④名誉毀損行為と損害との間の因果関係となる。もっとも、名誉毀損行為に当たる表現行為をすれば、それだけで故意の要件を具備することとなるし、また、因果関係についても、名誉毀損行為の内容と発生した損害によって明らかとなるはずである（東京地方裁判所プラクティス委員会第一小委員会「名誉毀損訴訟解説・発信者情報開示請求訴訟解説」判夕1360号〔2012年〕〔以下「東プラ論文」という〕9頁）。したがって、名誉毀損を理由とする損害賠償請求で問題となりうる請求原因は、上記①と③ということとなる。

名誉毀損行為については、被告がした原告に係る表現行為のうち名誉毀損となりうる部分を具体的に特定したうえ、それがいかなる事実を摘示するものであるかを明らかにし、当該表現が原告の社会的評価を低下させるものであることを主張する必要がある。しかるに、名誉毀損を理由とする損害賠償請求訴訟の実務においては、被告がした原告に係る表現行為のうち、名誉毀損に当たる部分を具体的に特定しないまま、その全体が名誉毀損に当たるかのような主張をする訴状も見受けられる。しかし、名誉毀損を理由とする損害賠償請求訴訟

においては、具体的に特定された表現が審理の主題（要件事実）であり、これについて、被告が認否をしたり、抗弁を展開していくこととなる。したがって、上記のような訴状の記載では、審理の対象が不明確となり、被告に対する不意打ちを招来しかねないことから、裁判所としては、このような訴状が提出された場合は、被告に対して認否等を求める前に、まずは、原告に対し、名誉毀損行為を具体的に特定するよう釈明を求めるべきである。

　ところで、民法上の不法行為である名誉毀損については、その行為が公共の利害に関する事実に係りもっぱら公益を図る目的に出た場合には、摘示された事実が真実であることが証明されたときは、当該行為には違法性がなく、不法行為は成立しないし、当該事実が真実であることの証明がされなくても、その行為者においてその事実を真実と信ずるについて相当の理由があるときには、当該行為には故意又は過失がなく、結局不法行為は成立しないとするのが確定した判例法理である（最判昭41・6・23民集20巻5号1118頁、最判昭58・10・20集民140号177頁など）。そして、この判例法理によれば、上記真実性・相当性の存在等は抗弁として位置付けられる（真実性・相当性の抗弁）。これに対し、近時、事例1のような非マスメディア型事件の場合、名誉毀損行為とは別に違法性の有無を取り上げるべきであるとする見解があり、これに従った下級審裁判例も散見される状況にある（大阪民事実務研究「名誉毀損関係訴訟について――非マスメディア型事件を中心として」判タ1223号〔2007年〕〔以下「大阪実務研究」という〕49頁以下に詳しい）。この見解によれば、真実性の有無や程度等は、違法性の存否を決するものとして、抗弁ではなく請求原因において主張立証することを要することとなると解される。確かに、真実性・相当性の抗弁は、マスメディア型の名誉毀損事件において発展してきた法理であり、これを非マスメディア型事件にそのまま適用することに違和感を感ずるケースがあることは否定しえない。しかし、現時点においては、実務の大勢は、非マスメディア型事件であっても、真実性・相当性の抗弁を用いて判断していることからすれば（最判平1・12・21民集43巻12号2252頁も、非マスメディア型事件において、真実性・相当性の抗弁を用いて判断している）、非マスメディア型事件の請求原因においても、上述した名誉毀損行為のほかに違法性の有無を取り上げることまでは要しないと考えられる。

　次に、名誉毀損行為については、事実の摘示による名誉毀損と意見ないし論評の表明による名誉毀損とを区別して検討する必要がある。この点について、

最判平9・9・9民集51巻8号3804頁は、名誉毀損の不法行為は、問題とされる表現が、人の品性や信用等の人格的価値について社会から受ける客観的評価を低下させるものであれば、これが事実を摘示するものであるか、又は意見ないし論評を表明するものであるかを問わず、成立しうるものであるとしたうえ、①ある事実を基礎としての意見ないし論評の表明による名誉毀損にあっては、その行為が公共の利害に関する事実に係り、かつ、その目的がもっぱら公益を図ることにあった場合に、上記意見ないし論評の前提としている事実が重要な部分について真実であるとの証明があったときには、人身攻撃に及ぶなど意見ないし論評としての域を逸脱したものでないかぎり、上記行為は違法性を欠く、②名誉毀損の成否が問題となっている新聞記事が、意見ないし論評の表明に当たるかのような語を用いている場合にも、一般の読者のふつうの注意と読み方を基準に、前後の文脈や記事の公表当時に読者が有していた知識ないし経験等を考慮すると、証拠等をもってその存否を決することが可能な他人に関する特定の事項を主張するものと理解されるときは、上記記事は、上記事項についての事実の摘示を含むと判示している。したがって、名誉毀損行為とされる表現については、上記最判が示す基準に従って、事実を摘示するものであるか、又は意見ないし論評を表明するものであるかを区別する必要がある。

　さらに、慰謝料については、判決が諸般の事情を総合考慮して慰謝料額を定めることからすれば、単に、名誉毀損行為によって精神的苦痛を被ったなどと主張するだけでは不十分であり、①加害行為の動機・目的、②真実性・相当性の程度、③事実の流布の範囲、④被害者が被った社会生活上の不利益等を具体的に主張する必要があろう（東プラ論文10頁）。

　以上によれば、事例1において、Aは、A自身の損害賠償請求について、①「あなたの娘は、人の悪口ばかり言うようだけど、どういう育て方をしたのだ」、「親が人間的に失格だからあんな子ができるんだ」という表現が名誉毀損行為に当たること、②当該表現行為により、Aが被った損害の具体的内容を主張立証する必要がある。なお、「親（A）が人間的に失格」という表現は、意見ないし論評の表明に当たると解されることから、前提事実があるのであれば、それを明らかにする必要がある。また、仮に、進学説明会に集まっていた親の人数が少数であったとすれば、伝播可能性についても主張立証する必要があろう。

　次に、Aは、娘であるBの損害賠償請求について、Bの法定代理人として、

その配偶者とともに、「Bは、人の悪口ばかり言う」という表現が名誉毀損行為に当たること、②当該表現行為により、Bが被った損害の具体的内容を主張立証する必要がある。

　ウ　名誉回復処分請求

　名誉回復処分の具体的内容としては、謝罪広告の新聞等への掲載、謝罪文の掲示、交付又は郵送等が考えられるところ、原告が回復処分を請求する場合には、その種類や内容を明示すべきであり、「適当な処分を求める」といった請求では不十分であるとされている（大阪実務研究69頁）。また、回復処分が認められるのは、金銭賠償だけでは不十分であり、回復処分を認めることが、名誉の回復にとって有効かつ適切な場合と考えられることから、原告は、この点を主張立証する必要がある。

　以上によれば、Aは、回復処分の種類や内容を明示したうえ（非マスメディア型事件であることからすれば、謝罪広告を新聞等へ掲載することは不適当であり、クラスの親に対して謝罪文を配布することなどが考えられよう）、金銭賠償だけでは不十分であり、回復処分を認めることが、A及びBの名誉の回復にとって有効かつ適切であることを主張立証する必要がある。

(2)　相談事例2（セクハラ及びパワハラ）

> 　私（E）は、F社に入ったばかりの新入社員です。平成28年6月2日、F社の上司であるGに呼ばれて夕食をつきあわされました。居酒屋に行った後、スナックまで相手をさせられ、午後11時を過ぎていたので、帰ろうとしたら、いきなり両腕を摑まれてホテルに誘いこまれそうになりました。そのうえ、口にキスをされそうになったので、咄嗟にGの足を踏み、ひるんだすきに逃げ帰りました。その後、Gは、そのことを恨みに思ったのか、不必要な仕事を押しつけてきたり、嫌がらせをしたりしています。これ以上、F社にとどまることはできません。GとF社を相手に損害賠償を求めたいと思います。

　ア　事例2の場合、Eは、Gに対しては、不法行為に基づく損害賠償請求（民法709条、710条）を、F社に対しては、債務不履行及び不法行為に基づく損害賠償請求（同法415条、709条、710条、715条1項）をすることとなる。

イ　Gに対する損害賠償請求

　近時、セクシャルハラスメント（セクハラ）やパワーハラスメント（パワハラ）を理由する損害賠償請求訴訟が増加しており、原告の請求を認容した裁判例も数多く紹介されている状況にある。ここに、セクハラとは、職場において行われる性的な言動に対するその雇用する労働者の対応により当該労働者がその労働条件につき不利益を受け、又は当該性的な言動により当該労働者の就業環境が害されることをいう（雇用の分野における男女の均等な機会及び待遇の確保等に関する法律〔以下「男女雇用機会均等法」という〕11条1項）。また、パワハラとは、「同じ職場で働く者に対して、職務上の地位や人間関係などの職場内の優位性を背景に、業務の適正な範囲を超えて、精神的・身体的苦痛を与える又は職場環境を悪化させる行為をいう」とされている（厚生労働省「職場のいじめ・嫌がらせ問題に関する円卓会議ワーキング・グループ報告」）。なお、セクハラについては、なにをもって「性的な言動」といえるかが問題となるが、平均的な労働者の感じ方が判断基準となると考えられる（平18・10・11雇児発第1011002号。石井妙子ほか『セクハラ・DVの法律相談（新版）』〔青林書院、2012年〕13頁）。

　セクハラにせよ、パワハラにせよ、要は、社会通念上容認し難い人格権侵害があった場合に不法行為が成立するのであり、当該行為の意図や態様、加害者及び被害者の立場、被害者が受けた苦痛や不利益の程度等を総合して、不法行為の成否が決せられることとなる。

　以上によれば、Eは、①その意に反して、Gに両腕を掴まれてホテルに誘いこまれそうになったうえ、口にキスをされそうになったことが、セクハラに当たり、不法行為法上違法であること、これにより、Eは精神的苦痛を被ったこと（Eが、セクハラにより、心因反応等の精神症状を呈し、通院を余儀なくされたというのであれば、治療費等も損害となる）、②Gが、Eにおいてホテルに入ることやキスを拒絶したことを恨み、Eに対し、不必要な仕事を押しつけたり、嫌がらせをしたことがパワハラに当たり（不必要な仕事や嫌がらせの具体的内容を明らかにする必要がある）、不法行為法上違法であること、これにより、Eは、精神的苦痛を被り、また、F社を退社せざるをえなくなったことなどを主張立証する必要がある。

　ウ　F社に対する損害賠償請求

　事業主は、職場において行われる性的な言動に対するその雇用する労働者の対応により当該労働者がその労働条件につき不利益を受け、又は当該性的な言

動により当該労働者の就業環境が害されることのないよう、当該労働者からの相談に応じ、適切に対応するため必要な体制の整備その他の雇用管理上必要な措置を講じなければならないとされている（男女雇用機会均等法11条1項）。このような法の趣旨や職場環境に関する現在の社会通念等に照らせば、使用者や事業主は、雇用契約（労働契約）上の付随義務として、セクハラやパワハラのない働きやすい職場環境を保つべき義務を負っているものと解することも可能であろう。

　そうすると、Eは、①F社が、セクハラやパワハラが起きるような職場環境を放置し、これを容認したこと、②GがF社の事業の執行として上記セクハラやパワハラをしたこと、③これらにより、Eが上記各損害を被ったことなどを主張立証する必要がある（セクハラについて、民法715条1項に基づき損害賠償請求をする場合には、夕食等について業務との関連性があるといえることを要する。また、債務不履行と不法行為とでは、主張立証責任や時効期間等の点で債務不履行のほうが被害者にとって有利であることから、債務不履行に基づく損害賠償請求を主位的請求とし、不法行為に基づく損害賠償請求を予備的請求としたほうがよい場合があろう。もっとも、改正法では、人の生命又は身体の侵害による損害賠償請求権の消滅時効について、期間の規律が統一されている点に留意する必要がある。166条、167条、724条、724条の2）。

3　弁護士が受任に際して検討すべき事項

(1)　相談事例1（名誉毀損訴訟）について

ア　被害者側からの相談の場合

　侵害行為、すなわち、その表現行為の特定が出発点である。当該表現が記録された媒体につき、書面の原本やインターネット又はSNS上の画面を確認する。加害者が表現を消去した場合、名誉毀損状態は解消されるものの、証拠が入手できなくなるので、早期に確保しておかなければならない。口頭で表現された場合、これを録音・録画した媒体があれば直接証拠となるが、ない場合は、相談者を含む聴取者からのヒアリングに加え、これを補完する証拠方法として、当時のやりとりを記録した日記、メモ類及び議事録等の存在を調査する。インターネット又はSNSによる場合は、その表現行為が発信された日時がわかる

データ、掲載期間、アクセス数、リンク数及びほかに転送又は転記されているデータなども調査する。表現の意味内容やそれが社会的評価を低下させるものかどうかは、一連の経緯や前後の表現行為を含めて総合的に評価される場合も多いから、相談者が問題視する表現が掲載された媒体のみではなく、その前後のやりとり、当事者間の関係や所属する団体の組織体制、従前の取引関係や交渉経緯などについても、その裏付けとなる客観的資料とともに、確認が必要である。

　ところで、非マスメディア型事件においては、表現者と被害者との間に従前から一定の関係がある場合が少なくない。同一組織内におけるトラブルに端を発するケース（事例1のほか、上司のハラスメントを社内で告発したり、元勤務先のコンプライアンス違反を公表する例）や、取引関係等のトラブルに端を発するケース（契約不履行から契約の相手方を誹謗中傷したり、自治会やマンション管理組合内における理事や組合員の非違行為を非難する例）など、さまざまな類型がありうる。こうした事案では、顕在化していたかどうかは別として、両者間にかねてより存在した紛争の延長線上に、名誉毀損行為が惹起されたというパターンが少なくない。その場合、名誉毀損事件それ自体はなんらかの法的決着がついても、その後も従前の関係が続く場合や、原因となった本質的な紛争については未解決のままとなる場合もあり、抜本的な解決に至らない。弁護士としては、当事者間の関係や背景事情についてもヒアリングし、名誉毀損をめぐる一連のトラブルにおける本質的な問題を探る。その背景事情や名誉毀損訴訟の見通しによっては、直ちに訴訟というドラスティックな方法をとるのではなく、話し合いやADR手続の利用も検討する。とりわけ事例1のようなケースで、軽々に弁護士名でDに対し通知書を送付するようなことをすれば、Bの学校生活に与える影響も少なくないから、当面「後方支援」に回り、法的な問題点や方向性を助言するにとどめる場合もあろう。

　現在もなお名誉毀損行為が継続している場合には、仮の地位を定める仮処分（ビラの回収、掲示物の撤去又は投稿記事の削除など）を検討しなければならない。近時のインターネット社会においては、文書を媒体とする表現方法から、インターネットやSNSによる発信という方法が急増している。インターネットは、誰でも容易に不特定多数人に向けて情報を発信することができ、かつ、一度発信されると、受信者により広範囲に拡散され、被害の拡大を招きうるという特徴がある。また、ウェブサイト上で名誉毀損となる記述がなされた場合、同ウ

ェブサイトの運営者自身による記述はむしろ稀で、発信者が匿名で投稿していることが多い。よって、発信者に対する法的措置をとる前提として、発信者を特定するための法的手続（発信者情報の開示を求める仮処分や発信者情報の消去禁止の仮処分など）を申し立てる必要がある。インターネットサービスプロバイダの通信記録（通信ログ）は、通常3～6箇月のうちに自動消去される設定が多く、対応が遅れると、発信者の特定自体が不可能となることに留意する。なお、インターネット関係の仮処分及び訴訟については、東プラ論文27頁、及び、野村昌也「東京地方裁判所民事第9部におけるインターネット関係仮処分の処理の実状」（判タ1395号〔2014年〕25頁）に実務的な運用が解説されている。

イ　加害者側からの相談の場合

事実調査における視点は、被害者側のそれとほぼ同様である。名誉毀損に当たると指摘された表現につき、その媒体が現存する場合は、法的責任は争うとしても、被害の拡散を防止するべく、すみやかな撤収又は削除を助言する場合もあろう。

なお、いわゆる「スラップ訴訟」は、名誉毀損訴訟が、表現者に対する不当な抑圧手段として利用される場合をいう（佃克彦『名誉毀損の法律実務（第3版）』〔弘文堂、2017年〕32頁）。名誉毀損訴訟の提起それ自体が著しく相当性を欠く場合は、訴権の濫用として不法行為を構成する（東京地判平17・3・30判時1896号49頁）。軽はずみな裁判合戦は厳に慎むべきことはいうまでもないが、事案によっては反訴の要否を検討する。

(2)　相談事例2（セクハラ及びパワハラ）について

前述のとおり、事業主にはセクハラ防止のための措置を講ずる義務が課せられているところ、その具体的な内容については、厚生労働省が「事業主が職場における性的な言動に起因する問題に関して雇用管理上講ずべき措置についての指針」（いわゆる「セクハラ指針」）を定めたうえ、「事業主の皆さん　職場のセクシュアルハラスメント対策はあなたの義務です‼」と題するパンフレットを公表している。一方、パワハラについて直接規律する法令はないが、予防から事後対応までを解説した実務的なガイドブックとして、同省により「パワーハラスメント対策導入マニュアル（第2版）」（2016年7月）が策定されている。いずれの資料においても、用語の解説、裁判例、事案にあたっての調査方法、事業主における取組み例などが詳しく紹介されており、一覧しておくことが望

ましい。

　ア　被害者（E）からの相談の場合

　ハラスメント被害は、さまざまな態様により継続的になされている場合が多く、また、当該行為について違法な人格権侵害と評価されるか否かの判断は多分に評価的である。事例2では、Eの訴えについて、①時系列に沿って経緯を整理しつつ、②そのなかからハラスメントとなりうる具体的な言動を個別に抽出し、③上記の指針、マニュアル及び判例調査などを踏まえ、④違法なハラスメントと評価しうる言動を特定していく、という作業が求められる（本章4⑵及び同5⑵参照）。事実関係の調査として、被害者作成の記録（日記又はメモ等）、被害者の家族や友人の供述（被害申告のみならず、被害を受ける以前から現在に至るまでの生活状況や健康状態の変化等）、診療録、各相談機関に対する相談記録、当事者双方の業務内容や役職がわかる組織図や権限分掌規程、業務日報やメールのやりとりなどを入手する。会話を無断録音したテープについては、録音の手段方法が著しく反社会的と認められる場合でなければ、証拠能力は否定されない（千葉地判平6・1・26判タ839号260頁）。職場の役職員から協力者が得られれば、その情報は有益であることが多いが、病気・転居・翻意などにより供述の変遷等が懸念される場合は、すみやかに陳述書又は聴取報告書を作成し、確定日付を取得しておくことも有用である。

　訴訟以外に、示談交渉、民事調停、ADR、労働局における「あっせん」、労働審判などさまざまな紛争解決手続が考えられる。また、ハラスメントによる精神疾患の発症につき、業務起因性を主張して労働者災害補償保険法に基づく保険給付を求めることもある（これが認められた事案として、東京地判平19・10・15判タ1271号136頁ほか。なお、労災認定基準として厚生労働省の定める「心理的負荷による精神障害の認定基準について」〔平23・12・26基発1226第1号〕は、セクハラにつき、心理的負荷を与える出来事として定めたうえ、会社の対応に不備があったことを負荷強度を強める事由として挙げている）。さらに、ハラスメントの内容・程度によっては刑事罰（強制わいせつ、強姦、暴行、傷害、強要等）が成立しうるから、立件可能性、刑事事件としての処分の見通し及び具体的な刑事訴訟手続を説明しつつ、告訴の要否を検討する。

　事情聴取や訴訟手続など一連の過程において、被害者は幾度も被害を想起させられるし、また、加害者側からの厳しい反論に曝されることで、いわゆる二次被害を受ける場合も多い。弁護士は、立証可能性、訴訟の見通し（敗訴のリ

スク及び勝訴の場合に得られる利益）、各紛争解決手続の異同、各手続をとることにより被害者が受けうる法律上・事実上のメリット・デメリット、時間及び費用などをていねいに説明し、方針を提案しなければならない。

　被害者に対するハラスメント被害が継続している場合や、ハラスメントを告発した報復として、被害者が不当な解雇処分、降格処分又は配置転換を受けたといった場合には（東京地判平 11・3・12 労判 760 号 23 頁）、仮の地位を定める仮処分の申立ても考えられる。必要的審尋事件であり（民事保全法 23 条 4 項）、審尋手続の過程で和解に至る場合もある。

　イ　加害者本人（G）からの相談の場合

　Eから指摘されているハラスメントについて、行為ごとに、Gの認否及び反論を聴取し、その裏付けとなる客観的資料や背景事情を確認する。とくにパワハラ事案においては、Gの弁解として、Eの業務上のミスや勤怠不良がことさら強調される場合が多い。被害者側の業務態度等の問題は、もとよりGの言動の違法性評価にあたっての判断材料となりうるが、Gの言動が社会的相当性を逸脱すると評価される以上は、慰謝料額又は過失相殺事由において斟酌されることはあっても、違法性を阻却する事由にはならないので、法的な判断基準を説明しておく必要がある。また、Gの主観においては、Eも好意を示していた、又は、Eに対する嫌がらせの意図はなかったという認識を抱いている場合が多く、職場内で事情を問い質したり、謝罪のためEとの接触を試みようとすることがあるが、軽率な対応をすれば、かえって「犯人探し」又は「口封じ」と誤解されかねないことから、より事態を悪化させないよう助言しておく。なお、海難死亡事故の事案ではあるが、刑事弁護人が、示談交渉を性急に進めるあまり、被害者遺族に対する言動に品位を失うべき非行があったとして、弁護士会の懲戒処分を受けた例もあるので、被害者に対する連絡のタイミングや言動については慎重な考慮が必要である。

　派生的な問題として、加害者に関する労働紛争に発展する場合もある。加害者は、事実関係の調査のため出勤停止処分を命じられたり（最判平 27・2・26 集民 249 号 109 頁）、ハラスメントがあったことを前提に懲戒処分を受けたりする場合もある（東京地判平 21・4・24 労判 987 号 48 頁）。不当な処分を受けることのないよう、弁護士としては、会社の就業規則類を入手し、会社からのヒアリング状況などを適時に確認しておく必要もあろう。

　最終的に、Gによる加害行為が認められてF社がその損害を賠償した場合、

F社がGに対して求償することも考えられる。よって、F社の代理人として受任する場合、Gの代理人を兼ねることは利益相反の可能性があることに留意する。

　ウ　事業主（F社）からの相談の場合
　事業主のなかには、「個人間のトラブルにすぎない」又は「個人の受け止め方による」という意識が散見されるが、職場環境の調整は、あくまで組織としてのガバナンスの一環であるという問題意識に立つことが出発点である。

　被害の訴えがあった場合、すみやかに事実関係の調査に着手する。ただし、被害者が、加害者を含め他者に口外されることを望まない場合もあるから、被害者の意向を事前に確認する。事実調査は、もっぱら事業主の担当者が、被害者、加害者、関係者のヒアリングを行い、弁護士はその報告書や聴取書を確認するという作業となる。とはいえ、担当者は法律家ではなく、必ずしもヒアリングのノウハウを備えているわけではないから、社内調査に先立ち、弁護士からその留意事項をアドバイスしておくことは必須であるし、必要に応じて弁護士もヒアリングに立ち会う。被害者と加害者を分けて聴くことはもちろん、同僚などの関係者についても個別にヒアリングする。後の証拠化に備えるべく、できれば2名でヒアリングし、すべて記録化する（了解をとって録音するか、少なくとも聴取書を作成する）。当事者らの供述は、聴取者において「意訳」又は「補足」せず、記憶にあるかぎり当時の言動を具体的に、かつ、現場でやりとりされた「生の言葉」そのものを語ってもらう。事前に、当事者間のメールなど客観的資料の入手を依頼しておき、当事者らの言い分と客観的資料との整合性を確認する。調査の一環として、会社貸与の業務用パソコンでなされたメール等を閲覧することがある。企業秩序維持違反があった場合に、企業がその違反行為の調査のため必要かつ相当な方法であれば、こうしたモニタリングも許されると解されている（東京地判平14・2・26労判825号50頁）。

　なお、事業主の顧問弁護士が、事業主の設置する通報窓口として相談を受けている場合もある。通報窓口において知りえた情報も弁護士の守秘義務の範囲であるから、同弁護士が後に事業主の代理人として活動することは問題があることに注意する（外部通報窓口の担当弁護士が、匿名による通報・相談が原則であるにもかかわらず、通報者に対する説明を怠り、通報者の実名を会社に通知した事案につき、守秘義務違反による懲戒処分を受けた例がある）。

　調査の結果、事実関係が確認されれば、加害者に対する懲戒処分、一方又は

両者の配置転換、再発防止のための指導教育などの対策を講じなければならない。ハラスメントが認定できない場合であっても、既往症のある被害者がパワハラ被害を相談するなど、一定の事実関係においては、一方の配置転換などにより被害者の心理的負荷を軽減する措置を講ずべきであったのに、これを怠ったとして、勤務先である自治体の安全配慮義務違反を認めた事例もある（さいたま地判平27・11・18労判1138号30頁）。

当事者の言い分が真っ向から食い違い、被害者の言い分を裏付ける客観的証拠や関係者の供述も得られない場合、安易に被害事実がなかったと処理する例も見受けられるが、ハラスメントは第三者の目が届かない場面でなされることも少なくなく、加害者が上司である場合は、自身の処遇に影響することを恐れて加害者側に不利な事実が隠匿される場合もある。ヒアリングでどこまで事実を引き出せるかは、事業主が、真摯に事実を探求する意識で臨んでいるか、それとも、「事実確認できず」という結論を得るための形式的な手続として処理しているか、という姿勢によるといっても過言ではない。ハラスメント発覚後の対応の不備は、それ自体が会社の安全配慮義務違反による別個の損害を構成しうることに留意する。セクハラ相談に対し、相談担当者が適切な措置を講じなかったことにつき国賠が認められた事例として、横浜地判平16・7・8判時1865号106頁があり、対して、パワハラの申告に対し、適切な事実調査のうえ、パワハラに該当しないと判断し、調査結果等を記載した文書を開示しなかった事案につき、不法行為の成立を否定した裁判例として、東京地判平26・7・31判時2241号95頁がある。

4　争点整理手続のあり方

(1)　相談事例1（名誉毀損訴訟）について

ア　名誉毀損訴訟においては、名誉毀損行為の有無、真実性及び相当性の抗弁の成否、慰謝料額、回復処分の必要性等が争点になることが多いが、審理の中心となるのは、名誉毀損行為の有無と真実性及び相当性の抗弁の成否である。もっとも、マスメディア型事件においては、記事等が残存しているのが通常であることから、表現の有無が争われることはほとんどない（社会的評価の低下の有無が争われることはある）。一方、非マスメディア型事件においては、口頭

による名誉毀損が問題となることが少なからずあり、表現の有無が主要な争点となるものが一定数ある。

　争点整理手続においては、前述したとおり、まずは、原告に対し、上記表現行為のうち名誉毀損となりうる部分を具体的に特定してもらったうえ、それがいかなる事実を摘示するものであるかを明らかにし、当該表現が原告の社会的評価を低下させるものであることを主張してもらうことにより、請求原因事実を固めてもらう必要がある。そして、名誉毀損訴訟では、対象となる表現行為が多数に及ぶ場合が少なくないところ、このようなケースにおいては、一覧表を活用することが争点整理を円滑に進めるうえで重要である。一覧表には、原告に対し、まず、①対象となる表現行為、②当該表現行為が摘示している事実、③当該事実が原告の社会的評価を低下させる理由の各欄を記載してもらうこととなる（なお、対象となる表現行為に意見ないし論評の表明が含まれる場合には、事実の摘示との区別を明確にし、前提事実の摘示もしてもらう必要がある）。

　このように、原告の主張を明確にしてもらったうえで、被告に対し、原告の主張に対する認否、真実性及び相当性の抗弁について主張をしてもらうこととなる。そして、対象となる表現行為が多数に及ぶ場合には、被告に対し、上記一覧表のうち、①原告の上記①〜③の主張に対する認否、②公共性及び公益目的、③真実性及び相当性の各欄を記載してもらう。

　そのうえで、原告に対し、真実性及び相当性の抗弁に対する認否をしてもらうこととなる。また、対象の表現行為が多数に及ぶ場合には、原告に対し、上記一覧表のうち、被告の抗弁②及び③に対する認否を記載してもらう。

　そして、上記争点整理により、争点がなにかを確定した後、請求原因又は抗弁について、いかなる証拠で立証するのかを明らかにしてもらう必要がある。この点、実務においては、表現行為をしたことについては争いがなく、当該表現内容は、原告の社会的評価を低下させるものではないと被告が争い、抗弁が主張されない場合もあり、このような事案においては、人証調べは不要となることもある。これに対し、表現行為の有無や真実性及び相当性の抗弁が争われる場合には、人証調べを要する場合が少なくないが、このような場合には、人証の範囲及び尋問方法（尋問時間を含む）について、争点との関連性を十分に吟味しながら、決定していく必要があろう。

　そして、争点整理手続期日（弁論準備手続期日であることが大半であろう）の最終期日において、裁判所と当事者との間で、争点を確認したうえ、それを調

書に記載しておくべきである（一覧表を作成してもらった場合には、当該一覧表を調書に添付することとなる）。

イ　事例1においては、クラスの親の前でのDの発言が問題となっており、その発言内容も多岐にわたるものではないことから、表現行為の有無が争われることはあまり想定しえない。もっとも、表現の具体的内容（ニュアンス）については、争われる場合も考えられるところ、このような場合には、第三者であるクラスの親の証人尋問をすることなどにより、当該内容を確定することとなる。また、Dの発言があったとすれば、それは、教諭、同級生及び父兄のA及びBに対する信用等を喪失させるものであって、両名の社会的評価を低下させるものであることは明らかであろう。

さらに、真実性及び相当性の抗弁が問題となる場合（Bが人の悪口ばかり言うこと、Aが人間的に失格であることの前提事実）には、この点について、人証調べを実施する場合もあろう。もっとも、その前提として、Dの発言が、公共の利害に関する事実に係り、その目的がもっぱら公益を図ることにあったといえる必要があるが、Bが多くの同級生の悪口を言いふらし、それによってクラスが混乱して、教諭の指導を要する状況にあり、そのことを教諭やほかの親に認識させる必要性があるなどの事情がないかぎり、これを肯定することは困難であると思われる。また、Aが人間的に失格であるとの表現が、前提事実を欠くものであった場合には、名誉毀損が成立することはいうまでもない（仮に、前提事実が問題となりうるとしても、人間的に失格という評価に値する前提事実はきわめて限られよう）。なお、人間的に失格という表現は、意見ないし論評としての域を逸脱しているとの理解もありうるところであるが、前提事実によっては、直ちに意見ないし論評としての域を逸脱しているとはいえない場合もあろう（最判平1・12・21民集43巻12号2252頁は、「ドロボー」、「ドロボー本」という表現について、意見ないし論評としての域を逸脱しているとはいえないとしているし、東京高判平15・12・25判タ1157号175頁は、「ウソつき常習男」という表現を意見ないし論評の域を逸脱しているものとはいえないとしている）。

(2)　相談事例2（セクハラ及びパワハラ）について

ア　セクハラやパワハラについては、行為の有無や損害（自殺等）との間の因果関係の有無が争点となることが多い。

セクハラやパワハラは、対象となる行為が複数に及ぶことが通常であること、

被害者がセクハラやパワハラによって自殺等した場合には、セクハラやパワハラとの間の因果の流れが問題となることが多いことなどから、セクハラやパワハラを理由とする損害賠償請求訴訟においては、時系列を整理しておくことが重要である。そのため、このような類型の訴訟においては、当事者に時系列表を作成してもらうことが有用であろう。すなわち、まずは、原告に対し、左欄に、セクハラやパワハラに当たる各行為の具体的内容及びそれがされた日時、被害者が自殺等をした日時、被害者が自殺等をするに至ったことに関連する出来事（たとえば、心療内科に通院したこと）及びその日時等を記載してもらい、次いで、被告に対し、右欄に、原告の上記各主張に対する認否及び被告の積極主張（反対事実）を記載してもらった後、被告の認否が否認又は不知の場合には、左欄に原告に証拠方法を記載してもらうとともに、被告にも、原告の主張を争う部分については、右欄に反対証拠を記載してもらうといったことが考えられる。

　そして、上記時系列表が作成されれば、主たる争点がなにか、いかなる証拠で立証するのかが自ずと明らかになる部分が多いであろう。もっとも、時系列表はすべての争点（たとえば、損害論）を記載する性質のものではないことなどから、事例1で述べたと同様に、争点整理手続期日（弁論準備手続期日であることが大半であろう）の最終期日において、裁判所と当事者との間で、争点を確認したうえ、それを調書に記載しておくべきである（時系列表を作成してもらった場合には、当該時系列表を調書に添付する）。

　イ　事例2においては、Gが押しつけたという不必要な仕事や嫌がらせの具体的内容、EがF社を退社せざるをえなくなった経緯及び損害の具体的内容等が明らかではないから、裁判所としては、原告に対し、まずは、これらの点について釈明を求めるべきである。そのうえで、被告に対し、原告の主張に対する認否や積極主張等をしてもらうとともに、当事者双方に対し、セクハラやパワハラの具体的内容及び日時、Eが心療内科等に通院したのであれば、その通院状況及び日時、Eが退社した日時等について時系列表を作成してもらうことなどにより、争点を整理していくこととなろう。

5　主張立証活動における留意点

(1)　相談事例1（名誉毀損訴訟）について

東プラ論文・前掲に、マスメディア型・非マスメディア型それぞれについてモデル訴状及び答弁書が紹介されているので、参照されたい。

ア　請求の趣旨について

(ア)　損害賠償請求

不法行為の被侵害利益としての名誉とは、人の人格的価値に対する客観的な社会的評価であり、これを違法に侵害された者は、損害賠償を求めることができる。精神的損害（法人に対する名誉毀損の場合は無形損害）としての慰謝料額については、諸般の事情を総合考慮して定められる（本章2(1)イ）。なお、慰謝料額が低額に過ぎるという指摘もあり、マスメディア型における相場観は100万円、非マスメディア型においては10ないし30万円程度の認容額にとどまる事例も多いといわれる（大阪実務研究66頁）。また、名誉毀損による信用喪失の結果、予定されていた仕事を失ったという営業的損害、原告が名誉回復のため講じた広告費用、訴訟遂行に必要な弁護士費用など、財産的損害があればこれも請求する（東京地方裁判所損害賠償訴訟研究会「マスメディアによる名誉毀損訴訟の研究と提言」ジュリ1209号〔2001年〕〔以下「東地研究会」という〕63頁）。

(イ)　名誉回復処分請求

原告は、損害賠償に代えて、または損害賠償とともに「名誉を回復するのに適当な処分」を請求できる。ただし、回復処分請求は、なお社会的評価が低下した状態が現存し、かつ、金銭賠償によっては名誉回復に足りない場合にかぎって認められるものとされ、とりわけ謝罪文の交付や掲載については、代替執行及び間接強制ともに執行不能であるとの問題意識もあり（滝澤孝臣「謝罪広告請求──その論拠と問題例の検討」銀行法務21・726号〔2011年〕48頁）、認容例は多くない。原告としては、回復措置が必要となる根拠とともに、求める回復措置の文言及び方法を具体的に明示する（回復処分の参考主文例を紹介した文献として、大阪実務研究91頁）。

また、名誉毀損行為が現存している場合、民法723条の回復処分請求又は人格権に基づく妨害排除請求として、ビラ、看板又は垂れ幕等の撤去やウェブサイト上の記事又は投稿の削除を求める。ビラ等については、それが貼付又は設

置された場所や媒体を特定し（東京高判平6・3・23判タ884号190頁）、ウェブサイト上の書き込みの場合は、その発信者に対して削除対象となる書き込みを特定して請求する（東プラ論文25頁）。発信者が匿名の場合は、当該掲示板の運営者に対する削除請求が認められている（東京高判平14・12・25判時1816号52頁）。

　イ　請求原因事実（名誉毀損行為）の主張について

　本章4(1)で述べたとおり、名誉毀損行為（具体的な表現内容）を特定し、かつ同表現によりいかなる事実（意見論評の場合は前提事実）が摘示されたのかを明示する。事例1においては、①「あなたの娘は、人の悪口ばかり言うようだけど、どういう育て方をしたのだ」という表現が、娘Bについて、他人のことを好んで悪し様に言う又は他人の感情を徒に傷つけるような欠点を挙げ連ねるという事実を摘示するものであると主張する。また、②「親が人間的に失格」という意見又は論評については、この表現だけではいかなる事実を前提としているのかが明らかではないため、主張に先立ち、当該発言を含むAD間の一連の会話や従前のBの言動などから「人間的に失格」という表現の前提事実を特定する必要がある。そして、かかる①及び②の表現により、A及びBの社会的評価が低下したことを指摘する。

　また、社会的評価の低下といえるためには、当該名誉毀損行為が「公然性（伝播可能性）」をもってなされることを要する。被告としては、事例1において、居合わせた保護者が少人数にとどまり、かつ雑談として唐突に発せられた口頭での表現であって、被告の発言が予定され若しくは注視される状況でもなかったとして、伝播性を否定することも考えられる。ただし、「事実の摘示ないし意見論評が公然となされたといえるためには、必ずしも不特定多数人に対して事実の摘示ないし意見論評がなされることは必要とされず、特定少数人に対して事実の摘示ないし意見論評がなされた場合であっても、不特定多数人に伝播する可能性があれば足りる」（東京地判平21・3・18判タ1298号182頁）。裁判例では、特定人に対する私信による場合でも伝播性を肯定した例もあれば（東京地判平4・8・31判タ819号167頁）、26名出席の大学の理事会での意見書の読み上げという方法でも否定された例もあり（東京地判平15・8・22判時1838号83頁）、受信者の人数及び属性、表現の内容及び方法、表現時の状況、情報漏洩防止措置の有無などから、伝播可能性が総合的に判断される。

(2) 相談事例2（セクハラ及びパワハラ）について
ア 請求の趣旨について

　慰謝料のほか、精神疾患の発症、休職又は不本意な退職などの結果が招来された場合は、治療費や通院交通費などの積極損害や、休業損害や逸失利益などの消極損害も求めることとなる。慰謝料額については、千葉県弁護士会編『慰謝料算定の実務（第2版）』（ぎょうせい、2013年）に多数紹介されている（なお、セクハラ事案において、被告側の訴訟活動が原告の心情を傷つける行為であるとして、慰謝料の増額事由とされた事例に、東京地判平15・6・9〔裁判所ウェブサイト参照〕）。

イ 請求原因事実の主張について
(ア) 加害行為及びその違法性について

　実務上の留意点については、本章4(2)で述べたとおりである。この点、性行為を強要されたとする原告の主張に対し、被告が、その被害供述に変遷や欠落があるとして、供述の信用性を否定する例がある。原告としては、性被害者の心理特性や供述特性に関する専門家の意見書や文献等を入手し、被告の指摘する問題があったとしても、これをもって直ちに供述の信用性が否定されるものではないことを裏付ける（熊本地判平9・6・25判時1638号135頁、水戸地判平16・3・31判時1858号118頁）。

　また、不法行為に基づく損害賠償請求の請求原因事実としては、当該加害行為の違法性も主張しなければならないところ、とりわけパワハラ訴訟においては、当該言辞が正当な業務上の指導の範囲内にとどまるとして違法性が争われることが多い。自衛官が、上官の誹謗的言辞により自殺したとして、その遺族が求めた損害賠償請求事件において、「覚えが悪い」や「バカ」等の侮辱行為を繰り返したことについては、「心理的負荷を過度に蓄積させ……指導の域を超える」ものとして違法性を肯定したのに対し、別の上官による言辞については、「親しい上司と部下の間の軽口として許容されないほどのものとまではいえ」ないとして違法性を否定している（福岡高判平20・8・25判時2032号52頁）。原告としては、当事者双方の役職や業務内容に加え、被告の「行為の目的、態様、頻度、継続性の程度、被害者と加害者の関係性等」といった考慮要素に基づき、正当な業務を超える人格権侵害であることを主張立証する（白石哲編著『労働関係訴訟の実務』〔商事法務、2012年〕242頁）。

　被害者の訴えにより会社が実施したハラスメント調査に関する事情聴取書、調査報告書、議事録等に対する文書提出命令の申立てについては、自己利用文

書（民事訴訟法220条4号ニ）に該当するとされ、却下された例もある（神戸地尼崎支決平17・1・5労判902号166頁）。被告側は任意の提出に応じないことが一般的であるが、過労死事案において労災認定に関する記録（同僚からの聴取書、労働基準監督官らの作成の調査復命書、労災医員作成の意見書等）につき、公務秘密文書（民事訴訟法220条4号ロ）の該当性を否定した事案（神戸地判平14・6・6労判832号24頁）や、元海上自衛隊員のパワハラ自殺事件において自衛隊内で作成された文書（供述調書等）につき、公務秘密文書の該当性を否定し、一部認容した事案（東京高決平20・2・19判タ1300号293頁）などもある。除外事由や対象文書の違いにもよるが、ハラスメント訴訟においては、証拠のほとんどが被告側の支配下におかれているのが実状であるから、事案に応じて必要と思われる場合は積極的に申し立てる。

(イ) 結果との相当因果関係について

原告が、ハラスメントにより精神疾患等を発症したと主張する例もある。精神疾患については、その発生メカニズムが医学的に解明されているとは言い切れず、因果関係が争われることも少なくない。原告は、当該ハラスメントによる心理的負荷が強度であることに加え、診断書、診療録並びにそれまでの生活実態及び勤務態度等に関する裏付けとなる資料などにより、原告に精神的な脆弱性が認められないことや当該ハラスメント以外にストレス要因がないことなどを主張立証する。

また、ハラスメントによりやむなく休職又は退職したとして、休業損害や逸失利益を請求することもある。当該ハラスメントがなければ、被告会社に継続して就労し、所定の給与を得る蓋然性が高かったこと、当該ハラスメントにより、退職を余儀なくされ、退職後の一定期間就労が不可能であったこと又は転職先の給与が被告会社における給与より低額であることなどを、収入証明資料とともに立証する。

(ウ) 事業主に対する賠償請求について

被告会社は、加害者が被用者のときは使用者責任（民法715条1項）を、加害者が代表者のときは会社の不法行為責任（会社法350条）を負うこととなる。セクハラの場合は、事例2のように職場外でなされる例も多いため、事業執行性が否認される場合もある。しかしながら、加害行為が職場で就業時間中に行われたものではなくとも、それが加害者の職務上の地位を利用されて又は職務行為を契機としてなされた場合には肯定される場合も多い（京都地判平13・3・

22判タ1086号211頁）。そこで、原告は、被告の役職や原告との業務上の関係の有無・程度などから、被告からの要求を断れば自身の労働条件又は労働環境の悪化を懸念して当然であることや、被告からの誘い文句が職務と関連付けてなされたこと（上司としての指導又は慰労や職場内のコミュニケーションを口実とするなど）を主張する。

　また、事業主が損害賠償責任を負担する法的根拠としては、安全配慮義務違反による構成も考えられる。防止義務（労働者がハラスメントを受けないよう職場環境を整える義務）違反が問われた裁判例に、京都地判平9・4・17判タ951号214頁（セクハラ事案）やさいたま地判平16・9・24労判883号38頁（パワハラ事案）などがあり、事後対応義務（ハラスメント発覚後に事実関係調査及び再発防止策の構築など適切な対応をとるべき義務）違反の事例としては、大阪高判平25・12・20労判1090号21頁（セクハラ事案）や東京地判平27・3・27労判1136号125頁（パワハラ事案）などが挙げられる。この場合、抽象的に安全配慮義務違反を唱えるだけでは請求原因事実として足りず、当該ハラスメント被害を防止するために、いかなる物的環境・人的環境（教育・指導・監督）を整えるべきであったか、発覚後にいかなる対応をするべきであったかを具体的に特定しなければならない（酒井正史「職場環境に関する安全配慮義務をめぐる裁判例と問題点」判タ1192号〔2006年〕64頁）。前述の厚生労働省による各マニュアルは、具体的な防止義務又は事後対応義務を特定するにあたっても有用である。

6　事実認定のポイント

(1)　相談事例1（名誉毀損訴訟）について

　ア　名誉毀損訴訟において、事実認定が問題となるのは、主として名誉毀損の対象となる表現行為の有無及びその内容並びに真実性及び相当性の抗弁を基礎付ける事実である。

　名誉毀損の対象となる表現行為が、書面、インターネット又はSNSでされ、当該表現行為が残存している場合には、これが争われることは想定し難い。もっぱら争われるのは口頭による表現行為のケースであるところ、当該表現行為が録音されていたときには、当該録音テープ等が事実認定のうえで重要な意味

をもつことはいうまでもない。しかし、口頭による表現行為は、突然され、それが録音されるなどしていないケースのほうがむしろ一般であろう。このような場合、第三者が当該表現行為を聞いていたときには、当該第三者の証言が事実認定のうえで重要な意味をもつこととなる。もっとも、当該第三者が当事者の一方に与する人物であることも少なくないことから、当該証言については、争いのない事実や動かし難い事実と照らし合わせたり、当該証言内容が経験則に合致するかを検証するなどして、その信用性を慎重に検討する必要があろう。また、当事者以外に当該表現行為を聞いた者の人証調べをすることができない場合には（当事者以外に当該表現行為を聞いた者がいない場合であっても、第三者が聞知しうる状況において、当該表現行為がされたのであれば、公然性の要件は満たされる）、当事者双方の本人尋問をすることなどが考えられる。こうした事案においては、原告がその主張に沿う供述をしているところ、被告がこれを否定する供述をしていることから、原告の供述は直ちに信用することができないなどという判示をするだけでは、説得力を欠くこととなるし、原告の納得を得ることもできないであろう。このような事案においては、争いのない事実や動かし難い事実と当事者双方の供述内容を照らし合わせたり、当該供述内容が経験則に合致するか、一貫しているかなどを検証したり、当該表現行為があったとされる時点までの当事者双方の言動やその後の言動を認定したり、日記等の書証を吟味することなどによって、当事者双方の供述の信用性を慎重に検討したうえ、結論を導くべきである（当事者の納得という観点からは、主たる争点については、結論に至る過程を判決書に詳細に記載することを要する）。

　次に、真実性及び相当性の抗弁については、双方の主張を裏付ける書証や人証が存在するケースが少なくないことから、動かし難い事実等とともに、これらの証拠の信用性を検討したうえ、結論を導くこととなろう。請求原因事実が認められる場合は、真実性及び相当性の抗弁の成否が結論を分けることとなることから、慎重な事実認定が求められることはいうまでもない（マスメディア型事件においては、取材源の秘匿が問題となることがあり、一定の配慮を要するところではあるが、取材源秘匿の必要性は、立証の程度を緩和する理由とはならないとされている。東プラ論文20頁）。

　イ　事例1の場合、クラスの親が集まっているところで、Dが大声で対象となる発言をしたというのであるから、Dが発言自体を争うことは想定し難い面があるが、仮に、Dが、これを否定したり、その内容（ニュアンス）を争う場

合には、その場にいたクラスの親の証人尋問等を実施したうえ、発言の有無又はその内容を認定することとなろう（この場合の事実認定上の留意点は、上述のとおりである）。

　また、真実性及び相当性の抗弁については、Bが人の悪口を言うという点などについて、Bが作成した手紙やSNS等を取り調べたり、人証調べをすることによって、事実認定をすることとなるが、Bやその同級生を尋問することについては慎重な検討が必要であろうし、仮に尋問をする場合でも、格段の配慮が必要であろう。

(2) 相談事例2（セクハラ及びパワハラ）について
　ア　セクハラやパワハラがあったか否かについては、書証や人証等を取り調べることによって事実認定をすることとなるところ、書証としては、被害者の日記やメモ、SNS、会話の録音記録及び医師の診断書等が考えられる。この点、福岡高判平25・7・30判タ1417号100頁は、パワハラに当たる上司の言動が記載されていた被害者の日記について、紛争が発生する前に作成され、日記という継続的な記録の一環として作成されたものであるから、ほかに特段の事情がないかぎり、信用性が高いと認められると判示しているが、日記は、後日、記載を追加することができる場合があることなどから、その原本を確認し、こうした形跡が認められないかを慎重に見極める必要があろう。

　もっとも、セクハラやパワハラについては、書証がなかったり、あったとしても、証拠力が高いとまではいえず、人証調べに頼らざるをえない事案も少なくない。そして、セクハラやパワハラを現認した証人がいない場合には、当事者の本人尋問を実施することとなるが、客観的証拠がないようなときには、上記(1)で述べたように、原告の主張を裏付ける供述と被告の主張を裏付ける供述とを対比して、原告の供述を排斥するだけでは、説得力を欠くこととなるし、原告の納得を得ることもできない。このようなケースでは、争いのない事実や動かし難い事実と当事者双方の供述を照らし合わせたり、供述内容が経験則に合致するか、一貫しているかなどを検証したり、当該セクハラやパワハラがあったとされる時点までの当事者双方の言動やその後の言動を認定することなどによって、当事者双方の供述の信用性を慎重に検討したうえ、結論を導くべきであるし、その過程を判決書に詳細に記載することを要するものというべきである。

また、セクハラやパワハラと被害者の自殺等との因果関係が争点となっている事案については、まずは、セクハラやパワハラに該当する各事実の存否について事実認定したうえ、当該各事実の態様（行為の激しさの程度）、被害者の性格や病歴の有無（過去にうつ病等の疾患にり患したことがあるかなど）、被害者の自殺等とセクハラ等の行為との間の時間的間隔等を総合考慮したうえ、因果関係の有無を認定することとなろう。

　イ　事例2では、セクハラについては、これを裏付ける書証や目撃証人は存在しない可能性が高いが（**ア**で述べたとおりEが日記をつけていた場合などには、書証として提出されることとなろう）、パワハラについては、メール等の書証が存在していたり、当該行為を目撃していた同僚らがいる可能性もある。いずれにせよ、人証調べの結果が重要な意味をもつことから、**ア**に述べたところに従って、証言や供述を慎重に吟味して、結論を導くこととなろう。

7　予想される抗弁以下の攻撃防御の展開

(1)　相談事例1（名誉毀損訴訟）について
　ア　真実性・相当性の抗弁（事実摘示の場合）又は公正な論評の法理（意見論評の場合）

　前述（本章4(1)イ）のとおり、Bが同級生の悪口を言いふらすことでクラスが混乱しているなど、クラスメート及びその保護者にとってBの行状が利害の対象となっており、このことを教諭や保護者らに認識させ、もって、適切な学級運営や生徒の健全育成を図る必要があるといった事情を主張する（なお、真実性・相当性の抗弁の判断にあたっては、「特定の団体や限られた関係における表現行為については、当該団体の構成員にとって利害あるいは関心の対象となるべき事項であることをもって公共性を肯定し、また、当該団体の構成員全体の利益に適うことをもって公益目的を認める」と分析されている〔大阪実務研究64頁〕）。

　イ　消滅時効

　名誉毀損による損害賠償請求権も、被害者が損害及び加害者を知った時から3年の経過で時効消滅する（民法724条）（なお、改正法においては、人の生命又は身体の侵害による場合は、時効期間は5年間と定められている〔改正法724条の2〕）。名誉毀損となる表現が表明されても、原告自身がこれを認識していなかった場

合や、ウェブサイト上の書き込みにおいて発信者が特定できなかった場合は、いずれも時効は進行せず、原告がこれらを知ったときから起算する。

(2) 相談事例2（セクハラ及びパワハラ）について
ア 消滅時効

不法行為に基づく損害賠償請求については、被害者が損害及び加害者を知ったときから3年又は5年（改正法724条の2）の経過で、又、事業主F社に対する債務不履行に基づく損害賠償請求については、同請求権を行使しうるとき（一般には損害発生時）から10年（ただし、改正法においては、権利を行使することができることを知った時から5年〔改正法166条1項1号〕、若しくは権利を行使することができる時から20年〔同法167条〕）の経過で、それぞれ時効消滅する。なお、ハラスメント行為は継続してなされることが多いが、各言動はそれぞれが個別の不法行為を構成し、その行為ごとに消滅時効の抗弁を主張しうる。ただし、同一人物から一定の職場環境を前提としてされた一連の不法行為であるから、継続する複数のハラスメント行為を一体のものとして、同ハラスメント行為の全体の終了時から消滅時効期間が起算すると判断するもの（東京地判平17・12・28LLI/DB登載）や、当該ハラスメントによる複数の心因症状を発症した結果、精神障害の障害等級認定時から時効期間が進行するとしたもの（東京地判平26・7・31判時2241号95頁）がある。

イ 過失相殺

原告の既往症が損害発生に寄与している場合には、素因減額として民法722条2項類推適用により損害額を減ずることができるとされている。素因減額については職権で斟酌されると解されているが、被告から抗弁として積極的に指摘される例が多い。職場におけるいじめ自殺事案において、原告固有の心因的要因又は同居する親族の対応を理由として、減額された事例もある（横浜地川崎支判平14・6・27判時1805号105頁、前掲さいたま地判平27）。

ウ 損益相殺

原告が、労災保険給付（休業補償給付や障害補償給付等）を受領した場合、同給付と同一の事由の関係にある損害費目については、過失相殺（素因減額）後の損害額から現実に原告が受給した額を控除できると解されている（最判昭62・7・10民集41巻5号1202頁）。

8 紛争解決方法（和解・判決）の選択及び紛争解決の留意点

(1) 相談事例1（名誉毀損訴訟）について

　名誉毀損訴訟においては、当事者が感情的になっており、和解による解決が困難な事案も少なくない。しかし、他方において、予期した以上に紛争が拡大することに困惑していたり、将来にわたって紛争の余地を残すことをためらう当事者もいることから、裁判所としては、名誉毀損訴訟であっても、和解を打診することにちゅうちょしてはならないであろう（もっとも、いわゆる訴訟マニアの事件等和解になじまない事件もあるし、強引に和解を勧告していると受け取られることがあってはならない）。

　事例1についても、Dが問題の発言をしたとすれば、許すことができないというAの心情は十分に理解しうるものの、Bの今後の学校生活や法廷で尋問されることの負担等を考えれば、和解による解決を選択したほうが望ましい場合もあろう。他方、Dとしても、問題の発言をしたのであれば、真実性及び相当性の抗弁を立証することには、大きなハードルがあることなどから、和解による解決を視野に入れるべきであろう。

　裁判所としては、こうした類型の事件について、紛争解決方法を選択したり、その結果として和解を勧告をする場合には、当事者の心情に配慮するとともに、関係者にとってすわりのよい解決はなにかを常に考えていくことが重要である。

(2) 相談事例2（セクハラ及びパワハラ）について

　セクハラやパワハラを理由とする損害賠償請求訴訟においては、対象となる行為の態様や損害の程度はさまざまであり、事案によっては、比較的早期に和解ができる場合もあろう。他方、被害の内容が深刻で損害も重大である場合には、当事者やその遺族が感情的になり、和解の成立に困難を来すこともある。裁判所としては、セクハラやパワハラの存否やその内容についての心証（暫定的心証を含む）を前提として、当事者双方の置かれた状況等を考慮し、和解による解決が望ましいと判断した場合には、事案の解決として最も適切な和解案を検討する必要があろう（事案によっては、単なる和解金等の支払いだけではなく、事業主に対して、職場の環境整備を約束させるなどの和解案を検討する必要もある）。

事例2については、Eは、F社を退社することを決意しているようであるから、セクハラやパワハラ行為の存否やその内容、Eの損害の程度等についての心証を踏まえて、和解金（賠償金）の支払いの要否やその金額、謝罪条項の要否等を検討していくこととなろう。

9　おわりに

(1)　被害者側の立場から

　名誉毀損であれハラスメントであれ、その法的責任を追及するには、「社会通念上容認し難い人格権侵害」であることを、被害者において立証しなければならない。客観的証拠を欠き、事実や因果関係の立証が困難な事案も少なくなく、又、「不適切ではあるが違法ではない」というように、法的判断と道徳的な当否とはイコールではないから、加害者に対する制裁や謝罪を求める被害者にとっては、必ずしも納得のいく結果に至らない場合もある。ここに、依頼者の想定する「一般常識」と司法手続における法的判断との乖離があり、その溝は、依頼者と弁護士との信頼関係にヒビを入れる要因ともなりうる。弁護士としては、事実関係及び証拠資料を精緻に検討し、依頼者に対するていねいな説明を心がけつつ、その権利擁護及び自己回復に資するべく、力を尽くす必要がある。

(2)　加害者側の立場から

　種々のハラスメントは、企業に限らず、官公署、学校又は福祉施設など、さまざまな組織が潜在的に抱える課題ともいいうる。ハラスメント被害は、まずは、組織の上司や内部通報制度に相談しているか、少なくとも同部署内では察知されている例も少なくない。そうであるにもかかわらず、事態が放置されたり、適切な措置をとられなかったことに対する失望が、被害感情を増幅させる。不適切な事後対応は、ハラスメントを発生させたことに対するのと同程度の非難を受けうるし、時に、不買運動などの社会問題や経営陣の退陣という事態まで招きうる。コンプライアンスが声高に唱えられるようになって以降、ハラスメント防止体制すら欠くという企業は少なかろうが、実効性の有無は、ひとえに現場、すなわち全従業員に浸透しているかどうかにかかっている。従業員の

人格権を尊重し、職場環境の安心・安全が保たれてこそ、従業員の能力が発揮され、その企業活動が社会的に評価されるものであるという意識のもと、実のある体制を構築することが、訴訟リスクを減らす効果的な対策となろう。

第 15 章
離婚をめぐる紛争

樋口 真貴子
渡邉 敦子

1 はじめに

　人事訴訟の多くは離婚をめぐる紛争である。とくに、離婚訴訟に至る多くの夫婦は、信頼関係が破綻し、深刻な対立状態にあるため、相手の感情を逆撫でするだけの感情的な主張、証拠の伴わない水掛け論、探索的な調査嘱託申立ての応酬を繰り広げた挙句、慰謝料や財産分与の争点をむやみに増やし、紛争を長期化させることもめずらしくない。また、未成年の子の非監護親が、子の視点を離れて、夫婦間の紛争における権利主張の一つとして親権に固執し、紛争が長期化する事例も見受けられる。他方で、多くの当事者は、相手との関係から切り離すと、心の奥底では、できるかぎり早く紛争を解決して平穏な日常生活を取り戻し、子にとってもよい親であり続けたいと願っているように思われる。したがって、離婚をめぐる紛争の解決に携わる法律家は、当事者本人の表面的な感情に振り回されることなく、網羅的かつ片面的になりがちな言い分のなかから紛争解決に必要な事実を拾い上げて主張立証活動を行い、適正迅速かつ子の利益や福祉に合致した解決に導くことが期待されている。
　本章では、離婚訴訟において、適正迅速な解決を図るために必要な主張立証・争点整理のあり方、事実認定のポイント、紛争解決の留意点等について考えたい。

2　事例

　最初に、離婚をめぐる紛争において典型的な事例を取り上げ、相談者の主張から構成できる権利及びその存在を基礎付けるために必要な事実（主要事実）について考える。

(1)　相談事例

> 　私（A）は、平成11年2月2日、Bと婚姻し、Bとの間に長男C（平成12年4月5日出生、18歳）をもうけました。当初はアパート暮らしでしたが、平成15年8月8日、甲マンションを購入し（代金4500万円）、家族で転居しました。ところが、理由もないのにBの帰りが遅い日が続くのを不思議に思うようになっていたところ、平成25年4月4日、BがDと不貞関係にあることが発覚しました。Bは、私に、平成24年4月ころからDと不貞関係にあることを認めました。私は、Bを信じることができなくなり、離婚することを決意し、平成27年1月1日、Cを連れて甲マンションから出て、Bと別居しました。夫婦関係調整（離婚）調停は、親権者の争いで不調となりましたので、離婚、親権者の指定、養育費、慰謝料、財産分与、年金分割を求めて訴訟を提起したいと思います。私は、無職無収入で、親の相続で取得した預金があるだけです。Bは給与収入が年780万円程度で、甲マンションのほか、預貯金、株式、生命保険などのB名義の財産があります。

　相談事例のような家事調停を行うことができる事件は、訴訟を提起する前に家庭裁判所に家事調停を申し立てなければならないことから（家事事件手続法257条、調停前置主義）、Aは、家庭裁判所に離婚調停を申し立てた。しかし、親権者の点で合意できず、調停は不成立で終了したというのであるから、Aは、家庭裁判所に対し、Bを相手に、離婚請求及び離婚原因に関連する損害賠償請求としての慰謝料請求を併せて提訴し（人事訴訟法17条）、さらにCの親権者の指定（同法32条3項）、離婚請求の附帯処分としての養育費の支払い、財産分与及び年金分割（同条1項）を申し立てることが考えられる。

ア　離婚請求

(ア)　離婚請求の原因は、民法770条1項各号に定められた不貞行為（1号）、悪意の遺棄（2号）、3年以上の生死不明（3号）、強度の精神病（4号）及び婚姻を継続し難い重大な事由（5号）に限定されている（離婚原因は、島津一郎＝阿部徹編『新版注釈民法22：親族2』〔有斐閣2008年〕347頁以下に詳しい。簡潔に整理されたものとして、秋武憲一＝岡健太郎編著『リーガル・プログレッシブ・シリーズ7：離婚調停・離婚訴訟（改訂版）』〔青林書院、2013年〕109頁以下参照）。

(イ)a　1号「不貞行為」について、判例（最判昭48・11・15民集27巻10号1323頁）は、「配偶者のある者が自由な意思にもとづいて配偶者以外の者と性的関係を結ぶこと」としている。性交関係に至らない貞節義務に違反する行為は、5号「婚姻を継続し難い重大な事由」に該当しうる。

b　相談事例の場合、Aは、平成24年4月ころから平成25年4月ころまでの間、BがDと性的関係を結んでいたという不貞行為を理由として、離婚を請求することになる。

(ウ)　2号「悪意の遺棄」とは、社会的・倫理的に非難されるような正当な理由のない同居・協力・扶助義務の放棄をいう。判例（最判昭39・9・17民集18巻7号1461頁）は、婚姻関係破綻について主たる責任を負う者に対し扶助をしないことは、悪意の遺棄に該当しないとしている。

(エ)　4号「強度の精神病」とは、回復困難といえるほど強度な精神病に罹患している状況をいう。ただし、民法770条2項は、裁判所は、同条1項1号から4号までの事由がある場合であっても、一切の事情を考慮して婚姻の継続を相当と認めるときは、離婚の請求を棄却することができると規定しており、判例（最判昭33・7・25民集12巻12号1823頁、最判昭45・11・24民集24巻12号1943頁）は、4号の強度の精神病が認められる場合であっても、離婚を求められる側の保護も考慮したうえで、離婚請求の可否を判断するものとしている。

(オ)a　5号「婚姻を継続し難い重大な事由」とは、一般に、婚姻関係が深刻に破綻し、婚姻の本質に応じた共同生活の回復の見込みのない場合をいうものと解されている。5号の事由は、いわゆる規範的要件事実であり、離婚請求をする者は、評価根拠事実を主張立証し、離婚請求を争う者は、評価障害事実を主張立証する必要がある。

b　5号の事由の評価根拠事実になりうるものとして、①暴行・虐待、②重大な侮辱、③不労・浪費・借財、④犯罪行為・服役等がある。親族との不和、

性格の不一致は、婚姻により多かれ少なかれ生じるものであり、双方の努力によって解消していくべきものであるから、直ちに5号の評価根拠事実にはならないが、離婚請求される者が一方的に問題解消の努力を怠った、別居が一定期間継続しているなどの事実と相まって、同号の評価根拠事実となる場合がある（5号の事由の判断に関する判例を分析したものとして、離婚事件実務研究会編『判例にみる離婚原因の判断――その他婚姻を継続し難い重大な事由と有責配偶者』〔新日本法規出版、2008年〕がある）。

なお、5号の事由を離婚の請求原因とする場合、単に「暴力を振るわれた」などの主張では不十分であり、時期等を特定したうえで具体的な事実の主張をする必要がある。加えて、これらの事実が婚姻関係破綻の原因となっている必要があるから、通常、破綻の表れとみられる「別居」の原因となった事実を中心に主張すべきである。婚姻の経緯、子の出生、自宅の購入等は一般に5号の事由の評価根拠事実にはならないことから、仮に本人が当時から不満を抱いていたと述べる場合であっても、主観面を子細に主張することは避けるべきである。

c　婚姻の本旨に反する相当程度長期にわたる別居は、実務上、5号の評価根拠事実となると考えられている。その期間は、一律に決められるものではないが、平成8年の法制審議会の「民法の一部を改正する法律案要綱」において、離婚原因の一つに「夫婦が5年以上継続して婚姻の本旨に反する別居をしているとき」が挙げられたことを受け（ただし、立法化には至っていない）、別居が5年以上に及んでいる事案では破綻が認められる事案が多いように思われる。もっとも、別居期間が3年程度の事案であってもその他の事情と相まって破綻が認定されることもあるため、結局、個別事案を前提に別居期間の長さを重要な考慮事情の一つとして斟酌し、その他の事情も総合考慮して認定されていると考えられる。

また、家庭内別居や単身赴任による別居の場合、直ちに、破綻を基礎付ける事実となる通常の「別居」と同様に考えることはできないが、夫婦間の会話や食事等の交流がなくなったり、帰省先と単身赴任先との行き来がなくなってから相当期間経過し、寝室や家計も別々になっているときは、破綻を基礎付ける事実としての「別居」とみることができる。

d　双方に婚姻を継続する意思がない場合は、婚姻関係は破綻しているものとして、離婚原因について立ち入って審理することなく、離婚請求を認容する

裁判例が多い。

　e　相談事例の場合、Aは、Bの不貞行為を原因として別居していること、Bにも婚姻を継続する意思がないこと（離婚調停において、離婚については合意があったこと）などを5号の評価根拠事実として主張し、「婚姻を継続し難い重大な事由」も存在することを主張することになる。

　(カ)　離婚の訴訟物については、民法770条1項各号に定める原因ごとに異なるとする考え方（多元説）と、訴訟物は同項5号の一つであり、同項1号から4号に定める原因は攻撃方法にすぎないという考え方（一元説）とがある。判例（最判昭36・4・25民集15巻4号891頁）は多元説に立つといわれてきた。どちらの説に立つにしても、実務上は、1号から4号の各号を離婚原因とする場合も併せて5号も原因として挙げられることから、実際上の差はほとんどない（5号の事由が訴状に挙げられていない場合には、裁判所から追加の主張を促されるのが通常である）。

　イ　慰謝料請求

　(ｱ)　損害賠償請求は本来、地方裁判所が管轄を有するが、離婚原因である事実によって生じた損害賠償は、家庭裁判所での離婚訴訟と併せて提起することができる（人事訴訟法17条）。

　(ｲ)　離婚訴訟に伴って提起される慰謝料請求には、離婚の原因となった個々の不法行為（不貞行為、暴力等）によって生じた精神的苦痛に対する慰謝料（いわゆる離婚原因慰謝料）と、相手の有責行為によって離婚を余儀なくされたことから生じる精神的苦痛に対する慰謝料（いわゆる離婚自体慰謝料）とがある（神野泰一「第11回人事訴訟事件の審理」東京家事事件研究会編『家事事件・人事訴訟事件の実務――家事事件手続法の趣旨を踏まえて』〔法曹会、2015年〕363頁）。判例は、いずれも不法行為に基づくものとしているが、離婚自体慰謝料は、身体、自由、名誉を害された場合に限定されないとする（最判昭31・2・21民集10巻2号124頁）。そして、一般に複数の事情が重なって離婚の原因となる場合が多いこと、個々に不法行為が成立するような不貞行為、暴力等も、通常、離婚自体慰謝料の算定における有責性の判断において総合考慮され、離婚自体慰謝料は、離婚原因慰謝料よりも高額となる場合が多いことから、離婚原因慰謝料として請求する実益はあまりなく、実務上、離婚自体慰謝料として請求する場合がほとんどである。なお、離婚自体慰謝料の遅延損害金の起算日は、離婚判決確定の日となり、仮執行宣言を付することはできない。

(ウ) 相談事例の場合、Aは、Bの不貞行為によって離婚を余儀なくされたことから生じる精神的苦痛に対する慰謝料請求として、○○万円の支払い及びこれに対する判決確定の日から支払済みまでの民法所定の年5分の割合の遅延損害金の支払いを請求することが考えられる。また、Bの不貞相手であるDが、AとBが婚姻関係にあることを知っていたか、知りえたことを前提として、Aは、Bに対する慰謝料請求に併合して、Dに対する慰謝料請求も提訴することができる。この場合、Aは、B及びDに対し、共同不法行為に基づく損害賠償として、慰謝料の連帯支払いを求めることになる（不貞行為による慰謝料については、安西二郎「不貞慰謝料請求事件に関する実務上の諸問題」判タ1278号〔2008年〕45頁以下が詳しい）。

ウ　親権者の指定
(ア)　未成年の子がいる当事者間の婚姻の取消請求又は離婚請求を認容する判決をする場合は、申立てがなくとも職権で親権者の指定をする必要がある（民法819条2項、人事訴訟法32条3項）。もっとも、実務上は、親権者の指定を受けたい当事者が自らを親権者と指定する旨の職権発動を求めるのが通常である。
(イ)　親権者の指定は、子の利益及び福祉の観点から総合的に判断することになる。子の年齢が低い場合は、子の情緒面の発達の側面から、従前の主たる監護者による監護の継続性が重視され、子の年齢が高くなるに従い、子の意思が尊重される傾向にある。その他の考慮要素としては、現在の監護環境・状況、きょうだい不分離の原則、面会交流の許容性等がある（秋武憲一監修『子の親権・監護の実務』〔青林書院、2015年〕）。
また、子が15歳以上の場合は、子の陳述を聴くことが必要的となる（人事訴訟法32条4項）。
(ウ)　相談事例の場合、Aは、C（15歳以上の子）の意思や現在の監護状況等を具体的に主張して、Aを親権者とすることがCの利益や福祉に合致しているとして、自らを親権者として指定する旨の裁判を求めることになる。

エ　養育費
(ア)　養育費の定めは、家事審判事項ではあるが、離婚請求の附帯処分として、申し立てることができる（人事訴訟法32条1項「子の監護に関する処分」）。
(イ)　養育費とは、子の監護に要する費用（民法766条1項）であり、親は子に対し、自分の生活を保持するのと同程度の生活を保持させる義務（生活保持義務）を負うものとされている（少ないパンでもわが子と分かち合うべきという考

え方に基づく)。

(ウ) 養育費の算定は、実務では、東京・大阪養育費等研究会提言の「簡易迅速な養育費等の算定を目指して——養育費・婚姻費用の算定方式と算定表の提案」(判タ1111号285頁) が定着している。かかる算定方式では、①養育費の支払義務者及び権利者の総収入を認定したうえで、②統計資料に基づいてあらかじめ推計した標準的な割合に応じたそれぞれの基礎収入を算出し、③義務者が子を監護した場合に子に割り当てられる生活費を算出し (世帯主である親を100、15歳以上の子を90、14歳以下の子を55とする生活指数に基づき按分する)、④最後に、それを義務者と権利者の基礎収入に応じて按分する。

さらに、前記提言では、前記の算定方式を元にして、当事者双方の総収入から標準的な養育費を求める算定表が作成されており、特別の事情のないかぎり、算定表を用いて養育費を算出するのが通例である (なお、日本弁護士連合会は、近時、養育費・婚姻費用の算定について新たな提言をしている〔日本弁護士連合会「養育費・婚姻費用の新たな簡易な算定方式・算定表に関する提言」2015年〕。算定表にない再婚事案等の算定、住宅ローンや私立学校の学費等の「特別の事情」に関する判断については、岡健太郎「養育費・婚姻費用算定表の運用上の諸問題」判タ1209号〔2006年〕4頁参照)。

(エ) 相談事例の場合、Aは、自分は無職無収入であること、Bは年780万円の給与収入があることを主張立証したうえで、原則として、離婚判決確定日を始期、Cが満20歳に達する日が属する月を終期として、算定表から算出される養育費の支払いを求めることになる。なお、Aに稼働できない事情がない場合には、Aには潜在的稼働能力があるとして、短時間労働者等の賃金センサスや従前の稼働実績に基づく収入額等により、収入を認定される場合もあることから、働くことのできない事情がある場合には、その旨の主張立証もしていくことになる。

オ 財産分与

(ア) 財産分与も家事審判事項ではあるが、離婚請求の附帯処分として、申し立てることができる (人事訴訟法32条1項)。

(イ) 財産分与は、離婚した場合に、一方当事者が他方当事者に対し財産の分与を求めることができるものであるが、法文上は、「家庭裁判所は、当事者双方がその協力によって得た財産の額その他一切の事情を考慮して、分与させるべきかどうか並びに分与の額及び方法を定める」(民法768条3項) とされてお

り、裁判所の広範な裁量に委ねられている。

　(ウ)　財産分与の法的性質については、戦後の憲法改正に伴う民法の親族・相続編の改正の経緯から、婚姻後に形成した夫婦財産の清算（清算的要素）が中核とされているが、離婚後の生活に対する扶養（扶養的要素）、離婚原因を作出した有責配偶者に対する損害賠償（慰謝料的要素）の性質も有すると解されている（最判昭46・7・23民集25巻5号805頁同旨）。

　さらに、判例（最判昭53・11・14民集32巻8号1529頁）は、婚姻継続中における過去の婚姻費用の分担の態様は、離婚訴訟において裁判所が財産分与の額及び方法を定めるについて考慮すべき当事者双方の一切の事情のひとつにほかならないから、未払婚姻費用も財産分与の額及び方法を定める際に考慮することができるとしている。

　(エ)　清算的財産分与の算定方法は、実務では、①夫婦の経済的協力関係が終了した時点（多くは別居日）を基準時として、婚姻後に形成した夫婦共有財産を確定したうえ、②口頭弁論終結時を基準時として夫婦共有財産を評価し、③例外的な事情のないかぎり、夫婦共有財産に対する寄与度を平等なものとし、④分与後の取得割合が2分の1ずつとなるよう過不足を調整し、分与すべき額及び方法を定めるのが主流である（秋武＝岡・前掲173頁以下。これを補足するものとして、蓮井俊治「財産分与に関する覚書」ケース研究329号〔2017年〕104頁）。夫婦共有財産の確定に当たっては、婚姻前から有していた財産や相続等によって取得した財産（いわゆる特有財産）を除外するが、証拠上、特有財産であることが認められないものは、民法762条2項の趣旨に照らし、原則として夫婦共有財産とみなされる（ただし、特有財産の認定ができない場合であっても、裁判所の合理的な裁量により、考慮事情の一要素とすることがあることは、後記4(6)ウのとおり）。

　(オ)　財産分与請求権は、判決（又は審判）によって、具体的な権利として形成されるものであるから、「相当額を支払え」という抽象的な申立ても不適法ではないが、迅速な審理の観点から、「〇〇万円を支払え」、「所有権移転登記手続をせよ」などと具体的な請求を明らかにするのが望ましい。また、分与を受けるべき金員に加えて遅延損害金（民法所定の年5分の割合の金員）の支払いを求めることもできるが、その起算日は「裁判確定の日の翌日」となり、仮執行宣言を付することはできない。

　(カ)　相談事例の場合、Aは、別居時にAが保有していたすべての財産を開

示したうえで、それが相続によって取得した特有財産であることを主張立証し、財産分与として、B名義の財産の2分の1に相当する金員の支払い等を求める申立てをすることが考えられる。

　カ　年金分割

　(ア)　年金分割も家事審判事項ではあるが、離婚請求の附帯処分として、申し立てることができ（人事訴訟法32条1項）、家庭裁判所は、申立てにより、対象期間（通常は婚姻期間）に係る被保険者期間の標準報酬の改定の前提となる請求すべき按分割合を定める裁判をする（厚生年金保険法78条の2第2項）。

　(イ)　法文上は、「家庭裁判所は、対象期間における保険料納付に対する当事者の寄与の程度その他一切の事情を考慮して、請求すべき按分を定めることができる」とされているが、年金制度は、「被扶養配偶者を有する被保険者が負担した保険料について、当該被扶養配偶者が共同して負担したものであるという基本的認識の下に（同法78条の13）」設計されており、実務では、特別の事情（分割を受ける者の不貞行為が原因で別居に至り、別居期間が長期化しているなどの事情等）のないかぎり、請求すべき按分割合は0.5とする運用がなされている。なお、平成27年10月1日から厚生年金と共済年金が一元化されたことから、両者の期間がある場合でも1件の申立てで足りるようになった。

　(ウ)　相談事例の場合、Aは、年金事務所等であらかじめ取得した「年金分割のための情報通知書」記載の情報を主張したうえで、請求すべき按分割合を0.5と定める申立てをすることになる。

3　弁護士が受任に際して検討すべき事項

(1)　調停手続までに検討すべき事項

　ア　全体像の把握と方針の検討・確認

　相談を受けるにあたり、相談者の家庭環境の全体像を把握することが必要である。家族構成、年齢、職業（就業先）、在学先、婚姻中の住所、別居している場合の現住所、別居に至った事情（離婚を決意するに至った経緯）、夫婦の財産、収入などの各項目について全体像を把握する。相談票などを作成し、あらかじめ相談者に記載してもらうと時間の節約になる。

　そのうえで、相談者が離婚と関係修復のいずれを望んでいるのかの意向を確

認し、前者の場合であっても関係修復の可能性はないかを探りながら事情聴取すべきである。相談者も思い込みや一時的な感情で離婚やむなしと決めつけているような場合があるからである。

離婚に向け調停を進める方針となった場合、離婚自体について協議が必要なのか、離婚自体は合意がほぼできているが、離婚の条件について協議が必要なのかを確認する。なお、依頼者と一定の信頼関係を築くため、上記ポイントに関する事情聴取は、婚姻に至る経緯から始まり、婚姻後、現在までの主たるイベント（子の誕生、自宅の購入、住宅ローンの借入れ、子の進学、両親の介護、相続など）などの事情を聴取しながら行うことになる。

イ　離婚原因に関する事情聴取

調停申立段階においても、裁判上の離婚事由（民法770条1項各号）に該当する具体的事実の有無とその内容を事情聴取する。

相談事例のように、配偶者の不貞行為を離婚原因とする場合、不貞行為が発覚した経緯・時期、不貞行為の相手方（氏名、住所）、不貞行為の時期や証拠の有無などを事情聴取する。相談者は、思い込みや推測により不貞行為が双方に争いのない事実のように述べる場合があるが、不貞行為の事実は、他方配偶者が否定する場合や不貞行為は否定しないものの、その開始時にはすでに婚姻関係が破綻していたと主張する場合が多いからである。

また、不貞行為の発覚から時間が経過している場合には、不貞行為と婚姻関係の破綻との因果関係が問題となりうるため、不貞行為の継続の有無、離婚を決断した理由が配偶者の不貞行為以外にもあるのかなども聴取する。不貞行為と合わせて、あるいは他の事情により、「婚姻を継続し難い重大な事由」として主張するためである。

ウ　慰謝料に関する事情聴取

離婚原因に関する事情聴取をもとに、相談事案について、適当と考えられる慰謝料額について、裁判例をもとに調停での提示額を検討する。相談者、とくに、配偶者の不貞行為により婚姻関係を破綻させられた側は、きわめて高額な慰謝料請求が可能であると思い込んでいる場合があるので、裁判例を示すなどして説明することが必要である。

エ　婚姻費用に関する事情聴取

離婚が成立する前においては、夫婦は婚姻費用分担義務がある。とくに、無収入あるいは収入が少なく、配偶者の収入により生活している夫又は妻は、別

居後、生活に支障が生じることになる。そのため、婚姻費用は他方配偶者から得ているか否かを確認し、得ていない場合には、婚姻費用の請求を行う必要がある。

　請求すべき婚姻費用の額の算定は、前出の算定表による実務が定着しているので、依頼者から直近の源泉徴収票、確定申告書などの提示を受け、相手方配偶者の年収を聴取（上記資料が入手できればその提示を受ける）して、請求（あるいは負担）する。

　なお、婚姻費用の請求は、離婚請求における附帯請求とはならないから、調停で解決するか、調停で解決されない場合には、審判による。ただし、離婚請求の附帯請求としての財産分与請求のなかで、未払婚姻費用が考慮されることはある。

　オ　子の監護に関する事項（親権、養育費、面会交流）

　未成年の子がいる場合、親権を求めるか否か、親権が争われる場合に備え、現時点でいずれが監護しているか、別居前の状況はどうであったかの事情を聴取し、いずれに親権が認められる可能性が高いかの見通しを立てる。

　また、養育費の算定は、婚姻費用と同様に前出の算定表による実務が定着しているため、婚姻費用と同様の資料を依頼者から入手し、請求（あるいは負担）する養育費の見通しを立てる。

　夫婦が別居している場合には、同居していない親との面会交流に関する事項を定めるか、定める場合はどのような内容とすべきかを検討する。面会交流は、親が子と面会交流を請求する権利ではなく、子の福祉のために適正な措置を求める権利であるから、子の健全な成長にとって何が望ましいかを検討すべきである。

　カ　財産分与に関する事情聴取

　夫婦の財産につき、財産目録を作成して、その内容と評価額を把握する。この場合、不動産については、登記事項証明書、預貯金については通帳、株式については証券会社発行の取引残高報告書の提示を受けるなどして特定する。相手方配偶者の財産については、正確に把握できない場合がある。とくに、将来支払われる退職金額の把握は、勤務先の協力を得る必要があるので、調停において、相手方配偶者に開示を求める。開示されないときには、調査嘱託の申立てを行う。事案によっては、事前に弁護士法23条照会を行うことも検討すべきである。

作成した財産目録をもとに、依頼者がどのような財産分与を希望するか、依頼者の希望の実現可能性を検討する。共有財産として通常一番重要な財産は自宅である。これを取得したいか否か、また、その他の財産について分与案はどうするかを検討して調停に臨むことになる。

キ　年金分割

依頼者を通じ、年金事務所から年金分割のための情報通知書を入手する。

(2)　審判前の保全処分

調停申立てにあたっては、審判前の保全処分申立ての要否も検討する。審判前の保全処分とは、審判後の強制執行の保全や、子その他の利害関係人の急迫の危険を防止するために暫定的に権利義務関係を形成する処分である（家事事件手続法105条以下、157条、158条）。

離婚に関わる調停申立時に審判前の保全処分の申立てが可能な事項は、夫婦間の協力扶助に関する処分、婚姻費用分担に関する処分、子の監護に関する処分、財産の分与に関する処分（家事事件手続法157条1項各号、175条1項）である。

(3)　調停が不調となった場合に人事訴訟のために検討すべき事項

ア　申立事項

人事訴訟提起にあったっては、離婚請求に加え、慰謝料請求を行う否か、離婚請求の付帯処分として、養育費の支払い、財産分与及び年金分割を申し立てるか否かの申立事項を検討する。

イ　調停手続を踏まえた主張立証

申立てを行う各事項については、調停手続にて、相手方の意向や主張を受けているため、訴訟手続における争点は予想できるので、想定される争点を踏まえ、請求原因として主張する内容を検討し、かつ証拠の収集、提出を行う。

(4)　離婚原因が相手方の不貞である場合に、不貞相手との紛争解決をどうするか

ア　不法行為責任

不貞行為が原因で婚姻関係が破綻した場合、不貞行為の相手方は、他方配偶者の婚姻共同生活の平和の維持という権利又は法的保護に値する利益を侵害し

たものとして不法行為責任を負う（最判昭54・3・30民集33巻2号303頁、最判平8・3・26民集50巻4号993頁）。

　イ　請求方法

　相手方に対する損害賠償請求訴訟を別途提起をする方法と、離婚請求とともに不貞をした配偶者と相手方に対する慰謝料請求を併合して提起する方法がある。

　ウ　請求を行うかどうか

　不貞の相手方と不貞をした配偶者の、他方配偶者に対する不法行為責任は、不真正連帯債務である。したがって、不貞の相手方又は不貞をした配偶者から弁済を受けた場合、その分の債務は消滅する。離婚訴訟のなかで不貞配偶者から慰謝料の回収が十分に可能であれば、不貞の相手方に対してまで訴訟提起を行う回収上の実益はない。不貞配偶者の資力が乏しく、回収が十分に見込めない場合に不貞行為の相手方に対する請求を行う実益がある。

4　争点整理手続のあり方

(1)　離婚訴訟の長期化傾向

　平成16年施行の人事訴訟法（平成15年法律第109号）により、地方裁判所から家庭裁判所に人事訴訟の職分管轄が移管された。これにより、家事調停から人事訴訟までの一体的な紛争解決機能の強化が期待され、家事事件手続法（平成23年法律第52号）の施行とともに、家庭裁判所では家事紛争の適正迅速な解決を目指した工夫が重ねられてきた（離婚訴訟の審理の基本を押さえるためには、阿部潤「離婚訴訟の審理と運営──初めて離婚訴訟を担当する裁判官のために」家月59巻12号〔2007年〕1頁が参考となる）。

　それにもかかわらず、離婚訴訟、とりわけ財産分与の申立てのある離婚事件の平均審理期間は長期化傾向にあり（最高裁判所事務総局「裁判の迅速化に係る検証に関する報告書」〔2015年〕183頁以下）、さらなる工夫を要する状況にある。以下では、離婚訴訟全般の争点整理のあり方について述べたうえ、とくに、財産分与の審理・判断のあり方について、審理期間の長期化解消と当事者の納得性を高めることを目的とした裁判所の合理的裁量を生かした審理方式を紹介する（大門匡＝木納敏和「離婚訴訟における財産分与の審理・判断の在り方について（提

言)」家庭の法と裁判 10 号〔2017 年〕6 頁)。

(2) 請求の趣旨及び請求の原因の補正等

　離婚訴訟における請求の趣旨及び請求の原因は相当程度類型化されていることから、訴状審査の段階でこれらの過不足を判断しやすい。したがって、裁判所は、原告に対し、第1回期日前に、請求の趣旨及び請求原因について補正、補充の検討を書面で促す工夫が考えられる(伊藤由紀子「人事訴訟──停滞させない審理のヒント」家月 65 巻 7 号〔2014 年〕1 頁)。

(3) 争点に対する早期の認識共有

　離婚訴訟では、調停が前置されていることから、第1回期日前の当事者への書面照会(神野・前掲 390 頁)や第1回期日における当事者からの聴取により、裁判所が早い段階で争点を把握することが比較的容易である。

　当事者からの聴取の結果、離婚自体に争いがないことが明らかになった場合には、裁判所は、被告の意向を期日調書に残したうえ、離婚原因について民法 770 条 1 項 1 号から 4 号までの主張の有無にかかわらず、双方に婚姻関係を継続する意思がないことから「婚姻関係が深刻に破綻し、婚姻の本質に応じた共同生活の回復の見込みのない場合」に当たり、5 号「婚姻を継続し難い重大な事由」が認められるものとして争点から外し、離婚原因についてはその後の立証を不要とすることについて当事者と認識を共有する。

　また、請求原因に対する認否がなされた段階で、裁判所は、争点となりうる事項を双方に確認し、原告に争点に関する主張立証の補充予定を確認する。争点及び主張立証予定について、当事者と共有できた内容については、期日調書に残す。当事者に主張立証の補充予定を確認する際、判断の枠組みに沿った主張立証活動を促すために、裁判所が当事者双方に、争点ごとに補充すべき事項をまとめたリストを交付することも考えられる。

(4) 各争点の同時並行的な主張立証活動

　被告が離婚請求を争う場合であっても(婚姻関係は破綻していないとして争う場合、有責配偶者からの離婚請求であるとして争う場合のいずれでも)、親権者の指定、養育費、財産分与の申立てがある場合には、離婚請求に対する心証を留保しつつも、控訴審での審理の見通しを踏まえた争点整理を行うことの理解を

求め、双方に、各争点について同時並行的に主張立証活動を行うよう促す。

原告から財産分与の申立てがない場合は、被告からの（予備的）申立ての予定を、被告が離婚原因に対する原告の有責性を主張するような場合は、（予備的）反訴請求の予定の有無をそれぞれ確認したうえで、調書に残し、未定の場合は早期に検討するよう促す。

(5) 家裁調査官による調査の有効活用

親権者の指定について、裁判所は、事実の調査をすることができる（人事訴訟法33条）。とくに、家裁調査官による調査（同法34条）は、信頼性も高く、とくに子をめぐる紛争解決には有効である。もっとも、調停段階で家裁調査官による調査が行われている場合には、当事者に調査報告書の提出を求め、当該調査の目的とされた事項について事情の変更がないかぎり、子への負担にも配慮して、改めて調査を行う必要はないと思われる。

(6) 財産分与の審理の長期化を防ぐ工夫

ア　婚姻関係財産一覧表の活用

財産分与の主張立証の一覧性のため、実務では、一覧表の活用がほぼ定着している（神野・前掲396頁）。一覧表は、基準時を明示したうえ、当事者双方が対象財産、評価額、証拠等をそれぞれ記載するものであるが、一覧性に優れており、和解や判決にも活用でき有用である。もっとも、記載についてあらかじめルールを共有し、改訂に時間を費やさないよう意識する必要がある。

イ　調査嘱託の適切な運用

夫婦共有財産の存否等をめぐって、金融機関等への調査嘱託の申立てがなされることがある。一方当事者が任意開示に応じない場合やすでに開示された取引履歴等から財産隠しが疑われるような場合は、調査嘱託の必要性が認められる。他方で、五月雨式や探索的な申立てを防ぐため、あらかじめ、採用の機会は双方ともに1回限りであることを伝え、財産隠しが疑われるような新たな事情が発覚したなどの例外的な事情のないかぎり、再申立ては却下するなどの運用が考えられる。

ウ　審理方式の工夫

財産分与の中核となる清算的財産分与の一般的な審理方式は、前記2(1)オ(エ)に記載したとおりであるが、審理期間の長期化の要因を分析した結果を踏まえ、

とくに、①夫婦共有財産の確定の基準時に争いのある事案、②当事者が自己名義の財産の開示を行わず、対象財産のすべてが手続上明らかとはなっていないと主張される事案、③特有財産部分の主張が争いとなっている事案、④貢献度の例外事由の有無が争いとなっている事案などについては、当事者が主張立証責任を果たすことを前提としつつ、裁判所の合理的裁量を生かした審理方式が提唱されている（大門＝木納・前掲 12 頁、このような審理方式を「バランス方式」と呼ぶ）。紙幅の都合上、詳細な紹介はできないが、前掲の論考には、バランス方式における争点整理の具体例が掲載されていることから参考にされたい。
　たとえば、前記①ような夫婦共有財産を確定するための基準時に争いがある場合は、裁判所が夫婦の協力関係が終了した時点と考える合理的な時点を基準時と定めて、その時点における夫婦共有財産を特定させたうえ、その前後の時点における特定の財産の変動が財産分与の判断において考慮すべき事情と認められる場合には、その変動事由の内容及びその原因を民法 768 条 3 項の「財産の額」とは別の考慮事情（「一切の事情」）として、財産分与の判断において考慮するとの考えに基づいて争点整理を行うことが提案されている。

5　主張立証活動の留意点

(1)　離婚原因に関する主張立証

　原告訴訟代理人は、離婚事由（民法 770 条 1 項各号）に該当する事実を具体的に主張する。離婚事由は、不貞行為（民法 770 条 1 項 1 号）、悪意の遺棄（同項 2 号）、三年以上の生死不明（同項 3 号）、強度の精神病（同項 4 号）、その他婚姻を継続し難い重大な事由（同項 5 号）である。依頼者からの事情聴取により、離婚事由に該当する具体的事実の主張を整理し、立証方法を検討する。
　離婚事由のなかで実務的に多いのは 5 号の「婚姻を継続し難い重大な事由」である。「婚姻を継続し難い重大な事由」の評価根拠事実になりうるものは前述のとおりであるが、裁判例では、配偶者からの重大な、あるいは日常的な暴行や虐待、人格権又は人格的利益への攻撃である重大な侮辱、理由のない不労・浪費や多額の借財により共同生活の維持を困難にした場合、親族との不和への無配慮、性的異常や性交不能、過度の宗教活動による日常生活への支障、双方に離婚意思がある場合、長期に及ぶ別居などの事実により、婚姻関係が破綻し

たものとして、「婚姻を継続し難い重大な事由」が認められている。裁判例を参考にしながら、相談者から「婚姻を継続し難い重大な事由」に該当しうる具体的事情を聴取するとともに、それを裏付ける証拠（警察や女性センター等の記録、診断書、配偶者等とのメールの履歴、消費者金融からの借入明細書、日記、家計簿等）を幅広く収集し、立証趣旨を吟味したうえで証拠提出する。なお、暴力の目撃者等として、未成年の子が存在する場合があるが、子を夫婦間の紛争に巻き込むことは子の福祉の観点から望ましくないことから、原則として、未成年の子の陳述書を提出することは避け、別の立証方法を検討すべきである。

相談事例における、不貞行為は民法770条1項1号に該当し、いつ、不貞行為が行われたかを具体的に主張する。被告代理人は、不貞行為を否認するか、これを認めるとしても、行為の当時、すでに婚姻関係が破綻していたとの抗弁を提出することが考えられる。この場合、不貞行為と婚姻破綻の前後が重要な争点となる。

また、性交関係に至らない貞操義務違反行為は、5号の「婚姻を継続し難い重大な事由」に該当しうるので、不貞行為に至らないとしても数年にも及ぶ異性との交際の具体的事実を主張立証することも考えられる。

不貞行為の立証可能性、不貞行為と婚姻破綻との因果関係、すなわち、不貞行為は婚姻破綻の前になされた事実の立証可能性を検討する必要がある。また、5号の離婚事由としては、貞操義務違反としての交際の具体的事実の立証可能性を検討する。

原告訴訟代理人の立証として、不貞行為の事実を直接立証することは難しい場合が多いが、手帳や日記、メールなどによる立証や、興信所の調査報告書による立証がある。

被告訴訟代理人は、不貞行為の前に婚姻関係が破綻していた事実、通常は、別居状態（前述の家庭内別居や単身赴任による別居中に夫婦としての交流がなくなったとの事実を含む）にあったことを証する具体的事実を主張立証することになる。

(2) 慰謝料請求に関する主張立証

慰謝料は、婚姻関係が破綻したことによる精神的苦痛を慰藉するための賠償請求権である。したがって、原告訴訟代理人としては、破綻した婚姻関係がいかなるものであったか、すなわち、婚姻期間、婚姻生活の状況などを具体的に

主張する。また、不貞行為が離婚事由である場合には、不貞をした配偶者の認識・意図、不貞期間、不貞の具体的内容・頻度、不貞が婚姻関係に及ぼした影響、他方配偶者の精神的苦痛を示す具体的事情、有責配偶者の反省・謝罪の有無などについて、具体的に主張立証し、請求する慰謝料額の適正さを根拠付ける。

　これに対し被告訴訟代理人としては、破綻原因についての有責性を争う場合はその具体的事実を主張し、慰謝料額を争う場合には、慰謝料額の算定要素として、被告が不貞をしたことについて、原告にも落ち度があることなどを具体的に主張する。

(3) 財産分与に関する主張立証

　原告訴訟代理人は、財産分与の基準時となる夫婦の経済的協力関係が終了した時点を特定したうえ、その時点において、婚姻後に形成した夫婦共有財産の内容とその評価額を記載した財産一覧表を作成する。その財産一覧表記載の財産について、自宅を取得するが、預貯金は取得しないなど分与内容を定めて申立てをし、その理由を主張する。

　特有財産であるとして、夫婦共有財産から除外する場合には、その理由と特有財産であることの立証可能性について検討する。また、夫婦共有財産に対する寄与度は原則として平等とされるため、2分の1を超える寄与度があると主張する場合には、その例外的事情を主張立証する。

　被告訴訟代理人は、原告主張の財産分与の基準時、夫婦共有財産の範囲、その評価額、寄与度について認否反論を行い、被告の特有財産や特別の寄与度を主張する場合には、その具体的事実を主張立証する。

(4) 親権に争いがある場合の主張立証

　親権者は、子の利益のために子の監護及び教育をする権利を有し、義務を負う者であるから、子の利益のために、親権者として適していると判断されるための具体的事実を主張立証する。具体的には、監護の状況（子の出生から現在に至るまでの監護の状況、別居後監護していない親は面会交流の有無やその状況など）、監護の環境（健康状態、職業や仕事の状況、収入、住まい、祖父母などの協力体制など）、今後の監護方針などを主張立証する。また、相手方が親権者に適さない事情（虐待の事実や精神疾病など）があれば、その事実を主張立証する。

立証方法としては、上記事実をまとめた陳述書、子との写真や手紙やメールなどのやりとり、源泉徴収票などを提出する。虐待や精神疾患の事実については、児童相談所、警察、病院等に対する調査嘱託の申立てなどがある。
　なお、子が15歳以上である場合には、裁判所は子の陳述を聴かなければならず（人事訴訟法32条4項）、また、家庭裁判所調査官によって、いずれが親権者として適しているかに係わる事実調査がされることもある（人事訴訟法33条）。

(5) 養育費に争いがある場合の主張立証

　養育費は、親の未成熟の子に対する生活保持義務であり、親の収入により、その子の生活水準が定まり、その額は、前出の算定表に基づき算出する実務が定着している。したがって、親の収入がいくらであるかを主張立証する。
　収入の立証としては、給与所得者は源泉徴収票、自営業者は確定申告書が基本となる。相手方が提出しない場合は、賃金センサス等を用いる方法もあるが、支払義務者の収入が高額であるがゆえに資料を提出しないと推測されるような場合には、勤務先への調査嘱託や弁護士会照会なども検討する。
　また、前出の算定表は公立中学校・公立高等学校の学校教育費を考慮しているが、私立学校の学費その他の教育費は考慮していない。よって、私立学校の学費については、不足分の加算の可否を検討する。この場合、私立学校の入学金や授業料の額を主張立証して、加算すべき金額を主張立証する。

6　事実認定のポイント

(1) 離婚原因の認定

　前記4(3)のとおり、離婚自体に争いがない場合には、原告が主張する離婚原因の事実について認定するまでもない。被告が離婚請求を争う場合（離婚事由の存否を争う場合）は、原告が主張する民法770条1項5号の評価根拠事実及び被告が主張する評価障害事実に該当する事実を証拠から認定する必要がある。当事者が婚姻生活全般について仔細な主張をしているとしても、評価根拠事実又は評価障害事実に当たらない事実については、事案の概要を理解する上で必要な限度で認定すれば足りる。もっとも、いわゆるモラルハラスメント事案については、閉鎖的な家庭内での出来事の積み重ねが評価根拠事実となるため、

客観的証拠から直ちに認定できる事実が少なく、第三者機関への相談記録、メール履歴等から原告及び被告の各陳述の信用性を検討することになると思われる。

(2) 財産分与の認定

前出のバランス方式における財産分与の判断は、「当事者双方がその協力によって得た財産の額」と「貢献度」の判断によって算出された財産額を基本（基本額）とし、当事者の衡平の観点から、この基本額を修正すべき事情がある場合に、事情の性質、内容等に鑑みて、基本額を増減することが提案されている。したがって、バランス方式によれば、1円単位の詳細な計算過程を認定することはせず、まず「基本額」を認定したうえで、当事者が主張する事情が修正要素となるか否かの判断を加え、適宜、基本額を修正して分与額や方法を認定することになる（バランス方式における判決理由説示の具体例は、大門＝木納・前掲18頁以下参照）。なお、前記4(6)ウに掲げた争点がないような事案においては、従来型の計算過程を認定するほうが当事者の納得を得られる場合もあり、事案に応じた使い分けが必要であろう。

7 予想される抗弁以下の攻撃防御の展開

(1) 離婚請求に対する抗弁以下

被告からは、原告が有責配偶者であるとして、原告からの離婚請求は信義則に反する旨の抗弁が出されることがある。判例は、不貞行為をした原告からの離婚請求は許されないとしていたが（最判昭27・2・19民集6巻2号110頁、いわゆる「『踏んだり蹴たり』判決」）、「有責配偶者からされた離婚請求であつても、夫婦の別居が両当事者の年齢及び同居期間との対比において相当の長期間に及び、その間に未成熟の子が存在しない場合には、相手方配偶者が離婚により精神的・社会的・経済的に極めて苛酷な状態におかれる等離婚請求を認容することが著しく社会正義に反するといえるような特段の事情の認められない限り、当該請求は、有責配偶者からの請求であるとの一事をもつて許されないとすることはできないものと解するのが相当である」（最大判昭62・9・2民集41巻6号1423頁）と判示したことから、この判例以降は、上記3要件（①夫婦の別居

が両当事者の年齢及び同居期間との対比において相当の長期間に及んでいること、②夫婦の間に未成熟の子が存在しないこと、③相手方配偶者が苛酷な状態におかれるなどの特段の事情のないこと）の枠組みにおいて、信義則違反の評価根拠事実ないし評価障害事実を主張立証するようになっている。もっとも、上記3要件は、信義則違反の判断要素の一つであり、信義則違反の有無は、総合的に判断されるものであるから、未成熟子が存在していても、信義則違反はないと判断される場合もある（最判平6・2・8判タ858号123頁）。

(2) 不貞行為を原因とする慰謝料請求に対する抗弁

判例（最判平8・3・26民集50巻4号993頁）は、甲の配偶者乙と第三者丙が肉体関係を持った場合において、甲と乙の婚姻関係がその当時すでに破綻していたときは、特段の事情のないかぎり、丙は甲に対し不法行為責任を負わないとしており、破綻後の不貞行為の抗弁が主張されることがある。実務上、比較的高い割合で主張されるものであるが、実務では、夫婦間に不和が生じていた程度では破綻の認定をしておらず、この抗弁が採用された裁判例は多くはないようである（安西・前掲52頁）。

(3) 親権者の指定

夫婦が別居に至る場合、一方の同意を得ずに子を連れて家を出る事案が多く、親権者の指定に当たり、非監護親から、現在の監護親による監護開始が違法な連れ去りによるものであるとの主張が出されることがある。別居中の夫婦間において、審判や調停により監護者と定められている者から一方的に連れ去ったような場合や、従前からの主たる監護者による安定的な監護を受けている子を一方的に連れ去ったような場合は、監護開始に違法性があるものとして、現在の監護者に親権者の適格性がないとの判断に傾くが、同居中の主たる監護者が子の福祉に反しない態様で子を連れて別居したような場合には、監護開始の態様が親権者の指定の判断に与える影響は少ないと思われる。

8　紛争解決方法（和解・判決）の選択及び紛争解決の留意点

　離婚をめぐる紛争は、調停前置主義が採用され、とくに未成年の子がいる場合には、養育費の支払いや面会交流の実施に関し、子の父母としての関係が継続することになることからも、話合いでの解決が望まれる事件類型といえる。もっとも、訴訟になるのは、調停で解決に至らなかった事案であるから、容易に和解できる事案は少ない。裁判所は、早い段階で争点を把握するとともに、調停成立に至らなかった要因（単に法的論点レベルではなく、感情面を含めて解決の障害となっている要因）を理解する必要がある。

　そのうえで、解決の障害となっている問題が訴訟上の争点でもある場合には、争点の審理を先行させ、争点について裁判所の心証を開示できる程度まで審理が進んだ争点整理終盤で和解を試みるのが効果的な場合が多い。他方、解決の障害となっている問題が感情面から生じていると思われる場合には、早い段階で陳述書の提出を求めるのがよいのか（かえってよくないのか）、弁論準備期日に本人出頭を促すのがよいのかなど、代理人弁護士と率直な意見交換をし、和解を試みる時期、和解の内容、当事者本人へのアプローチの仕方等について、双方代理人弁護士と概ね理解を共有したうえで和解を試みるのがよい。

　紛争を和解で解決する場合において、代理人として留意すべきは、それが依頼者とその子の福祉にとってどのようなメリットがあるか判決との比較で明らかにすることである。比較の主要な点は、判決の結論の見通し及び紛争の終局的な解決までの時間とコストである。

　たとえば、養育費について、判決では通常の生活費と教育費の範囲で判断されるが、和解により、将来私立学校に進学する場合の特別な費用負担についても分担割合を定め、将来の紛争を予防することなどにも配慮すべきである。面会交流は、あくまで子の福祉のための措置であるから、監護親と非監護親の間を行き来する子の感情や年齢に十分配慮し、手紙、メール、ビデオのやりとりから面接、宿泊などの方法を検討すべきである。

9　おわりに

　離婚をめぐる紛争は、千差万別であり、夫婦の機微に関わるものであるから、法的観点から予防を図ることは難しい。しかし、法律家として、紛争予防や紛争の早期解決のためにできることは、相手方に対する依頼者の感情のみにとらわれることなく依頼者にとってよりよい将来は何か、離婚により精神的苦痛から解放されるには何が大事であるかを一緒に考え、そのうえで、法的指針を示すことである。依頼者自身が将来の重要性を考える状態に至ることにより、離婚をめぐる紛争の合理的かつ迅速な手続遂行と解決が可能となると考える。

第16章
遺言をめぐる紛争

水野 有子
黒松 百亜

1 はじめに

　遺言をめぐる紛争は、相続に関連するものではあるが、具体的な権利義務の存否が問題となる事件に関しては、民事訴訟事件として地方裁判所で扱われる。事件類型としては、遺言の効力が問題となるものと有効に成立した遺言について遺留分減殺請求が問題となるものがある。いずれも困難な事実認定や法律論が問題となることが多く、親子やきょうだいなどの近親者の争いで、当事者間の心情的な対立が激しく、当事者が複数であることや関連紛争があることも少なくない事件類型である。したがって、審理や判断が困難で、審理に長期間を要する場合も少なくない。

　本章では、遺言をめぐる紛争について、それらの解決に必要な主張立証上の基本事項や事実認定における考え方を提示したうえで、紛争解決のポイントを明らかにし、そのために法曹が理解しておかなければならない事柄について説明することにしたい。

2 事例

　最初に、遺言をめぐる紛争において典型的な事例を取り上げ、相談者の主張から構成できる権利及びその存在を基礎付けるために必要な事実について考える。

(1) 相談事例1（公正証書遺言）

>　①私（A）は、父Bと母Cの間に長男として生まれました。両親は平成10年頃に離婚しています。離婚当時、Bは70歳、Cは68歳でした。Bの子どもは、私と長女Dのみです。Bは、平成20年10月頃に体調を崩し、認知症の症状が出てきました。このため、Dは、平成21年頃からBの面倒をみるためにBと同居するようになりました。そんなBも平成28年2月1日に死亡しました。その後、Bの四十九日法要の際に、Bの遺産についてDと話す機会がありました。Bには生活していた建物と敷地（以下「本件土地建物」という。時価計4000万円）のほかに、預貯金が4000万円（以下「本件預貯金」という）ほどありましたので、不動産をDに、預貯金はすべて私が相続するのではどうかと提案しました。
>　②するとDは、Bは、すべての遺産をDに相続させる旨の公正証書遺言を作成していたというのです。驚いて確認をすると、Bが平成27年12月10日にE公証役場のF公証人作成の公正証書に基づいて遺言をしていることがわかりました（以下「本件公正証書遺言」という）。しかし、納得がいきません。Bは認知症が進んでおり、遺言ができるような状態ではなかったと思いますし、Dが、遺言をしなければ自宅を出ていくようなことを言ってBに遺言をさせたものだと思います。このような遺言には納得がいきませんので、法定相続分に従った遺産分割を求めたいと思います。

　ア　事例1の場合、Aの要求を全部満たすためには、Aは、Dを相手に遺言無効確認を求め、それについて認容判決を受けたうえで、協議又は家庭裁判所での遺産分割調停若しくは遺産分割審判によって、遺産分割をすることになる。なお、遺産分割調停・審判事件は、家事事件手続法別表第二事件である。

　もし、遺言無効確認請求が棄却されたときは、Aは、Dを被告として遺留分減殺請求訴訟を提起することとなる。なお、紛争を早期に解決するために、一回の訴訟提起で主位的に遺言無効確認を求め、予備的に遺留分減殺請求をすることも可能であって、現実にそのような訴訟提起がされることが多い。

　イ　遺言無効確認

　遺言は、人の生前における最終の意思に法律的効果を認め、死後にその実現を図る制度である。遺言は、相手方の受領の必要のない単独行為である。遺言

の効力は、遺言者の死亡時以降に生ずるので（民法985条）、遺言者の意思を確認するためにその方式が法定されている（民法960条）。具体的には、自筆証書遺言、公正証書遺言又は秘密証書遺言のほか、特別の方式による遺言がある（民法967条）。

　遺言無効確認の訴えは、過去の法律行為である遺言が当初から又は現在その効力を有しないことの確認を求めるものである。遺言無効確認の訴えは、形式上過去の法律行為の確認を求めるものであるが、そこから生ずべき現在の特定の法律関係の不存在の確認を求めるものと解される場合で、原告がこのような請求を求めるにつき法律上の利益を有するときは、適法であるとされている（最判昭47・2・15民集26巻1号30頁）。原告適格を有する者としては、相続人、承継人及び遺言執行者などが考えられ、被告適格を有する者としては、相続人、受遺者、承継人及び遺言執行者などが考えられる。典型的な事例としては、相続人が原告となり、遺言によって相続財産を取得した者を被告とすることが考えられる。そこでは、遺言の効力が争われ、成立した遺言が意思の瑕疵などの事由で無効となるかという点のみならず、そもそもその遺言が成立しているか否かも争われることとなる。現実に争われる論点としては、成否の問題である方式違背及び偽造があり、無効等の事由の有無の問題である意思能力、詐欺・強迫などがある。

　遺言の成立については、遺言の効力を主張する側に主張・立証責任があるため、遺言の無効確認を求めるために、原告であるAが請求原因として主張・立証すべきことは、Aの相続権の発生原因事実、すなわち、(ｱ)Bが死亡したこと、及び、(ｲ)AがBの子であること、並びに、(ｳ)BがDに対してある財産を遺贈等する旨の遺言の存在、すなわち、本件では、本件公正証書遺言の存在、(ｴ)Bが死亡時にその財産を有していたこと、及び、(ｵ)Dがその遺言によってその財産を取得したと主張していることで足りる。

　遺言の成立は、被告であるDが主張・立証すべき抗弁となる。遺言は要式行為であって（民法960条）、定められた要式を満たさなければ効力はない。たとえば、公正証書遺言については、民法969条所定の方式による必要がある。具体的には、(ｱ)2人以上の証人の立会い、(ｲ)遺言者の口授、(ｳ)遺言者の署名・押印（それができないときは公証人の事由の付記）、(ｴ)読み聞かせと閲覧である。公正証書遺言の方式において、実務上問題となることが多い点としては、遺言者の口授の有無がある。口授があったというためには、言語を発する必要があ

り、公証人の質問に対して、単にうなずくなど身振りや手振りで肯定・否定をした場合は口授とは認められない（最判昭51・1・16家月28巻7号25頁）とされている。もっとも、事前に遺言者から依頼された親族が遺言者の意向に沿って作成したメモを公証人に交付し、公証人がそのメモに基づいて作成した公正証書を遺言者に項目を区切って読み聞かせ、遺言者がそのとおりであると述べるなどした場合には口授があるとされていて（最判昭54・7・5集民127号161頁）、口授の有無の判断には微妙なものがある。遺言能力が問題となる事例においては、口授の有無が問題となる事例も少なくない。

　これに対し、原告であるAが、再抗弁として、公正証書遺言の無効事由を主張・立証すべきこととなる。遺言能力がない者がした遺言は無効であり（民法963条）、強迫などの取消事由があるときには、取り消すことが可能である（民法96条1項）。本件においては、これらの点が問題となる。具体的には、㋐本件遺言時点での遺言能力の欠缺、又は、㋑Dが、本件遺言時点で、Bに対し、本件遺言をしなければその介護をしないと強迫し、それによって、Bが本件遺言をしたこと、及び、㋒それを理由に取消しの意思表示をしたことが、再抗弁となる。もっとも、法律行為の主体としての地位は相続人に準共有というかたちで帰属し、取消権は、相続人全員で共同して行使することが必要であって、このことは、相続人の一人が強迫したときも同様であるとすると、Dの取消権の共同行使が必要となるから、現実には、この主張をすることができないということになる。

　このように、AはDに対し、遺言無効確認の訴えを提起し、それが認められた後、家庭裁判所に家事調停又は家事審判を申し立てるなどして、遺産分割を求めることとなる。なお、遺言の効力は、遺産分割の前提問題であるところ、当事者が、家事調停若しくは家事審判、又は、当事者の協議の場で解決することも可能である。しかし、遺言の効力の有無によって、当事者の利益状況は大きく異なることとなるため、当事者の対立が大きく、現実には、裁判外の協議や家事調停において合意で解決することは困難な場合が多い。また、家事審判には既判力がないので、たとえば、少なくとも、当事者が家事審判の場で、家事審判又は抗告審判断などに従うこととし、訴訟提起はしない旨の約束をするなどしないときは、結局後訴の提起が可能で、家事審判において不利な判断をされた相続人の提訴の可能性が高いことから、最終的な解決にならない。したがって、現実には民事訴訟において遺言無効確認請求について解決をみたうえ

で、遺言が無効とされれば家事調停又は家事審判における遺産分割が進められ、判決によって、遺言が有効とされれば、裁判外の協議、家事調停（一般調停）又は民事訴訟において遺留分減殺について解決されることとなる。そうなると、遺言が有効とされたとき、遺留分減殺請求まで含めた最終的な解決をするためには長期間を要することとなるため、そうなることを避ける目的で、原告において、紛争の一回的解決を目指し、遺言無効確認訴訟において、予備的に、遺留分減殺請求訴訟を併合して訴えることが少なくない。

　ウ　遺留分減殺請求

　遺留分とは、被相続人の財産のうち、法律上その取得が一定の相続人に留保されていて、贈与、遺贈など、被相続人による自由な処分に制限が加えられている持分利益をいう（民法1028条）。遺留分減殺制度は、相続制度における、遺族の生活保障及び遺産形成に貢献した遺族の潜在的持分の清算などの機能と被相続人の財産処分の自由の要請の調和を図ったものである。

　遺留分を有するのは、兄弟姉妹以外の相続人、具体的には、配偶者、子及びその代襲相続人（民法1044条、887条2項）、並びに、子がいないときの直系尊属である（民法1028条）。遺留分の割合は、直系尊属のみが相続人であるときは3分の1、それ以外の場合は2分の1とされている（民法1028条）。

　遺留分は、被相続人が相続開始の時において有した財産の価額にその贈与した財産の価額を加えた額から債務の全額を控除して算定することとされている（民法1029条1項）。

　被相続人が、遺留分を侵害する贈与や遺贈を行ったときは、当然にその効力が否定されるのではなく、遺留分権利者が贈与や遺贈を受けた者に対して、遺留分の減殺を請求することができるとされている（民法1031条）。遺留分減殺請求権の行使により、贈与又は遺贈は、遺留分を侵害する限度において失効し、受贈者又は受遺者が取得した権利は右の限度で当然に遺留分権利者に帰属することとされている（最判昭35・7・19民集14巻9号1779頁）。なお、遺留分においては、寄与分は考慮されない。

　具体的な遺留分の額は、次の式で表される。

　｛(被相続人が相続開始時に有していた財産の価額)＋(贈与財産の価額)－(相続債務の全額)｝×遺留分の割合×法定相続分の割合

　これを本件に当てはめると、次のとおりとなる。

　8000万円×1/2×1/2＝2000万円

なお、ここで、加算される贈与は、法文上は、相続開始前の一年間にしたもの、又は、当事者双方が遺留分権利者に損害を加えることを知って贈与したものとされている（民法1030条）が、特別受益としての贈与は、特段の事情のないかぎり、すべて加算されるとされている（最判平10・3・24民集52巻2号433頁）。なお、過去の贈与の評価基準時は相続開始時点である（最判昭51・3・18民集30巻2号111頁）。減殺されるべき遺贈及び贈与が複数存在するときは、まず遺贈から（民法1033条）、遺贈の価額の割合に応じて減殺する（民法1034条）。遺贈が減殺され、それでも遺留分が保全されないときに贈与が減殺されるが、贈与が複数のときは、相続開始時に近い贈与から始め、順次前の贈与にさかのぼる（民法1035条）こととされている。したがって、たとえば、減殺されるべき遺贈が複数あるときは、それらについて遺留分債権者は、広く低い割合の共有持分を有するという結果になる。この点については、立法論として法律関係が複雑となるとの指摘がされている。

本件において、原告であるAが遺留分減殺を請求するには、請求原因として、㋐Bが本件土地建物及び本件預貯金債権を死亡時有していたこと、㋑Bが本件公正証書遺言をしたこと（その要件事実）、㋒Bが死亡したこと、及び、㋓AはBの子であることを主張立証する必要がある。

(2) 相談事例2（自筆証書遺言）

> ①事例1①と同じ。
> ②するとDは、Bは、すべての遺産をDに相続させる旨の自筆証書遺言を作成しているというのです。驚いて確認をすると、B名義の平成27年12月10日付け自筆証書遺言があることがわかりました（以下「本件自筆証書遺言」という）。しかし、納得がいきません。Bがそのような遺言をするわけがないので、Dが勝手にB名義の遺言を作成したものだと思います。このような遺言には納得がいきませんので、法定相続分に従った遺産分割を求めたいと思います。

ア　遺言無効確認請求

Aが主張・立証すべき請求原因は、㋐Bが死亡したこと、及び、㋑AがBの子であること、並びに、㋒BがDに対してある財産を遺贈等する旨の遺言

の存在、すなわち、本件では、本件自筆証書遺言の存在、(エ)Bが死亡時にその財産を有していたこと、及び、(オ)Dがその遺言によってその財産を取得したと主張していることである。

Bが主張・立証すべき抗弁は、本件自筆証書遺言成立の要件事実である。具体的には、(ア)民法968条の方式によって、(イ)遺言者が遺言の意思表示をすることである。自筆証書遺言の原則的な方式は、遺言者が、遺言証書の全文、日付及び氏名を自署し、押印したことである。本件においては、自筆証書遺言書の成立が争われているから、この(ア)、(イ)がともに否認されていることとなる。

イ　遺留分減殺請求

上記(1)イと同じ。

3　弁護士が受任に際して検討すべき事項

(1)　見通しの検討

まず、依頼者が求める最終的かつ具体的な法律関係が何かを把握するとともに、その実現のために必要となる法的手続及び付随する手続について全体像を描く。遺言の効力に関する法的判断を得ても終局解決に至らない場合も多く、無効であれば遺産分割が、有効であれば遺留分減殺請求や共有物分割が必要となるなど、段階的に手続が予定されているうえ、訴訟事項と非訟事項とが交錯する。依頼者の要望はさまざまで、紛争の結果が依頼者の実生活に多大な影響を及ぼす場合もあれば、一定の金銭的解決で足りるとする場合もある。また、被相続人から多額の生前贈与を受けている場合は、遺言無効判決を得たのち改めて遺産分割をしても、持戻しにより具体的相続分がゼロとなる場合もある（最判昭56・9・11民集35巻6号1013頁参照）。

被相続人が残した遺言を軸に置きつつ、依頼者が求める終局解決のかたちは何か、その実現のためにいかなる手続が予定されているか（課税、登記、測量など付随する手続を含む）、手持ちの証拠や確立した法理論からどのような見通しが予測されるか、並びに一連の手続に要する費用及び時間等を多角的に検討し、方針を立てなければならない。立証可能性が低い場合、具体的取得分につき多くを望めない場合、費用対効果に乏しい場合など、訴訟というドラスティックな紛争解決方法に拠らず、まずは当事者間の協議による解決を試みるよう

助言する例もあろう。本紛争類型においては、相続法に関する正確な法知識及び付随する周辺手続に関する幅広い知見に基づく、柔軟な法的能力が求められる。

(2) 必要となる証拠収集及び調査事項

見通しを立てるには、収集した証拠資料に基づく立証可能性の検討が欠かせない。受任当初の段階では一方当事者の言い分や証拠の一部しか確認できていないことが多いから、立証可能性や訴訟の見通しについては慎重な検討が求められる。

　ア　当事者からの事情聴取が出発点であるが、被相続人をめぐる長い生活史やそれにまつわる関係者の心情といった膨大な情報から、証拠や間接事実を拾い集める作業となる。依頼者の心情にも配慮しつつ、弁護士としては、要件事実及び立証責任を軸に据え、争点に必要な間接事実と周辺事情とを意識的に整理しながらヒアリングする。関係者（他の共同相続人、被相続人の主治医、ヘルパー、税理士など）からの事情聴取は参考になることが多いが、これらの関係者に接触することにより、当方の情報が相手方に伝わるリスクもあることは念頭に置くべきである。

　イ　可能なかぎり客観的証拠を収集する。本紛争類型においては、争点となる遺言の効力について、決定打となる直接証拠を欠き、当事者の言い分が真っ向から食い違うことも多い。畢竟、間接証拠や間接事実の積み重ねで立証せざるをえず、当事者の言い分を裏付ける客観的証拠の存在がもつ訴訟上の意義は大きい。遺言書が複数作成されている場合もあるから、依頼者には、推測される遺言書の保管場所（貸金庫等）の探索を依頼するとともに、公証人役場の「遺言検索システム」を利用して公正証書遺言の有無を必ず照会し、これがある場合は取得しておく（昭和64年以降に作成された遺言書であれば、全国の公証人役場の遺言書につきコンピューターによる一括管理がなされている。最寄りの公証人役場で申請し、存在が確認できた場合は、その遺言書が作成された公証人役場で謄本の交付を申請する）。カルテのように保存期間がある資料の収集には早めに着手する。当事者又は関係者につき、病気、転居又は翻意等による供述内容の変遷が懸念される場合は、その供述内容を書面化し、確定日付をとっておくことも有用である。

　ウ　最終的な権利実現に付随する課題として、課税問題や登記関係の確認が

必要となるケースも多い。必要に応じて税理士にも相談し、依頼者がその希望する相続分又は遺留分を得た場合にいかなる税負担があるかはもちろん、他の共同相続人や受遺者・受贈者（以下「受遺者ら」という）が負担しうる税額なども試算する。相続税の申告期限（被相続人の死亡を知った日の翌日から10箇月以内）までに終局解決に至らなければ、受遺者らはいったん遺言書に基づいて申告・納付し、協議や訴訟によりこれと異なる取得額になった場合は、修正申告により還付を受けるという手続が必要となるから、申告期限を協議のひとつの目安とする例もある。また、最終的には不動産の共有状態を解消するため、現物分割や売却がなされる例もあるが、その場合、測量、境界画定及び登記などの手続及び費用がかかるし、代償金又は価額弁償の支払いと引換えに単独取得とする場合には、支払義務者の支払能力の問題もある。こうした付随的問題は、訴訟活動に直結するものではないものの、これらに対する事前検討を怠ると、現実的には、依頼者に予想外の不利益を及ぼしかねない。

(3) 受任時における留意点

ア　仮処分の要否を検討する。受遺者らが遺言書に基づいて所有権移転登記手続を行うとか、預貯金の払戻しや費消が懸念される場合は、処分禁止の仮処分の申立てを検討する。ただし、明白な方式違背が認められるような例でないかぎり無効原因の疎明は困難であるから、次善の策として遺留分減殺請求権を被保全権利とする（広島高決平19・9・27判時1999号81頁）。その場合、遺言無効確認訴訟を予定していることを記載し、遺言の有効性を前提としているわけではないことを注記しておく。ただし、多くのケースでは、仮処分に拠らずとも、受遺者らに受任通知を送付することで遺言執行の進行を阻止できる。事実上の予防策として、金融機関に対し、遺言の効力を争う予定があることを伝え払戻しに応じないよう要請する方法もある。ただし、こうした通知の内容や方法によっては、相手方に「宣戦布告」と捉えられ、以後の話合いを難しくする効果も懸念されるので、通知の必要性・相当性については慎重に検討する。

イ　遺留分減殺請求権は、相続開始及び減殺すべき贈与又は遺贈があったことを知ったときから1年の経過で時効消滅する（民法1042条）。減殺請求の通知は、その証拠化のため内容証明郵便をもって行う。複数の受遺者らに減殺請求をする場合は、その全員に意思表示をしなければならない。遺言無効を確信していたとしても、遺産のほとんどが贈与されたことを認識している場合には、

特段の事情がないかぎり時効は進行し（最判昭 57・11・12 民集 36 巻 11 号 2193 頁）、遺産分割協議の申入れは原則として遺留分減殺請求の意思表示を含むとは評価されないので、予備的に減殺請求の意思表示をしておかねばならない。これを怠って弁護過誤による損害賠償義務が認定された例がある（東京地判平 27・3・25 判時 2274 号 37 頁）。

　ウ　前述のとおり 1 回の訴訟手続をもって終局解決に至らない場合も多いので、受任契約書には受任範囲を明記し、弁護士費用及び想定される実費についてもていねいに説明しておく。なお、遺言執行者に指定されている弁護士が、特定の相続人の代理人として活動することは利益相反又は品位を失うべき非行として懲戒事由となる（平成 18 年 1 月 10 日日弁連懲戒委員会の決議 154 頁参照）。

(4) 依頼者が受遺者らである場合

　遺言書の存在を通知するタイミングや方法を相談されることがある。自筆調書遺言や秘密証書遺言については、遺言者の死後遅滞なく、相続開始地の家庭裁判所に提出して、その検認を請求する必要があり（民法 1004 条 1 項）、家庭裁判所外で開封してはならない（民法 1004 条 3 項）。一般的には、四十九日法要を済ませた後から没後 3 箇月以内に手続をとることが目安とされているようである。相続人に対しては、唐突に家庭裁判所から検認手続の呼出状が送付されるより、遺言書の存在と検認手続について事前に案内しておくほうが無難であろう。公正証書遺言については検認手続を要しないから（民法 1004 条 2 項）、受遺者らから通知する。いずれの遺言書であっても、誰が、どの時点で、いかなる方法で通知するかについては、従前の親族関係や遺言内容等を踏まえて、できるかぎり無用な反発を防ぐ方法を選択する。

4　争点整理手続のあり方

(1) 争点の確定

　裁判所（裁判官）は、いずれの紛争類型の事件においても、当事者の主張及び提出された証拠から速やかに紛争の全体像を把握し、争点を特定することが必要である。そのためには、一般的にその紛争類型の事件においては、どのような争点が確定されるか、及び、各争点においては、どのような書証が想定さ

れるかを把握したうえで、早期の主張と書証の提出を促すことが有用である。

　①公正証書遺言無効確認訴訟においては、その成立を前提とした効力（再抗弁）、すなわち、意思能力の欠缺や意思の瑕疵に争いがある場合が多いが、口授が問題となって、成立自体が問題となる場合もある。

　②自筆証書遺言無効確認訴訟においては、遺言者の意思に基づく遺言の成否（抗弁）が問題となる場合のほか、遺言者が意思に基づいて作成した場合であっても、その方式を満たしたものか（抗弁）が問題となる場合もある。また、①で述べた、意思能力の欠缺や意思の瑕疵が問題（再抗弁）となる場合もある。

　③遺留分減殺訴訟の主な論点は、(i)特別受益の有無、額及び対象財産の評価、(ii)相続財産の範囲及び評価であるが、その両方が論点となる場合、それぞれ問題となる特別受益や相続財産が複数である場合もままある。

　遺言無効確認訴訟（①、②）においては、被告において、遺言の成立を主張・立証する責任があることが理解されていない場合があり、裁判所は、被告に対し、早期に、間接事実を含めた主張の提出や証拠の提出を促すことが望まれる。また、公正証書遺言無効確認訴訟（①）においては、下記(2)で触れる人証のほか、意思能力の欠缺が問題となるときには、遺言者の当時の介護記録や医療記録が有用なので、その早期提出を促すべきである。自筆証書遺言無効確認訴訟（②）については、間接事実の主張・立証のほか、遺言書の筆跡鑑定が求められる場合が多く、その場合は、争いのない対照文書を早い段階から用意をしてもらうことが望まれる。

　遺留分減殺請求（③）に関しては、特別受益、対象財産の範囲並びに特別受益の評価及び対象財産の評価など、さまざまな争点が考えられるので、早期に争点の主張をしてもらい、当事者と裁判所でその確認をすることが有用である。また、遺留分算定のためには、相続財産、贈与された財産及び債務額の特定が不可欠であるから、それらについて実質上争いのないものも早期の段階から裏付け書証の提出を促すなどして、争点から外し、当事者間に争いのない事実として、まとめの準備書面の提出を促し、表を作成してもらい、これを調書添付するなどして、一覧性があるかたちで争点整理をすることも有用である（松本光一郎ほか「遺留分減殺請求訴訟における遺留分算定について」判タ1345号〔2011年〕34頁）。財産評価は、争いがあるときは最終的には鑑定によらざるをえないが、両当事者が評価自体を合意する、評価自体は合意しなくとも、たとえば、双方が提出した査定書に従って、裁判所が相当な額を出すことに合意をするなど算

定方法を合意するときには、それらを期日調書に残すなどして、事案に応じた相当な方法で事実認定をすることによって、両当事者の利益に適う迅速な審理が可能となる場合も少なくない。

　このように、遺言無効については、すでに死亡した遺言者の当時の意思能力が問題とされるものであって、遺留分減殺請求についても、過去に遡る親族間の財物のやりとりが問題とされるものであるから、いずれも、事実認定に困難が伴うものであること、公正証書遺言無効確認（①）においては医学的な判断、自筆証書遺言無効確認（②）は筆跡についての判断、遺留分減殺請求（③）は財物の価格の判断など、いずれも、専門的知見を要するものであること、遺留分減殺請求は争点が多岐にわたる可能性があること、遺言無効確認を主位的請求として、遺留分減殺請求を予備的請求とする訴訟の提起もしばしばあることなどからすると、これらの紛争類型の事件の審理をするには、当初から、早め早めの争点整理がされなければ、審理が長期化するおそれがある。なお、この紛争類型の事件においては、長年、家族関係において紛争を抱えている場合があり、そのような場合においては、当事者は、要件事実とは必ずしも関係がない点の主張、立証を望むことが少なくない。しかし、それは審理の妨げとなることから、当事者の協力を得て、節度を持ってもらうことが望ましい。なお、当事者の理解を得ることができ、関係のない点の主張、立証をできるだけ控えてもらうことが最善であるが、それが難しいときには、当事者に準備書面や証拠説明書での工夫を促し（たとえば、準備書面であれば、要件事実自体か、間接事実か、事情かが一覧できるように工夫して記載してもらう方法があり、証拠説明書であれば、立証趣旨の記載を工夫してもらう方法がある）、提出資料の位置付けを整理したうえで提出をしてもらう方法もある。

(2) 証拠の採用

　裁判所は、すでに提出された証拠（書証）によって判断できない実質的な争点について人証を採用する。当事者が申請をしていなくとも、当該争点について重要な立場にある人証がある場合には、当事者とその申請について相談することが肝要である。それでも申請ができない、又は、しない場合には、審理の経過を残すことが控訴審などで審理の方針を定める参考となるべきとき、又は、弁論の全趣旨として事実認定の原因とするために適切と考えられるときには、最終的な人証請求に関する当事者の意向を期日調書に記載することも考えられ

る（たとえば、「原告○○の人証申請をしない」など）。

　公正証書遺言無効確認事件において想定される人証としては、遺言の作成の経緯や当時の遺言者の能力について知っているとする被告や親族などの証人、公証人のほか、事案によっては公正証書作成の際の証人も考えられ、遺言の効力がないと原告が主張する根拠たりうる間接事実を知ると主張する場合の原告がある。診断書やカルテ等の医療記録等の客観資料では判断が困難なときで、協力を得ることができるときは、当時の遺言者の担当医も考えられる。自筆証書遺言無効確認事件については遺言の作成の経緯を知っている被告などの親族、遺言の効力がないと原告が主張する根拠たりうる間接事実を知ると主張する場合の原告などが考えられる。遺留分減殺請求事件においては、特別受益の有無や相続財産の範囲については、その事情について知る原告、被告及び親族などがある。

5　主張立証活動の留意点

(1)　遺言無効確認訴訟の場合
ア　調停前置
　調停前置主義が適用される（家事事件手続法244条、257条1項）。家事調停の申立てを経ず提訴した場合、受訴裁判所は職権により家事調停に付することとなるが、調停前置は訴訟要件ではないため、訴えが不適法となるものではなく、紛争の内容等に照らし調停による解決が見込めないと判断される場合は審理を進めることができ（家事事件手続法257条2項但書）、実務ではそのような例が多い。家事調停により終局解決に至れば、時間及び費用面でのメリットは大きいが、反面、長期化のリスクもあることは前述（本章2(1)イ）のとおりである。調停不成立の場合は、審判手続に移行せず、民事訴訟手続による解決を図る。

イ　訴状作成上の留意点
　遺言無効確認訴訟における訴訟物は当該遺言の効力であり、その要件事実及び主張・立証責任は前述した（本章2(1)イ及び4(1)）。事例1において、原告Aは、請求原因として、確認の利益を基礎付ける事実（権利又は法律関係について当事者間に争いがあること）を記載すれば足り、当該権利又は法律関係の発生原因事実は、抗弁として被告Dが主張立証することとなる。とはいえ、要件事実

どおりの記載にとどまれば審理の空転を避けられないので、原告としては、抗弁に対する先行積極否認又は再抗弁の先行主張として、遺言の成否や無効又は取消事由について訴状にも記載する場合が多い。

　別紙として、相続人関係図及び遺産目録を綴り、書証として、遺言書のほか、戸籍全部事項証明書並びに遺産の内容及び範囲を明らかにする登記事項証明書、公図、固定資産税評価証明書、預貯金通帳及び税務申告書類等を適宜提出する。

　ウ　併せて検討する手続

　受遺者らが遺言書に基づき所有権移転登記を済ませている場合や預貯金等の払戻しを受けている場合は、その抹消登記手続請求や不当利得返還請求を提起し、併合させる。遺言が有効と判断される場合に備えて、予備的に遺留分減殺請求訴訟を併合して訴える例も多い。

　エ　被告側から考えられる対応（反訴等）

　反対に、原告が遺産を占有している場合や法定相続による所有権移転登記を済ませている場合には、被告（受遺者ら）から、不動産の明渡請求、動産の引渡請求及び所有権移転登記抹消登記手続請求を求めて反訴を提起する。

(2)　遺留分減殺請求訴訟の場合

　ア　調停前置

　遺留分減殺請求訴訟についても、調停前置主義が適用されること、ただし、付調停が適当でない場合はこの限りでなく、調停を経ずに提訴された場合でも付調停とされる実例が少ないことは、遺言無効確認訴訟と同じである。調停事件の管轄は、相手方の住所地を管轄する家庭裁判所又は当事者が合意で定める家庭裁判所となる（家事事件手続法245条1項）。提訴前の段階では、原告において遺産の全容を把握していない場合もあり、調停手続における協議や調査嘱託（家事事件手続法62条）により、遺留分算定に必要な一定の情報を取得できる場合もある。なお、遺言無効確認と同じく、調停不成立となった場合に審判移行とならない。

　イ　訴状作成上の留意点

　遺留分減殺請求権は形成権であって、贈与又は遺贈はその遺留分侵害の限度で失効し、その減殺の対象たる各遺産については、具体的な遺留分率の割合で遺留分権利者に物権的に帰属し、減殺請求者はそれに基づく引渡請求権や登記請求権を有する。遺留分減殺請求訴訟では、遺留分算定の基礎財産の範囲・評

価、減殺対象となる財産の状態（受遺者らにおいて所有権移転登記や払戻し等の手続を終えているか否か）、受遺者らからの価額弁償の意思表示の有無・その資力などにより、適切な請求の趣旨を選択しなければならない。実際の訴訟活動において、遺留分額の算定方法や減殺請求の法的効果に関する理解不足により、不適切な訴状が見受けられることが指摘されている（松本ほか・前掲34頁）。

(ア)　請求の趣旨
①現物返還請求

事例1において、受遺者D（被告）が、本件公正証書遺言に基づき、本件土地建物に関する所有権移転登記請求を済ませている場合は、遺留分減殺請求によりA（原告）に帰属する共有持分につき移転登記手続を求める。具体的には、「被告は、原告に対し、別紙物件目録記載の土地につき、平成〇〇年〇月〇日遺留分減殺を原因とする持分四分の一の所有権一部移転登記手続をせよ」という請求の趣旨となる。実際の紛争では、登記名義が被相続人名義のままである場合や共同相続による所有権移転登記がなされている場合もあるが（永石一郎『判例からみた遺留分減殺請求の法務・税務・登記（第2版）』〔中央経済社、2016年〕357頁）、判決書が登記原因証明情報となるから、訴状記載の請求の趣旨により登記が受理されるかどうか、事前に法務局に確認しておくことが望ましい。なお、遺留分権利者において、減殺対象財産を選択することは認められていない（松本ほか・前掲40頁）。

また、Dが本件預貯金の全額を払い戻していた場合は、Aの具体的遺留分額に相当する金員の支払いを求める。仮に被相続人名義の口座に預貯金が預け入れられたままであった場合は、確認判決を求め（具体的には、「原告が別紙預貯金目録記載の預貯金について準共有持分四分の一を有することを確認する」との請求の趣旨となる）、この債務名義に基づき金融機関に対して払戻しを請求する。

②価額弁償請求

現物返還が原則であるが、受遺者らは、返還すべき目的物の価額相当額を弁償することで現物返還義務を免れることができる（民法1041条）。現物返還により不動産が共有となる結果、権利関係や利用関係が複雑化することを避けられる。価額弁償の申出に加え、履行の提供があったとき、価額弁償権が発生する（同時に、現物返還請求権は消滅する）から、原告が被告に対し価額弁償請求を求める場合は、被告による価額弁償の申出及び履行の提供を受けたことが請求原因事実となる。弁償額の算定基準時は、現実に弁償がされるとき（訴訟に

おいては事実審の口頭弁論終結時）である。

　また、受遺者らの申出に対し、遺留分権利者がこれを受ける意思表示をすることによっても価額弁償権が発生し、この場合、原告は、現物返還請求又は価額弁償請求のいずれも選択しうる。ただし、いったん価額弁償請求権を行使する旨の意思表示をすれば（訴訟外でも可能である）、現物返還請求権が遡及的に失われ、価額弁償請求権のみを有することとなるから（最判平20・1・24民集62巻1号63頁）、受遺者側の無資力及び減殺対象財産の価格変動のリスクを負うことに留意する。

　なお、あくまで受遺者らから価額弁償の申出があることが要件であり、遺留分権利者から価額弁償を求めることはできない。

(イ)　請求原因

　原告の請求権は、①相続関係の確定（個別的遺留分率の算定）、②遺留分算定の基礎財産及びその額の算定、③遺留分侵害額の算定、④減殺対象財産に対する減殺額・減殺率の算定というプロセスを経て確定される。請求原因は前述のとおりであるが（本章2(1)ウ）、その具体的な算定方法及び法律論については、松本ほか・前掲及び、山下寛ほか「遺留分減殺請求訴訟を巡る諸問題（上）（下）」判タ1250号（2007年）21頁、同1252号（2007年）28頁に詳しい。前者では遺留分の自動算定シート及びモデル訴状案が紹介され、同算定シートの電子データは東京弁護士会のウェブサイトからダウンロードできる。提訴時において遺産や特別受益の有無及び額が判明していないこともあるが、その場合は暫定的な金額を用いて提訴し、訴訟手続の過程で判明したつど、変更又は追加する。遺留分算定の基礎財産の評価は、相続開始時を基準時とする。

ウ　併せて検討する手続

(ア)　特定遺贈、全部包括遺贈、贈与及び「相続させる」遺言に対して遺留分減殺請求がなされた場合

　減殺対象財産は受遺者らと遺留分権利者との（準）共有となり、民法258条の共有物分割手続により解消する（地方裁判所の訴訟事項となる）。遺贈等が効力を生ずるとその目的物は直ちに受遺者らに帰属して遺産分割の対象とならず、また、減殺請求により生じた法律関係は、遺留分権利者と受遺者らとの関係で個別的に生ずるものとしていることがうかがえることから（民法1031条、1043条ほか）、減殺請求の意思表示により遺留分権利者に帰属する権利は、遺産分割の対象となる相続財産としての性質を有しないと解されるからである（全部

包括遺贈につき、最判平8・1・26民集50巻1号132頁)。そこで、原告は、遺留分としての持分の確認請求とあわせて、共有物分割請求を併合提起できる（東京高判平22・3・10判タ1324号210頁)。

　(イ)　割合的包括遺贈、相続分の指定及び割合的「相続させる」遺言に対して遺留分減殺請求がなされた場合

　これらの遺言の場合は、そもそも遺産共有の状態に変更を加えるものではないから、遺留分権利者と被減殺者との遺産共有となり（相続分の指定につき、最決平24・1・26集民239号635頁)、遺産分割として家庭裁判所の審判手続により解消される（家事事件手続法別表2の12)。

　エ　被告側からの対応（反訴等）

　受遺者らが価額弁償を申し出て現実の弁償を提供しても、後の裁判で同弁償額では不足すると判断された場合、価額弁償の効果が生じない。現実の紛争では、遺産の範囲・評価額、特別受益の額及び減殺対象となる目的物の評価額等に争いがあり、申出時において確定的な弁償額を算定するのは難しい。権利者が、遺留分減殺請求をしたものの提訴を控えている場合には、権利関係が長期にわたり安定しないこととなる。かような場合には、受遺者らから、弁償額が判決によって確定されたときはすみやかに支払う旨の意思表示をし、弁償額の確定を求める確認の訴えを提起することができる（最判平21・12・18民集63巻10号2900頁)。

6　事実認定のポイント

　すでに述べたとおり、公正証書遺言無効確認事件、自筆証書遺言無効確認事件及び遺留分減殺請求事件のいずれも事実認定が容易ではない類型で、決定的な証拠は存在しない事例が多いので、さまざまな証拠や間接事実を総合考慮する必要がある。それでも、真偽不明であるなら、立証責任によらざるをえない事案もあろう。

(1)　公正証書遺言無効確認事件において遺言者の意思能力が問題となる場合

　遺言の内容が単純であれば、その遺言をすることについての遺言能力について必ずしも高いものは要求されないと考えられるが、遺言の内容が複雑であれ

ば、その遺言能力にはそれなりの能力が必要ということになるので、その点について、注意を要する。

　ア　当時の介護記録や医療記録が存在する場合

　介護記録や医療記録が存在し、そこに意思能力の有無について明確な記載があるときは、原則として、それによって判断すべきこととなる。

　介護記録や医療記録がないとき、あっても意思能力の有無について明確な記載がないときには、当時の生活状況が記載された時点で作成された書証（たとえば、本人が作成していた日記や家計簿など）、当時の生活を知る者の人証調べによって認定できる間接事実を積み上げることによって判断することとなる。

　イ　公証人等の証人尋問をするとき

　公証人が口授などを厳格に実施するなどして、本人の真意を確認していることは、意思能力がないことについての間接反証となる。他方、公証人の口授が、要件を満たすものの厳格であったとまでいえないときや、そもそも口授自体があったか自体が問題となるような事案（この場合は、どの程度の口授が必要かについて厳格な見解を採用すれば、公正証書の成立自体疑義が生じる）においては、公証人が関与していても、意思能力がないと判断すべきこともある。

　そのような場合であれば、上記アと同様、当時の生活状況などを認定のうえ、判断すべきこととなる。

(2)　公正証書遺言無効確認事件において強迫による遺言が問題となる場合

　主に、強迫をうかがわせる間接事実及び遺言に至る経緯の審理並びに強迫をしたとされる被告Dの尋問によって判断すべきこととなる。決定的な証拠がない事案が多いと考えるので、ていねいに、客観的な間接事実に照らして、遺言に至る経緯が自然であるか、不自然であるかを考えていくことになる。

　なお、自筆証書遺言においても、同様である。

(3)　自筆証書遺言無効確認事件において意思に基づく自筆証書遺言が問題となる場合

　事案の性質上、決定的な証拠がある場合は少なく、そうでないときは、下記ア、イの証拠のみならず、遺言に至る経緯等間接事実について、書証や関係者の証言等でていねいに認定し、総合して考える必要がある。

ア　遺言者の遺言の作成に立ち会ったとする人証がある場合

それが第三者的な人証であれば、具体的に信用性に疑義がある事情がないときは、それによることになるであろう。もっとも、紛争となる事案で、第三者的な人証があることはむしろめずらしく、遺言によって利益を得た被告やその親族などの関係者が人証となる場合が大部分である。そのような場合は、利害関係を有する者の証言等であるから、信用性を慎重に吟味する必要がある。

イ　筆跡鑑定がある場合

筆跡鑑定には、ある程度信用性があるものの、その性質上限界もあるので、鑑定内容を吟味し、上記アの点や間接事実を総合考慮して、判断する必要がある。

(4)　遺留分減殺請求における特別受益の有無

贈与税の申告がされているとき、通帳に振込履歴の記載があるとき、又は、遺言者の日記などの当時の記録があるときなどは、特別受益の存在を比較的容易に認定できる。また、交渉等の過程で、特別受益を受けたとされる被告がその事実を認めていたことは、有力な間接事実となる。それらがないときは、人証等による審理によらざるをえない。なお、先に具体的に挙げた証拠や間接事実を当事者は持っている、又は、知っているものの、審理が進んだ段階ではじめて提出される例も少なくないので、裁判所としては、早期からそれらの有無について確認し、早期の提出を促すことが有用である。

7　予想される抗弁以下の攻撃防御の展開

(1)　公正証書遺言無効確認事件において遺言者の意思能力が問題となる場合

遺言能力の存否の判断材料は、「①遺言時における遺言者の精神上の障害の存否、内容及び程度、②遺言内容それ自体の複雑性、③遺言の動機・理由、遺言者と相続人又は受遺者らとの人的関係・交際状況、遺言に至る経緯等といった諸事情」であると指摘される（畠山稔ほか「遺言無効確認請求事件を巡る諸問題」判タ1380号〔2012年〕10頁）。精神疾患の存在が直ちに遺言能力を否定する事情とはならないし、他方で、判断能力があるとの医師の診断書を取り付けたうえ、弁護士2名が立ち会って作成された公正証書遺言であっても遺言能力が否

定された例もあり（東京地判平20・11・13判時2032号87頁）、遺言能力の存否はさまざまな間接事実を総合考慮して判断されている。多数の裁判例をもとに遺言能力の理論的分析をしたものに、土井文美「遺言能力（遺言能力の理論的検討及びその判断・審理方法）」判タ1423号（2016年）15頁がある。

　ア　医療関係の客観的資料

　(ｱ)　上記①につき想定される証拠方法としては、まず、遺言者が受診していた医療機関等における医療記録（診断書、診療録、看護記録、処方箋、CTやMRI等の各画像検査、精神倫理学的検査〔認知能力を評価する最も一般的な検査として「長谷川式簡易知能評価スケール（HDS-R）」など〕）が挙げられる。精神医学の専門的知見を有する医師による資料であり、その実質的証拠力は高い。ただし、遺言書作成当時精神疾患を有していたことのみをもって遺言能力が否定されるものではなく、医療記録の具体的な記載内容から、精神疾患の内容（認知症、統合失調症、脳梗塞等後遺症など）、重症度、具体的症状（身体障害、記憶障害、見当識障害など）を細かに検討する。また、診療記録の記録者が精神医学の専門医であるのか否か、受診当時における主たる治療対象が精神疾患であったかそれ以外の傷病であったか、遺言書作成時に近接して記録されたものか、紛争が顕在化したのち一方当事者の依頼に基づき作成されたものか、記録者と遺言者又は相続人らとの人的関係や利害関係の有無など、作成者、作成目的、作成時期、作成経緯等もその証拠力に影響する。

　(ｲ)　入手方法としては、まず、患者（遺言者）本人の相続人という立場で医療記録の開示請求を行うか、弁護士法23条の2に基づく照会を行うが、これに応じない場合は、文書送付嘱託（民事訴訟法226条）による。医療機関によっては、患者の同意書を徴求する例もあるが、個人情報保護法は生存する個人の情報を保護対象としているし、また、文書送付嘱託に基づく提供は「法令に基づく」ものであるから（同法23条1項1号）、その旨説明して提供を促す。いずれの方法であっても、医療機関から医療記録が送付されるまでに1～2箇月を要し、文書送付嘱託又は文書提出命令の場合は謄写を経て、翻訳を依頼し、証拠化する。医療記録に基づき、さらに医学意見書を準備する場合もある。このように、入手及び証拠化までに時間を要することに加え、カルテの保存期間は5年（医師法24条）であるから、受任後すみやかに医療記録の入手に着手すべきである（ただし、法令による保存義務を問わず、永久保管とする病院もある）。

　(ｳ)　人証として担当医師の証言を得ることも考えられる。医療記録を補充し、

遺言能力の存否の判断にあたり有用な判断材料が得られることが多い。ただし、一般的には中立な立場にあり、その証言内容がどちらに有利な間接事実として働くかが予測しきれない場合もあるから、積極的に証人申請する必要があるか、何を尋問すべきかについて慎重に検討する。また、裁判所や当事者間において、医療記録に基づき質問事項を検討し、調査嘱託（民事訴訟法186条）又は書面尋問（同法205条）を活用する例も多い（須藤典明ほか「書面尋問の意義とモデル書式について」判タ1316号〔2010年〕5頁）。

(エ) 医療鑑定を行う場合、鑑定人が直接本人（遺言者）を診断できず、鑑定とはいえ医療記録に基づき当時の精神疾患の程度や症状を推認するにとどまるため、その必要性は消極的に捉えられている。ただし、精神疾患については、その定義（分類）や診断基準が必ずしも統一されておらず、その診断内容や同疾患による具体的な症状につき医学的見解の対立がある場合などは、鑑定の必要性が認められる場合もあろう。

イ 福祉関係の証拠方法

遺言者が介護サービスを利用していた場合は、要介護認定申請用の医師意見書が作成されている。また、入所施設、通所施設、訪問介護など各介護サービスを受けるにあたり、介護職員、リハビリテーションの療養士、ヘルパーなどが作成する介護記録が存する。かかる資料には、当時の遺言者の具体的な挙動が記録され、遺言能力の有無を推認させる間接事実として機能する。ただし、要介護認定は、日常生活の介護にどのくらいの時間を要するかという視点で判断されるため、介護認定区分が重いことが、直ちに精神疾患、とりわけ認知機能障害の重症度につながるわけではない。成年後見制度において、申立時に作成された診断書や鑑定が実施された場合の鑑定書（家事事件手続法119条1項）も有用な証拠であるが、本人（遺言者）保護という制度目的が多分に斟酌されている。療育手帳（知的障害）又は精神障害者保健福祉手帳の交付を受けていることも間接事実となるが、これは行政上の福祉サービスの受給資格を得られるか否かが判断基準である。

以上のように、同一人の精神疾患に関する認定であっても、その制度目的によって判断基準を異にするので、あくまで遺言能力の存否という法的判断であるという視点から証拠評価を行う。

ウ 遺言書及び遺言者作成の資料

遺言内容が複雑又は難解なものであれば、それに対する弁識能力は高度なレ

ベルが求められるように、遺言内容の難解度と求められる遺言能力とは相関関係にある。また、遺言者本人による下書き、作成動機や生活状況等を記録した書簡、日記、ビデオや録音テープ等があり、それが遺言内容と整合的であれば、遺言内容に対する理解度を判断する上でも有用な間接事実となる。なお、公正証書遺言の効力が争点とされる訴訟で、公証人の証言に代替しうる適切な証拠方法がないときは、その争点に対する判断に必要な限度で遺言者の秘密に属する事項が開示されてもやむをえないとされる（東京高決平4・6・19判タ856号257頁）。

　エ　その他

　当事者、他の相続人及び被相続人の生前の知己などから、遺言当時における遺言者の具体的な生活状況等を聴き、裏付ける客観的証拠があればこれらを提出する。陳述書は、あくまで争点に対する証拠力を意識しながら必要かつ相当な事実関係を記載し、徒に感情的対立を深めるような記述をすれば、和解による解決の途を閉ざしうることなどを説明する。当事者の陳述書及び弁護士作成の主張書面における記述が、訴訟の相手方に対する名誉毀損であるとして損害賠償が認められた事例もあるが（大阪高判平27・10・2判時2276号28頁ほか）、当事者作成の陳述書を精査せずに証拠提出するようなことは、ゆめあってはならない。

(2)　公正証書遺言無効確認事件において強迫による遺言が問題となる場合

　前述（本章2(1)イ）のとおり、取消権は相続人全員で行使しなければならないと解されている。一般に、相続人間で原被告に分かれて争っている例が多いから、取消権が行使されるのは、受遺者らが相続人以外である場合を除き、取消権の行使それ自体に理論的な困難を伴う。

　なお、欺罔行為や強迫行為などを直接証明する証拠がある場合は想定しがたい。かかる状況を録音・録画した媒体がある場合は、その当時遺言者又は親族が取消原因事由を認識していた場合が多いと思われ、その場合は、漫然と瑕疵ある遺言を放置せず、その後に遺言を撤回したり（民法1022条）、新たな遺言を作成するなどの方法により（民法1023条1項）、瑕疵ある遺言の効力を消滅させうるからである。よって、詐欺又は強迫については、当時の遺言者や欺罔者又は強迫者の生活状況、両者の人的・経済的関係、遺言内容、遺言に至るまでの経緯・動機など、さまざまな間接事実を積み上げ、詐欺又は強迫の事実を

推認させるという手法によらざるをえない。

以上のことは、自筆証書遺言であっても同様である。

(3) **自筆証書遺言無効確認事件において意思に基づく自筆証書遺言が問題となる場合**

　自筆証書遺言の成否が争われる場合は、その偽造（自書性の欠缺）を指摘する例が多い。かかる主張は、被告が抗弁として主張する「遺言者が遺言したこと」に対する否認であると同時に、遺言書の成立の真正を争う意味をもつ。そして、遺言書の偽造の判断材料としては、「①筆跡の同一性、②遺言者の自書能力の存否及び程度、③遺言書それ自体の体裁等、④遺言内容それ自体の複雑性、遺言の動機・理由、遺言者と相続人又は受遺者らとの人的関係・交際状況、遺言に至る経緯等、⑤遺言書の保管状況、発見状況等の諸事情」であると説明される（畠山ほか・前掲15頁）。

　上記のうち①筆跡の同一性については、遺言者作成の他の文書との照合により立証する（民事訴訟法229条1項）ことになるから、証拠方法として、遺言者の筆跡対照文書の原本を複数入手する。私的鑑定書や裁判所による鑑定が証拠方法となる場合もあるが、そもそも同一人の筆跡であっても、指紋のような終生不変性を欠き、書字速度、筆記用具、健康状態、心理状態などにより変動するものであるし、筆跡鑑定は必ずしも科学的に確立したものとは評価されておらず、鑑定人の専門性や鑑定対象となった筆跡対照文書によってもその結論が変わりうる。そのため、筆跡鑑定の結果が決定的な証拠として位置付けられることは少ないものの（東京高判平12・10・26判タ1094号242頁）、裁判所で実施した筆跡鑑定結果が心証形成に影響を与えることは否定できず、主張立証において筆跡の同一性を強調すべきかどうかは慎重に検討する。

(4) **遺留分減殺請求訴訟において考えられる攻撃防御について**

　ア　評価額等の否認について

　遺産の範囲及び評価額や特別受益の有無及び評価額などから、具体的な遺留分額又は遺留分率の算定を争うことが多い。不動産の評価額については、相続税評価額である路線価図（国税庁）や公示地価（国土交通省）を参照する方法（括弧内のウェブサイトから参照可能である）、近隣の不動産業者による簡易査定、不動産鑑定士による査定、又は裁判所による鑑定などによる。預貯金や株式等

については金融機関に過去の取引明細の開示を求め、入出金の経緯から特別受益の裏付けが得られるか調査する。相続人であることの証明をすれば開示を受けられることが多いが、必要に応じて、弁護士法23条の2による照会、調査嘱託等の訴訟手続上の調査方法を活用する。

イ　抗弁として考えられる事由について

(ｱ)　遺留分侵害額の計算において考慮される事情

原告に対する特別受益としての贈与があったこと（民法1044条、903条）、原告が相続によって得た財産があること、相続債務を被告に負担させるなどの特段の意思表示がなされたこと（最判平21・3・24民集63巻3号427頁）などが挙げられる。

(ｲ)　ほかに優先して減殺すべき贈与等があること

減殺されるべき遺贈及び贈与が複数存在する場合の遺留分減殺の順序は、本章2(1)ウのとおりであるから、請求原因で摘示された減殺対象財産より優先して減殺される財産がある場合は、これを抗弁として主張する（松本ほか・前掲51頁）。

(ｳ)　価額弁償の抗弁

①被告が価額弁償又はその現実の提供をしたこと、②被告から価額弁償の意思表示がなされ、原告が価額弁償請求権を行使する旨の意思表示をしたこと、③被告が価額弁償の意思表示をし、かつ、弁償額が判決によって確定されたときはこれをすみやかに支払う意思がある旨を表明して弁償額の確定を求めたことは、いずれも抗弁となる。③について、同抗弁を容れて請求が認容された場合、「被告は、原告に対し、被告が原告に対して民法1041条所定の遺贈の目的の価額として金〇〇〇円を支払わなかったときは、別紙物件目録記載の不動産の持分〇分の〇について、〇年〇月〇日遺留分減殺を原因とする所有権一部移転登記手続請求をせよ」という条件付判決となる（最判平9・2・25民集51巻2号448頁）。

(ｴ)　消滅時効

遺留分減殺請求権は、相続開始及び減殺すべき贈与又は遺贈があったことを知ったときから1年の経過で時効消滅し（民法1042条前段）、また、相続開始時から10年が除斥期間である（同条後段）。

ウ　抗弁とならない主張

遺留分の規定において寄与分（民法904条の2）は準用されておらず、寄与

分の主張をもって侵害額を減ずる抗弁は主張自体失当である（東京高判平3・7・30判時1400号26頁）。また、被告が受遺又は受贈された財産について、民法162条所定の期間これを占有し、取得時効を援用しても、同財産に対する遺留分減殺請求の効果は妨げられず（最判平11・6・24民集53巻5号918頁）、抗弁とならない。

8　紛争解決の留意点

　民事紛争のうち、相続に関連する事件は一定量を占め、解決の難しい紛争類型である。そのうち、遺産分割に関しては、家事審判事項とされ、家庭裁判所の別表第二家事調停及び家事審判に服することとなるが、遺言の効力に関する紛争（遺言無効・遺留分減殺請求）は、法律関係や権利義務の存否が問題となる紛争として、民事訴訟事項とされ、家庭裁判所の家事調停は可能であるものの、一般調停事項とされている。民事訴訟事項と位置付けられてはいるものの、親族間の紛争であって、客観的証拠に乏しく、審理の対象となる時点もかなり過去の時点であったり、長期間であったりして、事実認定に困難が伴う。また、法的な争点も多く、専門的な知見も必要な事案も少なくない。そして、親族間の紛争であるから、当事者の心情的な対立には著しいものがあり、それによって、当事者の冷静な訴訟活動を妨げる要因となり、裁判所の争点整理や事実認定にも影響を及ぼすことが少なくなく、このことが、それらの解決を、より困難としている。
　そのような事案であるからこそ、裁判所や当事者代理人弁護士は、当事者の心情的な面に配慮しながらも、冷静かつ積極的な争点整理を心がけ、争点を絞り込み、その判断に必要な証拠や間接事実を早期に積み上げ、必要な法的な面の議論を進める必要がある。
　また、事実認定が困難な事案で、心情的な課題も多いものの、今後、親族関係が続く事件がほとんどであること、仮に、遺言の効力について判断が示されても、後に、遺産分割又は遺留分の問題が残る場合がほとんどであるので、抜本的な解決とならないこと、また、遺留分減殺請求事件についても、判決であれば、複数の物件について、共有持分を持ち、後に、共有物分割を経なければ問題が解決しない場合も多々あることなどからすると、本来、可能なかぎり、

関連紛争も含めた抜本的な和解による解決が望ましい。したがって、裁判所や当事者代理人は、冷静、かつ、積極的に争点整理を進めつつも、訴訟の進行具合やその時点での訴訟の見通しについて、共通認識を持ちつつ、和解での解決も積極的に検討すべき事件類型であるといえる。また、現実にも、当事者代理人が、的確に訴訟の見通しを踏まえ、当事者の真の利益を考え、訴訟のあらゆる段階で、遺産分割や共有物分割も視野に入れた和解を積極的に望み、当事者に勧める事例も少なくない。なお、和解に際しては、紛争全体を抜本的に早期に解決をすることが可能であれば、それが目指されるべきであるが、そのことによって、審理が遅延し、かえって、全体的な解決が遅れることもある。したがって、当該訴訟において、親族間の問題全体のうち、どこまでを解決すべきかという観点での検討も有用である。たとえば、抜本的にすべてを解決するほうがよいのか、一つずつ解決して積み上げるほうが全体としてより速い解決になるか、それともある程度までを解決することがよいのかが検討されるべきである。

9 おわりに

　上述のとおり、相続関連の紛争は、その終局解決に至るまで段階的かつ複層的なプロセスを辿るから、最終的な獲得目標を見据えながら、必要な立証活動及び法的調査に基づく訴訟活動を行う。依頼者の心情的な「しこり」が残りやすく、紛争解決方法の選択にあたって経済合理性のみが判断基準とならないことも少なくなく、とりわけ調停や和解においては依頼者の意思確認を怠ってはならない。

　弁護士は、遺言者から、遺言書作成の相談を受けることもある。遺言書の効力に関する紛争予防のため、遺言の有効性を裏付ける証拠資料を備えておくことも有用であるし、特別受益や遺留分などを加味して実質的な公平に適う遺言内容を提案することもあろう。なお、高齢化社会を背景として昨今、推定相続人が、推定被相続人を囲い込み、財産管理を一手に担ったり、自身に有利な内容の遺言書の作成に導くなどして、相続争いの前哨戦ともいうべき事態を相談される例も少なくない。弁護士が推定相続人の意向を多分に斟酌し、遺言者の意思や能力を欠くような遺言書作成に加担するようなことは、厳に慎まなけれ

ばならない。「遺言」というかたちでの被相続人の最終意思の実現のために、起こりうる紛争を予測しつつ、これを防ぐための必要な法的手続及び方策を助言するスキルが求められる。

索 引

◎事項索引

[あ行]
明渡確認書　187
雨漏り　230
遺言　411
　——検索システム　417
　——能力　426
　　自筆証書——　415
意思表示の擬制　297
意匠設計　235
遺贈　302, 312
一段目の推定　131, 139, 142, 143
一部請求　217
囲繞地通行権　268
委任　243
　——契約解除　248, 255
　——契約書　249
　——契約の任意解除　258
　——事務処理報酬特約　244
　——事務の多様性　250
　準——　243
違約金　53, 58, 67
依頼者の言い分の信用性　98
遺留分　414
医療記録　429
インターネット　365
請負　215
　——契約の解除　222
　——建築物の所有権　219
　——代金（報酬）支払請求　216
　——における契約不適合による債務不履
　　行責任　222

　——単価——　232
　——定額——　232
　請負人帰属説　219
ADR（Alternative Dispute Resolution）
　　12, 349

[か行]
介護記録　430
概算請負　232
解除権放棄　258, 265
買主の悪意　88
価額弁償請求　424
確認済証　234
瑕疵
　——一覧表　231, 234
　　主観的——　220, 227
瑕疵修補　226
　——請求　75, 220
　——請求とともにする損害賠償請求
　　220, 227
　——に代わる損害賠償請求権　220
瑕疵担保責任　59, 75, 76, 81, 83, 86, 87,
　　215, 237, 239
　——を負わない旨の特約　81
仮差押え　60
仮執行宣言　289, 298
仮の地位を定める仮処分　278
慣習による報酬請求権　251
「完成」の主張立証　225
間接事実　305
　——説　270

437

期間の満了　202
偽造　432
　――書面　310
基礎設計　235
規範的評価　326, 331
規範的要件　42, 69, 315, 332, 335, 352
基本書証　125, 314
　――の提出　104
客観的瑕疵　220
客観的証拠　9
共通錯誤　70
共同申請の原則　296
共同被告　303
強迫　413
経験則　40, 142
継続使用の承諾　204
契約責任　324, 328
契約締結上の過失　322-326, 328-330, 332-335
月謝制　245
減工事　233
検査済証　234
原状回復をめぐるトラブルとガイドライン　183
現占有説　268
検認　419
現物返還　424
権利自白　267, 293, 305
合意違反の施工の主張　230
合意内容の確定　224
公益目的　372
公共性　372
工事請負契約約款　232
口授　412
公序良俗違反　236
公図　282
公正証書遺言　412
構造設計　235
構造耐力上主要な部分　238

工程終了説　225, 229
工程表　234
抗弁
　検索の――　147
　催告の――　147
　消滅時効の――　307
　所有権喪失の――　309, 318
　真実性・相当性の――　361
　相殺の――　238
　対抗要件の――　152
　登記保持権原の――　318, 319
　同時履行の――　61, 70, 83, 88, 237, 238
　予備的――　310, 319
公法上の意思表示　288
個人保証人　118, 120
固有必要的共同訴訟　295
婚姻費用　396
婚姻を継続し難い重大な事由　389, 400, 402

[さ行]
債権的登記請求権　289, 290, 295, 299, 304, 307, 317
財産分与　393, 397, 401, 404, 406
裁判の創造性　26
債務不履行　324, 325, 328, 332, 335
　――構成　352
　――の一般原則　222
債務不履行責任　328, 345, 350
　契約不適合による――　221
先立つ代理権授与　118, 140, 307
詐欺取消し　60, 69
錯誤　59, 61, 120, 134
　――無効　60, 69
暫定真実　270
暫定的な心証　43
敷金　160, 163, 169, 177-179, 181-185, 187, 190

敷引規定	181, 187	受任者の利益	255, 258, 265
敷引特約	190	主要事実	15
事業執行性	378	——説	270
事業用貸金債務	118, 119 →直下と合併？	準委任	243

敷引規定　181, 187
敷引特約　190
事業執行性　378
事業用貸金債務　118, 119　→直下と合併？
事業用債務　120, 126
時系列　30
　——表　9
時効　292, 298
　——援用の意思表示　309
　——中断　110
　——中断事由　123
　取得——　291
　消滅——　109, 123, 146, 147, 356, 357
　短期取得——　306, 317
事後対応義務　379
事実上の推定　136, 139
事実認定　16, 40
　——のバランス　42
事実の摘示　361
事実把握　8
事情聴取　6, 101
システム開発　215, 228, 241, 243
実施設計　235
実質的争点　26
地盤沈下　230
事務処理費用償還請求　246
社会的評価　360
謝罪文　363
重過失　59, 61, 69
住居表示　209
修繕義務　170, 176, 180-182, 184, 185, 187, 189-191
従たる債務
重要事項説明書　158, 159, 192
14条地図　281
主観説　220, 227
主張整理　33
受任者の義務　251

受任者の利益　255, 258, 265
主要事実　15
　——説　270
準委任　243
　——契約に基づく報酬金請求権　217
準消費貸借契約　95 準文書　166, 186
使用及び収益の目的　208, 212
使用及び収益をするのに足りる相当期間の経過　203
償還請求権
　必要費——　170
　有益費——　172
　利益——　237
償却規定　181
償却特約　190
条件成就とみなす意思表示　247, 258
条件成就の蓋然性の認定　261
証拠（人証）の採否　→人証の採否
証拠関係の整理　33
仕様書　232, 234, 235
使用貸借契約　193
承諾請求　300
　——権　293
消費貸借契約　92
　準——　95
情報公開制度　165
証明責任　17
証明度　16
除斥期間　239
処分禁止の仮処分　298
処分証書　316
所有権喪失　272
　——の抗弁　309, 318
所有権に基づく返還請求権　267
人格権侵害　359
信義則違反　134, 204
信義則上の調査（説明・注意）義務　325, 326, 330, 331, 333-335, 337, 340, 342, 347, 352

事項索引　439

──違反　338, 339, 348, 350, 352, 356
親権　397, 404
　──者　392, 401, 407
心証開示　34, 43
　──の目的　34, 43
心証形成　16
人証調手続　37
人証の採否　35, 103
心証の程度　44
真正な登記名義回復　300
審判前の保全処分　398
尋問
　介入──　38
　──時間　35
　──順序　35
　当事者本人──　37
　補充──　39
信頼関係　153, 155, 160-163, 171, 174
　──破壊　153, 164, 168, 204, 284
　──不破壊　165, 166, 169, 171, 172
信頼利益　328, 334
審理段階　44
心理的負荷　368
診療契約　243
スラップ訴訟　367
成果完成型　264
成立の真正　63, 66, 83, 85
セクシャルハラスメント　364
積極否認　273
設計図書　232, 235
設備設計　235
説明義務　→調査・説明義務
　──違反　→調査・説明義務違反
善管注意義務　251
選択債権　220, 237
専門委員　231
専門家の責任　215
占有移転禁止の仮処分　80, 161
占有権原　267

占有訴権　267
先履行　79, 80, 83, 88
　──の合意　71
素因減額　383
相殺　111
　過失──　334, 335, 356, 357
　──の抗弁　238
　損益──　383
争点整理　19
　──手続　26
相当報酬額　251
贈与
　死因──　294, 295, 302-304, 311, 316, 319, 320
　書面によらない──　304, 311, 316
　書面による──　320
　負担付──　312, 313
訴訟告知　141
訴訟指揮権　27
訴訟物　14, 299
　──の個数　291, 295
　──の選択　224, 324
損害賠償請求権　222
　所有権侵害の不法行為に基づく──　268

［た行］
対価性　201
貸借型　151
代替執行　226, 229
代物弁済　111
代理権授与　137
　──行為　132, 143, 144
諾成契約　53
諾成的消費貸借　94
立替費用償還請求　246
建物収去土地明渡請求権を保全するための建物の処分禁止の仮処分　275
単独申請　297, 303

担保責任を負わない旨の特約　89
遅延損害金　93
仲介契約　250, 259
仲介者　104
中途解約条項　178, 183, 185, 189
注文者帰属説　219
調査　99, 101
　　事実関係の――　28
調査・説明義務　337, 338, 340, 344-347, 352, 354, 356, 358
　　――違反　337, 341, 346-349, 352, 354, 357
調査嘱託　311, 333
調停前置主義　156, 157, 162
賃借権の時効取得　271
陳述書　35
賃貸借契約の終了に基づく目的物返還請求権　274
賃貸人の地位の移転　151, 177, 179, 182
賃料増額請求　156, 157, 159, 162, 163, 166, 169, 172
　　――権　157
賃料相当損害金　268
賃料不払い　152
追加・変更工事　232, 235
　　――一覧表　233
追完請求権　222
追認　118, 132, 138, 144, 145
通行地役権　268
　　――の時効取得　270
通謀虚偽表示　107, 318, 319
停止条件説　270
適合性の原則　348
　　――違反　343, 348, 349
適時提出主義　22
敵性証人　36
手付　53, 74
　　――解除　58, 68, 79
登記識別情報　301

登記済証　301
登記手続を命ずる判決　296
動機の錯誤　59, 69
登記の推定力　291
登記保持権原　310
　　――の抗弁　318, 319
東京における住宅の賃貸借に係る紛争の防止に関する条例　183
当事者関係図　30
当事者照会制度　165
同時履行　79, 80
　　――の抗弁　61, 70, 83, 88, 237, 238
　　――の抗弁権　54, 55, 67, 121, 218
特定継続的役務提供　245
特定商取引法　245, 253
特別受益　415, 428

［な行］
内容証明郵便　60, 80
二段の推定　125, 131, 136, 139, 142, 143, 301
二段目の推定　131, 139
根保証　117
年金分割　395, 398

［は行］
背信行為（背信性）　153, 155, 156, 168
発生障害事由　273
判決起案　46
判決書の目的　45
反証　18
反対給付の履行　71
引換給付判決　237
「引渡し」の主張立証　225
筆跡鑑定　428
必要説　200
必要的共同訴訟　303
非のみ説　295
評価根拠事実　326, 330-333, 335, 340,

事項索引　441

341, 352, 354, 355, 357
　信頼関係不破壊の——　166, 169, 171,
　　172
　無過失の——　275, 291, 315
評価障害事実　330-333, 335, 340, 352,
　　354-357
　信頼関係不破壊の——　171, 172
　無過失の——　273, 315
表見代理　118, 133, 138, 140, 145
不確定効果説　270
付款　52, 55
不実の登記　319
付随的申立て　289
不代替的作為義務　296
付調停　231
物権的登記請求権　289-292, 295, 299,
　　307, 317
物権変動的登記請求権　289, 292
不貞行為　389, 398, 403, 407
不動産仲介　258, 259
不法行為　324, 325, 328, 329, 332, 335,
　　350
　——構成　352
　——責任　324, 325, 328, 329, 337,
　　345, 348
フランチャイズ契約　252
紛争解決手段の選択　11
紛争解決の見通し　10, 28
紛争の全体像　27, 46
　——の把握　30, 102
紛争の予防　113
紛争を生じた原因　98
併存的債務引受　135
返還期限の合意　208
返還時期　201
弁護過誤訴訟　252
弁護士会照会　165, 333
弁護士職務基本規程　4-6, 260
弁護士の使命・役割　3

弁護士の報酬に関する規程　249
弁護士法　3
弁護士報酬の算出基準　261
弁護士倫理　127, 327
弁済　71, 111
　——の提供　79
弁論主義　5, 18
弁論の全趣旨　41
妨害排除請求権　291
報酬額の定め　216
報酬減額請求権　222
報酬債権の発生時期　217
報酬算定の前提となる「経済的利益」
　　260
報酬の支払時期　217
法律上の争訟　14
法律要件分類説　96
保証契約　115
　——の書面性　116
　——の附従性　115
　——の補充性　115
保証債務の附従性　126
保証否認　122, 130
補助参加　141
本証　18

[ま行]

抹消に代わる移転登記　293
民事裁判官　25
　——の職責　25
民法94条2項の法意　310
民法94条2項類推適用　301, 310, 319
民法110条の法意　310
無権代理　137, 308
無催告解除　153
　——特約　153
無断改装　154, 155, 158-161, 163, 164,
　　166-168, 171, 172
無断転貸　154, 155, 158-165, 167, 168,

171, 172
面会交流　397
黙示の報酬特約　251
目的の達成　202
もと所有　267

［や行］
やむをえない事由　258, 265
有益費　206
　──償還請求権　172
有責配偶者　406
養育費　392, 397, 405
要件事実　15
用法順守義務違反　154-156

［ら行］
利益の相反　127, 128
履行遅滞　53, 55

履行の着手　58, 59, 68, 69
履行の提供　61, 67
履行利益　328
履行割合型　264
離婚慰謝料　391, 396, 403
離婚原因　389, 396, 402, 405
利息合意　93
留置権　170, 172
類型的信用文書　314
連帯保証契約　115
論理則　40

［わ行］
和解
　早期──　32
　訴訟上の──　42
　──勧告　42

◎判例索引

［大審院・最高裁判所］
大判明 45・4・12 民録 18 輯 377 頁　298
大判大 3・12・26 民録 20 輯 1208 頁　219
大判大 4・12・21 民録 21 輯 2135 頁　56
大判大 5・11・27 民録 22 輯 2120 頁　237
大判大 7・8・14 民録 24 輯 1650 頁　54
大判大 9・4・24 民録 26 輯 562 頁　255, 258
大判大 10・2・19 民録 27 輯 340 頁　53
大判大 13・6・23 民集 3 巻 339 頁　77
大判大 13・9・24 民集 3 巻 440 頁　56
大判大 15・7・12 民集 5 巻 616 頁　177
大判昭 5・2・5 裁判例 4 巻民 32 頁　239
大判昭 5・3・10 民集 9 巻 253 頁　169
大判昭 5・4・16 民集 9 巻 376 頁　77
大判昭 5・6・4 民集 9 巻 595 頁　93
大判昭 7・2・16 民集 11 巻 125 頁　147

大判昭 10・5・13 民集 14 巻 876 頁　　206
大決昭 10・9・27 民集 14 巻 1650 頁　　298
大判昭 20・9・10 民集 24 巻 82 頁　　124
最判昭 26・5・31 民集 5 巻 6 号 359 頁　　156
最判昭 27・2・19 民集 6 巻 2 号 110 頁　　406
最判昭 28・3・6 民集 7 巻 4 号 267 頁　　178
最判昭 28・9・25 民集 7 巻 9 号 979 頁　　155
最判昭 29・6・25 民集 8 巻 6 号 1224 頁　　189
最判昭 30・12・26 民集 9 巻 14 号 2097 頁　　270
最判昭 31・2・21 民集 10 巻 2 号 124 頁　　391
最判昭 32・12・19 民集 11 巻 13 号 2299 頁　　134
最判昭 33・7・25 民集 12 巻 12 号 1823 頁　　389
最判昭 34・1・8 民集 13 巻 1 号 1 頁　　291
最判昭 34・5・14 民集 13 巻 5 号 609 頁　　61, 79
最判昭 35・3・1 民集 14 巻 3 号 327 頁　　267
最判昭 35・7・19 民集 14 巻 9 号 1779 頁　　414
最判昭 36・2・24 民集 15 巻 2 号 304 頁　　157
最判昭 36・4・25 民集 15 巻 4 号 891 頁　　391
最判昭 36・5・26 民集 15 巻 5 号 1440 頁　　347
最判昭 36・12・15 民集 15 巻 11 号 2852 頁　　76
最判昭 36・12・15 民集 15 巻 11 号 2865 頁　　295
最判昭 37・2・1 民集 16 巻 2 号 157 頁　　251, 256
最判昭 37・8・10 民集 16 巻 8 号 1720 頁　　52
最判昭 38・10・15 民集 17 巻 11 号 1497 頁　　291
最判昭 39・5・12 民集 18 巻 4 号 597 頁　　63, 104, 131, 301
最判昭 39・5・26 民集 18 巻 4 号 667 頁　　313
最判昭 39・8・28 民集 18 巻 7 号 1354 頁　　152
最判昭 39・9・17 民集 18 巻 7 号 1461 頁　　389
最判昭 40・11・24 民集 19 巻 8 号 2019 頁　　69
最判昭 40・12・17 集民 81 号 561 頁　　255, 258
最判昭 41・6・23 民集 20 巻 5 号 1118 頁　　361
最判昭 42・3・30 集民 86 号 773 頁　　153
最判昭 42・11・24 民集 21 巻 9 号 2460 頁　　284
最判昭 43・1・25 判時 513 号 33 頁　　189
最判昭 43・2・16 民集 22 巻 2 号 217 頁　　96
最判昭 43・9・20 判時 536 号 51 頁　　258
最判昭 43・10・8 民集 22 巻 10 号 2145 頁　　271
最判昭 43・10・17 民集 22 巻 10 号 2188 頁　　311
最判昭 43・11・21 民集 22 巻 12 号 2741 頁　　180

最判昭 44・4・17 民集 23 巻 4 号 785 頁　　295, 303
最判昭 44・6・12 集民 95 号 493 頁　　169
最判昭 44・6・26 民集 23 巻 7 号 1264 頁　　344
最判昭 44・7・17 民集 23 巻 8 号 1610 頁　　179, 182
最判昭 45・6・4 民集 24 巻 6 号 482 頁　　162
最判昭 45・10・22 民集 24 巻 11 号 1599 頁　　258, 261
最判昭 45・11・24 民集 24 巻 12 号 1943 頁　　389
最判昭 46・4・23 民集 25 巻 3 号 388 頁　　152
最判昭 46・7・16 民集 25 巻 5 号 749 頁　　172
最判昭 46・7・23 民集 25 巻 5 号 805 頁　　394
最判昭 47・2・15 民集 26 巻 1 号 30 頁　　412
最判昭 47・5・25 民集 26 巻 4 号 805 頁　　312
最判昭 48・2・2 民集 27 巻 1 号 80 頁　　169, 177, 178, 183
最判昭 48・11・15 民集 27 巻 10 号 1323 頁　　389
最判昭 49・3・19 民集 28 巻 2 号 325 頁　　152
最判昭 50・6・12 判時 783 号 106 頁　　131
最判昭 50・10・24 民集 29 巻 9 号 1417 頁　　16
最判昭 51・1・16 家月 28 巻 7 号 25 頁　　413
最判昭 51・3・4 民集 30 巻 2 号 48 頁　　239
最判昭 51・3・18 民集 30 巻 2 号 111 頁　　415
最判昭 52・2・22 民集 31 巻 1 号 79 頁　　233, 237
最判昭 53・11・14 民集 32 巻 8 号 1529 頁　　394
最判昭 53・11・30 民集 32 巻 8 号 1601 頁　　304
最判昭 53・12・22 民集 32 巻 9 号 1768 頁　　177
最判昭 54・3・30 民集 33 巻 2 号 303 頁　　399
最判昭 54・7・5 集民 127 号 161 頁　　413
最判昭 56・1・19 民集 35 巻 1 号 1 頁　　255, 258
最判昭 56・2・17 集民 132 号 129 頁　　233
最判昭 56・9・11 民集 35 巻 6 号 1013 頁　　416
最判昭 57・4・30 民集 36 巻 4 号 763 頁　　312, 320
最判昭 57・11・12 民集 36 巻 11 号 2193 頁　　419
最判昭 58・10・20 集民 140 号 177 頁　　361
最判昭 59・9・18 集民 142 号 311 頁　　325, 329
最判昭 59・11・22 集民 143 号 177 頁　　198
最判昭 60・11・29 民集 39 巻 7 号 1719 頁　　317
最判昭 61・3・17 民集 40 巻 2 号 420 頁　　270
最判昭 62・7・10 民集 41 巻 5 号 1202 頁　　383
最大判昭 62・9・2 民集 41 巻 6 号 1423 頁　　406
最判平 1・12・21 民集 43 巻 12 号 2252 頁　　361, 373

最判平 6・2・8 判タ 858 号 123 頁　　407
最判平 8・1・26 民集 50 巻 1 号 132 頁　　426
最判平 8・3・26 民集 50 巻 4 号 993 頁　　399, 407
最判平 9・2・14 民集 51 巻 2 号 337 頁　　238
最判平 9・2・25 民集 51 巻 2 号 448 頁　　433
最判平 9・2・25 民集 51 巻 2 号 502 頁　　17
最判平 9・7・15 民集 51 巻 6 号 2581 頁　　238
最判平 9・9・9 民集 51 巻 8 号 3804 頁　　362
最判平 10・3・24 民集 52 巻 2 号 433 頁　　415
最判平 11・2・25 集民 191 号 391 頁　　198
最判平 11・6・24 民集 53 巻 5 号 918 頁　　434
最判平 14・3・28 民集 56 巻 3 号 689 頁　　190
最判平 15・10・10 集民 211 号 13 頁　　220
最決平 16・8・30 民集 58 巻 6 号 1763 頁　　334
最判平 17・7・14 民集 59 巻 6 号 1323 頁　　348, 355
最判平 17・12・16 集民 218 号 1239 頁　　183
最判平 19・2・27 集民 223 号 343 頁　　325, 329
最判平 20・1・24 民集 62 巻 1 号 63 頁　　425
最判平 20・7・4 判時 2028 号 32 頁　　252
最判平 21・1・19 民集 63 巻 1 号 97 頁　　182
最判平 21・3・24 民集 63 巻 3 号 427 頁　　433
最判平 21・12・18 民集 63 巻 10 号 2900 頁　　426
最判平 23・3・24 民集 65 巻 2 号 903 頁　　190
最判平 23・4・22 民集 65 巻 3 号 1405 頁　　324, 329, 337
最判平 23・7・12 集民 237 号 215 頁　　190
最判平 23・12・16 集民 238 号 297 頁　　220, 236
最決平 24・1・26 集民 239 号 635 頁　　426
最判平 25・3・7 集民 243 号 51 頁・判時 2185 号 64 頁　　355
最判平 27・2・26 集民 249 号 109 頁　　369

[高等裁判所]
高松高判昭 35・2・12 下民 11 巻 2 号 311 頁　　79, 88
東京高判昭 36・12・20 高民 14 巻 10 号 730 頁　　229
東京高判昭 49・1・23 東高民時報 25 巻 1 号 7 頁　　277
東京高判平 3・6・27 判タ 773 号 241 頁　　304
東京高判平 3・7・30 判時 1400 号 26 頁　　434
東京高決平 4・6・19 判タ 856 号 257 頁　　431
東京高判平 5・11・15 判時 1481 号 139 頁　　124
東京高判平 6・3・23 判タ 884 号 190 頁　　376

東京高判平 11・9・8 判タ 1046 号 175 頁・判時 1710 号 110 頁　345
東京高判平 12・10・26 判タ 1094 号 242 頁　432
東京高判平 14・12・25 判時 1816 号 52 頁　376
東京高判平 15・12・25 判タ 1157 号 175 頁　373
広島高決平 19・9・27 判時 1999 号 81 頁　418
東京高判平 20・2・19 判タ 1300 号 293 頁　378
福岡高判平 20・8・25 判時 2032 号 52 頁　377
東京高判平 22・3・10 判タ 1324 号 210 頁　426
福岡高判平 25・7・30 判タ 1417 号 100 頁　381
大阪高判平 25・12・20 労判 1090 号 21 頁　379
大阪高判平 27・10・2 判時 2276 号 28 頁　431

[地方裁判所]
東京地判昭 30・5・17 下民 6 巻 5 号 984 頁　248
東京地判昭 49・1・25 判タ 307 号 246 頁・判時 746 号 52 頁　345
大阪地判昭 55・12・18 判タ 470 号 152 頁　263
東京地判昭 56・6・29 判時 1022 号 74 頁　263
名古屋地判昭 62・1・30 判時 1252 号 83 頁　170
東京地判平 3・6・14 判タ 775 号 178 頁　225
東京地判平 4・8・31 判タ 819 号 167 頁　376
千葉地判平 6・1・26 判タ 839 号 260 頁　368
東京地判平 8・8・5 金法 1481 号 61 頁　124
京都地判平 9・4・17 判タ 951 号 214 頁　379
熊本地判平 9・6・25 判時 1638 号 135 頁　377
東京地判平 10・9・16 判タ 1038 号 226 頁　345
東京地判平 11・2・25 判時 1676 号 71 頁　345
東京地判平 11・3・12 労判 760 号 23 頁　369
京都地判平 13・3・22 判タ 1086 号 211 頁　378
東京地判平 14・2・26 労判 825 号 50 頁　370
神戸地判平 14・6・6 労判 832 号 24 頁　378
横浜地川崎支判平 14・6・27 判時 1805 号 105 頁　383
東京地判平 15・5・16 判時 1849 号 59 頁　345
東京地判平 15・6・9 裁判所ウェブサイト　377
大阪地判平 15・6・30 判例集未登載　183
東京地判平 15・8・22 判時 1838 号 83 頁　376
京都地判平 16・3・16 裁判所ウェブサイト　183
水戸地判平 16・3・31 判時 1858 号 118 頁　377
横浜地判平 16・7・8 判時 1865 号 106 頁　371
さいたま地判平 16・9・24 労判 883 号 38 頁　379

神戸地尼崎支決平 17・1・5 労判 902 号 166 頁　　378
東京地判平 17・3・30 判時 1896 号 49 頁　　367
東京地判平 17・12・28LLI/DB 登載　　383
東京地判平 19・10・15 判タ 1271 号 136 頁　　368
東京地判平 20・11・13 判時 2032 号 87 頁　　429
東京地判平 21・3・18 判タ 1298 号 182 頁　　376
東京地判平 21・4・24 労判 987 号 48 頁　　369
東京地判平 25・7・18 判タ 1410 号 332 頁　　249
東京地判平 26・7・31 判時 2241 号 95 頁　　371, 383
大津地判平 26・9・18 判例集未登載　　345
東京地判平 27・3・25 判時 2274 号 37 頁　　419
東京地判平 27・3・27 労判 1136 号 125 頁　　379
さいたま地判平 27・11・18 労判 1138 号 30 頁　　371, 383

[編著者・執筆者紹介]

◎編著者

木納 敏和（きのう としかず）
松江地方・家庭裁判所長（第38期）
司法研修所民事裁判教官、東京地方裁判所部総括判事、横浜家庭裁判所部総括判事を経て現職

鈴木 道夫（すずき みちお）
弁護士（第43期、東京弁護士会）　橋元綜合法律事務所
元司法研修所教官（民事弁護）

高須 順一（たかす じゅんいち）
弁護士（第40期、東京弁護士会）　高須・高林・遠藤法律事務所
法政大学大学院法務研究科教授、元法務省法制審議会民法（債権関係）部会幹事、東京弁護士会法制委員会委員長、日本弁護士連合会法務研究財団常務理事

藤原 浩（ふじわら ひろし）
弁護士（第33期、東京弁護士会）　橋元綜合法律事務所
日本弁護士連合会法務研究財団常務理事、最高裁司法修習委員会委員、元司法研修所上席教官（民事弁護）、元日本弁護士連合会司法修習委員会委員長、元東京弁護士会副会長

◎執筆者（五十音順）

池田 知子（いけだ ともこ）
司法研修所民事裁判教官（第49期）

植松 祐二（うえまつ ゆうじ）
弁護士（第53期、第一東京弁護士会）　田辺総合法律事務所
元司法研修所所付（民事弁護）

岡部 純子（おかべ じゅんこ）
さいたま地方裁判所部総括判事（第43期）
司法研修所民事裁判教官、横浜地方裁判所部総括判事を経て現職

木﨑 孝（きさき たかし）
弁護士（第 43 期、第二東京弁護士会）　兼子・岩松法律事務所
元司法研修所上席教官（民事弁護）

清永 敬文（きよなが たかふみ）
弁護士（第 47 期、第二東京弁護士会）　のぞみ総合法律事務所
元司法研修所所付（民事弁護）、元司法研修所教官（民事弁護）、元立教大学大学院法務研究科特任教授

黒松 百亜（くろまつ ももえ）
弁護士（第 54 期、第二東京弁護士会）　晴海協和法律事務所
元司法研修所所付（民事弁護）

佐々木 健二（ささき けんじ）
福島地方・家庭裁判所郡山支部長（第 50 期）

志田原 信三（しだはら しんぞう）
大阪高等裁判所部総括判事（第 38 期）
最高裁判所調査官、東京地方裁判所部総括判事、さいたま地方裁判所部総括判事、岡山家庭裁判所長を経て現職

島田 英一郎（しまだ えいいちろう）
仙台高等裁判所判事（第 52 期）
司法研修所民事裁判教官を経て現職

鈴木 雅之（すずき まさゆき）
弁護士（第 47 期、第一東京弁護士会）　松嶋総合法律事務所
元司法研修所所付（民事弁護）、元司法研修所教官（民事弁護）

関根 規夫（せきね のりお）
仙台地方裁判所部総括判事（第 48 期）

永野 剛志（ながの たけし）
弁護士（第 43 期、第二東京弁護士会）　東京丸の内法律事務所
元司法研修所所付（刑事弁護）、元司法研修所上席教官（民事弁護）

樋口 真貴子（ひぐち まきこ）
東京地方裁判所判事（第 54 期）

藤澤 裕介（ふじさわ ゆうすけ）
鳥取地方裁判所部総括判事（第 51 期）
司法研修所教官（裁判官研修部教官）を経て現職

水野 有子（みずの ゆうこ）
東京家庭裁判所部総括判事（第 40 期）
東京地方裁判所部総括判事（法務省法制審議会民法相続法部会委員）を経て現職

山﨑 雄一郎（やまざき ゆういちろう）
弁護士（第 47 期、東京弁護士会）　みとしろ法律事務所
元司法研修所所付所付（民事弁護）、元司法研修所教官（民事弁護）

吉川 泉（よしかわ いずみ）
横浜家庭裁判所判事（第 53 期）

渡邉 敦子（わたなべ あつこ）
弁護士（第 48 期、東京弁護士会）　渡邉綜合法律事務所
元司法研修所教官（民事弁護）

編著者─────

木納 敏和（きのう としかず）　松江地方・家庭裁判所長
鈴木 道夫（すずき みちお）　弁護士
高須 順一（たかす じゅんいち）　弁護士
藤原　浩（ふじわら ひろし）　弁護士

民事紛争解決の基本実務
（みんじ ふんそうかいけつ　きほんじつむ）

2018年7月20日　第1版第1刷発行

編著者	木納敏和＋鈴木道夫＋高須順一＋藤原浩
発行者	串崎　浩
発行所	株式会社 日本評論社
	〒170-8474　東京都豊島区南大塚3-12-4
	電話 03-3987-8621　FAX 03-3987-8590
	振替 00100-3-16　https://www.nippyo.co.jp/
印刷所	平文社
製本所	井上製本所　装幀　図工ファイブ

検印省略　Ⓒ Kinou T., Suzuki M., Takasu J., Fujiwara H. 2018
ISBN978-4-535-52196-4　Printed in Japan

JCOPY〈(社)出版者著作権管理機構　委託出版物〉
本書の無断複写は著作権法上での例外を除き禁じられています。複写される場合は、そのつど事前に、(社)出版者著作権管理機構（電話 03-3513-6969、FAX 03-3513-6979、e-mail: info@jcopy.or.jp）の許諾を得てください。また、本書を代行業者等の第三者に依頼してスキャニング等の行為によりデジタル化することは、個人の家庭内の利用であっても、一切認められておりません。

52.11.30 東京高裁　行集28・11・1257 ……… 291	4.11.25 神戸地裁　税資193・516 ………… 281
53. 1.26 東京地裁　訟月24・3・692 ……… 293	5. 2.16 東京地裁　判タ845・240 ………… 339
53. 7.17 最高裁　訟月24・11・2401 ……… 200	5. 3.15 東京高裁　行集44・3・213 … 317,338
53. 7.19 国税不服審判所　裁決事例集16・12	5. 3.29 神戸地裁　税資194・1112 ………… 380
………………………………………… 218	5. 4.27 大阪高裁　民集48・7・1445 …… 368
53. 9.19 最高裁　判時911・99 …………… 172	5. 5.18 福岡地裁　税資195・365 ………… 207
54. 4.27 秋田地裁　行集30・4・891 …… 98	5.12.21 東京地裁　税資199・1302 ……… 323
56. 4.24 最高裁　民集35・3・672 ……… 223	6. 6.24 東京地裁　税資201・542 ………… 208
57. 7.23 仙台高裁秋田支部　行集33・7・1616	6. 6.28 東京地裁　税資201・631 ………… 380
…………………………………………… 98	6.11.22 最高裁　民集48・7・1379 ……… 365
58.12.13 水戸地裁　税資134・387 … 207,208	7. 4.28 最高裁　民集49・4・1193 ……… 370
59. 2.29 大阪高裁　税資172・2691 ……… 208	7. 4.28 徳島地裁　行集46・4=5・463 …… 208
59. 4.25 神戸地裁　税資136・221 ……… 400	7. 9.27 東京高裁　行集46・8=9・777 …… 110
59. 9.10 最高裁　税資143・2403 ………… 90	7.11.28 東京地裁　行集46・10=11・1946 … 72
60. 3.27 最高裁　民集39・2・247 …… 64,213	8. 3.29 東京地裁　税資217・1258 ……… 247
60. 3.29 京都地裁　税資179・4134 ……… 208	8. 4.26 東京地裁　税資216・311 ………… 208
60. 9.30 広島高裁　シュト289・46 ……… 71	8.11.29 東京地裁　判時1602・56 ………… 175
60.11. 5 青森地裁　税資147・326 ……… 207	9. 2.17 神戸地裁　税資222・456 ………… 218
	9.10.28 最高裁　税資229・340 …………… 208
■昭和61年～63年	9.10.31 大阪高裁　行集48・10・859 …… 244
61. 4.15 青森地裁　税資152・41 ………… 208	9.11. 7 福岡高裁　判タ984・103 ………… 164
62. 5. 8 最高裁　訟月34・1・149 ……… 374	10. 1.30 東京地裁　税資230・337 ………… 207
62. 9. 9 東京高裁　行集38・8=9・987 …… 107	10. 4.21 東京地裁　税資231・700 ………… 245
62. 9.29 大阪高裁　行集38・8=9・1038 … 325	10. 4.28 東京地裁　税資231・866 ………… 180
63. 7.19 最高裁　集民154・443 ………… 107	10. 7.16 東京地裁　判時1649・3 ………… 111
63. 8.10 広島高裁　税資165・491 ……… 206	10. 7.31 大阪高裁　税資237・971 ………… 256
■平成1年～10年	■平成11年～20年
1. 2.17 名古屋地裁　税資190・672 ……… 208	11. 1.14 大阪高裁　税資240・1 …………… 245
1. 6. 6 最高裁　税資173・1 ……………… 331	11. 1.29 最高裁　税資240・407 …………… 180
1.10.27 徳島地裁　税資174・354 ………… 208	11. 2. 4 最高裁　税資240・624 …………… 256
2. 2.15 広島地裁　判時1371・82 ………… 381	11. 3.25 東京地裁　訟月47・5・1163 …… 331
2. 7.30 高松高裁　税資180・440 ………… 208	11. 3.30 山形地裁　訟月47・6・1559 …… 207
2. 9.26 大阪高裁　税資184・70 ………… 208	11. 3.30 東京地裁　訟月46・2・899 … 152,348
2.10.26 大阪高裁　税資179・3970 ……… 208	11. 4.27 大阪高裁　税資242・370 ………… 245
3. 3. 8 最高裁　税資182・585 …………… 208	11.11.24 大阪高裁　税資245・341 ………… 245
3. 4.18 松山地裁　訟月37・12・2205 …… 418	12. 3.28 神戸地裁　訟月48・6・1519 …… 94
3. 7. 9 最高裁　民集45・6・1049 ………… 77	12. 7.17 最高裁　税資248・343 …………… 218
3.11.19 最高裁　民集45・8・1209 ……… 390	12. 7.18 最高裁　判時1724・29 …………… 165
4. 2.18 国税不服審判所　裁決事例集43・175	12. 9.28 東京地裁　税資248・1003 ……… 332
………………………………………… 279	12. 9.29 京都地裁　判例集未登載 ………… 109
4. 2.18 最高裁　民集46・2・77 ………… 146	12.10.24 大阪高裁　訟月48・6・1534 …… 94
4. 2.18 最高裁　税資272・13672 ………… 397	13. 2.22 広島地裁　税資250・8843 … 207,208
4. 3.23 京都地裁　民集48・7・1424 …… 366	13.10.11 広島地裁　税資251・9000 ……… 208
4. 9.30 横浜地裁　訟月39・6・1146 …… 292	13.11. 9 福岡高裁　裁判所HP …………… 391